中 国 当 代 学 术 思 想 文 库

方朝晖 著

文明的
毁灭与新生
儒学与中国现代性研究

中国人民大学出版社
· 北京 ·

目　录

序（陈明）　…………………………………………………… 1

前言　…………………………………………………………… 1

导论　重铸中国文化的最高理想

　　　——从夷夏之辨看　………………………………… 1

第1章　从多元现代性到中国现代性　…………………… 22

　　从文明冲突论说起　……………………………………… 23

　　现代性是多元的？　……………………………………… 32

　　奇特的东亚现代性　……………………………………… 45

　　追问中国现代性　………………………………………… 60

第2章　文化模式、文化心理与礼治　…………………… 68

　　文化理论的启示　………………………………………… 71

　　中国文化的关系本位特征　……………………………… 73

　　礼是关系本位下最有效的制度安排　…………………… 87

　　为什么不是"自由"？　………………………………… 93

　　从"礼"看儒学对中国现代性的意义　………………… 97

第3章　儒学与民主关系再思考　………………………… 103

　　现代新儒家的民主思想　………………………………… 108

　　民主的历史文化基础　…………………………………… 120

　　从东亚文化的特征看民主　……………………………… 150

　　重思儒学与民主　………………………………………… 180

第 4 章　王霸之辨、行业自治与儒学 ················· 186

　　《左传》中的史学传统 ························· 187

　　正名与行业自治 ····························· 191

　　行业自治与理性化的历史 ····················· 194

　　行业自治与性善论 ··························· 196

　　行业自治与今日王道 ························· 199

第 5 章　市民社会与现代儒学使命 204

　　市民社会的两个传统及其在现代的汇合 ············ 205

　　对 20 世纪 90 年代市民社会研究的反思 ··········· 232

　　市民社会的兴起对儒学的挑战 ················· 245

第 6 章　文化是普遍的还是特殊的？

　　　　——文化进化论与文化相对论之争 259

　　背景：影响深远的文化进化论 ·················· 261

　　文化相对论的主要观点 ······················· 269

　　对文化相对论的批评：新进化论的启示 ············ 300

附录　走出历史迷雾，重铸中国文化价值 ············ 336

参考文献 ···································· 345

人名索引 ···································· 366

术语索引 ···································· 371

跋 ·· 384

Contents

Preface (by Chen Ming) ·· 1

Forword ··· 1

Introduction: A reconstruction of the Great Ideal of Chinese culture
based on Confucian distinction between civilization and
babarism ··· 1

Chapter 1: From mutiple modernities to Chinese modernity ······ 22

From clash of civilizations to mutiple modernities ········· 23

Is modernity mutiple? ···································· 32

The fantastic East Asian modernity ···················· 45

Exploring Chinese modernity ···························· 60

Chapter 2: Cultural Patterns, Cultural Psychology and Confucianism:
A Study of the Meaning and Function of Ritual ············ 68

Implications of cultural theories ························· 71

The guanxi-based feature of Chinese culture ········· 73

Ritual as the most effective institution within
Chinese culture ····································· 87

Why not freedom? ···································· 93

Ritual and the relevance of Confucianism for
Chinese modernity ····································· 97

Chapter 3: An Innovative Reflection on the Relationship between Confucianism and Democracy ·················· 103

A review of the New-Confucianism ·················· 108

The historic-cultural condition for democracy ······ 120

The patterns of East Asian culture and
democracy ·················· 150

Rethinking Confucianism and democracy ·········· 180

Chapter 4: Kingly way, professional autonomy and Confucianism ·················· 186

The historiographic legacy within *Zuozhuan* ········· 187

To rectify "names" and the professional
autonomy ·················· 191

Professional autonomy and rationalization in
Chinese history ·················· 194

Professional autonomy and the theory of human
nature ·················· 196

Professional autonomy and the Kingly way
today ·················· 199

Chapter 5: Civil Society and the Modern Mission of Confucianism ·················· 204

Two different traditions of civil society and their
mixture ·················· 205

A reflection of civil society research in 1990's in
China ·················· 232

The challenge of civil society to Confucianism ······ 245

Chapter 6: Particularism versus Universalism: the Debate between Cultural Evolutionism and Cultural Relativism ······ 259

Background: the classic cultural evolutionism ······ 261

Against cultural evolutionism: cultural
relativism ·················· 269

Beyond cultural relativism: the new cultural
evolutionism ·· 300
Attachment: How to reconstruct the core values of Chinese culture
·· 336
References ·· 345
Index of names ····································· 366
Index of subjects ································· 371
Postscript ·· 384

———— Abstract ————

The Restoration of Chinese civilization: A Study on Confucianism and Chinese Modernity

This new work concerns a possible close relationship between Confucianism and modernity. Topics include an in-depth discussion of multiple modernities, cultural values, the rule of law, democracy, civil society and cultural relativism and their relationships to Confucianism. The book's major concern is to answer the question of whether, in the modern era, with the recent rise of the Chinese economy and the success of Chinese modernization during the past 30 years, a new Chinese civilization will soon arrive with its own unique core values, institutions, and political structure, although it will definitely share many common features with modern Western civilizations? If yes, what is its major differences from modern Western cultures, and more importantly, what type of roles those Western values such as freedom, democracy, human rights and rule of law will play in Chinese modernity? And their relationship with Chinese traditional values?

The first chapter introduces the theory of multiple modernities which has been proposed by scholars such as S. N. Eisenstadt, and especially that of East Asian modernity proposed by John Clammer,

1

Tu Wei-ming and their colleagues. On basis of a study of Japanese modernity and of the four mini-dragons' experiences, the author argues for a new and modern Chinese civilization with features which differ, at least theoretically, from those of modern Western civilization. The author then examines those traditional resources of Confucianism which can become effective in shaping the future socio-politico-cultural structures of modern China.

The author's main points are as follows: considering that the deep structure of Chinese culture's unique psychology exists as a hidden dimension and an unconscious mechanism, and considering the unique personality of the Chinese people, a new and successful Chinese civilization in the 21st century will certainly expand to accommodate Western values such as democracy, freedom, human rights and the rule of law, but this should only occur to a limited degree, and without accepting these values into China's core cultural values. That is, that group of values which is dominant in the West can only play a secondary role in the Chinese society of the future. Moreover, the Chinese people will certainly continue to practice their traditional Confucian core values of humanity (*ren*), rightness (*yi*), loyalty (*zhong*), faithfulness (*xin*), filial piety (*xiao*), and ritual (*li*). And from a social-political point of view, Chinese people will certainly continue to prefer mutual dependence over independence, virtue over freedom, harmony over individual rights, meritocracy over democracy, and the rule of ritual over the rule of law. The ultimate basis on which the work's conclusions rely is the social-historical-cultural context of China throughout its nearly 5,000 years of formative history. The most important resources employed by author are the cultural and psychological achievements of the last 30 years which have been initiated by leading figures such as Geert Hofstede, Harry C. Triandis, Richard Nisbett, and similar thinkers. The book is a definitive cross-disciplinary study employing cultural, psychological, political, and sociological resources. It includes an introduction followed by six exhaustive chapters, each an independent study of a single topic.

序

陈　明

　　作为一个对儒学的意义深信不疑而对其理论发展和现实影响又忧心如焚的读书人，读完这部书稿不禁精神为之一振。它让我感觉千呼万唤的大陆儒学已经不再只是作为一种文化姿态、一种信仰立场、以自话自说的方式标示着自己的存在，而是已经带着自己的命题、论证和风格直接楔入当代思想前沿，就各种既具理论性又具现实性的话题，与有着不同学术资源和价值诉求的各种主义派别展开直接的对话和交锋。传统文化的社会关注和学术积累达到一定程度之后，这样一种格局的出现是正常的，也是必需的。

　　个人以为它的意义有三。

　　首先，是在中国崛起这个举世关注的问题上发出了儒家的声音。外国人基于自己的利益关切，或者把"中国崛起"转换为"中国威胁"，或者危言耸听，预言"中国崩溃"。国内的所谓自由主义者和新左派同样分贝甚高：自由主义者挑剔的目光穿透繁荣景象，希望中国的崛起能够包含更多政治、文化上的普世价值；暧昧的新左派则用晦涩的理论为含糊其辞的"中国模式"背书。由强大而伟大，意味着某种文明的视野和期许，但一个是以英美模式为人类文明的象征和典范，一个则以复数多元现代性，有意无意地为种种不公不义辩护脱罪。如果说中国崛起问题的本质是怎么评估中国社会发展的现状，怎么想象中华民族的未来，那么任何的理论要证明自己的意义价值就都必须对此提出自己的论述。遗憾的是，在这方面儒家的声音如果不是完全没有，那也与其历史责任和理论抱负很不相称。还好，作者不仅看到"文明的重建是今日中国面临的首要任务"，还有意识地追求"从多元现代性到中国现代性"。

这意味着作者思考的参照系不是西方的或反西方的，也不是理论的或思辨的。该书开篇即点明其问题意识："20世纪困扰中国人最深刻的问题莫过于中华文明理想的丧失。"根据《春秋》"夷夏之辨"的蕴含，他指出儒家文化的最高理想不是追求一个经济富国、政治大国或军事强国，"而是追求一个伟大文明的理念"。他用"保合大和"、"各尽其性"来表述这一理念。这一理解概括是否允当以及将其普遍化是否可以获得他人认同等等均可以讨论，但从自身文化和历史的脉络来思考和回答这个问题，其意义对于儒学、对于中国乃至世界可谓既深且远。人类学家张光直先生曾从自己"连续和破裂"两种不同文明发生模式的比较分析出发，预言新世纪的社会科学理论贡献将在中华文明的复兴中诞生。所谓天命云然者，其此之谓乎？

其次，是从这样一个平台和论域出发对五四以来的新儒家的诸多论述做出了自己的反思清理。西方列强挟坚船利炮在使中国陷入救亡努力的同时，也给自己的启蒙价值赋予了不言而喻的合法性。当力量在心理和事实上成为评估一切价值的最高标准，国人的文化信心也就开始动摇沦陷。西化派固然如此，新儒家也不例外。他们以宋儒的心性论为儒家的根本，用"良知的坎陷"这种在今天很难理解和接受的概念或命题调适其与作为当时现代性之主要内容的民主和科学的关系。这如果不是对现代性的误解，也是对儒家与现代性之关系的误解。因为科学诚然是一种现代性，但它并不构成对儒家的直接挑战。而民主，作为一种政治价值，它意味着扩大参与和自我治理；作为一种制度，它是实现公平、正义等政治价值的方案设计。前者，儒家内部资源丰富；后者，需要因时制宜。前辈儒者如此处理，在作者看来完全是由于"缺乏自信"。今天从容思考这些问题，他的结论是中华文明"是一个本质上与西方现代文明不同的文明形态，体现在核心价值、组织模式、生活方式、行为样式等多个不同方面"，而"法治、自由、民主、人权等植根于西方社会历史和文化土壤的价值，至少并不完全适合于中国文化的习性"。中西文化性质不相同，适用价值不同，这样一种主张近代不鲜见，今天也时有所闻。但作者既不是出于自卑自傲的情绪，也不是基于特殊主义的逻辑。跳出普遍主义与特殊主义的二元对立，从人性的共通性将价值的普世性理解为各种文化的共同具有和接受，讨论就可以进入具体的历史语境。无论是否定西方价值成为我们核心价值的可能性，还是主张"贤能政治"、"礼大于法"，作者都是如此从经验出发进行理性论证。

这与作者对"儒学只有在不断地回答时代新问题、迎接现实新挑战的过程中才能获得复兴"的感觉正相契合。是的，儒学是"经"，是治国平天下之道，指向的是价值和意义、治理和秩序这样一些人文的问题。相应地，它的合法性也只能是"以言行事"而诉诸实践，所谓"道，行之而成"。服务于这一目的的儒学知识化及其讨论是必要的，但如果以为将其疏解为西方学术范式内的某某主义、某某学即是儒学的全部，那就是识小不识大的本末倒置、逐末舍本了。作者批评牟宗三"在见闻之知里打转而不自知"或许有失偏颇，但移用于当今汲汲于经学的哲学化、训诂化风气，却还是符合实际、有的放矢。我很愿意强调作者对新儒学传统反思清理的方法论意义，希望它能为儒学的发展开拓新局，因为这实际不过是向孔子开创的精神方向回归。

最后，提出了社会治理问题，并对其中国特色做出了自己的表述。近代以来，随着生产方式的改变，社会组织结构和人的生活方式、思维方式发生了巨大改变。这实际是对儒学真正最为深刻的挑战。正是由于没有对此做出积极有效的回应，儒学成为无体可附的游魂。如何重新实现其与社会的有机连接？康有为和蒋庆的国教说、我的公民宗教说都可以视为解决这一问题的理论尝试。该书第4章、第5章对"行业自治与儒学"和"市民社会与现代儒学使命"的讨论，则可以视为从社会治理角度在社会学和政治学层面展开的论述。

作者认为行业的自治与理性化是儒家传统中尊重人的尊严且符合现代社会需要的重要内容，并借鉴国外汉学研究成果说明这一传统的现实意义。而市民社会或公民社会在现代性尤其自由主义的相关论述里，被赋予了极大的理论权重。作者别具慧眼同中见异，指出中国市民（公民）社会兴起、道路与发展方式均会与西方的不同；"未来中国市民社会的发展，不可能也没必要走西方式的、与国家对抗的道路"。这是儒家的机会与挑战："在非西方的中国文化土壤中建设市民社会的过程中，儒学在今天所面临的主要挑战和特殊任务，即如何为社会空间的自治与理性化提供服务"。挑战何在？古典社会的整合机制是"有机的"，现代社会的整合机制是"机械的"，这里面的差别意味着儒学需要做出许多的改变。我认为儒学自身的这种改变与儒学对行业自治及其理性化指导参与是同一过程的不同方面，就像中国的现代性同时也意味着或包含着儒学的现代性一样。这应该是我们的共识。

　　阅读中我感觉儒学的有效性在书中似乎是一个基本的预设。这种预设表现在或体现为作者基本上都是以（儒家）文化、文化心理结构或文化习性作为立论的前提。诚然，前提出于认定，不假论证。但是，如果对这种认定保持必要的反思意识，考虑到它可能面对的质疑，其结论也许会获得较多的说服力。这一点作者做得并不是很好。书中说，"中国文化的心理结构决定了，未来中国社会的理性化发展，不可能像西方那样以人权和个人自由为核心，走一条基于个人主义的形式主义道路"——类似表述还有多处。"文化心理结构"是什么东西？这么轻易地就可以支撑起一个如此重要的结论？将这样一种历史的沉淀物本质化是不符合作者自己看重的文化人类学逻辑的。思辨地说，文化对于人来说具有二重性，既是人格的塑造者，又是生命及其意志的表达者。换言之，它既是一种决定者即原因，又是一种被决定者即结果。对这种关系做历史的把握，或许会使本书的写作变得更加复杂艰苦，却也会使本书所欲证明的结论变得更加透彻坚强。

　　这可以说是我要向作者请教的第一点。第二点仍然与此有关，就是对夷夏之辨的理解问题。《春秋》之义，一是尊王攘夷说，一是礼乐中国论；二者并列，维持着某种张力，不可偏废。作者单取后者，强调"儒家'夷夏之辨'对于重铸中国文化的最高理想所具有的异常重要的意义"，实际是将一个兼顾政治立场与文化态度的论述化约为单一的文化叙事。这固然使得文化脱离血缘、地缘以及相关利益的纠缠而普遍化为普世价值，但却也同时消解了儒学、礼乐与父母之邦的内在联系，使"中国"和"礼乐"仅仅成为一个作为能指的空洞符号，而作为所指之实体的地位与意义却大幅下降。这不仅使得孔子对管仲的称道变得殊不可解，也使得这个文化成为无源无根的绝对理念，而与文化这一概念和事实的内在属性相背离。私意以为，对于表达作者对于儒学的理解，对于伸张书中的理念，夷夏之辨并不是一个特别坚实的阿基米德点。《易传》的"天地之大德曰生"，《中庸》的"成己成物"，对于支撑"保合大和"、"各尽其性"，对于接轨自由、平等、博爱，对于参与文明对话寻求多元共识，都更加有力顺畅，也更富有理论的厚度与弹性。

退一步讲，即使礼乐也不能全部解作文化，它实际也是制度，具有政治的属性。而制度的正义性与有效性维持，都必须注意与情境相匹配，即所谓与时俱进。这些都需要后来者体会圣人制作之意有所继承的同时有所发展。我觉得中华民族的意识塑造与现代国家形态建构，即通过建设一个良好的制度框架和公共文化，将 ethnic groups 的多元整合为 nation 的一体，是从中国崛起讨论中国的现代性的具体内容。实际上我对作者的欣赏和挑剔，都是以此为背景并有所期待。

不知作者以及读者诸君以为然否？

是为序。

前　言

今日中国正面临着民族复兴的伟大时刻，值此特殊时期，每一个中国人都应该清醒地认识到：中国人今天遭遇的真正挑战决不仅是如何建立一个政治大国、经济富国或军事强国，而是正确理解中华文明在未来人类文明之林中的位置。我们必须清醒地认识到，决定未来中华民族能否永久自立于世界民族之林并为人类进步作出巨大贡献的，决不是它是否有强大的综合国力，而主要取决于中华民族能否建立一种新型的、有独特价值和意义的文明。

我深信，文明的重建是今日中国面临的首要任务。在过去两千多年的岁月里，中华民族曾经历过无数次被侵略和蹂躏，无数次分裂和动荡，它之所以能历经风雨而不衰，不是我们的先辈擅长打仗，也不是由于中国的国力自古以来一直比别国强大，而是由于我们的文化价值理念。文化绵延的逻辑与政体不同，其中最值得我们拾起的历史经验是：早在 2 500 年前甚至更早的时候，我们的祖先就为我们民族确立了先进的文明理念，并将此理念置于政治、经济、科技和军事需要之上，作为指导后者的根本精神。这些理念体现于儒家的"王道"理想中，体现于儒家关于道统和礼义的一系列表述中，体现于儒家夷夏之辨、王霸之辨、人禽之辨等一系列学说中。中华文明之所以历数千年风雨而不亡，与儒家为它所奠定的一系列先进的文化理念是分不开的。

必须认识到，我们的先辈们曾以包容宇宙、吞吐六合的气度来铸造中国文化的最高理想；他们本着"为万世立法"、"为万世开太平"的宏伟胸襟，把握中华文明的基本框架和发展路径，一次次开创中华文明的千秋伟业。今天，我们生活在一个全球化的时代，交通、通讯手段的极大便利，使得地球上任一角落发生的事情都可能在瞬间传遍全世界。今天的世界格局已与古代不同，各种文化相互冲突、交融异常激烈。今天的中国人需要摆脱狭隘的民族主义，走出落后挨打的历史悲情，再次拿出广阔的胸襟和恢弘的气度，在色彩纷呈的世界文化之林中找到中华文明的正确定位。

在经历了一个多世纪的彷徨、迷茫和徘徊之后，历史已经回到这样的起点：需要理解一个未来意义上的中华文明在文化理想、主流价值、制度架构上所具有的主要特点，它对人类其他文明所可能具有的示范意义和积极作用。我们深深认识到，中华民族的伟大复兴，决不仅仅是政治、经济乃至军事上的复兴，也不是"综合国力"或"软实力"这类术语所能比拟的，而是一种新型文明形态的诞生。这个新型文明形态，尽管在工业化、市场经济、政治和法治等诸多方面与今日主导世界的西方现代文明多有类似，但终究是一个本质上与西方现代文明不同的文明形态，体现在核心价值、组织模式、生活方式、行为样式等多个不同方面。本书正是带着这些关怀，展开了一系列有关儒学与现代性的专题研究。

一个多世纪以来，无数中华志士仁人被欧风美雨所折服，彷徨于西方现代文明样式与中国传统文明样式的十字路口。除了那些在东、西方文化价值中间持极端立场的人之外，人们遭遇的更多的是迷茫和困惑。民主、自由、人权、法治等一系列西方文化价值，究竟是不是普世价值？如果不是的话，究竟为什么？能否从理论上作出有充分说服力的论证？很多热爱传统文化的中国学人（如现代新儒家学者），同样在上述西方文化价值面前缺乏自信，不得不试图在理论上竭力调和中西价值观。也有许多民族主义者反对西方人将自己的价值强加于己，他们标榜国情，但却缺乏有力的理论武器来论证为什么中国文化不该接受民主、自由、平等、人权、法治等价值。在今天的东亚地区，常见一些人一方面以民主、自由、人权、法治等西方价值自我标榜，企图证明自身所在地区或国家优越于中国的先进性，另一方面却又困扰于西方文化冲击所带来的激烈社会矛盾不能自拔。

　　本书代表作者站在儒家立场，对未来中国现代性图景的一种全方位思考，触及未来中国现代性之文化、制度、政治、法律、社会等若干重要方面。我的主要立场或可表述如下：基于我对中国文化习性的理解，未来中国社会在社会整合方面的基本特点与西方有所不同，主要表现为治人而非治法，靠贤能而不是制度立国，以伦理、德性为本而不是以权利、自由为本；在核心价值上仍然以仁、义、忠、信等为主，而不会以民主、自由、人权为主（尽管不会排斥后者）。因此，法治、自由、民主、人权等植根于西方社会历史和文化土壤的价值，至少不完全适合于中国文化的习性。这是我理解未来中国现代性与西方现代性不同之处的基本思路，贯穿于本书各章节之中。我在本书论礼的那部分试图说明，为什么自由过去没有成为中国文化的核心价值，尽管这不意味着中国文化不崇尚它；为什么从中国文化的心理结构看，礼治比法治在中国文化中更重要。我在本书论民主的部分试图论证，虽然未来的中国需要发展民主，但是以党争和大众运动为特色的民主政治不可能成为未来中国政治的核心或基石，以修德、尊贤和选能为特色的儒家式精英政治（贤能政治）仍将是未来中国甚至整个东亚政治文化的核心或基石。本书论行业自治与理性化的部分，试图从社会整合方式上来说明，中国文化的心理结构决定了，未来中国社会的理性化发展，不可能像西方那样以人权和个人自由为核心，走一条基于个人主义的形式主义道路。本书论市民社会的那两部分，是对洛克、黑格尔等人以来现代市民社会理论的一个回应，即未来中国市民社会的道路问题；本书认为，未来中国社会的发展，会长期存在一个社会空间的自治与理性化的任务，这一传统并不是西方独有的，在中国历史上素已有之。但是未来中国市民社会的发展，不可能也没必要走西方式的、与国家对抗的道路，而是如何在国家的有效领导下来实现自治和理性化。本书讨论文化特殊性与普遍性部分，与多元现代性讨论相呼应，为在多元现代性视野下建设中国现代性的具体讨论提供重要的文化理论基础。

本书内容也可这样来概括：从多元现代性视野入手，从若干不同角度透视儒学与现代性的关系，分别探讨了儒学与法治（及礼治）、民主、市民社会以及中国文化理想等之间的关系等重要课题；借鉴文化心理学、社会学、政治学、人类学、哲学等多方面成果，尝试以跨学科式方式探讨儒学的现代意义。比如：从文化心理学的角度来分析中国文化的习性，说明为什么在中国文化中有"礼大于法"的传统，以及为什么中国文化更适合于贤能政治而非大众政治；从文化理论特别是文化模式理论来分析为什么自由主义未成为中国文化的主流，以及为什么在关系本位的东方文化土壤中，群众运动和党争不能成为社会进步的主要动力；从现代政治学理论出发，总结20世纪包括新儒家在内的大批学者在儒学与民主关系研究中的重大理论误区，重新阐明儒学对未来中国政治制度建设所能发挥的特殊功能；从公元9—18世纪以来欧洲市民社会发育史来说明为什么欧洲市民社会的道路不适合于中国国情，以及为什么在中国，社会空间的自治与理性化需要依赖于文化道德精英的主导；从中国史学传统等出发，来分析儒家传统中不乏有益于社会自治以及行业自治等与现代性相接的积极成分，由此说明儒学对于现代人人性尊严的保护及其全面发展的积极作用。本书对一个多世纪以来现代学人特别是现代新儒家学者在儒学研究上的成败得失进行了剖析，对其中由于对西方现代性的误解而走过的弯路加以总结，试图对儒学的现代意义及未来方向，作出新的探索。

现代文明和历史上一切文明最大的区别在于它是以现代性为基础的，但这不等于现代性一定带给我们想要的文明样式。这是因为现代性本身问题就很多，尤其在非西方社会遭遇的问题更多。易言之，现代性在很多国家特别是中国迄今为止并未定型，它去向何方恰恰早已让无数人伤透脑筋。本书的基本预设是：基于其过去的历史传统及今天的规模，未来的中国有可能建成一个独立的文明形态即"现代中华文明"，并像古代那样把它的影响力辐射到周边甚至世界其他国家和地区，从而在它的主导下建成现代意义上的"东亚文明"。这种新型的"文明"，将会在核心和主流价值、制度架构、社会整合方式、宗教及精神传统等诸多方面表现出与西方现代文明显著的不同来。尽管它与西方现代社会并不是完全冲突和对立的，甚至有很多共同的方面和共享的资源，但是在一系列异常重要的方面与西方文明相比也有自己不可替代的特点。毫无疑问，这个新型的"中华文明"或"东亚文明"，是以中国或东亚自身特有的现代性为基础建成的，本书的目的在于通过探讨中国现代性的样式来说明一种新型的"中华文明"形成的可能性及意义。本书试图揭示，要在中国建成这样的新型文明，必须破除民族主义樊篱，必须复兴儒学等固有的精神价值传统，必须实现行业的自治与理性化，必须重铸中国文化的最高理想，必须确立未来中国社会的主流价值，必须贯彻落实真正意义上的贤能政治和由文化－道德精英主导的社会整合，必须明确地反对霸道、重建王道……不要误以为我的观点来源于民族主义情绪，恰好相反，我的根本目的是为了回答中国文化在全球化时代如何克服自身的问题，进行有效的自我整合，从而为人类世界尽自己应尽的职责。为此，我在书中表达了对现代儒学发展方向的基本看法，试图说明儒家传统对于建成一个真正意义上的现代中华文明所具有的不可估量的意义。

全书由若干专题构成，每个专题又自成一体。全书共6章，围绕着五大主题，大致结构如下：

	主题	对应章标题
道统	儒学与文明理想	重铸中国文化的最高理想
	儒学与全球文化	从多元现代性到中国现代性 文化是普遍的还是特殊的？
政统	儒学与法治/礼治	文化模式、文化心理与礼治
	儒学与民主/政统	儒学与民主关系再思考
	儒学与行业/社会	王霸之辨、行业自治与儒学 市民社会与现代儒学使命

本书各章虽相对独立，但希望读者明白全书主旨是明确而一致的。其中第1章"从多元现代性到中国现代性"代表研究范式的转向，从第2章到第5章分别从制度、政治、行业、社会等不同角度探讨中国现代性的具体内容，最后一章（即第6章）则为全书各章提供了必要的文化理论基础（包含本书各章共同的理论前提）。以下略述各章具体内容：

导论"重铸中国文化的最高理想——从夷夏之辨看"。从现代社会结构特征及人类文化发展之新局出发，探讨未来中国文化的最高理想，说明儒家"夷夏之辨"对于重铸中国文化的最高理想所具有的异常重要的意义。

第1章"从多元现代性到中国现代性"。介绍艾森斯塔德（S. N. Eisenstadt）等人所倡导的"多元现代性"（multiple modernities）理论，及社会科学界对于东亚现代性研究迄今所取得的成果，以此说明儒学对于中国现代性建设之意义。

第2章"文化模式、文化心理与礼治"。从文化心理学有关成果特别是其中有关东亚文化模式的理论出发来论证为什么中国文化适合"礼大于法"的传统，以及为什么"个人自由"等西方价值不能成为中国文化的核心价值，从而说明儒学在中国文化中根深蒂固的土壤及其现代意义。

第3章"儒学与民主关系再思考"。借鉴西方政治学理论，对现代新儒家在儒学与民主关系上的理论误区加以澄清，说明建立在个人主义基础上的自由民主制在中国文化中所遇到的问题，以及儒家贤能政治思想在现代政治制度领域的特殊价值。

第4章"王霸之辨、行业自治与儒学"。以中国古代史学传统等为例，说明行业的自治与理性化是儒家传统中尊重人的尊严且符合现代社会需要的重要内容。并借鉴狄百瑞等人的汉学研究成果，来说明儒家传统中所包含的行业自治与理性化传统的强大现实意义。

6

第5章"市民社会与现代儒学使命"。从欧洲市民社会中世纪末叶以来漫长的演化史，来说明西方市民社会发展道路与中国之不同，从而说明在非西方的中国文化土壤中建设市民社会的主要困境，儒学在今天所面临的主要挑战和特殊使命，即如何为社会空间的自治与理性化服务。

第6章"文化是普遍的还是特殊的？——文化进化论与文化相对论之争"。通过系统评述20世纪以来西方人类学史上博厄斯（F. Boas）等人领导的文化相对论思潮，以及斯图尔德、怀特等新进化论者对他们的批评，来说明文化普遍性与文化特殊性的关系，以及如何在文明多样化、现代性多元化的时代视野下来建构中国的现代性和新的中华文明。

附录"走出历史迷雾，重铸中国文化价值"。

我深信，与人类历史上许多伟大的文化传统一样，儒学只有在不断回答时代新问题、迎接现实新挑战的过程中才能复兴。数千年来，儒学之所以能永葆青春的活力，是因为不同时代、不同地域的人们总是能从它的源头出发，找到对文化的方向、人性的进步、生命的价值等的丰富启迪。历史上如此，今天何尝不是。因而，今天儒学复兴的主要任务，决不是简单地"复古"，而必须从儒家的精神传统出发，分析今天这个时代一系列根本问题的症结，说明未来中华文明的希望和出路，以及未来中国学统的重建之路。儒学能不能复兴，不取决于我们把它人为地拔高，而取决于我们能从中发掘出多少鲜活的思想；还取决于通过读经典，对于我们思考中国现代性问题能激发出多少意义深远的思想灵感。今天，儒家传统能不能被"激活"，依赖于我们在深入体会和理解经典的过程中，找到自己生命的源头活水。空谈如何改造儒学，来适应现代社会需要，往往流于形式，变成一部分学者体系建构的个人嗜好，反而可能伤害到儒学的现代发展之路。因而，今天我们需要从儒家的精神传统出发，告诉人们希望在何方，在荒凉的世界中发现精神、道德与信仰的种子，让流浪已久的灵魂重回家园。

只有当今天的儒家学者能回答我们时代的一系列重大课题，给中华民族指明一条通向进步的康庄大道，让中华儿女重新找回安身立命之本，为中华文明开辟波澜壮阔的前程，儒学的复兴才不会是一句空话。

重铸中国文化的最高理想

——从夷夏之辨看

【提要】

　　20 世纪以来困扰中国人最深刻的问题莫过于中华文明理想的丧失。今天，时代的潮流迫使我们不得不重新面对和严肃思考重铸中国文化最高理想的问题。本书认为，儒家"夷夏之辨"是今日重铸中国文化理想极为重要的视角，因为它的精神实质在于对文明与野蛮的区分；一个真正文明、进步、合乎人性需要的生活世界，必定会赢得千千万万人的衷心拥戴，因而只有这种建立在进步文明理念基础上的文化才是真正有生命力的，把文化的优越性建立在强力基础上是极端狭隘和错误的观念。

　　从"夷夏之辨"出发，我们认为：今日或未来中国文化的最高理想，不应是追求一个经济富国、政治大国或军事强国，也不是为了追求主宰人类事务或凌驾于他人之上的霸权，更不是为了证明来自于华夏中心论的种族优越性；而是追求一个伟大文明的理念，一种可使一个民族长治久安、永远立于世界民族之林而不败的伟大文明理想，它基于中华民族今后发展的千年大计、万年大计。

　　今日重铸中国文化的最高理想，不是要创造一个乌托邦式的盛世蓝图去满足人们的美好愿望，也不是为了提出一套理论上完美无缺的价值体系强加给这个民族；而是从事一项发现——发现在今天的时代里，什么样的理想才能使中华民族成为一个真正进步、文明的民族，激励所有中华儿女在未来千百年里冲破重重艰难不断前进，使中华民族成为引领全人类不断进步的风范。因而，今天或未来中国文化的最高理想，至少应当包括：每一个生命的健全成长，每一个人潜能、创造力与个性的发挥，人格尊严与正当自由的确保，以及人生幸福与价值的实现。这一切，也许可以用八个字来概括："保合大和"、"各尽其性"。

一个文化的最高理想，代表一个民族的最高精神追求，至少在理论上它给这个民族在可以预见的未来带来无穷的生机与活力，成为激发无数人奋斗不息的精神源泉和该民族在世界民族之林中真正找到自信的心理基础。"文化"一词，在这里主要指由一种特定的生活方式构成的群体。文化的永久活力是文化中有教养的群体所体认并发扬的，它的首要前提之一是文化最高理想的存在，为文化中不同阶层的精英分子所广泛接受并阐发；它有时是志士仁人们舍生忘死、保家卫国的精神动力，一个民族在残酷打击和磨难中坚强地站起来的精神支柱，或成为该文化中一代又一代人前赴后继、鞠躬尽瘁追逐的人生梦想。

下面我试图通过客观分析、逐步逼近的方式，来说明什么东西可成为未来中华民族的最高理想。为此我们先分析一个民族的"文化最高理想"应当具有什么样的特征。

（一）

1.1 一个多世纪以来，有良知的中国文化人在精神上最深刻的焦虑来源于失去了对一个伟大文明的基本信念，找不到自己在精神上的真正落脚点。与此相应，无数先进的知识分子，从内心深处丧失了对中国文化的自信，在中学与西学、中国古代文化传统与西方现代文明样式的相互激荡中彷徨四顾。这个问题不解决，使无数文化人在精神上无法摆脱无家可归的状态，从内心深处丧失了文化自信，更谈不上灵魂的超越与永恒。由于中国人没有深刻的彼岸意识（即不以死后世界来规范现实生活方式，如在基督教、伊斯兰教等宗教中所见），高度注重世俗生活，一旦丧失了文化理想，就意味着这个民族失去了精神的支柱和向前发展的动力源泉。因此，对中华民族来说，文化的最高理想有着异乎寻常的特殊意义。对今天的中国学者来说，最重要和最紧迫的问题之一，就是要回答这个问题。

1.2　可幸的是：今天，我们确实具备了回答这一历史问题也是最重要的时代问题的现实条件。这是因为，其一，自从鸦片战争以来，中国人长期笼罩在"亡国灭种"的深刻忧患中，在这种民族情结的支配下，多数知识人、文化人在思考中国未来方向的时候，背上了"救中国"这个沉重的包袱。他们的一切学术研究和经世之志，总脱不了以国家富强为主要旨归，因而不能走出功利、实用的框框。今天我们探讨中国文化的理想，理论上具备了走出过去那种强烈的功利关怀，从更高的、具有某种永恒意义的立场来思考的条件（尽管事实上仍有很多人沉浸在功利主义和民族主义情绪中不能自拔）。其二，经过一个多世纪的变迁，中国社会的结构发生了翻天覆地的变化，从过去以小农经济为主体的传统社会变成了以工业化、都市化为主体的现代社会，从过去的以家族纽带和血缘亲情为基础的宗法社会，演变为以非血缘的公民关系为主体的市民社会。也就是说，在可以预见的未来，中国社会的结构框架已基本确立。其三，随着中国社会越来越全面地融入到全球化浪潮中，随着中国综合国力的增强和国际地位的提升，特别是随着中国人在国际交流中对西方了解的不断深入，对工业化和后工业化时代的世界格局和人类需要有了深切的认识，对于中华民族在新世纪的发展目标也能重新获得自信。其四，文化自信失落的原因之一在于，中国人曾经误以为现代文明只有西方一种样式。今天越来越多的人认识到，非西方国家需

3

要在新世纪里创造出自己独特的现代性模式，其核心价值、制度模式、整体格局、活力之源均与西方现代文明有所不同。

1.3　如今谈论精神信仰重建的人，常常会从一些外部因素出发。这些外部因素包括：在东亚四小龙地区儒学如何发挥了作用，儒学或国学中如何包括着精神信仰，没有信仰如何可悲……这些论证虽然有很大的合理性，但是停留在这种类型的论证之上终究是不够的。因为它毕竟还是以外部需要为前提、通过理智的方式说服人们，而且这种说服方式也似乎先入为主地认定了只有国学或儒学才能拯救人们，这就注定了难以达到预期成效。

首先，信仰是人内心世界中最重要的事情，只有当一个人从内心深处感受到信仰的力量时，信仰才能成为信仰。在此之前，有谁会轻易将自己的生命托付给任何一种信仰呢？

其次，人为区分中国文化与非中国文化，有时是没有用的。更多的时候人们选择了儒学或国学，不是因为它们带有"中国"的标记，而是因为亲切感或魅力。基于同样的道理，有些人接受了非中国的宗教或信仰，如基督教。教训在于：什么样的信仰能被人接受，关键不在于它是否符合民族性，而在于能否打动人心。尽管信仰确实有民族性，但把民族性当作接受某种信仰的主要理由，则行不通。

1.4　必须非常明确的是，精神信仰是不可以人为地提供给人的。从根本上讲，信仰不是建立在社会需要之上，而是建立在人性需要上。如果因为发现今天的中国人没有精神信仰不行，所以大家一起来讨论该为这个社会提供什么样的信仰，也容易产生误导，即误以为可以把一些现存的信仰强加给全社会。信仰的兴起可能与社会需要有关，但是精神信仰的基础从来都不是社会的需要，而有自身内在的根据：

首先，精神信仰不是一个单纯理智的事情，而是在共同参与中被体认到的生命价值，是一项精神生活建设的持久工程。信仰正是在这一过程中建立起来的。

其次，在中国文化传统中，信仰从来都不是指去"信"某一个外在的对象，如耶稣基督、上帝、天国（理想国）或某某主义之类，而是通过修炼和完善自己的人格，体验和收获生命的价值，从而树立起对于人生坚定不移的信念。

1.5　基于上述，本章论证中国文化的最高理想采取迂回策略，即先不急于回答"它是什么"，而是先分析"它不是什么"；先从外部分析它有什么特征，再从内部探索它有什么内容。虽然我们最后给出了答案，但是必须提醒的是，这些答案只是作为方法、视角而不是结论提供给大家的。作为中国文化的最高理想，它不是一种要人们无条件遵守的信条，不是结论或指导原理，而只代表要人们在生活中参与和体验的方向。

（二）

2.1　重铸中国文化的最高理想，并不是人为地制造某种价值目标或乌托邦理想，强加给中国这个民族，而是尽力理解这个民族在新的时代条件下在自我发展方面的唯一必然选择，从这个角度说，文化最高理想应当是客观自明的（self-evident）。所谓"唯一必然选择"，也意味着只有这个理想，才能给这个民族在未来可以预见的岁月带来生机与活力，成为激发无数人奋斗不息的活力源泉，并成为中华儿女在世界民族之林中真正找到自信的精神支柱。之所以是"唯一的"，还因为它是最高理想，不同于普通的人生理想；毕竟最高理想需要面对所有的人、所有的利益群体和所有的行业，要对它们都有指导意义。如果它不是"唯一的"，那就不是"最高的"。后面的论述会帮助我们进一步理解为什么最高理想要符合"唯一性"原则。

2.2　文化的最高理想，并不是指某些人借助美丽的辞藻为文化描绘蓝图，人为设计一套外在的理想社会模式，让人们因为这一理想或蓝图无限美好而去追求它。相反，文化的最高理想是内在于文化自身的，是文化先验地具有的内在本质。什么意思呢？一个文化的最高理想，必须是每一个普通人都可以用心感受到的东西，它必须能对人们的当下生活发生直接作用，而不是神秘或高不可攀的。它就好比人们生活的一部分，是个人内心世界的本质内容，也是把个人从混沌迷茫中解脱出来的指路明灯。

2.3 我们可以把文化中人比作一群黑夜里迷路的孩子，有时需要大人指点才明白自己该怎么走。但是他们应该走的正确方向，并不是大人所强加给他们的，或大人出于己见人为发明出来的，而是早就由自然环境预先确定了的。同样的道理，文化的最高理想作为文化发展的方向，不是设计或发明的产物，而是文化自身的内在本质决定的。

因此，严格说来，"重铸中国文化的最高理想"，对我们来说主要任务是去理解和发现什么才能成为今日中国文化的最高理想，什么才符合"唯一必然选择"这个标准。让我们先抛下一切传统或国学的条条框框，沉下心来好好想一个问题：中国人在新世纪里只有接受什么样的文化理想，才能引领他们在精神上不断向上，赋予他们无穷的生命活力、无尽的精神源泉。

2.4 从这个角度说，文化理想的确立，不是基于逻辑论证和思辨分析，而是基于"发现"，就像数学家发现公理一样。文化理想的终极基础，类似于几何公理：其全部合理性在于，一旦它被发现出来，就是任何一个有正常理智的人都能接受，甚至不得不接受的。例如，"两点之间只能作一条直线"这条公理，它之所以成为公理就是因为人们不得不接受它，而不是因为有其他的逻辑根据和理论依据。相反，所有其他的几何学知识，原则上必须由包括这条公理在内的五条公理合乎逻辑地推演出来。与此同样的道理，中国文化的最高理想赖以成立的基础也在于，一旦它被发现，每一个具有正常理智和责任心的人都将不得不接受，并且把人们生活的方方面面串到一起，成为后者的最高原理或终极基础。

2.5 把文化最高理想等同于公理，意在强调它应当像常识一样是"自明的"（self-evident），但是这并不意味着它就没有力量。相反，正如几何公理一经发现就体现出了无与伦比的强大力量，文化的最高理想虽应像常识一样可以理解和接受，并不会因此而失去它的作用。我们应当认识到，正因为它是常识所认可的，才会对所有人都有力量。

比如说，我们不能把"道"、"天理"当作今日中国文化的最高理想，因为这与基督徒把"上帝"当作某文化的最高理想不成立一样，二者对多数人来说都不是自明的，不仅其含义不明晰，而且多数人也不能直接从中感受到自身生命的活力源泉。换言之，正因为"道"、"上帝"这类范畴含义对多数人不明，所以千百年来才有那么多人费尽心力来论证。

（三）

3.1　文化的最高理想，代表一个文化的终极目的，是该文化对人类共同体生活最高境界的追求或梦想，或通往该境界的核心价值。而这个文化的其他价值，都从某种意义上来说并不是终极目的或最高价值，或者是为这个理想服务的，或者是以此理想为基础的。

3.2　文化的最高理想还有另一个特征，即可由全社会各行业、各阶层的人共同参与，且代表一个为所有人服务的建设工程（它是动态过程，而非现成答案）。所以这一理想，不仅对学者、思想家有意义，也不仅对有人文关怀的学者有意义，它理应成为一切学科的人共同信奉的价值，也理应成为一切行业的人共同信奉的价值；无论他是学者、知识分子，还是工程师、政客，无论他是公司白领还是普通职员，是医生、护士还是病人，是律师还是法官，是士兵还是商人，等等。当一个社会各行各业在不断自我完善和健全发展的过程中，能共同认识到某种价值可以成为对他们都有益的价值理想时，这个理想才具备成为文化最高理想的条件。中国文化的最高理想，并不是某一个阶层或行业中人安身立命的终极归宿，而是千千万万生活在这片土地上的人共同的终极归宿。

3.3　最后，文化的最高理想，虽然是一个文化共同体的理想，

7

但应当立足于普遍人性的普遍需要，具有超越于具体国家、民族、团体、宗教的普遍性。正因如此，它虽然不像宗教那样，靠把人引向彼岸或来世达到永恒，但在现实生活中，它是人性体验永恒价值、实现自我超越、找到安身立命之本的文化价值理想。因此，中国文化的最高理想决不仅仅是为中国人服务的，而是必须为所有的"人"服务，包括中国人、外国人或其他人。从根本上说，它是为全世界甚至整个宇宙服务的。

3.4 事实上，人类历史上所有伟大的文化传统，都是从普遍主义而不是特殊主义出发的。儒家、佛教、基督教、伊斯兰教等无不是普世主义的，从来没有宣称自己只为某一民族、某一文化或某一国家服务。无论是古希腊哲学，还是近代欧洲的人文主义，也没有哪一个是以体现某种民族特色而提出来的。同样，今天西方人仍然崇尚的自由主义，也不是出于为哪个国家服务的目的而发明出来的。相反，正因为它自认普遍有效，才对其他文化作出评判，并在评判中确立了西方文化的优越感。当然，由于自由主义价值自身所存在的问题，它的普遍主义也演变成了文化霸权主义，这才是我们需要汲取的教训。所以我们应当探讨如何从普遍主义角度来确立中国文化的最高理想，而不演变成文化霸权主义。但如果不是从普遍主义出发，我们将不可能在人类文明的新时代真正确立中国人的文化自信，也不能真正对人类文化的进步有所贡献。

3.5 一个误区：中国文化的最高理想必须高度"中国化"，必须体现"中国特色"。我并不反对民族文化的特殊性，但是我想提醒人们注意的是：如果我们认为中国文化理想仅仅是中国的，或只为中国人服务，就等于在自己的文化与其他文化之间筑起了一座墙，我们会因为认识不到中国文化对其他文化的魅力而失去自信；更重要的，如果我们不能站在全人类的高度、从普世价值出发来引领人类进步的方向，就不仅缺乏包容宇宙、吞吐六合的胸襟，而且也不能在精神上找到永恒和不朽。所谓"天下同归而殊涂，一致而百虑"（《周易·系辞下》），文化的特殊性并不意味着他们没有共享的目标或方向。

（四）

4.1　只有真正优秀的文化理想，才能确保一个民族千年、万年的长治久安，确保一个民族在世界民族之林永远立于不败之地。狭隘的民族主义理想，本质上是自我中心主义，是胸怀狭隘和自私自利的表现，绝不能保证一个民族在世界民族之林立于不败之地。因为狭隘民族主义的心态乃是人们常见的本能反应，经不起理性反思和批判。正如在人际关系中自我中心主义者必然没有真正实力、会遭淘汰一样，那些完全为民族主义主宰的文化理想也同样不可能让一个民族在世界民族之林中永远立于不败。第二次世界大战时的日本和德国就是典型的例子。

4.2　孟子曰：

仁者无敌。（《孟子·梁惠王》）

中华文化在过去之所以成为世界文明史上为数甚少的几千年不曾中断的文化之一，决不是因为中国人一直能保持科技最发达、国力最昌盛或军事最强大。曾几何时，我们忘记了祖先的教训，把一切寄托在经济发展和国力增强上，寄托在有一天能够打败美国上，寄托在所谓的"实力"上。这其实是心灵空虚的表现，也使我们变成了别人眼中的野蛮人。毕竟经济的发展盛衰难定，国力的强盛不可永远，而文化的底蕴、文明的信念、人性的活力等等，才是一个民族长治久安的根本，是一个文化长盛不衰的千年大计、万年大计。今天的国人，有几个认识到了这一点？

4.3　今天我们到世界各国访问，可以发现世界上绝大多数国家都在为自己的民族而自豪。当然，不同民族自豪的具体内容有所不同。"自豪"往往来源于对自己民族"独特性"的认知，就像我们每个人都可能因为对自身独特之处的了解远多于人，所以为自己而感到自豪一样。相比之下，我们中国人更倾向于从祖先的辉煌历史中找到民族自豪感。然而，这种建立民族自豪感的方式是非常片面和一厢情愿的。因为，世界上任何一个民族都有值得自豪的"独特"成就，但有时自豪感中也暗藏着自我中心和唯我独尊心态。就像在人与人的交往中那些自我中心和唯我独尊的人会受到唾弃一样，一个只知道一味地自我夸耀的民族，是不能真正参与到世界文化交流和全球化的浪潮中去的，更不符合中华民族自古就有的谦卑做人的品质。而中国人今天的自我夸耀，从根本上讲还是因为一种内在的不自信，与一个多世纪以来养成的深深的自卑心理有关。

4.4 一些讨论儒学的学者，口口声声地谈"和而不同"，但一遇到国际争端，马上想到诉诸武力，并强调实力决定一切，认为中国与其他国家或地区的冲突只有靠实力才能解决。这一现象本身，就是他们内心深处缺乏文化自信的典型例证。这些人，在现代学科话语的支配下进入儒学或国学研究，不能在学术中找到人生意义的终极归宿，由此铸就了他们那缺乏爱心和失去平衡的心理只能在民族主义、功利主义等中获得慰藉。

一个多世纪以来，中国人在中国特色、中国文化特点和中国某学的话语中所一再重述的，乃是其不能自已的、可怜的自卑情结，所以没有胸怀、气度和境界。同样的现象充斥在教科书、新闻媒体等主流话语中，即一方面不断地强调中国文化的特殊成就，另一方面反复渲染落后挨打的逻辑。我们非常可悲地发现，在这一类话语中，从来没有强调过：我们应当如何来包容、理解那些曾经伤害过我们的民族，中国人应该如何学会尊重和爱其他的人从而使其获得拯救，包括那些与我们对立、仇视我们的人。我们从来认识不到，只有学会了尊重和爱每一个与我们不同种族的人，学会了包容和宽恕那些曾深深伤害过我们的人，我们这个民族才能真正成熟起来，赢得世人的尊重。

4.5 今天中国的民族主义在很大程度上来自于不能走出过去的历史阴影。一个多世纪备受蹂躏和欺压的历史，那些难以忍受的割地赔款的屈辱，以及远远落后于世界强国的现实，都使得国人至今对那段历史耿耿于怀，不能正确看待过去，不能正确定位自己的国家与西方发达国家及其他国家之间的关系。世界上不少民族，包括一些在工业化和现代化方面取得了巨大成功的民族，曾因为民族主义甚嚣尘上而毁于一旦。民族主义的极端化发展就是军国主义，甚至法西斯主义。今天，伴随着中国经济的发展和综合国力的提升，一个有责任感的中国人应当提醒自己的同代人和后代人，千万不要犯一些国家已经犯过的错误。

4.6　我们要谨记：中华民族的复兴，绝不能给人们留下这样的负面印象——它是一个喜欢记仇和报复的民族，它对过去历史上的屈辱始终难以忘怀，它会欺负比自己弱小的国家或民族，它追逐主导人类事务、支配种种资源方面的霸权和特权。而是相反：它能为人类的进步做点什么，包括向这个世界提供一些进步的思想和观念，即使这些观念未必能为其他民族或国家所完全采纳。而要想做一个真正进步的民族，首要的任务是解决自己的问题，这是一个永不停息、不能中止的过程，包括如何克服中国文化的习性所根深蒂固地具有的弊病，如何实现行业和社会的理性化发展，如何实现中国人精神的不断向上。一个伟大、进步的文明是通过自身的方方面面显现出来的，只有中国社会不断地走向完善才能真正给全世界留下口碑和风范。孔子云：

远人不服，则修文德以来之。（《论语·季氏》）

（五）

5.1　重铸中国文化的最高理想，不能基于建设一个经济富国、一个政治大国或一个军事强国的目标，而且必须基于建设一个真正伟大的文明，一个通过自身的活力让全世界向往的文明，一个对各种文化有示范意义的文明，一个对全人类有巨大吸引力的、真正进步的文明。由此，中国文化的最高理想，必须代表全人类最进步的价值，不仅为哪个特定的国家或民族服务，而是通过把一个民族引导到进步和自我完善的方向上去，从而对全人类的进步和发展作出贡献，引领人类进步的潮流。

例如，富国强兵作为民族主义理想当然没有什么不好，但是它的落脚点不是文明重建，因而也不能成为中国文化的最高理想。文明重建要确立具有永不磨灭的意义的文化理想和文化价值，而不是经济价值、政治价值或 GDP。

5.2　重铸中国文化的最高理想，要从全人类在现代条件下都有的共同需要和渴望出发，来理解中国文明与其他文明相比的"优越性"，认为后者恰恰体现在满足或实现人性基本需要和目标的过程中。这样它才会对其他文化有吸引力，真正对其他文明产生强大的示范意义。因此，重铸中国文化的最高理想，绝不是为了追求某种仅属于中华民族的价值理想，把我们民族和其他民族区别开来，满足于它的"中国性"。恰恰相反，正因为它追求的是基于人性基本需要的普世价值，而无国别特征，所以才对每一个人具有超越和永恒的价值，并激励人们舍生忘死、前赴后继地追求它。

5.3　儒家传统为我们提供了一种非常好的建立文化最高理想的途径——"夷夏之辨"。"夷夏之辨"的精神实质是"文明"与"野蛮"的对峙，从孔子的"修文德"到孟子的"王道"，都包含着这种精神。当然，"夷夏之辨"如果理解不当，也可以变成新的文化霸权主义，即把中国机械地等同于文明，而把非中国文化等同于野蛮。这是我们今天所应当避免的。儒家"夷夏之辨"告诉我们，如果一个文化真正是进步的、优秀的，不具有其他文化所具有的许多弊病，那么它就自然而然地成为人们效法的榜样。因此，文化的优越性不是建立在自我吹嘘上，而是建立在它所自然表现出来的吸引力上。

　　　　孔子曰："德之流行，速于置邮而传命。"（《孟子·公孙丑》）

　　《国语·周语》有云：

先王耀德不观兵。

并引《诗》云：

> 载戢干戈，载櫜弓矢。我求懿德，肆于时夏。（《诗·周颂·时迈》）

《左传》僖公二十八年引《诗》以赞文公曰：

> 惠此中国，以绥四方。（《诗·大雅·民劳》）

5.4　让我们回到"夷夏之辨"来谈论中华文明重建和中国文化的最高理想。古典儒家的礼义思想，以"夷夏之辨"为精髓，代表了一种伟大的文化自信，其精神实质是要努力建成与一切野蛮行为对立的文明之邦，作为进步、自由、和平、幸福、宽容以及爱的模范和源头。他们主张用这种思想来处理与周边国家的外交关系，乃至与整个世界的关系，而不主张靠武力和征服。

> 孟子曰："今王发政施仁，使天下仕者皆欲立于王之朝，耕者皆欲耕于王之野，商贾皆欲藏于王之市，行旅皆欲出于王之涂，天下之欲疾其君者，皆欲赴诉于王。其若是，孰能御之？"（《孟子·梁惠王》）
>
> 孟子曰："以力服人者，非心服也，力不赡也；以德服人者，中心悦而诚服也，如七十子之服孔子也。《诗》云：'自西自东，自南自北，无思不服。'"（《孟子·公孙丑》）
>
> 孟子曰："无敌于天下者，天吏也。然而不王者，未之有也。"（《孟子·公孙丑》）

设想一下：假如我们能最大限度地消除腐败、缩小贫富差距；假如我们能建立世界上最廉洁高效的政治、经济、法律和教育制度；

13

假如我们树立良好的社会风气，建设一个国民道德素质和水准极高的社会；假如我们最大限度地实现社会正义，让一切有良知、有能力的人充分发挥作用……如果我们能建立这样的社会，还愁自己孤立于世界民族之林吗？还怕别人不服我们吗？

　　5.5　常听国人愤愤不平地抱怨说，境外政客或媒体误解甚至妖魔化我们。这使我想到孟子在两千三百多年前说过的一句话：

> 爱人不亲，反其仁；
> 治人不治，反其智；
> 礼人不答，反其敬。
> 行有不得者，皆反求诸己。
> 其身正而天下归之。
> （《孟子·离娄》）

为何我们大谈传统文化的伟大，在现实中却没有古人的美德？试问：暴跳如雷地指责西方人对我们不公，符合古人的智慧吗？为何我们在国际事务上稍微受了一点委屈，马上就上升到仇恨，并把一切希望寄托在"祖国强大"之上，而拿不出耐心、包容和爱来？孟子云：

> 仁者如射：
> 射者正己而后发；
> 发而不中，
> 不怨胜己者，
> 反求诸己而已矣。
> （《孟子·公孙丑》）

一个真正文明、有教养的礼仪之邦，岂能因为别人的批评或误解而作出粗鲁的情绪化反应？这样的反应本身，是不是恰好证明我们还没有资格成为人类文化进步的使者，离扮演引领世界文化进步潮流的角色相距甚远？它不仅是没有自信和教养的表现，也与"夷夏之辨"精神背道而驰。

（六）

6.1　基于上述辨析，我认为今日中国文化的最高理想，至少应包含这样的内容：每一个生命的健康成长，每一个人潜能、创造力与个性的发挥，人格尊严与正当自由的确保，以及人生幸福与价值的实现。这一理想的精神实质在于把每个生命本身当作目的，在更高的层次上，它追求的是世界各民族的大同，甚至是人与宇宙共生共长、相辅相成与和谐发展。这一切，也许可用"保合大和"、"各尽其性"八个字来概括。

6.2　现在我们可以根据早先所说的文化最高理想赖以成立的若干条件来讨论：这里所提出来的内容，是否有资格成为中国文化的最高理想？比如：它是不是自明的、人人都能接受或无法否认的？它是否可看成是一种普世价值，不受国别、种族、宗教等的限制？它是否对所有行业、所有阶层的人同样有效？它是否有利于中华民族与其他民族通向进步而不是争强斗狠的良性竞争，从而有利于中华民族永久自立于世界民族之林，并有利于世界的和平与进步？它是否可算是最高层次的文化理想，从而与其他类型的价值（如主流价值、核心价值、人性价值等等）相区分，还有没有比它更高的文化理想？……

想再次强调的是：这里所提的文化理想不仅对一切批判开放，更重要的是，它仅代表思考问题的一种方法、一个视角，而不是一个现成的、随时可以套用的结论。

6.3　我们可以把西方文明 18 世纪以来的文化价值理想如自由、民主、人权等等拿来与这里提出的文化理想相比较，看看哪一个更有资格成为人类文化的最高理想。

相比之下，本章所提中国文化的最高理想有其独特的优势：以之为标准来开展世界各民族之间的竞争，那么世界各民族之间竞争的内容将不是政治力量、军事力量或综合国力，而是在文明、进步的程度上相互竞争；一个能使更多的人获得个性的发展、人格的提升、尊严的确保、自由和价值的实现的民族，将是更进步的民族；一个靠强力招摇于世，对内压制人性发展、对外炫耀武力的民族，就属于野蛮的一类。由此出发，一切文化霸权主义将无所遁形。

6.4　上述所谓的中国文化理想，在中国古代思想史上，可找到大量支持它的资源。

例如，《中庸》中讲"尽其性"，与我们今天所说的潜能的发挥、人格的健康与人的全面发展理想是完全一致的。《周易·象传》中说"乾道变化，各正性命"，《系辞》中说"生生之谓易"，其道理也与我们今天所说的人的健康、全面发展完全一致。

又如，《礼运》中的"大同社会"，实指一个完全实现了公平和正义后的社会理想；所谓"不独亲其亲，不独子其子，使老有所终，壮有所用，幼有所长，鳏寡孤独废疾者，皆有所养"，与前面所讲的中国文化最高理想是完全一致的。

再如，《周易·象传》中讲"保合大和"，《中庸》中主张"致中和"、"与天地参"，可以说正是前面所说的各民族的大同，人与宇宙共生共长、相辅相成与和谐发展理想的古典表述。

究竟上述文化理想背后的来源是什么也许并不重要，因为我们试图站在人性这个简单的平台上，来寻找衡量人类不同文化进步、好坏和优劣的共同尺度。

6.5　人们也许会问：一个国家，如果不能在经济上富足，在国际事务中展现政治军事实力，只是一味追求所谓的文化最高理想，岂不是纸上谈兵？况且文化理想的实现需要一定的客观条件来保证。我不反对这一说法，但是本章所谈的是文化理想，不是政治理想、军事理想和经济理想，更不反对人们追求政治理想、经济理想和军事理想，但是我们认为文化理想应当居于更高的层次，对后者有指导作用。例如，政治地位的提升不能被用来追逐霸权，军事实力的提升不是为了征服或欺压，经济实力的增强不能以剥削别国为前提，等等。一个政治家希望中国成为一个政治大国、经济富国或军事强国是可以理解的，但是一个民族的最高文化理想应该受更高级的文明理念支配。

6.6　文化理想的重建是国人精神信仰建设的一个重要组成部分。不过文化理想只是一个社会精神信仰系统中的一部分，而非全部。一个社会的精神价值系统至少包括如下若干方面：

（1）文化最高理想。

（2）社会主流价值或基本价值。包括一个社会中占统治地位的一系列道德价值与行为规范。比如传统中国社会的主流价值有仁、义、礼、忠、信、孝等，古代雅典城邦的主流价值据柏拉图等人总结应包括智慧、勇敢、节制、正义等，现代欧美社会的主流价值有自由、人权、平等、博爱、民主、法治等。

（3）宗教价值系统。任何一种宗教都会提供一套价值系统，并通过信仰的方式来体现。宗教价值有时与社会主流价值相互促进，比如很多宗教教人为善，从而与社会主流价值一致。宗教是迄今为止人类多数民族精神生活中最主要的组成部分，它的不可替代的作用之一是通过系统、专门的训练渗透到人们生活的每一个细节中；它的另一个独特特点是超越性（transcendentality），即通过彼岸或永恒来帮助人们实现灵魂的终极转化和拯救。

在上述三个方面中，本章所探讨的是第一方面。与社会主流价值相比，文化最高理想有两点不同：如果说社会主流价值是多种多样的，那么文化最高理想则是"唯一的"；如果说社会主流价值是普通层次的，那么文化最高理想则是"最高层次的"。与宗教价值相比，文化最高理想亦有两个特点：如果说宗教价值是彼岸的（other worlds-oriented）和超验的（transcendent），那么文化最高理想则是此岸的和世俗的；如果说宗教价值是从个人出发的，那么文化最高理想是从文化出发的，带有为文化指明方向的性质。文化最高理想不同于宗教理想，尽管二者都可能从普世主义角度提出自身的价值。这是因为文化最高理想并不是某种宗教组织提出来的，而是全社会所有公民的价值观。只有对于全民信教的民族来说，才会把它所信

17

的宗教的终极价值，当作本民族的最高文化理想，并从宗教来规范该民族的主流价值。对于这样的民族来说，上述三个方面的文化价值合而为一了。对于多数国家或民族来说，上述三个方面的价值系统是相互区分并有层次的，其中文化最高理想对后面两方面的社会价值起规范和指导作用。无论是社会主流价值的形成，还是宗教等社会空间的自治与理性化都可以在文化最高理想指导下进行。

附：文化与文明

现代语言中的"文化"来源于拉丁文 colore 一词，本义是耕种、栽培等（在教会中则指崇拜），后延伸为个人心灵和涵养由学习而获得的进步，即涵养、教养之义。这一含义在现代汉语中也存在（比如"文化素养"一词）。一般认为，"文化"一词的现代含义是人类学家爱德华·泰勒（Edward Taylor，1832—1917）于 1871 年创立的，指一个社会知识、信仰、艺术、道德、法律、风俗乃至技能等等的复合体。[①] "文化"是一个现代术语，这可从现代"文化"定义直到 1871 年才形成这一事实得到说明。克鲁伯（A. L. Kroeber，1876—1960）、克鲁克洪（Clyde Kluckhohn，1905—1960）一共搜罗到 164 种不同的"文化"定义，其中 157 种均发生于 1920—1950 这 30 年间。[②]

Philip D. Smith（1964— ）概括了"文化"的三层含义：智识、精神和审美能力的进步；各种文艺活动及其产物，如电影、艺术、戏剧等；民族、群体或社会作为一个整体的生活、活动、信仰和习俗。[③] 克鲁伯、克鲁克洪所编《文化：概念和定义的检讨》一书中对"文化"一词的来源及演变作了最为系

[①] Kroeber & Kluckhohn, *Culture：A Critical Review of Concepts and Definitions*, Cambridge, Mass.：The Museum, 1952, pp. 9 - 11；泰勒：《原始文化》（重译本），1页，桂林，广西师范大学出版社，2005。

[②] Kroeber & Kluckhohn, *Culture：A Critical Review of Concepts and Definitions*, pp. 149-150.

[③] 参见 Smith：《文化理论的面貌》，1~2 页，台北，韦伯文化国际出版有限公司，2004。

统而全面的考察，他们在归纳"文化"的各种不同定义时，发现了如下一些"文化"关键词：（1）"罗列条目"（如泰勒的定义）；（2）"传统或遗产"；（3）"习得"；（4）"自我调节手段"；（5）"生活规则或方式"；（6）"模式化行为"（patterning）；（7）"习惯或习俗"等。这些非常有助于我们认识文化的特征。①

大抵来说，文化人类学家倾向于把文化当作一群人（一个种族或民族）的生活方式。例如，林顿（Ralph Linton，1893—1953）说，文化就是"任何社会的整体生活方式"②；克鲁克洪说，文化就是"某个人类群体的独特生活方式，他们整套的生存式样"③。赫斯科维茨（M. J. Herskovits，1895—1963）说，"文化就是一群人的生活方式"④。

文化的形成可能与长久的历史积淀有关，因而，它的特征也不会轻易被改变。这是因为文化包含某种特定的思维方式、心理结构、价值观念等，而一个社会的制度结构、社会整合方式等往往是建筑在这些深层的思维—心理结构之上的，后者具有十分顽固的历史连贯性。本尼迪克特（Ruth Benedict，1887—1948，亦译本尼迪克）认为文化内部有一种"无意识选择原则"，把大量的行为转化为某种一致的模式。⑤克鲁克洪则认为可将文化区分为显型（overt）与隐型（covert）两个层面，其中显型文化指人们可以有意识地把握的内容，隐型文化则是人们通常自觉不到的背景性观念，由一系列无意识的文化预设构成。⑥

我在使用"文化"一词时接受了上述"文化"观点，并认

①　Kroeber & Kluckhohn, *Culture：A Critical Review of Concepts and Definitions*，p. 150，ref. pp. 41-71.

②　林顿：《人格的文化背景》，20、28页，桂林，广西师范大学出版社，2007。

③　克鲁克洪等：《文化与个人》，4页，杭州，浙江人民出版社，1986。

④　Herskovits, *Man and His Works：The Science of Cultural Anthropology*，New York：Alfred A. Knopf, Inc.，1948，p. 29.

⑤　参见本尼迪克：《文化模式》，37页，北京，华夏出版社，1987。

⑥　参见克鲁克洪：《文化的研究》，见克鲁克洪等：《文化与个人》，3~34页。

为文化作为人们在其群体生活中历史地形成的特定生活方式，当它在大范围内部整合成熟时，就可能变成一种"文明"。因此，"文化"无疑是"文明"的基石，没有"文化"，就不可能有"文明"；但并不是每个"文化"都会演变成"文明"，只有精致、发达、成熟、有较大影响力的"文化实体"才可能成为"文明"。① 亨廷顿将"文明"理解为"最广泛意义上的文化实体"，并从较大的文化圈出发来将人类历史上和现在的"文明"归纳为若干个。他所说的"文化"，也指人们整个的生活方式，包括价值、规范、制度以及思维方式，血缘、语言、宗教、生活方式等等均是构成它的要素。②

本书在进行事实性陈述时（比如讨论"中华文明"时），在接近于亨廷顿的意义上使用"文明"一词（尽管我并不完全同意他有关文明冲突的观点），把文明当作高级、发达、成熟而完整的文化实体，在相当广大的区域里发生影响力，而不局限于种族和国界。比如我们不称伊朗社会（作为一个文化实体）为"伊朗文明"，而认为伊朗是整个伊斯兰文明的一部分。同样，我也不主张日本或韩国现代社会代表一个独立的文明，而倾向于认为一个不同于西方现代文明的东亚现代文明是可能的。③

---

① 有关文明概念的含义，及其与文化概念之间的异同，参见 Kroeber & Kluckhohn, *Culture：A Critical Review of Concepts and Definitions*，pp. 11-18；陈序经：《文化学概观》，28～42页，北京，中国人民大学出版社，2005。陈序经先生亦对"文化"一词在西方语境中的复杂含义作过较为系统的考察，参见《文化学概观》，16～53页。

② Huntington, *The Clash of Civilizations and the Remaking of World Order*，New York：Simon & Schuster Inc.，1996，pp. 40-48.

③ 尽管杜维明等人已经在一个区分于西方的意义上使用"东亚现代文明"或"儒教东亚（文明或现代性）"等一些类似的词汇，但是正如我在本书中所提到的那样，今日东亚社会并没有在核心和主流价值、制度架构、社会整合方式等重要方面真正从西方影响下自觉地走出来，而是在一种激烈的东西方矛盾、紧张、对立中痛苦中彷徨四顾，找不到出路。因此，一种理想意义上的东亚现代文明或现代儒教文明并未诞生。杜维明的观点参见 Tu, et al (eds.), *The Confucian World Observed：A Contemporary Discussion of Confucian Humanism in East Asia*，Honolulu, Hawaii：The East-West Center, 1992, "preface"，pp. 1-13, etc.；Tu, "Implications of the Rise of 'Confucian' East Asia," *Daedalus：Journal of the American Academy of Arts and Sciences*，Winter 2000, vol. 129, no. 1, pp. 195-218；等等。

此外，我主张一个可以称为"文明"的文化实体，必定在核心及主流价值、制度架构、社会整合方式、宗教及精神传统等方面表现出自身的"独特性"来，这也正是它能在相当广泛的范围内发生持久影响力的原因所在。正如历史所多次见证过的那样，"文明"作为大的文化实体，其形成、兴起和衰落往往经历较长的时段，而这些过程不仅与外部的影响（包括其他文明及自然环境等因素）有关，也与文明内部的矛盾和冲突有关。每一个文明都是矛盾的复合体，充满了深刻而剧烈的对立、斗争和融合过程，并在这一过程中前进或倒退、兴起或衰落。

从多元现代性到中国现代性

【提要】

2000 年，美国人文科学院杂志 *Daedalus* 在冬季号上第一期出版了一个"多元现代性"（mutiple modernities）专号，发表了多篇从非西方视野看现代性的论文。这个专号说明越来越多的有识之士认识到现代性不可能只有西方一种模式，21 世纪人类文明的多样化、多极化已日益成为许多人的广泛共识。对于非西方国家来说，多元现代性带来的真正挑战是，如何结合自身的传统、根据自身的处境创造本国或本民族的现代性，特别是回答一系列西方价值观在本土的适用性，重估本民族文化的核心价值。对中国人来说，中国现代性的独特性、意义和道路何在，其实已经困扰了我们一个多世纪，至今莫衷一是、争论不休。必须说明的是，多元现代性范式不是强调民族特殊性，而是强调不同文化之间碰撞、交融、解体以及重构的过程；必须先有各民族共享的底色——"现代性"，才谈得上"多元"；这是多元现代性范式（paradigm）比亨廷顿文明冲突范式优越的地方。本章先梳理多元现代性的各种研究，然后分析 John Clammer、杜维明等人关于东亚现代性的研究，并在此基础上讨论中国现代性所面临的挑战。

从文明冲突论说起

1993 年，美国哈佛大学政治学教授亨廷顿（Samuel P. Huntington，1927—2008）在《外交事务》夏季号上发表了一篇以《文明的冲突?》为题的论文，立即在美国和世界各地激起了强烈反响和广泛讨论，三年间讨论之多超过了该杂志过去半个世纪以来所发表的任何其他文章所引起的讨论，作者因此不仅在美国各地参加了无以数计的讨论会，还应邀到阿根廷、比利时、法国、德国、英国、韩国、日本、卢森堡、俄罗斯、沙特阿拉伯、新加坡、南非、西班牙、瑞典、瑞士、中国大陆和台湾等数十个国家和地区讨论该论文的主题。[1] 此后作者将论文内容扩充成《文明的冲突》一书于 1996 年正式出版。在书中，作者表达了这样的基本思想：冷战结束后世界格局发生了或正发生着重大调整，其基本特点是不再像冷战期间从意识形态出发划分阵营，而是呈现多极化（multipolar）或文明多样化（multicivilizational）的发展趋势；各国将以文化的亲近性为基准划分成不同的阵营，形成了西方、中国、印度、日本、伊斯兰、东正教、佛教、拉丁美洲、非洲等为代表的几大文明，未来世界冲突的首要来源也可能来自于这几大文明圈。

该论文和书对西方文明代表普世文明的说法持强烈批判态度，认为视西方文明为最高级、最进步、最文明的思想乃是西方人"一厢情愿"[2] 的想法，把西方文明包括西方的价值、制度和文化强加于其他文明，是"不道义"[3] 的。该书对于西方文明的未来特别是在冷战结束后发生的衰落表现了深刻的担忧，同时对中国的兴起和伊斯兰世界的反西方运动表现了特殊的关注。作者认为，鉴于人类

---

[1]　*The Clash of Civilizations and the Remaking of World Order*，pp. 13-14.

[2]　他说，"所谓存在'普世文明'乃是一个西方人的观念，这一观念与绝大多数亚洲社会的特殊主义以及他们对不同人群之间相互区别的重视相悖"（Huntington，"The Clash of Civilizations?" *Foreign Affairs*，vol. 72，no. 3，Summer 1993，p. 41）。

[3]　*The Clash of Civilizations and the Remaking of World Order*，p. 310.

世界已经进入了多极化发展或者说文明多样化的特殊历史时期，没有任何一种文明有理由宣称自己代表普世价值。他说：

> 文化和文明的多样性向西方人特别是美国人具有的、西方文化有普遍意义的信念提出了挑战。……在一个出现了种族冲突和文明碰撞的世界里，西方人对于西方文化普世性的信念遭遇到三个问题：错误、不道义（immoral）和危险。[1]
>
> 西方文明有价值不是因为它是普世的，而是因为它是独特的。因此，西方领导人的主要责任不是用西方的样子来重塑其他文明（这超出了一个正在衰落的力量的能力范围），而是去保存、保护和更新西方文明的独特性质。[2]

他指出，那些体现西方特征的东西，如个人主义、自由主义、立宪制、人权、平等、自由、法治、民主、自由市场、政教分离等等，均来源于西方特定的历史传统，在亚洲文化及其他文明中未必能找到共鸣，而其他文化也不一定非要向这些西方的价值、制度及文化学习[3]；相反，"西方人传播这些观念的努力导致了反对'人权帝国主义'的反应和对本土价值的重申"[4]。他甚至赞扬新加坡政府所倡导的一系列与西方文明的个人主义和自由主义相反的儒教价值，是保存自身文明特殊性的合理努力，值得美国政府效法。[5] 他还引用"中体西用"这一说法强调，现代化不等于西方化，非西方国家面对西方文明的强势，不一定要采取全盘拒绝或全盘接受的态度，而是在保持自身价值和传统的基础上发展现代科技、经济和军事。[6]

---

[1]　Huntington，*The Clash of Civilizations and the Remaking of World Order*，p. 310.

[2]　Ibid.，p. 311.

[3]　Huntington，"The Clash of Civilizations?" pp. 40 – 41；Huntington，*The Clash of Civilizations and the Remaking of World Order*，pp. 69 – 72.

[4]　Huntington，"The Clash of Civilizations?" pp. 40 – 41.

[5]　Huntington，*The Clash of Civilizations and the Remaking of World Order*，pp. 318 – 320.

[6]　Huntington，"The Clash of Civilizations?" pp. 41 – 42；Huntington，*The Clash of Civilizations and the Remaking of World Order*，pp. 72 – 78.

亨廷顿的论述，显然极大地凸显了文化在21世纪全球事务上的重要性。"在这个新的世界上，冲突的基本来源将主要不是意识形态的或经济的。人类最大的分化或最主要的冲突来源将是文化的"①。尽管我们可以不同意以文化为基准划分世界阵营的说法，但是"文明冲突论"在全世界产生那么大影响这一事实本身，充分说明意识形态的力量不如文化强大。一个多世纪以来，人们在意识形态的斗争中付出了无比沉重的代价，这些斗争以各种政治变革、政治运动或政治清算的方式进行，导致多少颗人头为之落地，多少人的血因之流干，多少青春被它耗尽……今天，当革命时代结束，回过头一看，发现从长时段的历史区间来看，真正对人类历史进程有实质性影响的东西还是文化，而非政治或意识形态。当然，这并不是说政治、意识形态与文化无关（许多政治或意识形态运动是由于文化背景而起的），但二者的区别也显而易见。意识形态代表指导原理，文化代表生活方式；意识形态是暂时的，文化是持久的。

然而，亨廷顿的观点也有若干明显缺憾：

其一，亨廷顿主要注意到人类各文明之间的异质性，以及由这种异质性所可能引发的冲突，而忽略了任何文明都不是铁板一块，而是在不断变化着的。无论是西方文明还是中国文明或其他所有重要文明，都经历了巨大的变化。何况在今天这样一个全球化时代，交通空前便利，交流空前频繁，各国相互需要也空前深刻。另一个最重大的事实是，几乎所有的非西方社会都面临着如何在西方文明的强大势力面前选择和调整的问题。正如亨廷顿自己所说的，他们不得不在拒绝、接受或有选择地接受三者之间作出选择。而选择一旦发生，究竟一个文明是不是还能保持自身的同一性是很难说的，未必像亨廷顿所认为的那样，非西方文明只是在学习西方文明的过程中本质不变。正如亨廷顿自己所指出的那样，今日西方文明的特征来源有古希腊哲学、古罗马政治与法律传统、基督教、文艺复兴等一系列因素，这些因素没有一样不使西方文明的性质发生了深刻

---

① Huntington,"The Clash of Civilizations?" p. 22.

的变化。很难说西方文明在这些因素发生前后就有固定不变的本质。亨廷顿强调了不同文明的异质性、不相通性，而忽视了文明的流变性和共通性，尤其在今天这样的时代，多数文明正在发生着的变迁都是极其深刻的，甚至可能是史无前例的。这些变化究竟去向何方，变迁后是否仍然与西方文明异质，恐怕需要认真探讨。

其二，对于非西方世界来说，与其说 21 世纪面临的主要挑战是不同文明或文化之间的冲突，还不如说是如何在西方文明的超强势面前寻找现代性。亨廷顿"世界多极化"或"文明多样化"的说法诚然正确，但是并没有切中非西方社会如何实现现代化这一要害，后者对它们来说才真正具有生死存亡的意义。一个多世纪以来，多数非西方社会都在极其痛苦地追求着自己的现代性，有的付出了惨重代价，其中最艰难、最危险、最具有挑战性的议题就是如何在保持本土文化传统的基础上实现现代化。中国鸦片战争后从洋务运动、戊戌维新、辛亥革命、五四运动直到改革开放的艰难历程就是最好的例子。因为在现代化的冲击面前，传统社会结构几乎遭遇了灭顶之灾，所有的非西方社会都同样经历着工业化和现代化所带来的社会结构的脱胎换骨，与此相应的是政体、法律、教育、经济以及生活方式也同样发生了深刻变迁，与以前相比几乎面目全非。亨廷顿由于主要关心"为西方文明找出路"这一议题，对于非西方文明的出路，只是简单地认为非西方社会在接受西方现代性的时候，应当主要学习西方的科技和经济，同时保持自己的价值、传统和文化。而实际情况决不是如亨廷顿所说的"传统文化价值加上西方科技和经济"那么简单，许多非西方社会在社会结构彻底变迁、新的文化价值蜂拥而至的情况下，传统价值遭到了激烈批判，对一些西方价值的崇拜无以复加，结果是难以在短期内自我调适、彻底重建，出现了剧烈的动荡，数十年甚至上百年间难以恢复正常，其深层原因需要进一步思考。

其三，亨廷顿对于西方文明非普世文明以及所谓文明多样化的论述，基本上都是基于西方文化在非西方社会传播中所遭遇的反对来立论，而很少或没有从理论上来回答一些被公认为普世价值的西方价值如人权、民主、平等、自由、法治等之类，为何不能为非西方社会所接受。比如美国学者福山（Francis Fukuyama）认为自由民主制有普世价值，是因为他认为只有这种制度才能最大限度地满足所有人的尊严需要。[①] 亨廷顿在书中几次批评福山的观点，只是指出福山的观点过于乐观，而未从正面回应福山的立论基础。[②] 事实上，我们早已习惯了"民主可以让人民当家作主"、"法治才能防止腐败极权"、"自由人权代表人类基本需求且能确保人的尊严"等一系列说法。如果说这些东西是西方的，非西方文化不一定要接受它们，必须给出充分的理论根据。在今日之日本、韩国、台湾等很多非西方社会，上述西方价值和文化思潮方兴未艾，受主流话语广泛推崇，尽管这些非西方社会引进和实践西方价值的过程也给他们带来了巨大痛苦和混乱。如何在结合传统价值的基础上，创造性地吸收西方文化、价值、制度，才是它们真正面对的课题。因此，非西方文化在现代化的冲击下如何选择，绝不是"不能机械模仿西方"、"不能把西方文化强加于人"这一两句话所能回答得了的。

对于亨廷顿来说，忽视这些问题是自然而然的，因为他所关心的并不是非西方社会如何重塑现代性的问题，而是西方文明在新的世界格局下如何捍卫自身的问题，他的首要议题是世界政治问题。我认为亨廷顿思想最大的启发至少有二：一是从新的角度让我们认识了文化的重要性，二是对当代世界以多极化发展或文明多样化为主轴这一大势的判断。但是他的不足在于无法回答非西方社会如何重建现代性的紧迫问题，也无法回答在这些社会内部一系列冲突的根源（并不完全是西方与非西方之冲突），这说明"文明冲突范式"的局限性。2000 年，美国人文科学院杂志 *Daedalus* 冬季号第 1 期出版了一个"多元现代性"（mutiple modernities）专号，发表了多篇从非西方视野看现代性的论文。其中好几篇讨论伊斯兰教和中东地

---

① Fukuyam, *The End of History and the Last Man*, Penguin Books, 1992. 该书目前有若干中译本。

② Huntington, *The Clash of Civilizations and the Remaking of World Order*, pp. 31, 66-67.

区的现代性问题，一篇讨论印度的现代性与政治，一篇以苏联等为例讨论共产主义与现代性的关系，一篇讨论美国现代性从独立革命到国内战争期间的样式，杜维明有一篇讨论儒教东亚兴起的意义，还有一篇讨论了跨国移民运动与多元现代性的关系。这个专号也许可以看作当代西方社会科学界一个非常重要的公共事件。[①] 因为虽然此前已有不少有关多元现代性的论著，但是明确地把"多元现代性"当作一个具有全球意义的焦点话题，似乎还是第一次。从此，"多元现代性"一词在社会科学界被广泛采用，出现了一些较大的研究课题，在有关的学术会议、研讨班及书籍里也常使用这一术语。[②]

多元现代性视角提出了与亨廷顿的文明冲突说不同的思考方向：现代世界的多极化发展或文明的多样化与历史上任何时期均有本质不同，因为这一过程决不是像过去那样将不同的文明或社会完全分

[①] *Daedalus*：*Journal of the American Academy of Arts and Sciences*，Winter 2000："Multiple Modernities," vol. 129，no. 1.

[②] 此据 Eisenstadt, et al, "The context of the multiple modernities paradigm," in：*Reflections on Multiple Modernities*：*European, Chinese and other Interpretations*，edited by Dominic Sachsenmaier and Jens Riedel with Shmuel N. Eisenstadt, Leiden & Boston：Köln：Brill，2002，pp. 1–23。据艾森斯塔德等人介绍，迄今为止在多元现代性研究方面较有代表性的论著有：(1) *Daedalus*，2000 年冬季之"多元现代性"专号（*Daedalus*：*Journal of the American Academy of Arts and Sciences*，Winter 2000：Multiple Modernities，vol. 129，no. 1)。(2) 艾森斯塔德的专著《比较文明与多元现代性》（Eisenstadt，*Comparative Civilizations and Multiple Modernities*，Leiden，The Netherlands：Koninklijke Brill NV，2003)。(3) Dominic Sachsenmaier，Jens Riedel 和 Shmuel N. Eisenstadt 三人合编的论文集《多元现代性反思：欧洲的、中国的及其他的解释》（*Reflections on Multiple Modernities*：*European, Chinese and other Interpretations*，Leiden，the Netherlands：Koninklijke Brill NV，2002)。(4) MikeFeatherstone，Scott Lash 及 Roland Robertson 合编的论文集《全球的现代性》（*Global Modernities*，London，Thousand Oaks，New Delhi：Sage Publications Ltd.，1995)。(5) Peter J. Taylor 的专著《现代性：历史地理的解释》（*Modernities*：*A Geohistorical Interpretation*，Cambridge UK：Polity Press，1999)。其他还有如：(6) 宗教与多元现代性：Robert Hefner 的论文《多元现代性：全球化时代的基督教、伊斯兰教和印度教》（"Multiple Modernities：Christianity, Islam, and Hinduism in a Globalizing Age," *Annual Review of Anthropology* 27：83–104，1998)。(7) 对北美与拉美现代性的比较分析：Luis Roniger 与 Carlos H. Waisman 合著的《全球性与多元现代性：北美与拉丁美洲的比较视野》（*Globality and Multiple Modernities*：*Comparative North American and Latin American Perspectives*. Portland：Sussex Academic Press，2002)，等等。国内近年来也有不少介绍艾森斯塔德等人研究的文章发表。

开，而是相反，在一个全球化时代，所有文明之间的联系空前加强
了，所有的文化或社会都必须接受现代化这一共同使命。因此，世
界的多极化和文明的多样化却同时意味着一个贯穿所有文化和社会
的共同纽带顽强有力和史无前例地建立起来，这个纽带就是现代性。
多元现代性话题至少直接面对和试图回答，亨廷顿文明冲突论所未
探讨却又是所有社会所无法回避的重大问题：非西方社会如何在西
方压力面前建设自身的现代性。换言之，亨廷顿显然没有探讨，在
全球化和现代化的洪流中，为何非西方社会一方面追求自身的 iden-
tity，另一方面又不得不面对着向民主、自由、人权、法治等西方价
值看齐的内部压力？亨廷顿一再强调文明之间的差异，而没有关心
上述对所有非西方社会至关重要的问题。正如艾森斯塔德等人所指
出的，"历史终结"和"文明冲突"两种观点分别代表了两个相反的
极端，一个是西方普遍主义，一个是文化特殊主义。[①] 多元现代性
研究范式则不然，它一方面充分重视现代世界多极化或文化多样化
的事实，另一方面又注意到这些多样性却是在一个共同的基础即现
代性的基础上形成的，并致力于探讨这一既有多样性又有统一性、
既独立发展又相互依赖的现代世界格局是如何形成的。因此，它假
定了人类社会在 21 世纪的主要任务，并不仅仅要保存和发挥自身的
特殊性，而且要在建设自身现代性的过程中共同发展。这个问题显
然是亨廷顿所没有注意到的。亨廷顿由于受自身研究话题的限制，
并没有关注非西方社会如何面对现代化对它们所造成的巨大困境和
共同处境，而多元现代性范式则直接面对此问题。对于非西方社会
来说，"多元现代性"范式相比起亨廷顿的"文明冲突"范式的优越
性在于，它既认识到当代不同文明同中有异，也注意到把它们串连
到一起来的异中有同。

　　这里不妨先清理一下"现代性"一词的含义：

　　今按[②]："现代性"（modernity）一词从拉丁文 *modus* 演变而

---

①　Eisenstadt, et al, "The context of the multiple modernities paradigm," pp. 1–23.

②　King, "The times and spaces of modernity (or who needs postmodernism)," in: Feath-
erstone, et al, eds.：*Global Modernities*, London：Sage Publications, 1995, pp. 108–109.

来，英语中"modern"一词首次有记载的使用见于 1585 年；"modernity"一词首次有记载的使用见于 1627 年，指"现代的性质或特征"（quality or character of being modern）。《牛津英语词典》及 Webster 词典中"modern"意指"当前或现代的特征，与遥远过去相区别"。modern 与 contemporary 不同，后者指"当前的时代或时期"。Raymond William 指出，modern 和 modernize 较早期带有贬义，指某种合理性有待证明的变化；一直到 19 世纪和 20 世纪，这一概念才获得了褒义，指改进或有效（improved or efficient）。相比之下，contemporary 则是一个中性词。"现代性"的拉丁文原型 *modus* 是"衡量"（measure）的意思。Anthoy D. King 说，这让人想起另一个单词：英语词 modish（fashional）和法语词 *á la mode*。无论是"衡量"，还是"时髦"，"现代的"作为一个褒义词，都有"值得他人效仿、是衡量标准"的含义。

Görn Therborn 指出，"现代性"绝不是一个中性词。[①] 18 世纪以来，在欧洲，它代表时间之流中的进化次序。具体来说，"现代性"包含着传统/现代的区别，进步、提高（advance）、发展、解放（emancipation，liberation）、增长、积聚（accumulation）、启蒙、改良（embetterment）、前卫（avant-garde）、世俗化（this-worldly future）等等是现代性的关键词，从而与传统的智慧、美、荣誉（glory）等一些价值迥然不同。他进一步指出，现代性应当被理解为是一种特定的历史现象，它诞生于 18 世纪后半叶的西欧，早期先锋则有弗兰西斯·培根 1605 年有关学术进步的观点以及 17 世纪后期法国的文艺运动（*aesthetic querelle des anciens et des modernes*）。商业的快速增长、工业的兴起、科学的进步、法国大革命无疑是导致现代性诞生的决定性因素。文艺复兴（Re-naissance）和宗教改革（Re-formation）也是那个黄金时代（即现代性兴起时代）的一面镜子。

吉登斯（Anthoy Giddens）将现代性理解为"欧洲封建时期之

---

① Therborn，*European Modernity and Beyond*，London：Sage Publications Ltd.，1995，p. 4.

后首先建立起来的制度和行为方式"，认为"现代性可以粗略地理解为与'工业化世界'相等同"，其中包括"物质力量和机器广泛应用在生产过程中所体现出来的社会关系（这是现代性的制度轴心）"，以及"资本主义"——作为"一种商品生产系统，既包括竞争性的产品市场，也包括劳动力的商品化"，还有"民族国家"等现代性制造出来的"特定的社会形式（social form）"。与韦伯从工具理性及新教伦理的角度分析现代性，杜尔凯姆（Emile Durkheim，1858—1917，又译涂尔干）从"有机整合"（organic solidarity）与"机械整合"（mechanic solidarity）的区分来分析现代性，哈贝马斯从"生活世界的殖民化"来分析现代性等等不同，吉登斯主要从空间与时间相分离、"非嵌入性机制"（disembedding mechanism）、专家知识操控一切所带来的信用问题等方面来概括现代性的特点。①

　　Peter J. Taylor 倾向于从更加宽泛的角度来使用"现代性"一词，把现代性作为一"雨伞术语"（umbrella term），用以指生活在现代社会中的状态，它囊括了许多的经验。这一理解强调了现代社会中人的生活经验，也很有意义。他说："无论'现代'的后缀是'性'（现代性）、'主义'（现代主义）还是'化'（现代化），都无法隐藏它们赖以建立的共同经验。我将把现代性当作一个雨伞术语，以涵盖所有这些后缀所代表的经验，指生活在现代社会中的状态。这里所强调的是'在社会中'（on society），但现代性的含义在范围上并不限于社会，而是代表一个社会可以界定的特征（a defining nature of a society）。"②

　　综上所述，我想可以大体认为，"现代性"本义指现代社会的性质或特征，广义上包括生活在现代社会的一切经验。但是，究竟什么是"现代社会"也仍然是个争论不休的话题。今天，多数理论家们倾向于把现代社会理解为欧洲封建时期以后，特别是工业革命以

---

　　① Giddens, *Modernity and Self-identity：Self and Society in the Late Modern Age*，Cambridge，UK：Polity Press，1991，pp. 14-21.

　　② Taylor, *Modernities：A Geohistorical Interpretation*，Cambridge UK：Polity Press，1999，p. 15.

来所诞生的与人类历史上所有其他社会均有所不同的新型社会形态，其中包括工业化、市场经济、现代科技、公民社会等成分，还有人认为应包括资本主义、民主、法治、人权等因素。19世纪以来，随着卡尔·马克思、马克斯·韦伯、杜尔凯姆等人的理论努力，人们对现代性的含义——现代社会的特征——的认识大大加深了。20世纪中叶以后的社会理论家如帕森斯、哈贝马斯、吉登斯、福柯、布迪厄等人无疑进一步推进了对于现代性含义的理解。然而，所有这些有价值的现代性研究，均是基于西方现代社会而言。非西方有无"现代社会"呢？如果有的话，是不是完全以西方为标准而言的呢？

现代性是多元的？

艾森斯塔德[1]是目前倡导多元现代性最活跃的人物之一，他意识到文化对塑造现代性的作用，重视当今世界国际政治、经济舞台上霸权中心的不断转移对现代性的影响，对于中国、日本等所代表的东亚现代性也相当关注。Peter Taylor（1999）认为现代性并不是什么超越具体的历史和空间的超验存在，一旦脱离具体背景就无法理解它的真实含义。杜维明（Tu Weiming，2000）主张只有超越传统/现代、西方/非西方、全球/地方等一些二分式思维方式，才能真正理解世界各地的现代性。Göran Therborn（1995）提出了现代性路径的多样性问题（plurality of routes to and through modernity），

---

① 又译为"艾森斯塔特"、"艾森施塔特"等。其多元现代性论著参见 Eisenstadt, *Comparative Civilizations and Multiple Modernities*, Leiden, 2002; Eisenstadt, "Multiple modernites," *Daedalus: Journal of the American Academy of Arts and Sciences*, Winter 2000, vol. 129, no. 1, pp. 1–29; Eisenstadt, "Some observations on multiple modernities," in: *Reflections on Multiple Modernities: European, Chinese and other Interpretations*, pp. 27–41; Eisenstadt, "Multiple modernities in an age of globalization," *Canadian Journal of Sociology*, 24: 2 (Spring, 1999), pp. 283–295. 其中文译著可参见艾森斯塔德：《现代化：抗拒与变迁》，北京，中国人民大学出版社，1988；艾森施塔特：《反思现代性》，北京，三联书店，2006；艾森斯塔特：《日本文明——一个比较的视角》，北京，商务印书馆，2008。

即欧洲、美洲、日本、殖民地地区走向现代性的路径并不相同，代表了四种典型。也有不少有关多元现代性的个案研究，比如 Stanley J. Tambiah（2000）对于世界范围内的人口流动与现代性关系的研究，Mark Juergensmeyer（2002）、Dominic Sachsenmaier（2002）从非西方与西方世界在全球化时代的紧张关系角度对现代性的研究，Peter J. Taylor（1999）、Björn Wittrock（2000）、杜赞奇（Duara，2002）对欧洲现代性或现代性观念史的研究，Robert Hefner（1998）从基督教、伊斯兰教及印度教等宗教之间的关系出发对现代性的研究，Renato Ortiz（2000）等人对拉丁美洲现代性的研究，杜维明（Tu Weiming，2000）、金耀基（Ambrose Y. C. King，2002）等人对东亚现代性的研究，等等。

多元现代性问题的提出，代表当今西方社会科学界一个重要的动向，在这个动向背后，蕴含着现代性研究范式的转换。正如有的学者所指出的，20 世纪社会理论中占统治地位的观点，是把"现代社会"等同于"工业社会"，认为 18 世纪启蒙时期所提出的社会观念，如进步、理性、自由和科学，最终在现代工业社会中得到了落实，成为现代性的普遍内涵。他们由此构造了一个传统/农业社会与现代/工业社会的二元对立。① 这种普遍主义的现代性观念，今天在社会理论界遭遇到越来越强烈的反对。人们认为，各国的国情不同，文化与社会政治状况等方面的重要差异，西方现代性自身内在的问题，以及当代许多非西方国家对西方世界的排斥态度和民族主义等一系列因素都决定了现代性不可能永远保持与它的源头即西方形态一致。因此，把现代化或全球化等同于西方化是完全错误的。艾森斯塔德说：

> 多元现代性观点认为，理解现代世界事实上也是解释"现代性的历史"的最佳途径，就是把它看作一个现代性的文化纲领和文化样式以多样性的方式不断建构和重构的故事。②

---

① Taylor, *Modernities：A Geohistorical Interpretation*, pp. 19—20.

② Eisenstadt, "Some observations on multiple modernities," p. 27.

"多元现代性"一词的最重要含义之一就是，现代性不等于西方化。西方现代性模式并不代表现代性的唯一真实，尽管它具有历史的优先性，并且相对于其他现代性来说继续有基本参照作用。①

按照他的思路，我们可以把现代性比作一条河流，这条从西方发源的河流在流向其他广大地区的时候，不得不随着地形、地貌、生态、气候等一系列外在因素而变化，我们不能先验地预设这条河流有什么永恒不变的"本质"，而只能根据它在发展过程中所呈现出来的情况来理解其形态和含义。因为在这条河流横冲直撞的过程中，它的形态、成分、核心等等都有可能发生变化。尽管这条河从其发源地到其他各地的历程有清晰的脉络可循，但是它在各地之间的表现形态不能被理解为其原初样式在各地的复制或翻版。

杜赞奇（Prasenjit Duara）指出，在欧洲，18 世纪中叶时，人们还承认有其他文明（包括印度文明、中国文明、美洲本地文明等等）存在；但是从 19 世纪中叶开始，人们逐渐不承认人类其他文明是"文明"，而认为只有欧洲文明是真正意义上的文明，文明从复数变成了单数，认为欧洲文明代表唯一进步、优越的文明，并必将为全世界所有国家和民族所接受。这种文明观也是在欧洲现代民族国家（nation-states）形成的过程中形成的。这种欧洲中心主义的文明观一直到第一次世界大战至第二次世界大战之间才得以改观。其中两个对改变这种文明观贡献最大的人物是斯宾格勒和汤因比。斯宾格勒分析了西方文明的衰落，他描述其他文明所用的术语"文化"正是今日多元文明观意义上的"文明"之义。②

一些学者指出，一直到 20 世纪五六十年代，卡尔·马克思、杜尔凯姆以及特别是马克斯·韦伯等经典社会学家的思想仍然在社会科学界占统治地位；50 年代以来，经典现代化理论认为，现代性或

---

① Eisenstadt，"Some observations on multiple modernities，" p. 27.

② Duara，"Civilizations and nations in a globalizing world，" in：*Reflections on Multiple Modernities*，pp. 79-99.

现代社会结构的核心就是"解闭"（decomposition of older "closed" formations），即社会动员能力日益增强，社会结构、制度和文化日新月异。这些主要体现为社会结构日益分化，都市化及市场化程度不断增加，沟通渠道及教育机构持续发展。由此导致了现代国家、民族共同体以及新型的、资本主义政治—经济的产生。结果，现代性被理解为一种塑造着特殊类型个体人格的、独特的文化纲领（cultural program）。这种现代化理论的假定之一是：世俗化的理性主义世界观——包括强烈的个人主义人生观——和现代社会结构密不可分。第二次世界大战以后，绝大多数社会学理论、现代化研究及工业社会研究均认为，从欧洲现代性中发展出来的制度、管理和结合方式，以及现代性的文化纲领等，将会在所有现代社会中占统治地位。① 然而，这种观点正确吗？

Charles Taylor 提出，忽略文化差异、把现代性当作同源同质的思想导致陷入种族中心主义牢笼；利奥塔（Jean-Francois Lyotard）认为，西方现代性的宏大叙事对非西方文化来说简直就是暴力，是一种摧残和毁灭。越来越多的人认识到，现有的现代性定义是高度西方式的、男性的、白人的、个人取向的和非生态化的。Therborn认为现代社会发展不能被压缩成"西方及其他"这一程式（formula）。② 杜维明先生指出③，黑格尔、马克思及韦伯等人虽认识到现代性的缺陷，但是仍认为现代性是"精神"的展开过程，是人类历史发展过程的必然规律，儒教东亚、伊斯兰教中东、印度教印度及佛教东南亚均只能接受西方现代化的历史目标，而无法对之作出实质贡献。在这里，文化的多样性遭到了否定，接受西方现代性成为一切民族所无法抵挡的趋势。然而实际情况是，在一些西方现代思想家看来不言而喻的观点，在全球视野中却只有地方性含义，而不

---

① Eisenstadt, et al, "The context of the multiple modernities paradigm," in: *Reflections on Multiple Modernities*, pp. 3–4.

② King, "The emergence of alternative modernity in East Asia," in: *Reflections on Multiple Modernities*, pp. 139–152.

③ Tu, "Implications of the rise of 'Confucian' East Asia," *Daedalus*: *Journal of the American Academy of Arts and Sciences*, Winter 2000, vol. 129, no. 1, pp. 195–218.

是普遍有效。无论在西方还是在非西方，从传统到现代的过渡均未发生，传统从未消失，现代化过程（the modernizing process）被各种不同的地方文化传统所重塑。

其一，现代性从其发生时起，就从未有过统一不变的含义，即使在欧洲也是如此。

Peter Taylor 认为现代性本来充满着内在的矛盾，这种矛盾意味着现代社会永远处在解体、重构的变动之中，一方面是秩序和混乱永恒不断地交替并存，另一方面是它给人们提供了一个变动不居的社会生活环境，没有什么东西不会过时（正如 Marshall Berman《一切坚固的都化成了云烟》[*All that is Solid Melts into Air*，1982/1989]一书中所说的那样）。导致那些试图在现代社会确立秩序或把现代性固定化为若干方面的计划迟早都会过时。无论是发达国家的计划、公司集团的计划，还是苏联的计划，都是如此。事实上自从启蒙甚至更早自从 16 世纪以来，西方的现代性就一直在变化，并无固定不变的含义。比如 20 世纪社会理论中占统治地位的观点，是把"现代社会"等同于"工业社会"，但是事实上这一观点的片面性在于：一方面忽略了前工业时期如 18 世纪甚至更早，也已经"进入现代"了；另一方面，20 世纪 70 年代以来后工业社会的来临，是否就不是现代社会了呢？有人说这是"后现代"社会，但是如果我们发现把"现代社会"等同于"工业社会"的片面性，就会发现，所谓的"后现代社会"乃是后工业社会，而仍然是现代性——更准确地说，日常现代性（ordinary modernity）——的一个方面。[1]

Taylor 认为，欧洲的现代性从来就不止一种，从历史角度看，至少存在过三种形态，如果从早期即 16 世纪开始分析西方社会的发展历程的话：一是 16—18 世纪荷兰领导的商业现代性（mercantile modernity）；二是 19 世纪英国领导的工业现代性（industrial modernity）；三是 20 世纪美国领导的消费现代性（consumer modernity）。[2]

---

① Taylor, *Modernities: A Geohistorical Interpretation*, pp. 16-18.
② Ibid., pp. 31-34.

上述三种现代性，之所以被作为三个不同时期的标志，是因为它们都伴随着一种霸权主义，即某个国家或政治中心向周边辐射，并影响、支配和同化其他国家和地区；而从一种现代性到另一种现代性的过渡也是霸权中心的一次转移。

Göran Therborn 从路径的多样化来说明现代性的多样性，显然他这种路径差异的观点有助于说明多元现代性形成的原因。他从历史的角度分析了四条现代性路径：

欧洲路径：在欧洲，现代化的扮演者主要是民族资产阶级。但在瑞典和俄罗斯，工人阶级似乎起了决定作用。

"新世界"（The New World）路径：否定了欧洲的政府（*ancien régime* in Europe）。在新世界，即美洲，底层的大众民族主义是关键性的集体行为者。

外部威胁下的路径：自上而下的、民族主义的现代化路径，如日本和 19 世纪的德国。在当现代化是由于来自外部的威胁时，社会变革带有防御性，且自上而下；同时，一些传统文化的象征（如日本天皇）得以保存；

殖民地路径（Colonial Zone）：殖民地地区在异质文化的主导下以一些大城市为中心进行的现代化过程，其主要行动者是外国的民族主义者。

作者认为，一个民族或国家采取什么样的现代性路径，取决于这个国家或民族在世界体系中的地位，也取决于这个国家或民族的领导者。他还认为，全球的现代化过程是由"四处摄取"（accumulation）和"重新聚集"（collectivization）这两个相反而又相成的过程构成的。前者指不断冲破旧的限制（包括国家或民族限界），后者与此相反，即确立新的集体身份和群体边界的过程。在"后民族现代化"（post-national modernization）过程中，系统的边界一再被打破，新的世界市场不断形成，累积效应不断增加；相应地，形成固定的群体边界的难度也越来越大。①

---

① Therborn, "Routes to/through modernity," in: *Global Modernities*, pp. 124-139. 简短的综述，参见 Featherstone, et al, eds., *Global Modernities*, pp. 10-11.

其二，脱离具体的历史情境，从一种抽象的原理、价值或核心范畴来衡量现代性，这是导致把现代性单一化、欧洲化的主因之一。

例如，Björn Wittrock 说，一种流行的观点是把现代性归结为自由市场经济、议会民主制度等若干核心范畴，可是如果这样做，将发现即使欧洲在 19—20 世纪中也只有极个别国家符合此标准，甚至可以怀疑欧洲是否曾进入过"现代"，或者说在欧洲是否真的有"现代国家"。从经济的角度说，欧洲多数国家一直是政府参与经济程度极深，非完全自由市场经济，其社会性质类似于黑格尔所说的伦理社会，而无完全意义上的自由市场制度，除了英国等个别国家直到 19 世纪末叶才发生国家干预主义下的资本主义之外。虽然多数西方国家确曾发生过王室及行会影响的中断，但是也远远谈不上有过不受控制的自由市场经济和国际自由贸易。一直到 20 世纪 30 年代，多数国家都对进口进行严厉的限制。从政治的角度说，议会民主制度亦只在极个别欧洲国家得到较完整的实现。英国、荷兰、斯堪的那维亚等国虽然在 19 世纪到来之际发生了从君主立宪制到议会民主制过渡，但是从来没有实现过完全意义上的议会民主制；即使在法兰西第三共和国，投票权利也一直到第二次世界大战结束才扩展到妇女。在这方面，19 世纪初叶欧洲国家中也许只有荷兰是个例外，但这又与其所从属的俄罗斯在 1904—1905 年间被日本打败有关。①

Peter Taylor（1999）在《现代性：历史地理的解释》（书名现代性是复数）中明确提出，从历史—地理的角度来看现代性，明确反对跨越时间和空间来理解现代性。在这里，时间和空间并不是一个用来说明一个超越时空有效的现代性的辅助工具，而是代表现代性的特征的，就像故事（现代性）与地图（空间）紧密结合在一起一样。作者认为这是从具体的情境（context）出发来理解现代性，从历史地理的（geohistoric）视角看到的是多样的现代性，而不是单一的现代性。具体来说，是 16 世纪以来从商业现代性到工业现代

---

① Björn Wittrock, "Modernity: one, none, or many? European origins and modernity as a global condition," *Daedalus: Journal of the American Academy of Arts and Sciences*, Winter 2000, vol. 129, no. 1, pp. 31–60.

性再到消费现代性等的变化过程。此外，这种思维方式还可让我们认识到，现代性有两个最重要的因素：一是由政治国家所代表的霸权中心对其他国家和地区的影响和辐射作用[1]；二是日常现代性概念，日常现代性是作者所提出的以追求舒适（comfort）为特征的现代性。[2]

Anthony D. King 也提出，现代性主要不是一个"时间性"概念，而是一个"空间性"概念。具体来说，一方面，现代性并不是如人们所理解的那样，是一些价值观念传播的产物，代表某种抽象的"意义"，而是与世界体系相关的结构性存在。或者说，现代性主要包含空前未有的、普遍的交换过程和通过殖民地生产所实现的、世界范围内的劳动分工。另一方面，现代性的"空间性"还体现在它发生于城市，特别是世界性大城市中。这些城市创造流动，并处于快速流动中。今天，在全球化时代，现代性并不仅仅发生于巴黎和纽约，而且发生于巴西的圣保罗和印度的新德里等非西方国家的大城市里。在殖民地地区的国际性大城市里，不仅发生了人口和金钱的剧烈流动，也导致了方兴未艾的阶级的两极分化。对于这些地区来说，进入现代化才只有四分之一世纪，还根本谈不上需要后现代性。[3]

其三，导致现代性多样化发展的另一重要原因是西方现代性本身不是完美的，而是存在深刻的内在问题。正是因为如此，世界各国的人们不可能也无必要机械模仿西方的现代性。

正如艾森斯塔德等人所指出的那样，源于西方的现代性，事实证明并不是像当初人们所预期的那样代表着积极、进步、解放，而是相反，两次世界大战的爆发，以及帝国主义和殖民主义，使人们越来越认识西方现代性与战争、暴力、屠杀、压制、人口的非地方

---

[1]　Taylor, *Modernities: A Geohistorical Interpretation*, pp. 28–43.

[2]　Ibid., pp. 44–61.

[3]　King, "The times and spaces of modernity (or who needs postmodernism?)," in: *Global Modernities*, London: Sage Publications, 1995, pp. 108–123（简短的说明参见该书"前言"，Featherstone, et al, *Global Modernities*, p. 10）.

化不可分割地联系在一起。① 西方现代化并不是像西方理论家自己所想象的那么美好，也不完全是启蒙理想的完整实现，而是充满了霸权、征服和奴役。②

Peter Taylor 说，现代性从一开始就蕴含着的深刻矛盾和问题，其实早已为经典社会理论所揭示，特别是西方经典社会学理论（以马克思、韦伯、杜尔凯姆、席美尔等人为代表）。在他们的经典著作中，用"异化"、"反常"、"铁笼"（iron cage）、"未知数"（anonymity）来形容现代性的负面特征。但是令人遗憾的是，这些认识没有被西方社会科学界主流思想所接受，后者仍然以西方为核心，认为不发达国家或发展中国家要以发达国家为目标。按照他们的说法，一个本身存在着致命问题的现代性，却指望第三世界国家去学习它，以便实现"进步"，岂不可笑之至？③

其四，各国尤其是非西方国家的历史与文化传统差异，是导致现代性多样化发展的另一重要原因。

艾森斯塔德等人指出，世界各国现代性的扩张意味着来自于欧洲及后来美洲和亚洲的伊斯兰教文明、印度文明、佛教文明、儒教文明和日本文明等之间在文化前提和制度构成方面的碰撞。而这种碰撞的结果，必然导致现代性在不同的文化传统中不断得到重塑。④杜维明（Tu Weiming，2000）认真分析了儒家现代性（Confucian modernity）不同于西方现代性的一系列特点，他并表示，可以想见，一个佛教现代性、伊斯兰教现代性或印度教现代性是完全可能的。

Dominic Sachsenmaier 指出，我们从西方现代性的核心思想和社会结构一直变动不居这一事实就可理解，在非西方的现代国家里，现代性的差异必然会更大。以民主为例。过去人们一直倾向于把它视作现代社会一致可能具有的特征，但是事实上不同国家

---

① Eisenstadt, et al, "The context of the multiple modernities paradigm," pp. 5−7.
② Tu, "Implications of the rise of 'Confucian' East Asia," pp. 195−218.
③ Taylor, *Modernities: A Geohistorical Interpretation*, pp. 14−15.
④ Eisenstadt, "Some observations on multiple modernities," pp. 36−37.

的政治文化、制度、公共领域结构均有深刻的差异，因为民主和市民社会植根于其中的社会文化背景不同。特别是在亚洲四小龙地区，我们发现几乎所有在西方占主导地位的民族国家理论及民主条件理论都不适用。事实上，不同的国家和社会在接受西方现代科技和经济影响的同时，不是变得越来越接近，而是变得越来越不同了。① Sachsenmaier 的观点在郝大维、安乐哲的研究中得到进步说明。

郝大维、安乐哲指出，有人认为自由民主制 (liberal democracy)、资本主义和现代科技这三者代表现代性的三个最主要方面，因而也会成为人类所有社会发展的必然之路，这种观点是完全错误的，至少对中国来说未必适用。他们根据自己对中国文化的研究认为，中国无论是过去还是未来都将是一个社群主义的社会 (communitarian society)，如果中国人实行民主也应该是社群主义的民主 (communitarian form of democracy)。不能说这种民主不如西方的自由民主制好，相反，社群主义民主可以避免以权利为基础的自由民主制的一系列缺陷。他反对局限于从政治、经济的立场来谈亚洲民主，认为文化的视野对于理解亚洲民主异常重要。他们说，社群主义同样也是美国实用主义传统的一部分，该传统代表一种实践哲学，要求考虑一系列有关制度和人的价值，因而也是一种文化关怀。这种实用主义的文化态度，与儒家的态度是一致的，可以用来建构另一种类型的民主和现代性。他们试图论证，以权利为本位的自由主义 (rights-based liberalism) 从根本上不适合于中国国情 (Chinese situation)，并主张"儒家传统中包含可以转变成社群主义民主社会的成分"②。因此现代性不能完全按照西方样式来理解，而必定是多样化的。

Mike Featherstone 和 Scott Lash 指出，全球化过程是全球各种不同的势力相互竞逐和斗争的过程，在这一过程中，由于具体情境

---

① Sachsenmaier, "multiple modernities—the concept and its potential," pp. 43-44.

② Hall & Ames, *The Democracy of the Dead: Dewey, Confucius, and the Hope for Democracy in China*, Chicago and Lasalle, Illinois: Open Court, 1999, p. 13.

（context）的不同，非西方国家可能倾向于从自己出发来建构一种与西方现代性话语同样有普世价值的概念，所以不仅有欧洲化和美国化，也可以有日本化和巴西化。这种对于现代性的多元化回应方式，意味着"全球现代性"（global modernities）的到来。① 在这里，"全球现代性"是复数，而且指多个不同的现代性以自己为中心向全世界各个地区辐射。因此，西方的一些理论家构筑的"传统—现代性—后现代性"的单线发展模式在全球化时代并不适用。

我们将在下一小节专门展开论述东亚文化传统如何在塑造东亚现代性的过程中发生作用。

其五，非西方社会与西方社会的冲突日益激烈，导致许多非西方国家都在追求新的民族认同，这是导致现代性多样化的又一重要原因。

Mark Juergensmeyer（2002）以"9·11"事件为例，从分析伊斯兰世界的反美情绪入手，试图说明：这次事件并不仅仅是反对美国的霸权和非正义，同时也是在一定程度上反对现代化和全球化，因为世贸中心代表的不仅仅是美国，而且是现代世界的商业经济中心。但是，从恐怖分子精通现代技术手段等来看，他们恰恰又没有反对现代性和全球化。伊斯兰世界的反西方运动（anti-Westernism），从本质上说反对的是现代主义中的世俗化、个人主义及其怀疑主义。但这不等于他们没有建立自己的现代性，相反通过接受现代民族国家概念和采纳现代科技和金融手段，他们宣称建立了自己的现代性，这种现代性是建立在种族—宗教认同（ethnoreligious identity）基础上的，是一种宗教民族主义现代性。它的影响所及并不限于个别伊斯兰国家，而且有全球化趋势。

作者指出，这种反西方的、宗教民族主义的现代性，可以看成是全球化的一个产物。为什么这样说呢？因为不少非西方国家自认在全球化过程中受到了西方的控制、剥削和不公正对待。本来从 19 世纪到 20 世纪上半叶的殖民运动就已让非西方国家受到剥削，20 世

---

① Featherstone & Lash, "Globalization, modernity and the spatialization of social theory: an introduction," in: *Global Modernities*, p. 3.

纪后半叶以来，虽然不少国家走向了独立，但并没有因此而完全摆脱西方的控制。尽管在印度、埃及及伊朗都曾出现过亲美的政治领袖，但是年轻一代越来越不相信这些人物，倾向于彻底走出殖民化，反对西方式"世俗化民族国家"概念（secular nation-state），批评西方现代音乐、电影、视频、卫星电视节目在世界各地的传播，代之以建立在本土文化基础上的"种族—宗教式民族国家"概念（ethnoreligious nation-state）。美国之所以成为这些国家的敌人乃至成为恐怖袭击的对象，部分是因为美国对世俗化的现代主义（secular modernism）的传播。不仅如此，基督教、佛教也正在表达或希望参与建立宗教社会的政治诉求。这些均与亨廷顿所谓的文明冲突相关。

金耀基（King，2002）指出，东亚国家包括中、日、韩等国长期以来的经济成就，说明非西方国家已经在自觉按照自己的方式追求现代性。它们并不仅仅模仿西方国家，同时也在现代化过程中寻求自身的文化认同，突出自己的特殊性；不少非西方国家追求现代化，但却同时反对西方化，特别是有时表现为反对美国化。

其六，"多元现代性"作为一种研究范式有其特殊的优越性。

D. Sachsenmaier 分析了非西方社会在受到西方影响的过程中，所发生的传统文化与西方文化之间的冲突，以及对于这些国家来说寻找一个既适合本国传统又与现代性一致的文化是多么艰难。作者以中国为例，从晚清到五四运动、"文化大革命"以至于中国特色社会主义道路的发展过程，表明了中国人一直在传统与现代性之间的矛盾关系中徘徊。不仅有些共产党人，许多知识分子同样视中国传统与现代性格格不入。中国人能否自觉地以宽容开放的心态从传统中寻找到积极资源，将会对世界很多地区产生影响。各国文化传统与现代性之间的冲突，导致许多人在"要么传统，要么现代"，即本国文化优胜与西方文化优胜两者间痛苦挣扎，以至于一些人常常陷入两个极端之间而不能自拔。"多元现代性"概念引导人们取消这种极端和二分的思维方式，因为现代性的多元性意味着它并不必然排斥传统，而是提醒各民族、各文化从自身的传统出发来面对西方的现代性，并根据自身情况加以改造、利用。①

　　D. Sachsenmaier（2002）较为深入地分析了用"多元现代性"概念理解"现代性"的优越性。他说，现代化导致了世界各国的反现代性运动，包括早期在德国、日本发生的激进的极权主义运动，和当今的宗教极端主义（religious fundamentalism）思潮。这些运动向我们呈现了古老"文明"概念的消极作用：在一种极端相对主义文明观支配下，人们认为未来世界就是不同文明体系之间相互竞争的关系，"胜者为王，败者为寇"，即达尔文主义的"优胜劣汰"原则支配一切，试图证明本国或本民族有条件主导世界文明体系。"多元现代性"概念相对于"多元文明观"的优势在于：前者提醒人们生活在同一个地球上，处在同一个时代（即现代），需要相互合作、包容和开放；后者容易导致各文明的孤芳自赏或自我中心，并为了证明自己的"优越性"而开展并不友善包容的相互竞争。

　　基于以上原因，作者试图得出，用"多元现代性"概念来理解现代社会的优势在于：它向人们暗示一种新的现代性的途径，即不同民族、不同文明和不同群体一方面可以保持自身的特殊性，另一方面又以开放和宽容的态度共同建设自己的全球共同体。"多元现代性"这一视角的合理性在于认识到现代社会虽有许多共同之处，但不同的现代社会无论在思想上、制度上还是其他方面均有不同特征。认为现代性只有一个模式的思维方式，不利于人们处理或面对现今世界上所兴起的激烈的反西方运动，特别是一些原教旨主义（fundamentalism）用现代性手段来反对现代性。在这种情况下，文化上的"多元现代性"概念有利于降低西方与反西方之间的紧张。如果把"西方"与"现代性"捆绑在一起，现代性会和西方中心主义联系起来，结果可能是双方都掉入韦伯意义上的"铁笼"中不能动弹；如果把"西方"与"现代性"分开，二者都能焕发活力。一方面，"西方"所具有的人文主义和宗教遗产均不再被忽略；另一方面，"现代性"必须要去适应多种不同的制度环境、社会政治秩序及价值

---

① Sachsenmaier, "Multiple modernities—the concept and its potential," pp. 46-49, etc.

系统从而获得更大的生命力和更广泛的认同。① 总之，如果我们正视非西方文化与西方文化之间的冲突和矛盾，并主张以一种多元、包容的心态来面对这些矛盾，那么"多元现代性"就是一个最好的选择。②

还有不少学者从跨国移民现象来说明过去的现代性概念已经不适用跨国界、跨文化的新的群体认同现象。比如从东南亚到北美，全世界现在有四千万华人，这些人构成一种新的自我认同。这种新的共同体不是过去的民族国家范畴和文明范畴所能包含的。因为它超出了民族国家的边界，也不构成一个独立的文明（分布于不同的国家版图和不同的文明体系之内）。这种新的身份认同现象，意味着从民族国家来理解现代性已经不够。③

奇特的东亚现代性

根据杜维明等人的观点，在对非西方社会现代性的研究中，东亚现代性，或者说儒教文化圈的现代性，自从 20 世纪 70 年代以来就受到了西方学术界的广泛关注。这是因为自从 20 世纪 50 年代以来，东亚已成为全球经济增长最快、现代化最成功的"亮点"，日本和亚洲四小龙的兴起引起了人们对东亚现代性的讨论兴趣。④

金耀基（King，2002）引用美国社会学家 Edward A. Tiryakian

---

① Sachsenmaier, "multiple modernities—the concept and its potential," pp. 42-43.

② Ibid., pp. 57-64.

③ Tambiah, "Transnational movements, diaspora, and multiple modernities," *Daedalus: Journal of the American Academy of Arts and Sciences*, Winter 2000: "multiple modernities," vol. 129, no. 1, pp. 163-194; Sachsenmaier, "multiple modernities-the concept and its potential," pp. 42-67; Featherstone & Lash, "Globalization, modernity and the spatialization of social theory: an introduction," in: Featherstone, et al, eds., *Global Modernities*, pp. 1-24.

④ Tu Wei-ming (ed.), *Confucian Traditions in East Asian Modernity: Moral Education and Economic Culture in Japan and the Four Mini-Dragons*, Cambridge, Mass.: Harvard University Press, 1996, "preface"; Tu, et al, eds., *The Confucian World Observed*, 1992, "preface", etc..

早在 1984 年说过的话指出，"现代性的活动中心（epicenter）正在从北美转移到东亚"，因为东亚将会发展出一组社会文化信仰和价值，对不同地区的社会文化创新都有支持作用。尤其是，"中国过去十多年来在'中国特色的现代化建设项目'方面令人难以置信的成功，为东亚地区创造另一种现代性提供了进一步证据。全球化并不能仅仅被看作是西方现代性的产物，它同样是其他文化和文明在与西方相遇过程中所产生的反应及强烈反作用的产物"①。具体来说：（1）东亚地区并不仅仅模仿西方国家的现代性，同时也在现代化过程中寻求自身的文化认同，突出自己的特殊性（如追求"中国特色"、"亚洲价值"等，又如强调自己的文化比西方的优秀）。（2）很多过去看来对西方现代性来说本质的东西，如个人主义等，在东亚国家和地区被代之以团结精神和共同体主义。然而在西方，即使帕森斯（Talcott Parsons）也认为个人主义对于现代性来说是本质的和不可避免的。（3）一些学者发现，在东亚地区，传统仍然出人意料地牢固。调查表明，在日本、中国台湾、中国香港等地从 20 世纪 50 年代到 20 世纪 80 年代之间，一些传统价值观如"孝"之类出现了强化的趋势。

杜维明（2000）先生长期致力于研究儒教文化圈即东亚（Confucian East Asia）的现代性问题。他认为东亚现代性的重要启发之一是打破了传统/现代、西方/非西方、全球/地方等一些二分式思维。一些在西方人看来有普世价值的东西，在东亚现代性中被证明为只有地方性意义。他强烈指出西方启蒙以来所形成的思维方式的局限性，认为现代西方人所习惯的精神/物质、心灵/肉体、物理/思维、神圣/亵渎、造物主/万物、上帝/人、主体/客体等二分式思维，均与中国人的整体式思维格格不入，同时也背离了希腊、犹太及早期基督教精神传统。培根"知识就是力量"的宣言，达尔文主义"优胜劣汰、适者生存"的思想，以及启蒙运动中的工具合理性（instrumental rationality）信念，虽然带来了科学和技术的进步，也为

---

① King, "The emergence of alternative modernity in East Asia," p. 147.

帝国主义统治和殖民剥削提供了合法性论证。由此出发，他强调了传统价值、东方价值的合理性，那就是重视家庭伦理以及地方性社群伦理，主张人与人相互友爱及共同体平衡和谐，特别是儒家传统坚持平等而不是自由、义务而不是权利、人人相随（human-relatedness）而不是人人独立。这些东亚文化传统被一些北美人权人士看成有助于威权式控制，乃是一种偏见。他从六个方面总结了东亚现代性的含义：

（1）政府在市场经济中的巨大作用。

（2）法不能代替礼。礼指人与人之间行为的规范，注重教养和集体参与。

（3）家庭作为社会的基本单元。家庭是人学习成为人的主要场所，亲情之爱是人类一切友爱关系的起点。

（4）市民社会的繁荣发达并不是基于独立于家庭与国家的自发和自治，而是基于国家与家庭之间的互动，并促进二者之间的互动。

（5）教育是整个社会的公民宗教。教育的主要目的是人格培养，而不限于知识灌输。

（6）通过修身和培育德性来促进家庭和谐、社会繁荣和长治久安。

他说，尽管这些理想在东亚国家和地区并未完全实现，但是其意义异常深远。以启蒙价值与"亚洲价值"相比较，前者有工具合理性、自由、权利、法治、隐私、个人主义等，后者有同情、公平、责任、礼制、公共精神、集体取向等，可以说后者同样有普遍性。如果前者可以结合到东亚，后者也可以结合进北美。

由于日本是东亚地区现代化最早的国家，日本现代性也成为东亚现代性研究中最重要的部分，数十年来积累了不少优秀的成果。John Clammer 以其长期生活在日本的经验为背景，以广博的西方社会学理论为基础，对日本现代性的内在特征进行了深入的解剖，对其与西方现代性的区别展开了生动细腻、鞭辟入里的分析，向我们展现了一幅深受儒家影响、具有典型东亚文化特色的东亚现代性图画。作者由于受视野限制，认识不到其所描绘的日本社会生活面貌在东亚文化中具有广泛的共同性；由于对儒学不够了解，也没有研究日本现代性与儒家传统的关系。下面就让我们以 John Clammer (1995/2001) 为主，同时参照 Johan P. Arnason（1997）、S. N. Eisenstadt（1996）等人，略述其重要观点如下：

（1）社会结构

西方人曾经在一段时期把日本看成与西方相似，把明治维新比作欧洲革命，把第二次世界大战时期的日本政府比作德国政府，在 20 世纪 40 年代末到 50 年代末把日本的工业化与英国相比，把日本的家庭及血缘组织与德国比拟……但很快他们又发现日本社会与西方之间不仅有相似之处，亦有重要差别。[①]

在西方，有人称日本社会为集体社会，强调个人对集体的忠诚，而非阶级社会；有人称之为冒充成"民主社会"的共产主义社会；有人称日本社会外表像现代社会，其实仍然是封建社会。尽管有如此之多不同的说法和理论模式，人们均承认日本不是一个阶级社会，其不平等可能来自于"等级制"（hierarchy）。然而，这种"等级制"却不能用西方人心目中通常具有的、人对人的压迫来理解。准确地说，日本社会的等级制建立于一种特殊的文化总体主义（holism）之上，一种允许反面存在、要求人人高度参与其中并从而保证了个人自由的总体主义。这种在西方人看来匪夷所思的社会，恰恰在日本活生生地存在着。[②]

J. Clammer 引用法国学者 Louis Dumont（1988）的相关研究指出，日本或印度所代表的一种令我们无法理解但却又真实可能的社会形态，即 holism（总体主义）并不意味着极权主义，而是一个总体主义的自由社会！[③] L. Dumnot 通过对印度种姓制度（the caste system）的研究揭示了西方社会科学研究范式所无法理解的一个现象，即在印度，一方面是人与人之间高度相互依赖（interdepend-

---

① Eisenstadt, *Japanese Civilization*: *A Comparative View*, Chicago and London: The University of Chicago Press, 1996, pp. 2-3.

②③ Clammer, *Difference and Modernity*: *Social Theory and Contemporary Japanese Society*, London and New York: Kegan Paul International Ltd., 1995, pp. 98-102.

ence）的关系对个人的限制，另一方面是个人参与其中并能高度独立的社会制度。Dumont 称 holism 为可以包容对立面的等级制度，个人的能力是从整体（the whole）中学来的，并反过来贡献于整体。这个社会中一直有很强的个人主义，不过也一直饱受其反面的折磨。这种整体与个人之间的关系特征，是西方文化难以理解的。现代日本正是这样一个总体主义的社会，却同时拥有高度的现代性甚至后现代性。

根据 John Clammer 的研究①，我们可以说日本社会的等级制，其内在秘密在于它是一种身份等级制。在这里，身份是一种文化—道德存在，身份的功能是不能通过法律、法规和条文来理解的，而是在人际关系中高度灵活地表现出来，体现为每个人都必须根据自己的身份来承担相应的责任。身份（status/chii）并不是封闭的、孤立的，它是在与其他身份缩短距离的过程中得到认可的。一些人无财产，身份很高；另一些人有很多财产，身份却低。拥有较高的地位，责任也更高。教育是造成身份差别的重要资本。因此身份恰恰是对阶级、等级的解放，它的真正基础是互爱（mutual benevolence）以及互通人情。结果，社会并不是建立在法律或法则的基础上，而是建立在公共道德秩序上。

（2）个人与社会

日本的政治制度与社会相分离，民众普遍对政治冷漠，全国真正有力量的东西是大型商业和专业化官僚机构，社会的力量包括：知识分子的权威、教育工作者在确定社会价值方面的能量，家庭生活中重视父母领导的儒家观念，女性在家庭中比男性更有作用……社会的力量就这样被分散了。②

在日本，秩序、工业化与村社共同体与文化—道德共同体的并存，使得庞大的社会结构及等级秩序不复成为毁坏自由的力量。③社会把文化的力量加于公司和企业：其一，人们更注重精神奖励，身份高的不一定收入高（比如教育工作者、艺术家等），因此身份

---

① Clammer，*Difference and Modernity*，p. 116.

②③ Ibid.，p. 108.

高并不意味着人与人之间的相互作用及相互关系减弱。其二，高度的身份等级制并不导致最上层的垄断集权，高度发达的专业分工也未导致大众生活在牢牢控制的鸽笼中。相反，日本社会的理想模式是：在共识中决策，在平等中奖励，在转换中工作，通过奖励来实现合作与自我价值实现（self-fulfillment），这些都极大地影响着人们的心理，有益于人们抛弃小我（selfishness），追求自由和参与。

日本社会如何避免异化（alienation）：通过创立以群体为基础的群众运动，来避免庞大组织机构的负面效应，高度发展的社会参与意识，使得决策必须建立在共识基础上。评论家注意到克里斯玛式的人物在日本历史、政治及当代社会中的缺乏（或不存在）。因为在社会权力高度分散、决策依赖于理解和沟通的情况下，克里斯玛式人物不需要存在。①

日本的经验告诉我们：等级未必就是个体性的压抑，个人主义未必就是个体性（individuality）的前提，共同体（community）未必意味着集体主义（collectivism）。例如，在日本，"共同体"（community）与"隐私"（privacy）并不是相互对立的。日本人注重隐私，有女人的隐私，女职员的隐私，宗教团体的隐私，公司、企业的隐私，俱乐部的隐私……这意味着日本社会是一个外人不易进入的稠密网络，它未必是所有政治都公开化的社会。②

（3）人

和西方社会不同的是，在日本，人不能完全从其自身来理解，而必须从关系网来理解。"关系系统"比起个人来说具有存在的优先性（ontological priority），即使是祖先也是关系网的一部分。不是社会以个人为基础，而是相反，个人以社会为基础。但是，这并不意味着个人与社会之间的关系是僵化、教条、机械、死板的，相反，它却创造着动态和多元现象，一个不带有混乱和无序也不把个人孤立出来的动态和多元的社会。这种现象在人与人的相互依赖中被当

---

① Clammer, *Difference and Modernity*, p. 110.

② Ibid., p. 111.

作是规范（或准则），或至少在理想情况下是可能发生的。"个人主义、平等和竞争"被代之以"关系主义、等级和互助"①。日本的社会从内在层面表现为一个"社会化的社会"（sociological society），即所谓"关系的"或"情境的"（contextual）社会，社会关系、个人与他人的互动在其中至关重要。这种特征，常被西方学者错看成"团体主义"（groupism）。②

日本社会对个人的要求并不是机械地服从于某种规则，而是个人主动、积极参与社会和谐事业的创造，并从中获得个人乐趣。日本社会的事业是一种以创造和谐为己任的真正的乌托邦事业。日本社会所追求的是"完美"（perfectablity）或"完美的人"，不是西方意义上的完美，最好被定义为 sincerity（magokoro），其中具有内在强度或精神（spirit）的性格取代了对于道德法则、思想观念或物质对象的全盘服从，人的生命被理解为反复无常、多灾多难乃至神秘莫测，但是人的状况即使不能被完全超越，至少可以被激活，不是通过激进的个人主义或彻底的自由，而是通过训练（discipline）来激活，比如对一门艺术的执著和掌握，以及在最高层次上对关系的掌握。③

东方人的"和谐"，常常被西方人理解为不允许异议的团体主义。然而在日本，对和谐的追求作为一种社会哲学（原则）不是团体主义或如 tribalism，和谐意味着人生的快乐，意味着集体的团结。这种和谐，不是因为缺少挑战而导致的，它需要通过对精神完美的追求而获致。④ 日本社会的意识形态和实践强调人—自然—社会的三位一体关系，这种模式改造着人们对自我、自由以及社会的理解。⑤ 因此，在这里，我们看到一种极为有趣且重要的现象，即社会的事业意味着每个人必须训练自身，使自己掌握一门人际关系的

---

① Clammer, *Difference and Modernity*, p. 102.

② Clammer, *Japan and Its Others*: *Globalization*, *Difference and the Critique of Modernity*, Melbourne, Australia: Trans Pacific Press, 2001, pp. 90—91.

③ Clammer, *Difference and Modernity*, p. 103.

④ Ibid., pp. 103—104.

⑤ Ibid., p. 107.

艺术，学会自觉地在人与人的交往中创造和谐，从而找到人生的快乐。有的日本学者批评个人—团体（group）之分，提出情境主义（contextualism）或人际关系主义（interpersonalism），因为他们认识到是人与人之间的相互关系、依赖和信赖构成了社会现实。①

日本现代性另一不同于西方的特征，是"人"的概念（person）受到佛教等的塑造，其主观性（subjectivities）与有着完全不同的宗教背景、因而与强调理性主义以及物我分离的西方"人"的主观性非常不同。② 可以说，日本人的主观性（subjectivities）是通过与西方迥然不同的自然观、审美观、自我观等塑造出来的，尽管它受到经济体制的影响，但对经济体制也有反作用。③

（4）礼

Clammer 认为，日本社会是一个礼制的社会。在西方，礼的衰落导致了文化的贫困。但是，在日本则不然。日本社会的"礼制"（ritualism）体现在从茶道到任何一种文化表现形式，即使反叛行为也被"礼"吸纳进来。日本的等级制度在许多方面是行为的"礼制化"（ritualization），这种礼制化过程，可以起到消解"阶级冲突"、从而促进和谐之功效。等级制度通过把人从年龄划分等级的制度和精英统治（meritocracy）结合起来而分散或淡化了冲突。等级制度是自我再生产的，而其功能的礼制化使它很少受到挑战，相反它受到了广泛重视。这种等级制度并不意味着个人自由的消失，相反它创造了生命更好地成长的秩序。因为，良好的礼制（ritual）把本来分离、分立的现实正式联系起来。

跟"礼制"相应的另一个现象就是语言的艺术。日本人注重语言的"模糊性"、"不精确性"。学会语言的艺术，懂得礼貌的、超礼貌的和非常圆熟的语言十分重要。有男人的语言和女人的语言，有地方的语言和非地方的语言，以及语言的各种亚文化形式。语言的艺术是指懂得和善于在具体情境中说话的艺术，语言的模糊性、不

---

① Clammer，*Difference and Modernity*，pp. 118-119.
② Ibid.，pp. 92-93.
③ Clammer，*Japan and Its Others*，p. 93.

精确性有助于缩小或避免人与人之间由于观点过于明确、清晰所带来的冲突。①

"礼"的盛行，导致一种在西方人看来似乎不可理喻的现象，即对整体（totality）利益的强调并不堕落为极权主义（totalitarianism），个人的自主性与对他人的依赖互补共存。Clammer 认为，东方传统社会结构本来就不一定是个人自主性的摧毁，有时也可能释放个人的创造力，表现为人们可能在一种社会结构框架中创造新的传统。②

一个高度强调和谐的社会必须面对、消解和释放社会中的张力和压抑，这需要创造交流（交往），强调共处，并通过"礼"来达到效果——哪怕是像吃饭、饮酒这样的共处都通过"礼"组织起来。此外，人们还创立公共礼仪，建立公共居住的共同体，发展悔悟之礼。再者，日本人互相送礼的习惯证明了这个社会在深层上的一个重要特征：即"以互助为核心"的精神（the centrality of reciproci-ty）。这种精神有助于社会和谐，因为它提倡合作。③因此，在日本，礼的发展，导致了一系列二元对立的消解，这些二元对立包括：社会结构与个人能动性（spontaneity）、职责与快乐、社会与自然、社会学与心理学、形式主义与放任自流，等等。④

（5）企业与组织的活力

日本企业的活力在很多西方人看来是无法接受的，因为似乎是通过牺牲个人权益来实现利润最大化，仿佛个人都是公司和企业的奴隶。与此同时，"终身制"（永不解雇）这一现象在西方人看来只会导致企业竞争力下降，而在日本却正好相反，它导致了企业效益的提升。John Clammer 帮我们解开其中部分秘密。⑤按照他的观点，如果说西方社会追求的是"权利正义"，日本社会追求的则是"身份正义"。正如前面所说，"身份正义"本身就是对人的道德责任感的

① Clammer, *Difference and Modernity*, p. 105.
② Ibid., pp. 105-107.
③ Ibid., p. 110.
④ Ibid., pp. 104-105.
⑤ Ibid., p. 115.

要求，身份高本身就意味着更大的责任。身份低的工人们可以批评工厂以前的状态，他们认为上级应当以身作则在下属中培养同情、尊重和关爱等，指责上级缺乏这些品质为"不义"、"自私"、"没人性"、"粗鲁"及"野蛮"。

日本社会的身份正义，意味着一种特殊的个人与单位间情感联结的建立，它保证了个人对所在集体的归属感。正是这种联系、这种归属感，导致了公司时间优于私人时间，人们不顾正常作息时间工作，假期工作也是普遍现象……所有这些得到的回报就是：额外收入、年收入增长、永不辞退，等等。但是不能说现代日本的高生产率来自于高工资。日本工人的工资并不算高，其投入之多令西方人震惊。这些表明，在日本公司企业中，"文化"扮演着重要作用：低收入差别，阶级差别模糊，对工作时间的态度特别，强调身份而不是权利正义或者二者不分。由于工作包含着对他人的责任心，所有的工作环境均变成了一个由责任感组成的互利互惠网络，一种对于同属于整个集体的"善"的追求，而不是指人们利用工作来谋求个人利益和实现自私目的。①

有人说，现代日本社会是一个贵族社会（aristocracy），但却是一个专制的特权被取消了的社会，一个不需要民主革命的贵族社会，因为这个贵族社会并不制造通常意义上的阶级对立。在日本，身份关系成了阶级关系的替换物：一个高度等级的社会，但同时人们并不从事阶级斗争，而是从事完善自己身份的斗争，这种斗争成为这个社会分化的内部动力机制。所以身份解放了阶级和等级束缚。②

（6）日本对西方社会科学的挑战

日本社会给西方社会科学研究所提出的挑战是多方面的。

其一，对于日本社会，你只能从关系（relations）的角度来理解它，而不能从个人或单位（指所属集体，如阶级、公司或单位）来理解。③西方社会科学中的自我与日本社会的实际不符，日本的"人"是身

---

① Clammer, *Difference and Modernity*, p. 116.
② Ibid., pp. 115-116.
③ Ibid., p. 102.

心一体的（the unit of mind/body），这决不仅仅是一种抽象的哲学问题，而是体现在医学、艺术、兵法（martial arts）、沉思（meditation）、体育、表演及伦理学之中的现实，一种在一个文化中是错误的疾病在另一种文化中却可能不然。①

Clammer 进一步指出，"社会科学"的标准化工具不能有效地解释日本社会，还体现在受基督教—犹太教传统影响而建立的西方社会学不能理解、解释受佛教影响甚深的日本社会中的"人"。犹太教和基督教的"人和历史"概念是：人是一个独立不变的个体，带有目的论进步观的因果观，有物质与精神的区分……黑格尔、马克思均受此观念影响。在日本文化中并无西方人意义上的"个人"（individual），它受佛教中区分 self 与 ego 的世界观影响甚深。②

其二，由于价值和观念在日本社会独一无二的作用，使我们重新认识韦伯式命题，不仅仅涉及韦伯的宗教伦理，而且涉及人们对自我、身体和自然的观念是如何深刻地影响着他们的社会组织的，甚至人们的宗教思想也是这些观念的历史产物。此外这一事实还说明为什么传统可以不是过去，而是构造现在的活的力量。③

其三，日本对社会科学一系列基本范畴的有效性提出了挑战④：

一是，经济、文化与政治之间的基本分野不明显。日本的官僚机构和商业之间紧密相连，但均受制于文化，特别是受制于它们各自的组织文化；经济是文化的而社会也是经济的；由此可见，简单套用"经济"、"社会"等一类概念作为普遍的学科术语，就将无法充分认识和理解它们之间的联系。

二是，"社会"这一概念的含义已经改变。在日本，"社会"乃是一个关系之网，其中经济的、政治的等范畴并不十分清楚。我们必须进行跨学科研究，否则不可能理解什么是日本的"社会"。

三是，日本人的差异观念由于受佛教特别是神道教（Shintō）

---

① Clammer, *Japan and Its Others*, pp. 12–13.

② Ibid., pp. 12–15.

③ Clammer, *Difference and Modernity*, p. 122.

④ Ibid., pp. 122–123.

影响甚深，从根本上是存在论性质的，不能用经济竞争、边缘化（marginalization）来完全解释（"差异"指社会等级差异、社会不平等）。这不仅具有新的"现代性"含义，也涉及民族/个人的认同（identity）问题、文化政治学问题，等等。①

其四，日本社会还对传统的现代化理论提出了挑战，尤其是关于现代化、都市化、阶级、后现代主义权力关系的传统分析方式。日本社会既非马克思主义经济决定论式的，也非文化决定论或文化主义式的；既是现代的，又具有多重后现代性及传统性。这一切，让我们不得不重新理解传统的作用，自然的意义，自我、当事人与社会结构的关系，审美与社会理论的关系，情感、躯体与社会学的关系，文化、经济、地理等因素在构造社会中的作用等等。②

其五，对日本人思维方式进行分析，从统计学角度分析不如从宇宙论、存在论的角度分析，日本人即使自己意识不到，其对于现实、自我、死后、鬼怪（mysteries）的观念也有宗教的基础。这种宇宙论构成日本社会的深层语法。如果日本的社会科学研究不考虑这一点，就失去了解释力。因为西方现代性理论把现代化看作一种世俗化（secularization），从而从人与自然分离甚至对立的角度来理解日本的现代性。③

当然，并不是所有的西方社会理论都不能有助于解释日本社会。Clammer 指出，布迪厄和福柯的有关理论就有一定意义。布迪厄（Pierre Bourdieu）有关 strategy，"实践的逻辑"的理论解释作用就很大，此外他的"场域"（field）乃是关系的，比"团体"更有助于解释日本。布迪厄还提出新的"阶级"概念，不是以经济、政治为中心，而是文化的，也有意义。这些概念以及他的"资本"概念带来了社会学研究的方法论革命，也对过去的团体/冲突、阶级/等级等范式提出了挑战。④

---

① Clammer, *Japan and Its Others*, p. 12.
② Clammer, *Difference and Modernity*, pp. 127—128.
③ Clammer, *Japan and Its Others*, p. 11.
④ Clammer, *Difference and Modernity*, pp. 128—129.

除了布迪厄之外，福柯的权力（power）概念，也是关系式的，存在于社会关系内部，具有经济的、性的及信息的作用，这种权力并无行政中心或首脑，它是一个网络中的存在，而不是制度中的存在；无阶级的斗争，正是通过这个网络发生着。他不像韦伯（Max Weber）和哈贝马斯（J. Habermas）那样从普遍主义立场来研究合理性，而是研究理性化的特殊形式，如疯癫、犯罪、性，等等。这些对于研究日本社会有间接启发意义。[①]

（7）现代性

艾森斯塔德指出，日本获得的巨大成就使人们对西方文明的最基本观念（the most basic assumptions of Western civilization）产生疑问。[②] 在日本发展出来的现代性与西方视野中的现代性存在着明显的不同。日本作为非轴心文明，不存在一个大的或世界性的宗教，但却实现了资本主义，这是对韦伯的否定。日本的现代性不像西方那样在一种普世精神的支配下形成，而是迫于本土化的强国思维。[③]

有人说日本还是一个前现代社会。例如，日本学者 Maruyama Masao 认为日本虽然获得了现代化的成就，但从未获得"现代性"，因为它的群体意识中缺乏真正的"自我"、"道德自主"（moral autonomy），而渗透着"精神权威"和"政治权力"。[④] 还有一种观点认为日本不具有现代性，是因为它站在"世界"历史之外（outside history, outside of "universal" history），而不受其弊。[⑤] 更有观点认为，日本是世界上唯一具有后现代性的社会。然而问题在于：所谓的日本后现代性，只不过是日本社会的前现代特征而已。难道东方社会今天保留自身传统等同于"后现代性"？总而言之，也许应该说，日本的"非现代性"不等于"后现代性"，也难称为"前现代性"，因为日本文化背景与西方背景不同，二者不具有可比性。[⑥]

---

① Clammer, *Difference and Modernity*, pp. 129-130.

② Clammer, *Japanese Civilization*, p. 1.

③ Ibid., pp. 427-432.

④ Clammer, *Japan and Its Others*, pp. 80-83.

⑤ Ibid., pp. 3, 87.

⑥ Ibid., p. 87; Clammer, *Difference and Modernity*, p. 126.

也许正确的态度是认识到，现代性不能局限于西方的模式来理解。① 对日本经验进行解释的社会理论，其明显的起点是一种不同的现代性之路和景观的问题。这一点不是西方理论家所能回答的。西方理论家在关心现代性的时候，未对日本现代性引起足够的重视，所以才会出现各种误解。

现代性的含义在日本与在西方迥然不同，日本创造了一个没有异化的现代性。启蒙所倡导的"理性化"（rationality）以及韦伯所言的理性化过程（rationalization）在日本的表现是如此不同。欧洲理性化过程的特点是：客观主义、普遍主义、法治主义（legalism）和科学主义（exaltation of science）。日本理性化过程的特征则是：主观主义、特殊主义、情境主义（situationism）、关系主义和审美主义（the exaltation of the relation and the aesthetic）。② 日本的现代性反对普遍主义，趋向共同体主义（communalism），国家对塑造自我的作用较大，它是一个注重道德、文化的现代性，一个从内部主动适应、调适出来的现代性……③ "如果说存在一个现代世界，存在一个直接对西方霸权思维构成挑战的重要社会的话，这个社会就是日本。"④

日本对马克思、韦伯关于资本主义的起源及本质的理论模式也构成了挑战。例如在社会分层（social stratification）方面，一方面是极端的等级划分，另一方面又无阶级可言。日本社会内部的人群/人种/阶层等之间差异赖以发生的机制需要深入到日本社会内部才能理解，作者把它比作印度种姓制度——一种高度等级化的社会秩序，每个人在其中的位置固定不变，但获得此位置必须付出沉重代价，即必须认同主导的意识形态。对于日本社会内部等级差异的解释，来自于以"同化"为基础的文化逻辑，它把一部分符合标准的人吸

---

① Arnason, *Social Theory and Japanese Experience：The Dual Civilization*, London and New York：Kegan Paul International, 1997, pp. xiv-xv；Clammer, *Difference and Modernity*, p. 126.

② Clammer, *Difference and Modernity*, pp. 126-127.

③ Clammer, *Japan and Its Others*, p. 90.

④ Clammer, *Difference and Modernity*, p. 13.

收进来，把另一部分人排斥在外，但这种逻辑也受到了全球化浪潮的冲击和挑战。①

日本社会创造了一种新型文明，一种高度艺术化和经济发达的动态社会机制，而未出现西方现代社会的一系列弊端（如犯罪、城市衰退、缺乏动力、不满意感等），它采纳了资本主义但却以自己的方式冲击了资本主义；反对了基督教及多数西方元描述（the other metanarratives of the West）；吸收了西方的技术、时尚和大众媒体，但却赋予它以自己独特的形式；既是后现代的，又是高度传统的；反对了阶级，但又有等级制；高度的人道化，却未遭遇西方人道主义的问题；宗教在其中无意义，但又渗透在社会各方面；一方面追求经济增长，另一方面又把生活艺术化。此外在日本，"民族国家"的意义衰落了，从国家来建构社会的普遍主义宣称被放弃，把西方当作一个普遍历史过程的观点成为无效，比较的社会学研究比后现代的社会学更重要。②

日本的文化深受佛教影响特别是日本宗教中的"中空"（empty center）思想的影响。Roland Barthes 把日本文化称作一个与所指无关、由他人炮制出来的、空空如也的能指系统（a system of empty signifiers without any relation to signified objects, and further elaborated by others）；Kurt Singer 指出日本人对于空间、时间、自然的概念也与西方不同。③ 日本的地方认识论（local epistemology）区别于西方的地方在于，佛教把超自然/自然、人/神高度协调统一起来，这种情结构成了日本文化的深层语法（the deep grammar）。因此，在日本，用弗洛伊德式的方法分析人的心理是不够的，需要了解塑造人们心理的宗教背景。认识不到这一点，而是用西方世俗化框架下的现代性模式来理解日本社会，就不适用。④ 日本人试图建立一种具有排他性的、生态化的后现代社会，这种社会是社群主义

---

① Clammer, *Japan and Its Others*, pp. 3-4.
② Clammer, *Difference and Modernity*, p. 120.
③ Clammer, *Japanese Civilization*, pp. 7-8.
④ Clammer, *Japan and Its Others*, pp. 10-12.

的，与西方社群主义一样具有保守特征（重视传统和排他）。①

John Clammer 指出：

> 人类学家们已经知悉，不同的社会可以建立在不同的原则上但同样可以运行良好。日本社会极大地证明了这一点。这一事实提出了如下一些方面的根本问题：等级制的合理性（the naturalness），社会问题的解决方式，原子式个人主义的严峻问题，没有极权的总体存在的可能性。②

全球化正在改变着许多统一的或单一的现象，全球化并不意味着对具体案例的细致历史分析可被取代，恰恰相反，日本社会对世界宗教及各种国际运动的本土化接受和修改，都说明了这一点。日本的现代性启示我们：西方人对现代性本质的普遍主义观点受到了挑战，现代性没有普遍适用的历史过程（universal history of modernity），从社会结构及文化观念的角度看，不同民族可能有不同的现代性。③

追问中国现代性

2006 年 11 月 24 日，中国领导人在伊斯兰堡会议中心向巴基斯坦各界人士发表的演讲中，有这样一段话：

> 中方认为，世界是丰富多彩的，应该承认各国文化传统、社会制度、价值观念、发展模式的差异。这是世界充满活力的表现，也是世界蓬勃发展的动力。……中国愿同巴基斯坦一道，

---

① Clammer, *Japan and Its Others*, pp. 15—16.
② Clammer, *Difference and Modernity*, p. 119.
③ Clammer, *Japan and Its Others*, p. 2; Clammer, *Difference and Modernity*, p. 126.

共同致力于实现不同文明和谐进步，维护世界多样性和发展模式多样化，为推动建设持久和平、共同繁荣的和谐世界而不懈努力。①

　　我们发现，上述讲话在内容上与前述亨廷顿的多元文明观或世界多极化发展的思路颇相一致，差别在于亨廷顿关注不同文明之间的冲突，而此处强调和谐发展。与 20 世纪初叶的全盘西化论相比，今天的中国学术及思想潮流似乎比过去任何时候都更强调本土化。这是中国人今天在国力发展到一定程度后开始追求自我认同的表现。本书基本上认同上述发言中的多元文明观。然而，在如何建设中国的现代性或中国模式的现代文明方面，争议恰恰极多。而且，追求"中国特色"也可能演变成狭隘的民族主义。

　　鉴于今天的中国已经是一个在国际舞台上有着举足轻重地位的大国，中国人不仅在经济上而且在精神文化上也开始影响到整个世界，它需要以开放的心态向世人展现自己重建一个伟大文明的胸襟和气度。另一方面，在今天这种资讯高度发达的全球化时代，任何一种文明都不可能在纯粹的本土性中自我陶醉或自满自足。因此，文明或文化的特殊性可能是一个事实，但这并不等于文化的特殊性处处都是好的，任何文化都有自身内在的问题需要克服。更何况有效地吸纳其他文化特别是西方现代性的积极成果，对本土文化与西方文化成分进行创造性的融合，在今天这个全球化时代早已是大势所趋。这并不是中国独有的问题，后发现代化国家在现代化过程中，如何处理本土文化的特殊性与人类文化的普遍性这二者之间的矛盾关系，可以说都遇到了同样的问题。

　　一百多年来，中华民族面临的最紧迫的任务始终是在西方文明的强势面前如何重建自我的问题。过去几千年来支撑中华文明的精神价值传统彻底毁坏，导致千千万万人找不到人生的方向，导致整个民族灵魂的沉沦。这是个人心迷失方向的年代，用古人的话说，

---

① 胡锦涛：《弘扬传统友谊 深化全面合作——在伊斯兰堡会议中心的演讲》（2006 年 11 月 24 日，伊斯兰堡），载《人民日报》，2006-11-25。

天下之大本不立，故是非颠倒、黑白不分。我们必须搞清，中国文化的最大逻辑是什么，中国社会自我整合的规律有哪些，未来中国文化的核心价值是什么（是民主、自由、人权吗），中华民族的前进动力机制和根本方向在哪里，当代中华文明重建的根本使命是什么，什么是中国文化的最高理想，等等。这一系列复杂的问题集中到一点，就是今日中华文明重建的问题，当然也是中国现代性的塑造问题。一个新的、重建出来的现代中华文明，可能在哪些点上与西方文明及人类其他文明不同？我们能不能从理论上说明，在这个世界多极化和文明多样化的时代，在这个现代化和全球化的处境下，一个具有现代性的中华文明对于世界来说意味着什么？我们不能像日本等民族那样被动或不自觉地形成了一种新文明，而必须自觉地、有意识地追求。

亨廷顿的多元文明观，艾森斯塔德等人的多元现代性，使我们再次认识到建设中国的现代性不能照搬西方的模式；东亚现代性特别是日本现代性的研究，让我们深刻地体验到东亚现代性的魅力。然而，这些研究都还多半是西方有识之士从外部观看东亚文明，而不能回答我们自己从内部如何选择的大问题。他们无法理解非西方世界内部的强烈紧张。那就是由于西方现代性带来的传统与现代之间一系列不可调和的矛盾。以民主化而论，第一次世界大战以来世界上那么多国家和地区发生军事政变，很多国家政局长期不稳，政权更迭像走马灯一样频繁，不能说不是由于受西方影响所致。以中国而论，辛亥革命以来经历了那么多痛苦的革命，甚至到了整个国家四分五裂的地步。以今日之中国台湾、韩国等地而论，可以发现，人们一方面对于民主、自由之类的西方价值崇拜有加，视欧美文明如天外明灯；另一方面却又面临着因为引进西方现代性所带来的深刻的社会问题。艾森斯塔德等人的观点诚然有理，但毕竟是站在外部观看。对于站在内部的人如何选择、如何生活，根本无法提供真正有意义的指导，或有价值的分析。现代新儒家试图全面吸纳民主、自由、人权等西方价值，但同时对于它们与东亚文化的根本张力缺乏清醒的认识，对于什么是中国文化的核心价值也停留在模糊不清的地步。

通过对多元现代性讨论的批评性思考，引发的一个根本性问题就是，一个文化的核心价值建立的根深蒂固的基础是什么？有无可能是这个文化几千年来形成的内在心理一逻辑结构？这是因为，今天我们要回答中国文化或其他非西方文化的基本价值是不是人权、自由和民主，是不能仅仅从该文化自身固有价值的"优点"来说明问题的。一方面，生活在东方文化中的东亚人会觉得他们固守自身的传统，无法适应这个世界的外部挑战，毕竟现代化的挑战是任何社会均不得不正视的。在接受西方科技成就、工业化、社会结构甚至管理模式的过程中，东亚人难道可以不接受西方的价值观念吗？难道"器"与"道"真的可以分离吗？难道社会存在与社会意识可以脱节吗？另一方面，由于外在的社会结构已发生变化，越来越与西方现代工业社会同质，人的价值观念也在很多方面与西方社会趋同，比如民主、自由这类价值，其在东亚工业社会受到人们的喜爱并不能用"盲目崇拜"来说服他们，而且似乎已经是他们自己日常生活的一部分。另外，有些西方现代性的基本价值，至少从理论上看符合人性的基本需要，是可以作为普世价值来对待的。这样一来，就需要回答，东亚社会特别是儒教文化圈，是否可能建立一种新型的、不同于西方文化的自身的文明？

还有一个问题就是：如果未来世界是一个多元现代性并存的世界，是一个文明多元化的世界，即人类文明的样式和模式是多元的，那么未来的中国文明可能会是什么样子？其赖以存在的根据是什么？我们发现，杜维明等所描述的、具有社群主义特点的东亚现代性，是在不自觉中自然形成的，而不是人们自觉追求的。这类描述还没有从根本上正视当代中国或东亚人内心世界激烈的焦虑、彷徨。那就是在向西方现代性激烈变迁的过程中，他们的精神生活变得越来越飘忽不定，他们并不知道自己该追求什么样的生活理想。包括杜维明等人所描述的东亚现代性的一系列特征，诸如重视家庭、依赖于共同体生活、注重交流与合作，也正在迅速地解体过程中，受到年轻一代日益明显的唾弃。比如在韩国，我们发现与中国大陆一样，年轻人越来越不愿在婚姻及前途等事情上受长辈束缚，结婚后基本上也不愿意与父母同住。在日本和中国，有心理学研究表明个人主义越来越强，即人们越来越追求一种仅属于自己的生活，甚至可以不要小孩；另一个重要现象就是离婚率越来越高。这种趋势会最终走到什么地步呢？会走到欧美同样的境地吗？至少毫无疑问，传统的、纵向的家庭关系——以宗族延续为使命的家族观念——在东亚地区的现代化都市中已几乎完全解体（特别是伴随着大陆的计划生育政策），而这种关系几乎是过去一切中国或东亚传统价值的大本营和发源地。杜维明等人所谓的家庭本位（familism）在东亚似乎正让位于一种新型的社会形态，至少"家族"观念已经让位于"家庭"观念。

必须清醒地认识到，在今天这样一个资讯高度发达、人欲急剧膨胀、诱惑四处泛滥的全球化时代，凡是真正对人们来说有吸引力的东西都会受到青睐，尤其是对喜欢反叛的年轻人而言。指望用传统价值的所谓"合理性"来吸引年轻人，让他们恪守顺从是不大可能的，除非有相应的社会经济基础。我们需要追问的是，如果中国人或东亚地区家庭生活方式不会与欧美个人主义社会趋同，那么这样做的基础是什么？我想唯一可以说明的基础，绝不是什么社会经济基础，也不是什么哲学形而上学思想，而是中国人的深层心理结构。由于深层心理结构具有强大的惯性（inertia），所以如果深层心理结构不变，且能决定一个社会的基本价值、生活方式、制度结构，我们才能说明未来的中华文明保持自己的特殊性是有意义的。

我们之所以从文化的角度来回答上述问题，原因是显而易见的。那就是，唯一可以决定未来中华文明与西方文明不同的东西，不是哲学形而上学观念（传统本身的合理性），也不是社会经济基础（已经变得与西方一样），而是文化心理结构。我们就需要搞清楚：文化心理结构究竟能在多大程度上发挥作用，比如在决定一个社会的基本价值、生活方式、整合方式、制度特征等方面究竟作用有多大？中国文化的深层心理结构究竟是什么？它在过去的几千年里发生了变化没有？又曾在上述几方面起到过什么作用？一百多年来的中国文化研究，始终停留在一种概念式、轮廓式的"素描"上，而不能说明中国文化的深层机制，不能说明中国社会一系列深层矛盾和斗争何以发生，特别是支配中国社会自我整合的内在逻辑是什么，包括儒家为何在中国历史上长盛不衰，儒道法三家为何在中国历史上长期共存互补，中国人的劣根性、丑陋性可否用文化习性来解释，中国文化的习性将在何种程度上支配未来中国的现代性，等等。

多年来，我在自己的学术思考中遇到的一个基本问题是未来中华文明的基本走向问题。本来这个问题也许并不值得太多思考，因为一个文明的走向可以被理解为由于各种现实的与历史的因素综合造成的；从西方认知主义传统出发，也可以说，一个人似乎没有必要把拯救某个国家或民族的未来前途当作其学术研究的基本任务，或者说这样一种世俗的功利主义动机并不应当成为从事学术研究的支配力量。或者说，民族主义动机支配下的学术研究可能没太多的理论意义。但是，如果换一个角度来看，问题也会不一样。我们在胡塞尔、哈贝马斯、斯宾格勒、海德格尔、雅斯贝斯等人对于欧洲文明今天所遭遇的空前危机的强烈关怀中，可以体会到对现代西方文明特征、危机及前途的诊断，乃是许多当代西方哲学大师的中心问题。今天连西方学者们也在谈论"多元现代性"，未来中国的现代性，作为一种可能与西方现代性不同的现代性，其对于我们理解未来中华文明的特点究竟有多大意义，理应成为一个值得关注的议题。

假如我们能从狭隘的民族主义情绪中走出来，从一种纯粹客观的态度和科学研究的立场思考问题，就可以追问：未来中华文明的形态真是一个不需要思考的问题，只要等它自己自然而然地形成就够了吗？或者说，是否有可能未来的中华文明，只要被理解为这样一个自然历史过程，即工业化、市民社会、法治民主、科学技术等因素在中国文化中的自然渗透过程，而未来中华文明的形态具体是什么，乃是目前无法精确预知的，依赖于一系列历史与现实因素的相互激荡。这样一种思路不仅潜含着不可知论的倾向，而且更重要的，它否定或者至少是回避了这样一个至关重要的问题：即未来的中国是否可能形成一种有独特价值和意义的、与西方文明表面上相

65

似而本质上不同的新型文明。所谓表面上相似，指它可能接受了西方一系列政治、经济和社会制度，包括法治与民主、经济结构、市民社会、教育和知识体系，其中包括个人自由、尊严与价值的确保，社会空间的自治与理性化发展，政治制度的民主化与法治等等；而本质上不相似，则是指支配这个社会的基本价值仍然是中国式的，比如德、义、信、礼、忠、仁等，这个社会中真正有力的东西仍然是人际关系，这个社会自我完善的主要任务仍然是"治人"而不是"治法"，这个社会中个人安身的主要落脚点仍然是家庭以及人际圈，等等。

我提出这个问题决不是无病呻吟，它的意义在于：如果此话当真，就将有两个重大后果值得思考：第一，身为中国学人，在未来的现代化浪潮中，仍将不得不像古人那样，把道统的重建当作未来中国文化建设的主要任务；未来的中国仍将不得不走"教育为本、文化立国"的道路；儒家传统（当然要经过一系列改造）仍然有可能成为中国最大的意识形态，人们需要再次认识它的重建和复兴对中华文明的重大意义。第二，未来的中国文明，无论成败与好坏，将可能成为一个与西方文明本质上不同性质的文明形态，它预示着多元现代性并不仅仅是一个自然历史结果，而且是一个有待人们积极建设的理想。中国人在保持自身文明理想的同时，一方面将会面对中国文化自身的一系列根深蒂固的问题，另一方面也可以通过向世人昭示自身文明的独特形态及其意义而为人类作贡献。

当然，也有一种可能，那就是上述所说的、与西方文明本质不同的部分，将不可能出现，儒学的兴盛也将成为历史的记忆，而不是现实的必然。如此说来，未来的中华文明将不复可能作为一种本质上与西方文明不同形态的文明复兴；即便复兴，也不是本质上与西方文明不同；即便有与西方文明不同的成分，也是过去数几千年来的历史传统使然，而不是在其文明的根本形态上与西方不同；即便会有自己的特色，也只是在一些无关乎本质的内容上的不同，比如在社会的基本制度上，在文化的核心价值上，在生活的基本方式上，该文明与西方文明并无本质不同。如果此话当真，那么我们就

应该认同于西方文明中心论，一切向西方看齐。比如学习西方人的
三权分立、议会民主制、全民公决和公民投票、市民社会自治……
其中最为核心的莫过于，要学习西方的文化价值，其中包括：第一，
西方文化中的意识形态，如自由主义和个人主义传统；第二，西方
人的宗教，如基督教。当然这不是说不再保留中国传统的意识形态
和宗教，如儒、释、道。这样一来就回到了全盘西化论上来了。真
是这样的吗？

第 2 章

文化模式、文化心理与礼治

【提要】

学者们常倾向于把中国文化的特征与儒学联系在一起，把儒学看作中国文化的主要塑造者，但不能解释为什么儒学在中国文化中长盛不衰。这里提出一种新的理解中国文化模式及其与儒学关系的视角，即主张儒学之所以在中国文化中长盛不衰，与早在儒家之前即已形成的中国文化的深层心理结构有关。本章以"礼"为例来说明，关系本位或关系主义的中国文化模式或心理结构，决定了在中国社会中，"礼"比"法"在社会整合方面更有效，也说明儒学在中国文化中有根深蒂固的土壤。

如果"法"代表一个社会的"硬制度"，具有一刀切、强制和不顾人情的特点，那么"礼"就代表一个社会的"软制度"，具有照顾人情和可随处境不断调整的特点。从中国文化的模式来看，"礼"这种顾及人情的软制度，比"法"更适合于中国文化的心理结构，这才是儒家能够战胜法家的根本原因。最后，文化的惯性也决定了在未来的中国，礼治仍将是中国现代性的应有之义，这有助于我们从新的角度来理解儒学的现代意义。

从本章我们开始对中国现代性具体内涵的探讨。

曾经在漫长的岁月里，中国人自认为是世界文明中心的重要理由之一是礼教。礼是中国人心目中衡量人与禽兽之别，以及文明与野蛮之分的重要标准。我们不妨要问：在通向现代化的过程中，儒家有关礼和礼教的思想，是不是完全过时了呢？换言之，"礼"与现代性是什么关系？

尽管在西方已有不少学者对礼的内涵及现代意义作了有价值的探讨（见章后附），但仍不能回答这样的问题：为何礼唯有在中国古代得到了极大的发展？为什么唯有中国人倾向于把自己的文明称为礼教文明？虽然中国人曾长期以其礼教文明的成就而自豪，但这个"礼"在西方文化中远没有什么突出的位置，一般人通常不过把它理解为礼节规矩之类而已。如果说西方文化崇尚法治，那么中国文化则崇尚礼治。这一现象本身就很有意思，它说明了"礼"有可能是我们解开中西方文化差异秘密的一把钥匙。①

学者们在理解中国文化特征的时候，常倾向于从儒学的特征看问题，把儒家传统直接当成中国文化特征的主要塑造者。② 这样理

---

①　礼在中国文化中的特殊重要性至少表现在三个方面：（1）作为衡量人之为人的重要标志。"礼"是孔子提出的"五常"之一，《礼记·曲礼》中称："今人而无礼，虽能言，不亦禽兽之心乎？"（2）作为处理人际关系、一切人事交往中最重要的指针。"夫礼者所以定亲疏，决嫌疑，别同异，明是非也"（《礼记·曲礼》）。（3）作为治国安邦、天下太平的最重要利器。即所谓"上下之纪、天地之经纬也，民之所以生也"（《左传·昭公二十五年》）。

②　例如在西方学者讨论儒教在东亚工业化地区的影响时，通常都是直截了当地将"东亚文化"称为"儒教文化圈"，将东亚人生活方式的方方面面包括人际关系网、公共精神、群体取向等直接理解为儒教文化现象。似乎中国或东亚地区人们与西方不同的、最为典型的生活方式皆可以"儒教文化现象"视之（参见 Tu, ed., *Confucian Traditions in East Asian Modernity*, pp. 1–10；Tu, et al, eds., *The Confucian World Observed*, "preface"；Tu, "Implications of the rise of 'Confucian' East Asia"）。

另一方面，有些学者（如黄光国）也明确地用儒家经典的内容来解释中国文化的一些特征（参见 Hwang, "Chinese relationalism: theoretical construction and methodological considerations," *Journal for the Theory of Social Behaviour*, vol. 30, no. 2, 2000, pp. 155-178；黄光国：《人情与面子：中国人的权力游戏》，见《中国人的心理》，226~248 页，南京，江苏教育出版社，2006）。李泽厚更认为孔子的仁学思想极大地塑造了中国人的文化—心理结构，从而对构造中国人的民族性格以及中国文化的发展方向起到了巨大作用。他说，"由孔子创立的这一套文化思想……已无孔不入地渗透在广大人们的观念、行为、习俗、信仰、思维方式、情感状态……之中，……亦即构成了这个民族的某种共同的心理状态和性格特征。值得重视的是，它由思想理论已积淀和转化为一种文化—心理结构"（李泽厚：《中国古代思想史论》，34 页，北京，人民出版社，1986）。

解诚然有其合理性，然而也存在这样的问题：为什么西周礼乐传统在经历了春秋战国长达五百多年的毁坏之后，到汉初却能在一夜之间恢复过来？为什么数千年来，儒家传统多次惨遭毁灭性打击，却能够一次次起死回生？为什么在经历了"文化大革命"浩劫，儒家传统在已丧失殆尽的情况下，却能在短短十几年间成为国学复兴的热门话题？

一个事实是：在英文中很难找出可精确翻译"礼"的术语来，ritual、rite、etiquette、propriety等一些常用来翻译"礼"的单词，在英语中通常指礼节、规矩、礼貌、适度等，似不足以表达"礼"在中国文化中的特殊重要性；civility也有时被用来翻译"礼"，但是此词来源于欧洲中世纪时城里人的生活方式，因而与传统生活方式相对立。

另一个重要事实是：在西方政治学、法学、社会学经典中，几乎没有哪一本是专门研究"礼"的，更谈不上视"礼"为治国安邦最有效的武器。比如古希腊政治学经典，像柏拉图的《理想国》、亚里士多德的《政治学》，以及卢梭的《社会契约论》、洛克的《政府论》、康德的社会政治论著、黑格尔的《法哲学原理》，以及奥古斯丁、托马斯·阿奎那、孟德斯鸠、托克维尔、伯克、马克斯·韦伯、杜尔凯姆等一系列思想家的经典著作，我们从未看到他们有谁系统、专门地论述过"礼"的。这与儒家经典形成鲜明对照："六艺"或"五经"之一就是"礼"，围绕着它形成了"三礼"，在后世又有无数学者专门研究礼，并写成了大量礼学专著（看看《四库全书总目提要》中的礼类著作就可一目了然）。

虽然"礼"在人类所有文化中具有普遍意义，但之所以在中国文化中扮演如此重要的角色，则可能与中国文化的习性有关。所谓中国文化的习性，指中国文化在长达数千年岁月中缓慢积淀形成的一种文化心理结构，它构成了中国文化的基本模式。下面我们借用文化人类学、社会心理学等领域的研究成果，从"关系本位"或"关系主义"角度来理解中国文化模式，并从这一角度出发来理解中国文化内部自我整合方式的特点，从而探索中国文化模式或中国文化心理结构与儒家传统特别是礼学之间的内在联系。这也是我们理解中国现代性之不同于西方或其他民族现代性的基本出发点。在这个基础上，我们就能解开上述一系列问题的秘密，对于儒学为什么在中国文化中长盛不衰以及礼教文明对于中国现代性的特殊重要性等问题，获得新的认识。

我们可能面临的一个批评是：在礼教传统与中国文化心理结构这二者之间，究竟孰先孰后？对于这个问题，我想在这里略作说明：一是，关系本位的文化心理结构，可以从包括殷周金文、《左传》、《国语》、《老子》、《庄子》、"三礼"、《尚书》、《易经》、《吕氏春秋》、《韩非子》等儒家获得独尊之前写下的古代文献中找到大量存在的证据；二是，在儒家思想遭遇了致命摧残并正式退出多数人现实生活的新中国（特别是"文化大革命"中），关系本位的文化心理结构仍然可以找到大量充分的证据。这一点杨美慧、Andrew Kipnis 等许多人的研究已经证明；三是，即使你认为今日中国文化的心理结构是儒家塑造出来的，你还是不得不承认：鉴于这一文化心理结构的顽强生命力，它所引起的社会问题更适合于用儒家的办法来解决，它的存在本身意味着礼以及儒学在中国现代性中的重要性。这是我们观察儒家传统在未来中国复兴的一个新视角。

文化理论的启示

20 世纪初叶，就在后来影响中国学术界长达一个多世纪的进化论思想刚开始风靡中国之际，在西方学术界兴起了一股新思潮，矛头直指进化论。这个学派常被称为历史批评学派，他是一个以美国人类学家博厄斯（Franz Boas，1858—1942）为领袖，以他的一群弟子共同构成的学术群体。该学派重点批判了以摩尔根、斯宾塞、泰勒等人为代表的、在西方盛行了半个多世纪的文化进化论，其精神实质之一是认为人类不同文化各有其不同的价值体系或制度系统，不能用一种标准或今日欧洲文明的标准来衡量人类其他文化，它以大量的人类学、解剖学、心理学等方面的知识强有力地反驳了欧洲文化中心论和白人种族主义。同时，博厄斯倡导高度尊重事实和充分了解经验的科学研究方式，批评不同的文化有所谓共同的发展轨迹或阶段之说（参本书第6章专门、系统的介绍）。

在文化相对论思潮影响下，出现了几位研究文化模式（patterns of culture）的著名学者，包括克鲁伯（Alfred Kroeber，1876—1960）、萨皮尔（Edward Sapir，1884—1939）、本尼迪克特（Ruth Benedict，1887—1948）等人。① 他们认为，人类不同的文化有不同的主导特征，可以根据这些特征将不同的文化从整体上区分出不同的模式。例如，萨皮尔认为爱斯基摩人文化与北美印第安文化相比属于外向的（extravert），而印度文化则是内向的（introvert）②，这种"内向型—外向型"的文化分类方式，与本尼迪克特提出的"日神型—酒神型"的文化分类有相似之处。他们还认为，人类文化的模式是无法预定或穷尽的，不能在没有具体研究之前先入为主地确定任何一种文化的模式。文化模式的不同，决定了不同文化之间往往缺乏可比性，对一种文化来说有价值的东西对另一个文化来说可能就没有价值了，这就进一步对为文化相对论提供了依据。③

除此之外，文化研究者们还从心理学的角度提出了"文化的无意识"和"文化逻辑"的思想。法国人类学家列维-斯特劳斯（Claude Levi-Strauss，1908—2009）以神话为对象、从结构主义角度分析了文化中无意识成分的重要性。④ 本尼迪克特认为文化内部

---

① 这方面的论著，参见 Kroeber, *Anthropology: Race · Language · Culture · Psychology · Prehistory*, New York and Burlingame: Harcourt, Brace & World, Inc., 1923/1948, pp. 311-343; Herskovits, *Man and His Works: The Science of Cultural Anthropology*, New York: Alfred A. Knopf, Inc., 1948, pp. 201-212, 542; 克鲁克洪:《文化的研究》，见《文化与个人》，3～34页；本尼迪克:《文化模式》，北京，华夏出版社，1987。

② Herskovits, *Man and His Works*, p. 50. 另参见 Sapir, *The Psychology of Culture: A Course of Lectures*, reconstructed by Judith T. Irvine, Berlin & New York: Mouton de Gruyter, 1993, pp. 184-186.

③ 参见本尼迪克:《文化模式》，18～19、35～44、184页。

④ 参见列维-斯特劳斯:《结构人类学》（1～2），24～25、182～185、215～216、220～249页，北京，中国人民大学出版社，2006。

有一种"无意识选择原则"，把大量的行为转化为某种一致的模式，因此文化模式的形成与文化无意识原则有关。① 赫斯科维茨（Melville J. Herskovits，1895—1963）也分析认为，文化内部有时有一种"潜在动力机制"，它们是人们有意或无意中普遍认可的前提性原则，暗暗主宰着人们的行为方式。② 克鲁克洪（Clyde Kluckhohn，1905—1960）则认为可将文化区分为显型（overt）与隐型（covert）两个层面，其中显型文化指人们可以有意识地把握的内容，隐型文化则是人们通常自觉不到的背景性观念，由一系列无意识的文化预设构成。此外，人类学家林顿（Ralph Linton，1893—1953）等人还提出了文化基本人格（basic personality）的概念，认为不同的文化会塑造出不同类型的人格③，不同的人格代表着不同的价值观念体系，不能相互通约。

上述这些文化理论，加上其他一些文化理论，如卡西尔（Enst Cassirer，1874—1945）的文化哲学、格尔茨（Clifford Geertz，1926—　）的文化阐释学、哈贝马斯（Jurgen Habermas，1929—　）的社会交往理论、布迪厄（Pierre Bourdieu，1930—2002）的实践社会学、安东尼·吉登斯（Antony Giddens，1938—　）的结构社会学、华尔纳（Fritz Wallner）的文化—生活世界理论等等，构成了今日西方影响深远的文化理论资源，它们告诉我们：不同的文化基于不同的深层无意识机制，可能有不同的模式、不同的价值观念和制度结构。因此，我们下一步打算从文化无意识机制/文化心理结构角度来研究中国文化的模式，并在此基础上说明中国文化的习性与儒学的关系。

中国文化的关系本位特征

李泽厚先生曾在 20 世纪 70 年代末 80 年代初提出了有名的"文

---

① 参见本尼迪克：《文化模式》，37 页。
② Herskovits，*Man and His Works*，pp. 221—223.
③ 参见林顿：《人格的文化背景》，99～118 页。

化积淀说"，并运用这一学说来研究中国思想史。他不仅受到了德国先验主义传统的影响，也受到了卡尔·荣格（Carl Gustav Jung，1875—1961）和本尼迪克特等人的影响。文化积淀说关注人类各民族通过千百万年的集体生活所逐渐积淀形成的、相对独立于政治经济变化而持久存在的文化—心理结构，认为它不仅可以解释艺术的形成、发展及其功能，而且可以解释一个民族的民族性格，特别是中华民族过去几千年发展过程中所显现出来的一系列特征。中华民族文化—心理结构的形成与"氏族宗法血亲传统遗风的强固力量和长期延续"[①] 有关。

然而，李泽厚对于中华民族文化—心理结构的具体内容是什么，似乎并无明确、一致的看法。他在研究孔子时提出这一结构主要指由孔子的仁学所代表的，包括血缘、心理、人道和人格四方面的动态平衡关系[②]，并认为"儒家的确在中国文化心理结构的形成上起了主要的作用"[③]；而在研究"中国的智慧"时似乎又从血缘基础、实用理性、乐感文化和天人合一等若干宏观方面来理解它。[④] 我认为李泽厚文化—心理结构的研究思路大体可以成立[⑤]，他的问题在于并没有真正揭示什么是中国文化—心理结构。他所说的文化—心理结构，如血缘、心理、人道和人格四方面的关系，或者实用理性之类，严格说来受制于更深层次的中国文化—心理结构，或者说还没有上升到真正的中华民族文化—心理结构，后者在本书中被表述为"关系本位"。

下面我将揭示，文化心理学研究所揭示出来的、"以关系为本位"的文化—心理结构，有更强大的解释力。李泽厚提出文化—心

---

① 李泽厚：《中国古代思想史论》，299 页。

② 参见上书，7～40 页。

③ 同上书，301 页。

④ 参见上书，295～322 页。

⑤ 李泽厚的文化积淀说，参见李泽厚：《批判哲学的批判——康德述评》（修订本，北京，人民出版社，1984），56～57、415、435～437 页；《美的历程》（北京，中国社会科学出版社，1984），30、32、35、59、265～266 页；《中国古代思想史论》，7～40（孔子再评价）、295～322（试谈中国的智慧）页；等。

理结构思路时，许多有关东亚文化心理学的研究成果刚刚起步，为他所不了解，他先入为主地认为中华民族的文化—心理结构主要是由于若干思想传统特别是儒家传统塑造出来的。殊不知，正如有的文化心理学家所指出的①，如果一种思想体系不能迎合相应文化中人的心理需要，是不可能在其中大获全胜的（李泽厚本人对此也有所认识②）；包括儒家传统在内的若干思想传统之所以能在中国历史上长盛不衰，还有更深层的文化心理原因（尽管我并不否认儒家思想传统等对塑造中华民族文化—心理结构有巨大作用）。本章之所以持这一观点，还因为"关系本位"的中国文化—心理结构（或者说文化模式）可以解释为什么儒家传统对于诊治中国文化问题特别有益。

下面我们简单介绍一下从"关系本位"或"关系主义"角度对中国文化模式的研究。我们将从此出发来探索儒学在中国文化中的心理基础，并以此为据来说明儒学的现代意义。

费孝通：差序格局 vs. 团体格局

费孝通《乡土中国》早在 1947 年提出了有名的中国文化差序格局说，与西方文化的团体格局相对。③ 他以水波纹来比喻中国传统社会中人与人的关系，"以'己'为中心，像石子一般投入水中，和别人所联系成的社会关系，不像团体中的分子一般大家立在一个平

---

① 例如，美国密西根大学心理学家 Richard Nisbett 分别以孔子和亚里士多德代表东、西方思维方式，认为不能简单地说中国人的思维方式是孔子塑造的产物，而应认识到一种思维只有在该文化中有土壤，才会取得成功，这就是为什么孔子在中国文化中能成功而墨子不能的原因（参见 Nisbett, *The Geography of Thought: How Asians and Westerners Think Differently … and Why*, New York: Free Press, 2003, p. 29）。

② 李泽厚在从远古以来的宗法血亲传统来解释中国文化—心理结构的成因时，也以此来解释"为什么儒家会在中国社会和中国思想史上占据了那么突出的地位"（《中国古代思想史论》，300 页）；但是另一方面，他又说儒家"在中国文化心理结构的形成上起了主要的作用"（同上书，301 页），并致力于研究"在构成中国文化—心理结构中起了最为主要作用的那些思想传统"（同上书，298 页）。可以说这体现了李泽厚思想的自相矛盾。

③ 参见费孝通：《乡土中国》，1～95 页，北京，北京大学出版社，1998。此书主要部分是从社会学角度来比较中西文化，颇多新见，思路和角度均与新儒家学者迥异，亦不同于从思想史角度的比较。

面上的，而是像水的波纹一般，一圈圈推出去，愈推愈远，也愈推愈薄"①。中国式人伦的最大特点就是"从自己推出去的和自己发生社会关系的那一群人里所发生的一轮轮波纹的差序"②。相比之下，西洋社会的团体格局的基本特点是，"由若干人组成一个个的团体。团体是有一定界限的，谁是团体里的人，谁是团体外的人，不能模糊，一定得分清楚。在团体里的人是一伙，对于团体的关系是相同的，如果同一团体中有组别或等级的分别，那也是事先规定的"③。由此组成的社会，则"有些像我们在田里捆柴，几根稻草束成一把，几把束成一扎，几扎束成一捆，几捆束成一挑。每一根柴在整个挑里都属于一定的捆、扎、把。每一根柴也都可以找到同把、同扎、同捆的柴，分扎得清楚不会乱的"④。

《乡土中国》中有多处论及人治与法治问题，认为中国社会的差序格局决定了中国社会并不适合于西方那种意义上的法治，而适合于礼治。"礼治"与"法治"相对，礼的本质是社会规范，来源于经验的积累。因此将中国社会治理方式称为人治，理解为一部分人的好恶决定一切，与实际不符。作者说，"在中国传统的差序格局中，原本不承认有可以施行于一切人的统一规则"⑤，这样的社会忌讳人与人有公开的矛盾和冲突，最理想的状态是每个人自觉。与西方相比，差序格局社会里道德决定政治和法律，而不是由外在的、代表政治的宪法和代表公民团体利益的法律来决定一切。相反，在西方，法律与道德是严格分开的，法官并不承担道德教化的职责。与此相应的，法律诉讼也不一定涉及道德评判和面子问题。作者指出，西洋的法律概念传入中国，与中国固有的法律概念矛盾很大。

梁漱溟：伦理本位 vs. 个人本位

梁漱溟《中国文化要义》（1949）⑥ 从"伦理本位 vs. 个人本位"

---

① ② 费孝通：《乡土中国》，27 页。

③ ④ 同上书，25 页。

⑤ 同上书，57 页。

⑥ 梁漱溟：《中国文化要义》，见《梁漱溟全集》（第三卷），1～316 页，济南，山东人民出版社，1990。

的角度来论述中国文化与西方文化之别，并从人情的角度十分精彩地论述了关系本位或伦理本位在中国文化中的特殊含义。他说："伦理本位者，关系本位也。"① 并强调，伦理本位或中国人的人际关系，是以人情、情义、情谊为核心的。其结果是在经济上表现上为"夫妇、父子情如一体，财产是不分的"②；在社会组织上以五伦为基础，以义务而不是权利为联结纽带③；在法律上无西方人那种法治传统，"礼俗"代替"法律"④；在政治上"以孝治天下"⑤；在宗教上，人与人在情义上心心相连，彼此关照，"以人生之慰安勖勉"；在文化上无西洋的个人权利观念，不承认个体的独立性，总是把个人认作"依存者"（depending being），强调个人须以对他人尽责为美德。⑥ 作者说，中国人人伦关系的理想境界体现为：

> 要在有与我情亲如一体的人，形骸上日夕相依，神魂间尤相依以为安慰。一啼一笑，彼此相和答；一痛一痒，彼此相体念。——此即所谓"亲人"，人互喜以所亲者之喜，其喜弥扬；人互悲以所亲者之悲，悲而不伤。盖得心理共鸣，衷情发舒合于生命交融活泼之理。⑦

许烺光：处境中心 vs. 个人中心

美籍华裔学者许烺光（Francis L. K. Hsu）在《美国人与中国人》（1953/1970/1981）⑧ 这本书中提出中国文化是处境中心（situ-

① 梁漱溟：《中国文化要义》，见《梁漱溟全集》（第三卷），94 页。
② 同上书，83 页。
③ 参见上书，91~92 页。
④ 参见上书，121 页。
⑤ 同上书，85 页。
⑥ 参见上书，91 页。
⑦ 同上书，87 页。
⑧ Hsu, *Americans and Chinese: Purpose and Fulfillment in Great Civilizations*, Garden City, New York: Doubleday Natural History Press, 1970. 中译本参见［美］许烺光：《美国人与中国人：两种生活方式比较》，北京，华夏出版社，1989。

ation-centred）的以及西方文化是个人中心（individual-centred）的这一说法，在学术界影响甚大。这本书代表了作者以其独特的个人经历对中、美两种文化、两种生活方式全面、系统、深入的反省和思考。作者说："中国人与美国人的生活方式可以归结为两组对比：首先，美国人生活方式的重点放在个人的癖好上，我们把这一特征称为个人中心；与此相对应的是，中国人的生活方式把重点放在一个人在与其同仁（fellowmen）关系中的恰当位置与行为上，我们把这一特征称为处境中心。第二组基本对比是，美国人生活方式情绪性突出，而中国人相比之下则倾向于不充分暴露内心。"① 作者分别从艺术（如绘画）、文学、家庭、两性、吸毒、精神病、自杀、宗教等不同角度检验前面关于中、美生活方式的假定，可谓精彩纷呈。许烺光的观点最突出之处在于揭示了人与人"相互依赖"（mutual dependence）在中国文化中的特殊重要性，从许多不同方面来写，相当有说服力。由于此书是针对美国人而写，另一突出之处是对美国个人主义精神之分析。下面这段话可以说最典型地代表了本书作者的观点：

> 我们已经发现，相互依赖是中国人的突出特征，这种依赖于他人，特别是依赖于自己最亲近的群体（primary groups）中人的根深蒂固的倾向，给中国人带来社会的和心理的安全感。有了这种定位（this anchorage），加上从中引申出来的神灵概念（concept of the supernatural），中国人很少再感受到在其他方面寻求物质或心理满足的冲动。然而，自主的美国人则竭力在自己的生活中把依赖于他人的事实或感觉除掉，这一追求完全独立的无止境斗争，持续不断地给他们带来永恒的社会—心理不安全感的威胁。与父母的亲密关系早期就被切断；取代它的婚姻关系时常不稳定；英雄如过眼烟云；属于哪个阶层取决于不停的个人奋斗以及从下往上爬；与上帝结盟虽然不像前述关系

---

① *Americans and Chinese*，p. 10；中译本参见 12～13 页。

那样稍纵即逝，但受到了同样的分裂力量的影响。这是因为，有了完全自主的理想以及与此相应的、支持人们自主的上帝观念，美国人不得不在人或神灵之外寻找自己的最终定位（cannot but seek their final anchorage in harbors other than men or the supernatural）。①

何友晖：关系取向、关系支配性

香港大学心理学系何友晖（David Y. F. Ho）教授在其一系列论著中②，称中国或亚洲文化是关系取向或关系主导（或称关系支配性）的，并在这一基础上提出了关系主义的方法论，认为西方主流社会心理学中盛行的个人主义方法有严重局限，主张研究"关系中的人"（包括"同一关系圈中的多人"，即 persons-in-relation，"同一个人的诸多关系"，即 person-in-relations）而不是单纯的个人或处境。这也是作者所提的"亚洲心理学"概念，在方法论上是黑格尔式的。这种方法论的产生与杜尔凯姆有关。③ 在心理学界，20 世纪 60 年代以来已有不少学者批评个人主义方法论，特别是 20 世纪 90 年代以来随着对非西方社会研究的开展，这种批评日益强烈。他还提出，目前心理学界存在着范式转换的问题。关系主义作为一种方法论并非只能应用于亚洲，同样可应用于西方社会。④ 何友晖认为，关系取向（relationship orientation）或关系支配性（relationship

① *Americans and Chinese*，p. 278. 中译本参见 277 页。

② 参见 Ho，"Interpersonal relationships and relationship dominance: an analysis based on methodological relationalism," *Asian Journal of Social Psychology* 1998: 1: 1–16; Ho, "Asian concepts in behavioral science," *Psychologia*, vol. 25, no. 4 (December 1982), pp. 228–235; Ho& Chiu: "Collective representations as a metaconstruct: an analysis based on methodological relationalism," *Culture & Psychology*, vol. 4, no. 3 (1998), pp. 349–369；何友晖、彭泗清：《方法论的关系论及其在中西文化中的应用》，载《社会学研究》，1998（5），34~43 页。

③ Ho, "Interpersonal relationships and relationship dominance. "

④ Ho & Chiu: "Collective representations as a metaconstruct. "

dominance）是把握儒家文化传统中社会行为之关键①，这种文化有如下几个特征②：

（1）人与人关系的非自愿性与永久性；

（2）角色本位：个人由其角色来决定，每个人都从自身所处角色上来定位自己；

（3）关系认同：理解一个人要从其与周围人的关系入手，而不能局限于个人本身；

（4）个体性发展受制约，受制于他人及环境。

滨口惠俊：人际关系主义（contextualism）

日本学者滨口惠俊曾做过许烺光助手，交往笃深，他在许的影响下提出了"人际关系主义"，日语写作"间人主义"（contextualism）。③ 据国内学者转述，其大致观点如下：

（1）日本社会中的人不是孤立的原子式个人，"人"这一概念的本义就有与他人相关的成分在内，"行为者是'参与性'主体，即自身的生活空间包含在人际脉络中无法分割出来"④。个人主义有"自我中心主义"、"自我依赖主义"、"视人际关系为手段"等三个特点，人际关系主义则有"相互依赖主义"、"把人际关系视为本质"等特点。

（2）人际关系中心主义在行为方式上有"状况中心型"的特点。"日本人倾向于根据所置身的具体'状况'随机应变地决定行为方式，而随机应变的相对行为标准则在彼此间心照不宣。"⑤

（3）人际互动的核心要素是"缘"，"承认'缘'意味承认'相互之间非常相关，自身是相对的存在这样一个事实'。从某种意义上

---

① Ho, "Interpersonal relationships and relationship dominance," p. 3.

② Ibid. , pp. 12~14.

③ 中文介绍参见杨劲松：《滨口惠俊及其"人际关系主义"理论》，载《日本学刊》，2005（3），152~159页。另参见郭峰：《日本：一个众说不一的群体》，载《书摘》，2004（3），24~27页（其中谈到"间人主义"）。

④ 杨劲松：《滨口惠俊及其"人际关系主义"理论》，155页，载《日本学刊》，2005（3）。

⑤ 同上书，156页。

讲，人们在社会上的联系就是由血缘、地缘与职缘构筑的一张无限大的网络，在具有广泛连续性的'缘'构成的因果关系的体系中，彼此联结在一起。与此相对比，西方社会的人际关系则是自由的、独立的个人之间基于利益交换结成的互酬关系的相互作用。既然'缘'，是前世注定的，也就意味着个人无法控制、无法摆脱。在尊重缘、信任缘的基础上才能达成互助关系，形成彼此相互支撑的'人脉'，这种价值观就是'人际关系主义'的核心"①。

（4）与人际关系主义相对应的日本社会的原组织形态是"家元"。此词采自许烺光。"家元具有师徒关系上的等级制、拟制血缘制和互助经营制等属性，数量庞大，其组织运转方式及精神在日本社会的影响极其深远。无论是政府机关还是学术机构、大型企业还是宗教团体，其中都隐含着家元模式。"② 所谓"原组织"，不是指单个的具体组织，而是指某种普遍的组织形式。

黄光国：人情与面子的关系模式

台湾大学心理学系黄光国（Kwang-kuo Hwang）教授也认同中国文化以关系主义为特征，并对中国人的关系心理学作了较为深入的剖析③，认为中国人在权力游戏（指掌权者与有求者之间的往来关系）时主要受到工具性联系（instrumental ties）和情感性联系（expressive ties）两者的同时影响。完全从工具性联系联系出发做事，双方关系遵从的是公正原则；完全从情感性联系出发做事，双方关系遵从的是需要原则；当两种因素并存时，双方关系遵从的则是人情原则。因此当有求者需要找当权者办事时，他们的关系学可能从加强与后者的工具性联系或情感性联系入手。"有面子"与"没面子"都体现在对方买不买账上面。作者又进一步认为，这种人际

---

①　杨劲松：《滨口惠俊及其"人际关系主义"理论》，157～158 页，载《日本学刊》2005（3）。

②　参见上书，158 页。

③　黄光国：《人情与面子：中国人的权力游戏》，226～248 页；英文版见 Hwang, "Face and Favor: the Chinese Power Game," *The American Journal of Sociology*, vol. 92, no. 4 [Jan. , 1987], pp. 944-974.

关系模式也是儒家所支持的。[1] 作者还指出，儒家所说的"义"翻译成西方语境中的 justice 是错误的，因为中国文化中的"义"是情境化、人情化的，而不像 justice 那样建立在 impersonal 普遍原则之上。[2]

黄光国认为"人情"、"面子"是把握中国文化中人际关系的两个关键概念。我认为"人情"体现了中国文化中人与人之间联系的特殊方式，即情感性因素在其中占突出位置，前述梁漱溟也已明确涉及。所谓情感性因素，我认为指人与人之间以情和爱为基础的特殊联结，在"仁"、"恻隐之心"等术语中得到体现。它是"差序性的"（借费孝通语），故儒家说"爱有等差"。因而中国人的关系确如费孝通所说是以己为中心、呈现为水波纹式扩展趋势，关系圈的范围和界限也不明显。但是费孝通未把人情作为核心来对待。"面子"则反映了中国人人际关系的另一重要特征，即特别敏感自己在他人心目中的形象或位置。所以"面子"与"羞"、"耻"属于同一范畴的人际关系概念，但含义有所不同。"给面子"意味着当事人不愿因为某件事与另一个人关系搞僵或不和，它鲜明地体现了中国人交往的一大特征：对人不对事。

Nisbett 等：处境化、关系化和相互依赖

20 世纪 90 年代以来，在 Richard E. Nisbett 等心理学家的领导下，包括 Shinobu Kitayama、Hazel Rose Markus、彭凯平（Kaiping Peng）等一批学者在东亚文化心理（以中、日、韩为主）与欧美文化心理的比较研究方面取得了大量成果。Nisbett 总结认为，东亚人习惯于处境化、关系化和相互依赖（contextual, relational & interdependent）的思维，把事物都看成相关的，处于因果循环链之中。

---

[1]　Hwang, "Chinese relationalism: theoretical construction and methodological considerations," *Journal for the Theory of Social Behaviour*, vol. 30, no. 2, June 2000, pp. 155-178；黄光国：《从社会心理的角度看儒家文化传统的内在结构》，见《传统中华文化与现代价值的激荡》，129~161 页，北京，社会科学文献出版社，2003。

[2]　Hwang, "Chinese relationalism: theoretical construction and methodological considerations."

不习惯于把客体当作一个脱离其处境的、孤立的对象来研究，尤其不习惯于脱离具体事物建立一个抽象的范畴，或以脱离一切具体处境的普遍化原则（rules）来理解事物及其关系。此外，东方人不把个人当作独立的人，而是当作处境中的人，他们区分"圈子内"（in-group）与"圈子外"（out-group）。东亚人的关系意识使他们表现出对于争论的回避，而西方人则迥然不同。相比之下，西方人习惯于把客体（objects）当作脱离其背景和处境的独立个体，通过研究其属性建立起某种抽象的法则（rules），并用线性因果（linear causali-ty）而非循环式的因缘来解释事物之间的关系，习惯于建立范畴（category）（范畴指脱离具体经验事物而建立的抽象概念，比如从熊猫和猴子到"动物"概念，通过明确界定"动物"的含义，再把它应用到其他动物身上），确立抽象原则（rules），以及进行纯形式的逻辑推理。① 下面简要介绍 Nisbett 所描述的若干心理实验：

心理实验 1（独立性程度）：让一批美国、中国及日本 7～9 岁的儿童参与一项试验，问他们："从 GREIT 这几个字母可以拼出什么字来？"一些孩子们被告知，他们可以按照特定的方式（category）来做；另一些孩子被给出若干拼字法，供他们选择；还有一些儿童被告知，他们的父母希望他们按某种方式来做。研究者要检验每个儿童采取的拼字方式及花费时间。美国小孩对于按照自己选择的方式做表现出最大的兴趣，而对按照妈妈的教导做表现出极低的兴趣，说明他们认为这样做自己的自主性受到伤害、个人兴趣得不到鼓励。相反，亚洲儿童对于听妈妈做表现出极大的兴趣。②

心理实验 2（处境意识）：让一批日本大学生和美国大学生看 96 种不同事物的照片，其中有一半他们以往见过。然后，以两种方式重现这些东西，一种方式是让这些事物在与当初同样的背景中出现，另一种方式是让它们在与当初不一样的背景中出现。结果发现：日

---

① 较为系统全面的论述，参见 Nisbett，*The Geography of Thought*；Fiske, et al，"The cultural matrix of social psychology," in：*The Handbook of Social Psychology*，Boston，Mass.：the McGraw-Hill Companies，Inc.，1998，pp. 915-981。

② *The Geography of Thought*，pp. 58-59。

本学生对于重现背景未变的对象的识别能力大于美国学生，而对美国学生来说，背景的变化对其识别效果根本没有影响。这说明：东亚人所认识的对象与背景"紧密连在一起"。再将一批动物放在多种不同的背景下展示，测试美国学生与日本学生识别它们的准度和速度。结果再次表明日本学生比美国学生更多地受到背景的影响，当背景发生变化时，他们犯了比美国学生多得多的错误。[①]

心理实验 3（检测东西方人对于他人及环境的敏感度）：给日本学生和美国学生看一段水下动物视频，让他们汇报自己看到了什么，日本学生比美国学生更多地汇报他们"看到了"鱼的感受和动机。比如，"红鱼的鳞受伤了，一定很生气"。让一批中国学生与美国学生看一些鱼在各种相关情景下游动或追逐的情景，比如一群鱼追赶另外一条鱼，或者他们在接近另一条鱼时突然离开。然后让学生们告诉单条鱼与鱼群的"感受"是什么。中国学生遵照要求作了回答，美国学生则感到很困难，无法回答鱼的感受问题。显然，东亚人对别人的"感受"更为敏感，而美国人则对别人的"感受"敏感程度低一些。[②]

心理实验 4（检验东西方人的群体意识。既然东方人认为群体是安全感之源，而西方人则否，那么……）让一些人来参与一个"不幸体验"试验。现在有一种苦味饮料，需要有一些人喝。受试验者需要通过抽签来决定谁来喝。分两种情况进行抽签：一种情况下，受试验者被告知，他需要单独抽签，共四次，每支签上有号码，四支上的号码总和决定他是否喝苦饮料。另一种情况下，受试验者被告知，他与另外四个人一组，每人抽一支签，由四个人签上的号码总和来决定他是否需要喝苦饮料。但受试验者不会见到同组的另外三个人。最后要每个受试验者说出，他是认为自己一个人单独参与活动更幸运，还是四人一组参与更幸运。日本受试验者认为四人一组参与活动更幸运，而美国人则认为一个人单独参与活动更幸运。事实上，没有任何证据证明，一个人参与与四人一组参与对结果有

---

① *The Geography of Thought*，pp. 90–92.

② Ibid. , p. 60.

何实际影响。①

作者还提到，西方人喜欢按约定行事，一旦契约签订，无论环境使得当事人当初签约的动机发生了什么样的变化，他们通常也不会再考虑改变约定。但是相比之下，相互依赖和高度处境型的文化中，人们则会根据环境变化来改变约定。一个例子就是 20 世纪 70 年代日本糖业公司与澳大利亚签订了一份合同，五年内以每吨＄160 价格向澳大利亚提供糖。但是合同刚签不久，世界市场中的糖价大幅下跌，日方因此主动向澳方提出，根据环境的巨大变化协商修改合同。但是澳方却不认为可以因为环境变了修改合同，他们拒绝了日方的要求。②

杨美慧、Andrew Kipnis：中国人生活中的"关系学"

美籍华裔台湾学者杨美慧（Mayfair Mei-hei Yang），对北京及华北地区人际关系盛行的情形及其功能进行了大量实证研究。③ 她认为人际关系既是走后门和腐败的温床，也具有瓦解官方主导的、违背人性的普遍主义意识形态的积极功能。她及一些其他西方学者有关中国社会中人际关系的研究，对我们每一个中国人来说都再熟悉不过了，特别是拉关系、走后门、请客送礼之类。

Andrew Kipnis 从人类学的角度对中国华北一个村庄——山东省邹平县冯家村（靠近淄博，该县亦是梁漱溟早年进行乡村建设的试验地）——进行了为期二年的实地进驻考察（1988—1990），对中国文化做了一个非常典型的微观研究。他分析了冯家村人们建立或重建关系的过程和方式，其中包括请客送礼、婚丧礼仪、血缘亲情和关系网（本家、姑姑家、姥姥家、姨家等）。他接受布迪厄的方法论，认为传统或习俗并不是人们被动、盲目、机械地遵守的规则，人们是自觉、有意识、主动地参与其中的；中国人的"关系"决不

---

① *The Geography of Thought*，p. 99.

② Ibid.，p. 66.

③ Yang, *Gifts, Favors and Banquets: The Art of Social Relationships in China*, Ithaca, N. Y.: Cornell University Press, 1994.

仅仅是达成某一其他目标的手段，同时也是目的；"关系"的运作，本身是一种生活，是身体化的（bodily），与活生生的体验分不开；"感情"（类似于黄光国的"人情"概念）是关系中最重要的组成部分，是关系的主观内容（subjectification），作者并借用了孙隆基"人情的磁力场"这一说法描述之。他认为包括"磕头"在内的许多礼节性行为，均与中国人的关系心理有关。然而包括费正清在内的一批西方汉学家却把磕头误解成一种阿谀奉承或卑贱可怜的动作，殊不知磕头是一种社会生活形式，形塑个人的内心世界（to structure and restructure subjectivities）。所以磕头是一种创造性而非破坏性的社会活动，带有积极的建设意义，这一点需要通过关系及与之相关的感情来说明。①

由于自许烺光以来多位学者的努力，汉语"关系"一词目前在西方语言中已不再被译为 relation，relationship 或 interpersonal relation，而是常常译为汉语拼音——guanxi。这是因为越来越多的学者认识到，汉语中的"关系"与英语中的 relation/relationship 存在着基本的含义区别，relation/relationship 在西方语境中指两个独立的"实体"之间功能性的互动关系，不一定涉及中国人在人际关系中所投入的情感或人情。

基于上述研究，我们对中国文化模式作如下假定：

> 中国文化的模式，可以概括为人与人心理上、情感上以及价值观上相互模仿、相互攀比、相互依赖的思维方式和生活方式，以及在人与人、人与环境的相互依赖关系中寻找自身的安全感。这种特征，我们称之为中国文化中的"关系本位"，也称为中国文化的模式或中国文化的深层心理结构。

所谓关系本位，是相对于西方的个人本位提出来的。具体来说，在中国社会中，人与人之间在心理上、情感上以及人生价值追求上

---

① Kipnis, *Producing Guanxi*, *Sentiment*, *Self and Subculture in a North China Village*, Durham, NC: Duke University Press, 1997.

具有强烈的相互依赖性，而西方社会中人与人之间虽然同样存在某种相互依赖，但是占主导地位的思维或生活方式却可能是人在心理上、情感上以及人生价值追求上对神的依赖，或对自身的依赖。这种中国文化的特征，我们可称为一种"习性"，因为它可能是在漫长的历史发展过程中，在大体相同或相近的社会生活方式中逐渐积淀而成的（我们认为这种文化习性大体上在西周时期已基本成型）；正因为如此，它具有相当大的稳定性和历史连贯性，不会因为环境因素的改变而轻易改变。但是，我绝不是说这种习性一定永远不变，变与不变的规律是什么显然值得进一步研究。

如果早在儒家思想获得独尊以前，上述这种关系本位或关系主义的文化心理结构就已在中国文化中占据统治地位；那么，儒学的提出，就并不是"空穴来风"，而是针对此一文化习性的问题而来的。因此，我们尝试换一个角度，从"礼"赖以兴起的文化心理基础来说明儒学与中国文化模式之间的内在关联，从而说明儒学在中国文化中根深蒂固的基础。

礼是关系本位下最有效的制度安排

现在就让我们从关系本位出发来理解礼在中国文化中的特殊意义。

按照古人的说法，礼的主要功能是限制人的欲望，从而确立社会秩序。荀子说，"人生而有欲，欲而不得……则不能不争"，"争则乱，乱则穷"，"故制礼义以分之"（《荀子·礼论》）。礼的这一功能进一步放大就是为世间建立秩序，即所谓"理万物"（《礼记·礼器》）。《左传》则进一步把礼的地位提高到"上下之纪、天地之经纬"（《左传·昭公二十五年》）的地步，据此礼的作用类似于宪法，甚至比宪法还重要。正因如此，"治国不以礼，犹无耜而耕也"（《礼记·礼运》）。将这些方面结合起来看，可以发现，礼的主要功能在于建立可靠的政治、社会秩序甚至宇宙秩序。这充分说明了，儒家所说的礼承担着社会制度的功能。如果这一观点正确，也就自然驳斥了另一种常见的观点，即：儒家把社会治理的希望完全寄托于圣贤、寄托于道德，而不像西方人那样寄托于健全的制度。儒家已经交代得十分明确，制礼的主要目的正是为了限制每个普通人都有的正常的"人欲"，甚至强调了即使圣人也"不能加于礼"，就像再巧的工匠也必须遵守"绳墨"（《荀子·法行》）一样。

为什么儒家主要从礼而不是法的角度来谈制度建设？为什么儒家一直主张礼大于法？为了圆满回答这个问题，让我们先清理一下"制度"这个概念。

1993 年诺贝尔经济学奖得主、美国杰出的经济学家道格拉斯·诺斯（Douglas C. North）的《制度与制度变迁》① 一书是目前西方新制度经济学领域的名作之一，该书对正式制度与非正式制度的关系作了相当精彩的分析，指出非正式制度是一切正式制度赖以形成的条件，也是一切后者得以有效运作的前提。一切正式制度比起其背后支撑它的非正式制度来说，前者是冰山露出海面的部分，而后者是冰山深藏在大海深处的基体。诺斯所谓的"非正式制度"（informal constraints），指的是习俗、规范、传统、风气、潜规则、流行信念之类的东西。我们都知道，法律是正式制度，"礼"无疑更接近于非正式制度。根据诺斯的观点，我们可以得出："礼"是"法"的基础；"礼"广泛普遍渗透在我们的生活中，比"法"更能反映一个社会生活的本质。从这个角度看，可以发现，"礼"之所以具有维持社会秩序的强大功能，一点也不奇怪。而且事实上，在任何一个社会，它的实际作用都比法强大得多，只不过由于它的"非正式性"，人们往往注意不到它罢了。

然而，非正式的制度，正由于建立于社会习惯和传统基础上，或者说正由于它的"非正式性"，导致它缺乏可制作性。它的最大缺陷，在于过于体现具体情境的特点，过于灵活多样。跟正式的制度相比，非正式的制度总显得"普遍化"程度不高，不像正式制度应

---

① North, *Institutions, Institutional Change and Economic Performance*, Cambridge: Cambridge University Press, 1990, pp. 36–47, etc.

用起来简便易行。在不同的地域、不同的背景下，人们总是有不同的习俗和非正式制度。非正式制度的另一致命弱点，就是对人没有强制性，因为它主要靠"多数人自觉认可"这一方式来发挥作用。如果有人不认可，可能受到他人谴责，但不一定能得到及时纠正。所以在人类各个文化中，人们都把建立正式的制度当作最重要的任务。毕竟正式的制度操作性强，确立容易废除也容易，它的强制功能以及"一刀切"的普遍性特点，也使其实践的功效更明显、突出。但是，正式制度的问题也显而易见。首先，由于正式制度完全依赖于"一刀切"的普遍原则，使得它缺乏灵活性，不合乎情理。实际生活中的人、事总是多种多样、千变万化的，很多事情合法而不合理，或合理而不合法。正式制度的这一特点，导致它的"非人性化"，很多人成为无辜的牺牲品。其次，正式的制度由于建立在"强制性"基础上，因而对人们有时只能发挥惩罚作用，不能让人心服口服，从而不能有效地调动人们维护它的主观能动性。再者，由于正式的制度不像非正式制度那样有强大的社会心理基础，加上确立和废除都容易做到，因而也易于反复无常，不能通过长期向一个方向努力产生累积效应。相比之下，非正式制度的另一重要特点是，它在多年的积习中缓慢形成，其权威性也往往在历史沉淀和社会氛围等之中形成。所以，非正式制度通常不是谁想订立就能在一夜之间确立的；而一个已有的非正式制度，有时也不是谁想废除，就能在一夜之间废除的。跟正式的制度相比，非正式制度有更强大、更稳固的社会心理基础。

由上可知，正式制度和非正式制度各有优劣。一个社会的制度建设朝着什么方向努力，需要考虑其自身的"国情"。从儒家坚持"礼大于法"这一点可以看出，儒家真正推崇的是非正式制度，而不是正式制度。这一点最经典地体现在孔子"道之以政，齐之以刑，民免而无耻；道之以德，齐之以礼，有耻且格"（《论语·为政》）这一名言之中。严格说来，"礼"是介于非正式制度与正式制度之间但更接近于非正式制度的一种制度。虽然在儒家传统官方化、意识形态化后的古代宗法社会中，"礼制"中的很大一部分后来转化成了正式的制度，变成了具有强制执行力的"法"（家法或国法），但是古人仍强调它的"非正式"特征，主张"礼从宜，使从俗"（《礼记·曲礼》），认为礼的精神实质在于"敬"这一活的精神，而不是循规蹈矩。也就是说，反对从"正式制度"的特征来理解"礼"。① 总之，可以这样说，儒家所倡导的制度建设走的是以"礼"为重、以"法"为辅的道路，把非正式制度作为一项人为的工程来建设，使之由隐到显，由不彰到彰，由不规范到规范，由不合理到合理。那么，为什么儒家主张礼大于法而不走西方的法治道路呢？这可从关系本位的中国文化模式来说明。具体来说：

首先，在以人际关系为本位的文化中，人和人之间相互整合遇到的一个不同于西方的主要问题就是，人际关系所具有的力量比任何东西都更大；它像一条巨龙，任何外在的束缚都会被它所撕破，都不可能束缚得了它，设想一种凌驾于它之上的、理想的外在制度网络来束缚它从而使之理性化本身就是行不通的。中国人常常说："制度是死的，人是活的。"它反映在关系本位的中国文化中，任何制度，只要在人心中没有牢固的基础，就随时可能被改变。这种行为今人称为"变通"，古人称为"权"。所以要在这种文化中确立起有效的制度，必须首先从人入手，而人的问题归根结蒂是人际关系问题，必须首先拿人际关系开刀，把解决人际关系问题当作首要大事来抓。要在人际关系中确立起一种有效的相互服从，使得人与人之间从你争我斗、群龙无首变成和谐有序，唯此才能拧成一股绳，形成有效的社会整合。这就是说，在中国文化中，社会制度问题的解决依赖于人的问题的解决，更准确地说，依赖于人际关系问题的解决。这一事实的实际后果是：在中国文化中，什么能够有效地解决人际关系问题，什么就当之无愧地成为建立健全社会最强大的武器。

那么，能够有效地解决人际关系不协调问题的利器是什么呢？

---

① "至于犬马，皆能有养；不敬，何以别乎？"（《论语·为政》）"祭如在，祭神如神在。""居上不宽，为礼不敬，临丧不哀，吾何以观之哉？"（《论语·八佾》）类似这样的论述在历代儒家经典中不胜枚举。

是"法"还是"礼"？我们发现，作为一种制度安排，"礼"跟"法"相比在解决人际关系问题时更为有效。这主要是因为，"礼"比"法"更好地体现了随处境而变化的特点。关系本位导致中国人习惯于"情境化的"思维方式，从自身当下切身的关系处境出发来看世界，并倾向于通过建构一种和谐、稳定的关系处境来获得安全感。这一切，导致中国人不习惯于接受"一刀切"、"非人化"（impersonal）、冷冰冰的法则，而更喜欢因时因地制宜、适应当下处境特点的规则。由于"礼"在整合人际关系方面比"法"灵活性更大，所以它理所当然地比"法"更受欢迎。与正式的制度强调"普遍性"、"强制性"、"非个人化"（impersonal）有所不同，礼的灵活性、弹性、柔韧性更强，更适合于中国人的口味。这正是儒家提倡"礼大于法"的重要文化心理基础。我们看到，儒家经典中许多地方都强调"礼"的作用是塑造人与人的关系，这可以用《左传》中的一句话来说明，即"明等列，辨贵贱，顺少长，习威仪"（《左传·隐公五年》）。但是在儒家看来，"礼"的功能不限于此，它可以有效地引导人面对复杂、多样的关系，达到与一切制度同样的功效。《礼记·曲礼上》云：

> 夫礼者，所以定亲疏，决嫌疑，别同异，明是非也。
> 道德仁义，非礼不成，教训正俗，非礼不备。分争辨讼，非礼不决。君臣、上下、父子、兄弟，非礼不定。宦学事师，非礼不亲。班朝治军，莅官行法，非礼威严不行。祷祠祭祀，供给鬼神，非礼不诚不庄。

其次，关系本位文化的最大特点之一就是重人情。这也是导致"礼"比"法"在中国文化中更受欢迎的又一重要原因。正如前面费孝通等人所揭示的，中国文化中人与人的关系是有等级、有层次、有亲疏远近之分的，而决定等级、层次及亲疏远近的关键因素是"人情"，即梁漱溟先生所谓"一啼一笑，彼此相和答；一痛一痒，彼此相体念"的"亲情世界"。人情，说穿了是指人与人之间情感上

91

的联结。这种联结，在英文中有时可表达为 expressive ties，我认为以译为 affective bonds 为佳（"人情"英文中通常译为 favor，并不准确）。人情是中国文化中把人与人牢固地联系起来的最重要的纽带。人情的建立有时非常不易，但是一旦建立起来，将导致一个人为另一个人奔命，甚至可以达到是非不分的地步，所谓"用人唯亲"，所谓"裙带关系"，所谓"小团体主义"等等，均与此有关。当然，人情的积极作用也是巨大的，它可以把人们真正地整合起来，形成共同体主义和集体主义的效率，并让人生找到安身之所和安全感。这体现了中国文化中人们需要在与"人"的关系——而不是与"神"的关系——中安身这一重要特点。所以"重人情"成为中国文化中天然的倾向，具有强大的、不可阻挡的力量。可以说，一个人不懂"人情"，对中国文化就永远处在"绝缘状态"。① 正是人情的力量使得"礼"比"法"在中国文化中更受欢迎，导致"礼"比"法"在中国文化中对人与人的整合所能发挥的作用大得多。原因很简单，非正式制度建立在更深厚、更牢固的社会心理基础上，所以更有"人情味"。古人特别是儒家一再强调，"礼"是顺应人情而作的：

> 礼义以为器，人情以为田。（《礼记·礼运》）
>
> 人情者，圣王之田也，修礼以耕之……（同上）
>
> 凡礼之大体，体天地，法四时，则阴阳，顺人情，故谓之礼。（《礼记·丧服四制》）

---

① 牟宗三在《历史哲学》（增订八版，台北，台湾学生书局，1984）一书中，对中国古代社会中的人情世界作了极为精彩的描述。他说："宗法的家庭族系，依着亲亲之杀，尊尊之等，实兼融情与理而为一，含着丰富无尽藏的情之理之发扬与容纳。……在此种情理合一的族系里，你可以尽量地尽情，你也可以尽量地尽理。而且无论你有多丰富的情，多深远的理，它都能容纳，决不能使你有无隙处之感：它是无底的深渊，无边的天。五伦摄尽一切，一切摄于五伦。"（74 页）"无论为天子，为庶人，只要在任何一点上尽情尽理，敦品励行，你即可以无不具足，垂法后世，而人亦同样尊重你。"（74～75 页）"就在此'尽'字上，遂得延续民族，发扬文化，表现精神。你可以在此尽情尽理，尽才尽性；而且容纳任何人的尽，容许任何人尽量地尽。（荀子云：王者尽制者也，圣人尽伦者也。孟子云：尽心知性知天。）在此'尽'上，各个体取得了反省的自觉，表现了'主体的自由'，而成就其为'独体'。"（75 页）

礼者，因人之情而为之节文。(《礼记·坊记》)

缘人情而制礼，依人性而作仪。(《史记·礼书》)

为什么不是"自由"?

Nisbett 在描述东亚与欧美思维方式差异时敏锐地意识到，由于东、西方"人"的概念不同，西方的人权概念可能不一定适用于东方文化。他提到，"人权"乃是基于西方文化中"个体"独立性的概念，即社会是无数独立个体 (individual unit) 的"聚集"，因此西方人的社会是建立在"一与多"的区分基础上的；而东方人倾向于把人理解为全体中的一部分，没有独立个体的概念，因而个人被理解为存在于与他人相互依赖的关系中 (强调个人对他人的理解、照顾、责任和义务，而不是自己的权利)。因此，他批评西方人从道德上指责东方的人权问题，其实不对。对东方人来说，美国社会的许多问题皆是由强调个人自由导致的。[①]

一批文化心理学家指出[②]，欧美文化把人理解为一种连续、稳定、自主、边界确定、独立于处境的实体 (entity)，这个实体拥有一系列内在的个人属性 (internal, personal attributes)，包括爱好、动机、目标、态度、信念、能力、主观感受等等，并正是由这些属性支配、决定和影响着个人的外在行为。在这一基础上，每个人把自己想象成一个独特的自我 (distinctive self)。具体表现为，在欧美文化中，父母从小就有意识地培养孩子们的自我意识。调查发现，有 64% 的美国母亲和只有 8% 的中国母亲注重培养孩子们的自我意识。美国中产阶级从婴儿起就让孩子与自己分开睡甚至分屋睡。在学校里，孩子们需要学会自己表达自己，自己描述自己，自己展示自己。甚至儿童的课程设置也是为了开发每个学生的独特潜力，强化他们每个人的"独特感"，所以已经"个人主义化"。美国孩子们

①　Nisbett, *The Geography of Thought*, pp. 198-199.

②　Fiske, et al, "The cultural matrix of social psychology," pp. 920-922.

养成了"对于一个稳定不变的我的欲望"（desire for a consistent self），这个"我"是完整、稳定、不可分割和独立于周围环境的。例如，他们认为，一个人换了一种场合就隐瞒自己原来的观点，是"自我没有稳定性"（consistency）的表现，说明一个人没有勇气坚持自己的信念。

在个人主义文化中，孩子们从小学会在生活的各个方面养成自主（self-determination）的习惯。表现为被鼓励或要求在各种各样的选择中获得自我的认同感，包括对自己的食物、衣服、冰淇淋、洗澡时间、发型……所有生活事情上自己作出选择。孩子们被鼓励对自己的每一件事情，哪怕是非常细小的事情，由本人亲自决定。"你是现在就睡呢，还是先洗个澡再睡?"一个独立而自主的自我就是这样形成的。美国社会生活的方方面面都是围绕着让人们按照自己的喜好进行自我选择而展开的，在超市里，在餐厅里，在所有的购物场所，人们被要求不断地进行自我选择，并由此展示、确认或表达他们的独特自我。"Help yourself."（自己动手吧!）美国人就是在这一过程中，获得自我的独特感和对自身命运的主宰意识。在这些描述中，我们深深体会到西方人对个人自由的追求和热爱渗透在他们日常生活的每一个细节中，也证明他们对自由的信仰来自于他们灵魂的"深处"。这是我们今天在西方意识形态、报刊媒体、文艺作品等一系列宣传中看到他们对自由不假思索地强调、颂扬或赞美的根本原因。

由此我们理解，当西方文化影响到非西方世界，他们会不自觉地、本能地从个人自由的角度来看人类其他文化。深受西方现代文化影响的人们，每每因为在儒家经典中找不到"自由"二字而深深叹息。在西方人心目中，"自由"是衡量一个社会进步与否的最主要尺度。然而，恰恰是这个衡量社会进步尺度的东西在儒家传统中找不到。这难道不是证明了中国文化特别是儒家传统很落后吗？

对于这个问题，我们只要再回头看看中国文化的习性及其与西方文化的差别，即可理解。首先，在中国文化中，从人格发展的角度看，每个人在人生发展道路上面临的最大障碍并不是他人或群体对个体的压抑，而是能不能处理好自身与他人的关系。换言之，即使有这种压抑，也是人际关系的问题，需要通过人际关系的方式来解决。由于人际关系是变动不居的，又是高度人情化的，处理人际关系本身就是一门学问和艺术。人际关系的高度发达，导致了中国文化中三种最常见的态度被发展出来，分别表现在儒、道、法三家之中。一是积极有为地建构人际关系，使之向好的方向发展。这就是儒家。《中庸》谓"君臣、父子、夫妇、兄弟、朋友之交""五者"为"天下之达道"。细思可以发现这五种人际关系代表了当时社会结构下最主要的人与人关系，而儒家致力于规范它们，并深刻地指出：只要能将这五种人际关系引导到正常轨道，天下就安定了。与此同时，儒家指出，以礼义之道来处理人际关系，才体现了人区别于禽兽之所在。因为禽兽处理相互关系时的唯一态度就是诉诸暴力，乃至你死我活，而不懂得相互尊重、照顾弱者。所谓在长达几千年的岁月中，中国人一直以"礼仪之邦"为由而自豪自己是人类文明的中心，并不是没有道理的。《礼记·曲礼》中有言："夫唯禽兽无礼，故父子聚麀。是故圣人作，为礼以教人，使人以有礼，知自别于禽兽。"

然而，由于有些人际关系中根深蒂固的缺陷，儒家并不能完全解决，所以在中国文化中也发展出道家和法家这两种态度。法家的态度是犬儒式的，正视贪欲难以根除的现实，本着自我中心或明哲保身的处世态度，主张掌握各种场合下人际关系的特点，尽量利用它，最大限度地为我服务。而道家则秉持对人际关系完全不抱希望的消极悲观态度，主张通过出世的方式完全逃避人际关系世界和人情锁链，在物我两忘的神仙境界逍遥自乐。

无论是儒家还是道家或法家，均未主张一种类似于西方自由主义者所强调的、建立在个体独立性基础上的自由理想。如果道家的理想有一种自由精神，这种精神也是建立在"出世"的基础上，而决不是如西方自由主义那样，在此岸人间世界是追求个人自由，因而性质上完全两样。至于儒家，之所以主张通过修身、礼义的方式来规范人际关系，而不主张个人自由，是出于对人际关系复杂性的深刻洞察。因为很明显，人与人良好的关系，只能通过相互尊重、相互理解、相互体谅来建立，而不可能通过追逐个人自由来建立。我们看到，在人际关系压倒一切的中国文化中，最大的威胁往往来自于内部不和及其所引起的分裂，而导致内部不和及分裂的根源又往往是每个人自我中心的欲望。儒家的重要性在于，对于群体的生存来说，如何协调每个人的欲望，不至于人人自我中心，导致争斗不息和分崩离析，才至关重要。所以很自然地，这种文化不可能把个人自由当作核心价值。我们看到，20世纪以来当西方自由主义被引进到中国来以后，立即引起不少人特别是深谙中国文化现实的政治家们的警觉和反感，他们不假思索地把自由主义等同于自我中心主义和狭隘的自私自利思想，并大加批判（毛泽东就是一个典型）。在儒家经典中，我们则看到，礼义对于限制人欲的重要性一再得到强调：

> 圣人之所以治人七情，修十义，讲信修睦，尚辞让，去争夺，舍礼何以治之？饮食男女，人之大欲存焉；死亡贫苦，人之大恶存焉。故欲恶者，心之大端也。人藏其心，不可测度也；美恶皆在其心，不见其色也。欲一以穷之，舍礼何以哉？（《礼记·礼运》）

> 好恶无节于内，知诱于外，不能反躬，天理灭矣。夫物之感人无穷，而人之好恶无节，则是物至而人化物也。人化物也者，灭天理而穷人欲者也。于是有悖逆诈伪之心，有淫泆作乱之事。是故，强者胁弱，众者暴寡，知者诈愚，勇者苦怯，疾病不养，老幼孤独不得其所，此大乱之道也。是故先王之制礼乐，人为之节。（《礼记·乐记》）

> 礼起于何也？曰：人生而有欲，欲而不得，则不能无求。求而无度量分界，则不能不争；争则乱，乱则穷。先王恶其乱也，故制礼义以分之，以养人之欲，给人之求。使欲必不穷乎物，物必不屈于欲。两者相持而长，是礼之所起也。（《荀子·

礼论》）

从这些论述可以看出，古代儒家之所以不把自由当作核心价值，是与中国文化的习性有关，特别是没有个人主义传统有关。说得简单一些，个人自由不利于克服关系本位社会的中心问题。牟宗三描述了中国古代宗法社会中"道德的主体自由与艺术性的主体自由"。这种自由，我们可以从孔子"七十而从心所欲不逾矩"的名言、孟子"中天下而立"的浩然气概、庄子的"逍遥游"宣言、唐诗宋词的永恒境界、禅宗和宋明新儒家的精神不朽等之中找到。不过这种类型的"自由"显然是指"道德情感上的自由"或纯粹主观的自由，而不是西方自由主义所指的、建立在个体独立性基础上的、与个人权利相关的自由。[①]

从"礼"看儒学对中国现代性的意义

不妨这样来理解：中国文化中的"礼"是一种"软制度"，如果现实生活中那些必须以强制方式实行的制度可称为"硬制度"的话。在儒家文化中，礼是人们应当遵行的，甚至是必须遵行的，但这并不意味着如果不遵行就违背了国家或社会的法律，就会有相应的职能部门来惩罚你。一定时代或一定环境下的某些"礼"有时候对于身在其中的人来说是具有强制性约束力的，但是与法律法规的强制性相比，后者的强制性要"软"得多。正是这种不带明确强制性的"礼"，在中国文化史上有着至高无上的地位，在儒家心目中比法律法规重要得多。可以说，儒教文明是一个礼教文明，这种现象本身就非常有趣，而不应当被错误地理解为是"由于中国文化停留于前文明阶段，没有发达的法治、只能靠礼这种传统的手段来维系"。如果说西方社会是法治，中国社会就是礼治；对于"人际依赖心理"

---

① 参见牟宗三：《历史哲学》，74～82 页。

支配下的中国文化来说，硬制度可能会扼杀人性，和这个文化的文明理想背道而驰。

关系本位的中国文化模式决定了，对于中国人来说，只有礼才能代表一种积极有效的社会整合方式，礼制好比是一种积极的制度，而法制则只能是一种消极的、以防范为主的制度。所以自然地，礼会成为中国文化中真正有力的东西。"道之以政，齐之以刑，民免而无耻；道之以德，齐之以礼，有耻且格"（《论语·为政》），这一观点所传达的最重要信息就是，在中国文化中，人心的整合，特别是人的主动性的调动有着特殊重要的意义。只有当人们愿意主动、自觉地维系某种精神或价值时，才能真正建立理想的人际关系，而制度的意义也才能体现出来。在西方文化中，法的含义远远走出了消极防范的功能，本身就具有积极规范生活方式的强大力量，所以人们自然很难理解为什么中国人总是以消极的眼光看待法，也不认为中国人有真正意义上的法的精神。但若因此而误以为儒家认识不到制度的重要性，以法治作为衡量一个社会是否进步的准绳，就错了。

我们试图从文化习性的角度来说明儒家在中国社会中存在的文化心理基础，及其过去长盛不衰的根本原因。由于关系本位或关系主义的文化心理结构至今仍然顽强地存在于中国人的社会里，可以设想，在未来的中国，由于同样的文化模式，礼制/礼治仍将是中国现代性的应有之义，这又进一步说明儒学的复兴在中国文化中至今仍有牢固的基础。当然，我绝不是说要恢复到过去的礼教。前面说过，非正式制度不是可以凭借个人之力在一夜之间订立的，而必须借助于历史的积淀、风俗的养成和传统的建立，需要强大而顽固的社会心理基础支撑。这是今天任何试图重建礼治秩序的人所不得不认真面对的。我们的研究使我们有理由坚信，人文社会科学如果只是在套用西方的范式，而不重视文化模式和文化心理结构问题，习惯于从普遍主义方法论及完全与西方一样的范式来研究中国社会，成果将非常有限。我们在这方面也只作了一点初步探索，相信这里面还有许多更有价值的话题值得研究。

附："礼"的现代意义

本章侧重探讨礼在中国文化中存在的文化心理基础，但这不等于礼没有超越民族性的普遍意义。下面这组资料可以在一定程度上说明"礼学"的普遍意义（尤其在现代社会）：

（1）人类学家 Mary Douglas 从符号学的角度论证了礼作为文化的习俗和传统，其作用比正式的法律制度大得多。作者并不是一位儒家学者，但该书却系统、全面、深入地探讨了"礼"（ritual）的重要性，认为礼是传统社会最重要的文化资源，而现代西方人通常所谓的"自由"不过是一种幻觉。她以大量宗教、儿童认识论及语言学等方面的例证来证明：人从来到世上的第一刻起就生活在种种关系、规范、规矩、礼节、结构等之中，每一个语言及行为都是社会规范影响的产物，不存在脱离礼节规范的绝对自由，改变、变革只是用一种规范、结构取代另一种规范和结构而已，而非彻底摆脱规范和结构。作者进一步认为，现代社会中礼的衰落是其文化贫困的一种表现。[1]

（2）芬格莱特（Herbert Fingarette）《孔子：即圣而凡》一书对礼的作用有极精彩的发挥。他受西方语言分析哲学影响甚大，且不是一位专业的儒学研究者，甚至不懂汉语，但是他的这本书却对西方汉学界产生了振聋发聩的影响，从他以后，西方汉学界对《论语》及儒学的认识有了巨大飞跃。而这本书阐发最有力的方面就是儒家的"礼"这个概念。作者以极其生动的语言告诉我们，礼在当代人（主要指西方人）的生活中无处不在，礼是一种神奇的力量，有时不能言喻但却威力无穷。他还论证认为，正是这个我们平常意识不到的礼，是决定我们一切人与人交往行为成败的关键，而且是人与他人的动态关系中

---

[1] Douglas, *Natural Symbols: Explorations in Cosmology*, London: Routledge, 1996.

"使人成为人"的关键。①

（3）美籍华裔学者柯雄文（Antonio S. Cua）教授对儒家的礼学作了相当精彩、深入的分析。他认为，仁和礼是道德生活中两个相反相成的范畴。"仁"好比是道德行为的实质或内容，"礼"好比是道德行为的形式或准则。他引用现代西方伦理学理论指出，任何道德行为都不可能没有外在的标准，否则道德学说将失去规范意义。一个理想的人格，应该是道德生活上述两方面的完美结合，儒家的君子正是这一结合的典范。② 另外，他还认为，礼也可以说是人与人最恰当的交往方式，这就是它有时在英文中被译为 propriety, rules of propriety, rules of proper conduct 的原因。他还强调，从儒家传统看，礼还可以成为道德、宗教、审美价值的最高统一体。儒家并不仅仅从祭祀的角度谈礼（宗教），也不仅仅从道德修养的角度谈礼（道德），还注重礼乐并举、交相为用（审美）。由此可见儒家的礼决不是僵化、压抑人性的教条和阻碍社会进步的负担，而是相反，它至少有两个重要功能：从个人角度讲，它是培育道德人格、使人性自我实现的重要渠道；从社会角度讲，它是区分人群关系的准则或规范。③ 杜维明在有关论文中也对仁与礼的含义及关系作了相近的分析。他认为，礼是仁在特定情境下的外化，礼体现了儒家不只是理论上谈仁，而且要在入世中实践仁的精神；如果说仁代表一种内在性原理，礼就代表一种特殊性原理。礼好比是世界的准则。有礼而无仁，人不成为人；有仁而无礼，仁只是空谈。仁与礼之间存在一种张力和平衡，需要人们在实

---

① Fingarette, *Confucius—the Secular as Sacred*, New York: Harper and Row, 1972；中译本参见芬格莱特：《孔子：即圣而凡》，南京，江苏人民出版社，2002。

② Cua, "Reflections on the structure of Confucian ethics," *Philosophy East & West*, vol. 21, no. 2 (Apr., 1971), pp. 125-140.

③ Cua, "Li and moral justification: a study in the Li Chi," *Philosophy East & West*, vol. 33, no. 1 (Jan., 1983), pp. 1-16. 柯雄文另有专门论述荀子礼学的论著，参见 Cua, "Dimensions of Li (propriety): reflections on an aspect of Hsün Tzu's ethics," *Philosophy East & West*, vol. 29, no. 4 (Oct. 1979), pp. 373-394.

践中体认和把握。①

（4）南乐山（Robert Neville）是美国波士顿大学的一位神学家，其主要成就在神学方面。但是他对儒学也情有独钟，《波士顿儒家》等论著的出版使他早已被公认为波士顿儒家的代表人物之一。"礼"成为他所重点阐发的对象，因为他认为礼代表一个文化中最重要的意义象征系统，礼的重要性体现在：任何成熟发达的文明均是象征符号发达、丰富、和谐一致的系统，保证象征符号的和谐一致及有效运作，是文明成败的关键，或者说文明好坏的标志，由此可见礼的特殊重要性。儒学的礼给我们的一个重要启发就是：孝悌代替了本能，敬重代替了淫威，友爱代替了利用，这些才是人类生活中最重要的东西。由此，他说，文化是由礼构造出来的；礼代表文明的规范；礼构成或意味着人类社会中的和谐。他进一步从实用主义哲学观出发，指出：现代世界中"文明"的日益多样化、多元化，导致不同文化、不同文明样式之间的碰撞与融合成为现代世界的主要问题之一，在这种情况下儒家的礼学思想给我们的启示之一是，如何努力营造一种不同文化之间在生活习惯、行为方式、思想方式、风俗价值等方面的全面和谐。②

（5）《东西方哲学》杂志 2001 年有一篇文章专门讨论儒家礼教思想与西方自由主义的关系，作者 Hahm Chaibong 论证认为，表面看来，儒家的礼教思想与西方自由主义是完全对立的，一个注重训练、适度、道德，一个讲独立、自由、自主。但是从另一方面看，二者之间所谓对立也可能是假象。因为自由主义者虽然把个人自由看得高于一切，但却从来不告诉人们如何运用自己的自由、如何实践个人自由。从这个角度讲，儒家的

---

① Tu Wei-ming, "The creative tension between Jen and Li," *Philosophy East and West*, vol. 18, no. 1/2 (Jan.-Apr., 1968), pp. 29–69.

② Neville, *Boston Confucianism*: Portable tradition in the late-modern world, Albany, N. Y.: State University of New York Press, 2000, pp. 8–15, 25–40, etc..

礼学思想注重个人训练，这对于西方人如何在实践中运用自由同样是必不可少的，可见礼学与自由主义之间的鸿沟是可以填平的。①

除了上述诸家，还有不少其他学者对"礼"的内涵及其普遍意义作了一定的探索。②

---

① Chaibong, "Confucian rituals and the technology of the self: a Foucaultian interpretation," *Philosophy East and West*, vol. 51, no. 3 (Jul., 2001), pp. 315 – 324 (Eighth East-West Philosophers' Conference).

② 如 Robert Eno (*The Confucian Creation of Heaven: Philosophy and the Defense of Ritual Mastery*, Albany, NY: State University of New York Press, 1990) 等人。

儒学与民主关系再思考

【提要】

20 世纪中国学术界在理解儒学与民主的关系时，多半从一种非历史的、理想主义崇拜心理出发，从抽象的哲学原理（抽象人性论、价值论或形而上学）来理解民主产生的原因，从而不自觉地预设了民主是普遍适用于人类一切历史条件的最理想的政治制度，认为民主就是人民主权或人民当家作主，是最大限度地体现人的尊严的制度，并构造了民主/专制二元对立的人为神话。正是在这些错误假定之下，出现了"儒学反民主"与"儒家支持民主"这种虚假的理论对立。也正是由于对民主的这种理想化的、"乌托邦式"理解，导致很多现代学者包括现代新儒家学者对中国古代未出现民主政治而深感遗憾，挖空心思地试图总结儒家未提出民主思想的原因，将中国古代未出现民主在一定程度上归结为思想原因，包括儒家的道德学说或内圣取向，并认为拥抱或建设民主是现代儒家的主要使命之一，或从儒家的"公天下"思想或从一种抽象的人性论出发来讨论儒学与民主结合的理论基础。本章对上述现代新儒学中有关儒学与民主关系的研究系统检讨，试图全面澄清儒学与民主关系研究中的几种误区。

本章试图论证说明：（1）民主制与君主制一样，都是特定社会历史条件下出现、依赖于特定的社会—历史—文化条件的政治制度。古典儒学没有提出民主思想，是十分正常且合理的。因为，民主制与君主制一样，并不是什么可以超越一切历史时代、一切民族国家和文化差异而普遍有效的政治制度。长期以来，脱离具体的社会历史条件，从一种抽象的人性论、价值论甚至形而上学来理解民主存在的基础，是导致上述种种误区的主要根源。（2）民主政治即使在当代社会条件下也不是普遍有效的。从东亚文化尤其是中国文化的特征看，以党争和大众政治为特色的民主政治可能不如以修德、尊贤为特点的精英政治（贤能政治，meritocracy）更为有效。由此，并不是所有现代民族国家都应以民主为核心价值，而儒家的贤能或精英政治理想仍可能是未来中国政治文化的基石。（3）儒学本质上不是一种民主学说（尽管其中可能包含有利于民主的因素），这非但不是一大局限，反而有助于克服在中国文化中实行民主所可能带来的一系列根深蒂固的问题。正像历史上的儒学没有以拥抱君主制为主要使命一样，今天的儒家也没必要以拥抱民主制为主要职志，而应该从其修德、尊贤的传统出发，为建设一种合乎中国国情的现代政治制度作贡献。

民主问题是 20 世纪以来人们理解儒家思想局限的重要因素之一，没有民主思想据说也是儒学落后于时代的重要标志。对于现代儒家学者来说，不承认民主似乎就是落伍的象征。为了证明自己进步，他们不得不一再证明儒家传统也有"民主的"成分或精神。一个多世纪以来，无论是儒家学者还是非儒家学者，都经常困扰于这样的问题：为什么中国古代没有出现过民主政治？为什么儒家没有提出民主思想而只能停留在民本的层面？为什么儒家学者永远只知道寄希望于统治者的德性，而不知道以法或制度的方式来限制君权？以梁漱溟、熊十力、牟宗三、唐君毅、徐复观等人为代表的一批现代新儒家学者，更是煞费苦心地试图说明儒家或中国文化中没有出现民主政治的根本原因，甚至试图"亡羊补牢"，提出在中国文化中建立民主的方案。

　　我们的目的不在于全面说明儒学与民主的关系。对于儒学与民主的关系，本书拟以下述立场为前提，即儒家政治思想本质上不是一种民主学说；虽然儒学中确有许多有利于民主的成分，但也有许多与民主异质的成分；确有不少人严重夸大了儒学的反民主性质，但也有不少人过分强调了儒学的民主性质。①

---

　　① 伊佩霞的《剑桥中国史》（Ebrey，*The Cambridge Illustrated History of China*，Cambridge，UK：Cambridge University Press，1996）、费正清的《新中国史》（Fairbank&Goldman，*China*：*A New History*，enlarged edition，Cambridge，Mass.：Belknap Press of Harvard University Press，1998）这类在西方大学里被广泛采用的历史类教材或教学参考书，在描述中国自鸦片战争以来的近代史时，一般都说晚清以来中国的保守官僚、士大夫正是受到了儒学的熏陶，夜郎自大、故步自封，拒绝改革和开放，这类观点对西方人的儒学观影响甚大。很多西方人认为中国人在儒家传统影响下，自古崇尚权威，所以才没有民主和自由，他们都说儒家"三纲"教育人们服从权威，如此等等。这些观点，反映了当前西方学术界对儒学与民主关系的主流看法，与中国五四学者的看法一致。不过，在美国汉学界，情况显然有所不同。狄百瑞《亚洲价值与人权》（*Asian Values and Human Rights*，1998）、《中国的自由主义传统》（1983）等书，杜维明关于儒学与自由主义的研究，均与中国近代早期学者如徐复观、唐君毅等人从儒家追求个人尊严及人格独立完整等角度论证与民主不相违背的倾向相一致。此外，赫大维、安乐哲关于社群主义民主的讨论，也体现了目前西方汉学界对儒学与民主关系的积极看法（Hall & Ames，*The Democracy of the Dead*，1999）。

　　另一个值得关注的动向是，最近十多年来，对儒学以及所谓"亚洲价值"（Asian Values）与民主关系的讨论开始超出汉学界。例如，福山出于对亨廷顿等人的回应，对儒学与民主的关系作了正面辩护，或许值得一提。他指出，亨廷顿等人认为，儒学不支持个人主义、反对把法律置一切现实权威之上等，所以与民主不相容，这一观点夸大了事实。他说，诚然，儒学中有与民主不相容的部分，比如它倾向于"国家权威高于个人自由"、"和谐重于分歧"等。但是另一方面，儒学中又包含着有利于民主的成分：其一，主张通过科举考试选拔精英参政，这一思想具有平等主义的内涵。其二，儒学非常重视教育，而教育是民主得以健全发展的必要条件。其三，儒家有一种宗教和意识形态上的宽容精神，这一点在历史上得到了证明。他同时引用杜维明的观点指出，如果区分政治儒学与生活儒学（作为个人伦理），可以发现虽然儒学一直在历史上与政治紧密结合，但政治儒学从来不是它的本质内容，儒学的精神实质体现在个人伦理方面。正是后者，与现代民主不相冲突。即使从政治儒学的角度看，它在中国与日本也不一样，在日本并无改朝换代之说，"天命"从来不变，但是在中国，儒家并不支持盲目服从权威，也不认为"天命"永恒不变。Fukuyama，"Confucianism and Democracy，"*Journal of Democracy*，6：2（1995），pp.20—33。

　　Brooke A. Ackerly 也分别从三个方面分析了儒学与民主可能有的积极关系，认为可以从如下三个方面来对儒家政治思想作民主式解读，诸如：（1）性善论。每个人本质上都是仁的，因而都能参政；（2）政治、经济及社会制度的功能在于培育人的德性，使之健全。

我们既不想为儒学"有利于民主"辩护，也不想批判儒学中"非民主"的成分。我们要检讨的是，迄今为止对儒学与民主关系的大量研究，多是在下述可能成问题的思想前提下进行的：民主制或自由民主制（liberal democracy）是人类社会或现代各民族一种理想的政治制度模式，也是衡量一个现代民族国家是否进步的最重要指标之一。我们将提出这样的问题：这一思想前提真的正确吗？

（3）对于政治领导人及公民的职责和行为的公开批评，以及对旨在培育人的德性的机构的公开批评。显然作者试图从这几个方面来说明儒学在现代民主社会的积极意义。这类从积极方面来讨论儒学的观点，其实在我国早为新儒家学者如徐复观、张君劢、唐君毅等人所讨论过，因而并不新鲜。不过意义在于，由于福山等人并非儒家学者，其观点在西方学术界自然另有意义。参见 Ackerly，"Is liberalism the only way toward democracy? Confucianism and democracy，" *Political Theory*，vol. 33，no. 4（Aug.，2005），pp. 547-576。

胡少华（Hu, Shaohua，音译）对于儒学与民主的关系作了相当全面而完整的总结，主张对于儒家是支持民主还是反对民主，持一种简单的肯定或否定态度都是完全错误的。他大抵认为，儒家学说（Confucianism）（他以孔孟学说为代表）本质上不是一种民主学说。所以它既不是本质上支持民主的，也不是本质上反民主的，而是"非民主的"（a-democratic）。他认为儒学以家庭而不是个人为本位，没有公民选举思想，所以本质上不是民主学说。正因为儒学本质上不是民主学说，所以虽然它有一些民主成分，但是把它说成是一种支持民主的学说未免太过。但是儒学不是民主学说，并不等于它一定反民主。事实上它的许多成分确实可以与民主政治相互支持。他详细分析了儒学亲近于民主的方面，如儒学反对暴政，为人民权益说话；有参政问政精神，己所不欲勿施于人的宽容精神，人皆可以为尧舜的平等精神。儒家与民主不同之处在于：儒学主张人性本善，民主思想主张人性自私；儒家以家庭为重，民主以个人为主；儒家拥护等级制，民主反对等级划分（此条举证不力）；儒家以伦理、道德代替法律，没有法治精神；最后，儒家没有选举及分权思想。但是这些不同，不等于会把一个社会引向极权，事实上中国古代社会不是民主社会，但也不是极权社会，人民确实享有一定的自由，尽管不是有绝对保障的自由。在现实中，中国古代的皇帝或天子受到了许多外在因素的限制，不可能对人民实施全面控制，社会的自主性和地方自治在中国古代得到了发展；天子的权威甚至在皇室内部也受到限制，他受到包括诸如祖先训诫、礼仪、典章、习惯、风俗、大臣戏谏等等的限制。从实践效果上看，他认为儒家也在一定程度上支持了中国古代威权主义的统治：忠君思想、官僚体系、道德上的保守倾向、重男轻女、家庭中心思想等等。胡少华的观点提醒我们，虽然现代新儒家学者如唐君毅、徐复观等人对儒学支持民主的倾向辩护甚力，但是他们由此推出，从儒家的道德理性精神可自然地引申出民主政治来，也是不切实际的判断，有夸大之嫌。参见 Shaohua Hu，"Confucianism and Western democracy，"*Journal of Contemporary China*，6：15（Jul.，1997），pp. 347-363。

此外还有 Albert H. Y. Cheng（2007）对当代一批中国儒家学者包括牟宗三、唐君毅、徐复观、张岱年及李明辉、林安梧等学者观点进行了讨论，探讨了儒家如何实现"创造性转换"的问题；Shaun O'Dwyer（2003）站在实用主义角度对儒家社群主义民主的讨论，对安乐哲等人的观点进行了批评分析；等等。

　　我们认为，儒学与民主关系中的理解误区主要在于：忽视民主只是人类社会特定历史条件下的特定政治制度安排，不知其在公民社会的合理性与君主制度在古代宗法制度下的合理性程度大致相当；从一种抽象人性论的角度来理解民主产生的原因，不自觉地预设了民主是普遍适用于人类一切时代的、最理想的政治制度，认为民主就是人民主权或人民当家作主，是最大限度地体现人的尊严的方式，并构造了民主/专制二元对立的人为神话。正是在这些前提假定之下，出现了"儒学反民主"与"儒家支持民主"这种虚假的理论对立。也正是由于对民主的这种理想化的、"乌托邦式"理解，才有了许多对于儒学为什么没有提出民主政治思想来的追问和研究，从而衍生出许多争论不休的话题。鉴于在西方已有学者明确批评这些思想误区①，我们的批评将主要针对现代新儒家学者。

　　我们提出的另一个让大家进一步思考的问题是：一个多世纪以来，特别是第二次世界大战以来包括中国在内的大量非西方社会的民主化实践，究竟给了我们怎样的启发？从过去中国大陆及其他国家或地区（包括菲律宾、韩国、新加坡、泰国、中国台湾、印度、日本以及许多拉美国家）的民主实践，我们是否发现，长期以来我们对于民主这一概念的理解存在重大误区或思想陷阱？正是这些误区或思想陷阱让这些国家和地区在民主化改革中付出了沉重的代价？我们试图揭示，在理解儒学与民主的关系时，人们常常忽略了本来十分重要的两个取向：一是，民主是如何在特定的社会历史条件下形成的；二是，在不同于西方的文化背景下的民主，赖以有效运作的文化心理基础。总而言之，我们的主旨是要说明：一是，中国古代为何没出现民主制；二是，民主并非普世价值；三是，反思在非西方社会中建立自由民主制之难；四是，从文化习性的角度看"政统"在未来中国重建之路，不是简单地建立民主，而是恢复贤能治国（精英治国，meritocracy）；五是，重新定位儒家在

---

　　① Hall & Ames, *The Democracy of the Dead*; Bell, *Beyond Liberal Democracy*, Princeton and Oxford: Princeton University Press, 2006.

民主时代之功能，即不是如何与民主相结合，而是与其根深蒂固的问题作斗争。

现代新儒家的民主思想

大体来说，现当代学者特别是新儒家学者在研究儒学与民主的关系中，常常是在如下一些在我们看来有问题的观点之下展开的：

观点之一：民主政治是古往今来最理想的政治制度形式，具有超越时代的合理性，因为只有它才能充分体现人人平等，尊重人的尊严和主体性；

观点之二：民主政治符合儒家的"公天下"理想和道德理性要求，只有通过民主政治才能真正落实儒家的道德理性和"公天下"理想；

观点之三：传统儒家虽有民主精神，但是在实践中一味寄希望于国君或统治者的德性和自律，而认识不到通过法律或制度，给统治者以客观有效的限制；

观点之四：中国古代君主制度所具有的许多根本性问题均与未实现民主政治有关，只有民主政治才能从根本上解决君主专制的内在矛盾和问题；

观点之五：中国古代未出现民主政治，或者说儒家未提出民主政治制度，与儒家的思维方式有关，或者说部分是思想用力方向的偏颇所致；

观点之六：现代儒学必须拥抱民主，以实现民主为最主要的使命之一，这是儒学实现创造性的现代转化的必由之路。

下面具体说明现代新儒家思想中的上述假定：

（1）现代新儒家多从"公天下"这一角度论证民主政治之合法基础，并预设了民主政治为一超越时代的普世价值。

熊十力《原儒》（1956）从源头来论证民主政治本于孔子大同思想。首先，他认为，民主是真正从公天下的角度解决政权合法性基础的唯一有效途径。因为君主制以一己之私凌驾于天下人之上，以其"独夫"的个人意志为"法"之基础，违背天下公意。"夫君主以私意制法，而宰割万物，未尝不自以为义也。然则义与不义，如何辨？民主论派则直断之曰：义生于众。此真一语破的也。以独夫之意制法，迫天下亿兆之众以必从。虽欲勿陷于不义，不可得也。由天下亿兆之众，各本其公欲、公恶，互相扶助、互相制约以立法，则不义之萌绝矣。义生于众，不生于独夫。大哉斯言！"①　其次，在他看来，现代民主政治的思想基础即孔子"公天下"的太平世界构想，体现于《春秋》、《礼运》、《周官》等经典中。他依据何休的春秋三世说，提出孔子想要实现的大同世界（太平世）即包含民主政治这一内容，因为该世界无阶级、无特权、无君主、无专制、无国界，人不为私，国不自为，人人安于仁义，处处不相竞争，"天下为一家，中国为一人"②。

1958 年唐君毅、牟宗三、徐复观、张君劢四人发表的《中国文化与世界》（简称《宣言》）认为，只有民主政治才能从根本上解决政权的合法性基础问题，符合"天下为公"的理念；只有民主政治，才能从制度上限制统治者滥用权力；只有民主政治才让人民的道德主体性真正落实，实现真正意义上的政治平等。③　这些民主观念与熊十力可谓一致。他们虽没有直接说民主政治是一切时代条件下、一切社会最理想的政治制度，其论说内容显然体现了这一预设。据此，民主与否可以看作衡量一个社会是否进步的最重要标准之一。他们强调，儒家认为"天下是天下人之天下"，而非一人、一家或一

---

① 熊十力：《原儒》，575 页，济南，山东友谊书社，1989。着重号、标点系引者所加。

② 同上书，621～659 页。

③ 参见牟宗三（等）：《中国文化与世界——我们对中国学术研究及中国文化与世界文化前途之共同认识》，见唐君毅：《中华人文与当今世界》（全二册），第 3 版，865～929 页，台北，台湾学生书局，1980。又题《为中国文化敬告世界人士宣言》，以下注称《中国文化宣言》。

族之天下，这些思想以及儒家追求每个人的尊严和道德主体性，都必然导向民主政治，因为这些理想在专制政治下无法充分实现。牟宗三对这种思想作了很好的解说，他引用黄梨洲"三代以上，藏天下于天下；三代以下，藏天下于筐箧"之言，称只有"民主政治"才能实现"'藏天下于天下'的理想"①。

唐君毅从"公天下"角度论述民主政治尤多。他在1953年《中西社会人文与民主精神》一文中说："我想民主政治，在原则上无人能反对。因政治是大家的事。政治上不应有依血统，种族，性别，经济地位，一党，一派而成之特权阶级，政治权力，应有一客观限制，人民基本人权应有一客观保障；都是可直接依人之道德理性而建立的命题。"② 在1958年《民主理想之实践与客观价值意识》一文中，唐君毅又说，我们可以从个人能力的解放、每个人的权利平等、社会安定和平、个人生命理想之实现等多种不同的角度理解到，"民主"就像公理一样，其真理性会得到所有人的公认。他说：

> 民主之理想是自由世界的人几乎共认的真理。我们可以从民主能解放一切个人的能力，来主张民主。我们可以从每一个人之权利，皆需要保障，来主张民主。我们亦可从每个人皆生而平等，上帝或自然之生人，并无各种阶级之别与人为的束缚，以主张民主。我们亦可从历史的试验，证明民主的社会政治，是更安定和平的社会政治，而主张民主。我们亦可从每一人能有其自觉的人格尊严，能自尊尊人，而不愿受无理之束缚，以主张民主。我们亦可从一切人皆同为上帝之儿子，或同为一绝对精神之分别表现的唯一个体，以主张民主。我们亦可从每人有一自觉的生活的世界与他人不同，而要求在其生活之社会化的历程中，充实其所生活的世界，而不丧失其所生活的世界，

---

① 牟宗三：《政道与治道》（增订新版），"新版序"（序20～21页），台北，台湾学生书局，1987。

② 唐君毅：《中西社会人文与民主精神》，见《人文精神之重建》，396页，台北，台湾学生书局，1980。

以主张民主。我们亦可以经由逻辑的分析，以知世间，只有个
体为唯一的真实，每一个体之全部性相，皆不能等于其他个体，
以主张民主。我们亦可以从人皆可以为尧舜，人皆是平等的能
为圣之道德的主体，因而人亦皆当平等为政治社会之主体，以
主张民主。①

　　他进一步指出，这一切民主的理由，又可从根本上归于两个原
则，一是人与人平等原则，二是人与人差别原则。"民主之基本精
神，即一平等的肯定差别之精神"，即"人与人人格之平等的肯定，
与人与人之个性之差别性的肯定"②。他认为"平等"本身就蕴含着
对"差别"的肯定，因为承认每个人平等，即等于承认人们相互差
别之合理。尽管唐君毅也认识到西方民主之发生有客观历史条件之
决定，但是他并未认为民主政治是"局限于"特定的客观历史条件
而有效的，西方历史上的客观条件因素只是诱因，使西方人更早地
认识到民主重要性而已。好比西方人比我们早认识到"地球绕着太
阳转"可能与西方当时科学环境有关，但不等于"地球绕着太阳转"
对我们来说不是真理。

　　必须指出，现代新儒家学者从"公天下"及人格平等等一些抽
象的政治原理来说明民主政治的思想倾向，实已认定民主政治为超
越一切时代之普世价值。因为很明显，既然"天下为公"无人能反
对，就无法否认民主政治为一切时代通用的普遍价值。换言之，任
何人类社会，只要不实行民主，即不符合"公天下"，即有专制之
嫌。前述四人《宣言》虽主张在"今日中国"实现民主建国，但并
不是以"今日"中国之国情为由，而是以中国古代政治制度的内在
问题为由，即从古代儒家自身道德理想的内在逻辑出发来主张民主。
他们强调，儒家追求公天下理想及每个人的尊严和道德主体性，并
不能在君主制下充分实现，儒家的道德理想和公天下精神与君主制

---

①　唐君毅：《民主理想之实践与客观价值意识》，见《中华人文与当今世界》（全二
册），第 3 版，500 页。

②　同上书，501 页。

存在矛盾。为了解决这一"根本矛盾"，"即必当发展为政治上之民主制度"①。因此可以推知，在他们的心目中，民主政治不仅适合于今天，同样适合于古代，如果古代儒家认识到他们的理想与现实制度根本矛盾的话。

（2）现代新儒家学者对儒家政治思想多持批评态度②，多认为儒家道德理想中已有民主种子或精神，但是由于不能从法律制度上客观地限制君权，其原有的道德理性精神也得不到真正落实。

1958年唐、牟、徐、张的《宣言》认为，儒家政治学说中存在着内在的矛盾或问题，因为儒家的道德精神与其在现实中所妥协接受的君主制是不相容的。"中国文化中之道德精神与君主制度之根本矛盾。而此矛盾，只有由肯定人人皆平等为政治的主体之民主宪政，加以解决，而民主宪政，亦即成为中国文化中之道德精神自身发展之所要求。"③"我们所以说中国过去儒家之'天下为公''人格平等'之思想，必须发展为今日之民主建国之思想与事业者，则以此思想之发展，必与君主制度相矛盾。因君主之家天下，毕竟仍是天下为私。同时人民在政治上之地位，不能与君主平等……则君主制度必然化为民主制度。故道德上之天下为公、人格平等之思想，必然当发展至民主制度之肯定。"④

牟宗三认为，中国古代政治特别是儒家思想的最大问题之一，就是只有"治道"而无"政道"，或曰只有"治权的民主"，而无

---

① 牟宗三等：《中国文化宣言》，见唐君毅：《中华人文与当今世界》（全二册），第3版，904页。

② 熊十力在《原儒》中批评君主制，但同时认为孔子早有民主思想，惜后世儒家未能领会并付诸实施。他说：《周官》之政治主张，在取消王权、期于达到春秋废除三层统治之目的，而实行民主政治。"（熊十力：《原儒》，670页）理由是《周官》主张对于国家大事甚至包括国君人选无不进行"大询"（同上书，675页）。另一方面，晚周法家在儒家民主思想影响下，已经提出民主政治，其基本观点载于《淮南子》，后者提出：（1）对国君之权要通过"法籍"和"礼义"来限制，以防其恣意妄为；（2）"法"的基础不是国君一人，而是"义"，"义"的基础又来自"众"（"法生于义，义生于众"）。也就是说，《淮南子》已明确提出以民意为政权最高基础的民主思想（参见上书，575~576页）。

③ 牟宗三等：《中国文化宣言》，见唐君毅：《中华人文与当今世界》（全二册），第3版，904页。

④ 同上书，903页。

"政权的民主"。所谓政道就是政权的性质，治道则是治国方法。易言之，只讨论治国方式，而对最高统治者本身无限制。"中国文化精神在政治方面就只有治道，而无政道。……君主制，政权在皇帝，治权在士，然而对于君无政治法律的内在形态之回应。"①牟批评中国古代士大夫"只向治道用心，而始终不向政道用心"，而"君相"成为"超越无限体"，"君是位上无限体，相是德上无限体"②。"真正的民主政治是在'政权的民主'。唯有政权民主，治权的民主才能真正保障得住。以往没有政权的民主，故而治权的民主亦无保障，只有靠着'圣君贤相'的出现。"③建立民主政体，就是从制度上限制君权，才是政道之所在。据此可知，在牟的心目中，如果古典儒家能够早一点认识到"纯向内用心"之不足，认识到政道比治道更重要，应该早就能提出并建立民主政治。可见他是假设了民主政治不仅适用于今日，同样适用于古代中国。

徐复观大体上认为儒家政治思想有德治、民本、礼治等特征，注重统治者的自觉和自律，注重统治者与人民之间"以德相与"而不是以力相迫，但缺陷在于没有把人民当作政治的主体来对待，始终只知道从统治者自己的自我完善入手。由于没有追求人民的主体性地位，唤醒人民的自觉和自立，并通过相应的制度给君权以客观的限制，而是永远寄希望于君王的自觉和自律，而当君王不听时他们也无真正有力的办法。他说，西方近代民主政治以倡人人生而平等的自然法、人与人相互同意的契约论及作为其后果的法治等为特征；相比之下，儒家却只是一心专注于"德"之上，他们所追求的德，"是一种被覆之德，是一种风行草上之德。而人民始终处于一种消极被动的地位：尽管以民为本，而终不能跳出一步，达到以民为主。于是政治问题，总是在君相手中打转，以致真正政治的主体，没有建立起来"④。他总结儒家政治思想的四大缺陷如下：

---

① ② 牟宗三：《历史哲学》，187 页。

③ 牟宗三：《政道与治道》（增订新版），"新版序"（序 24 页）。

④ 徐复观：《儒家政治思想的构造及其转进》，见《学术与政治之间》（新版），55 页，台北，台湾学生书局，1985。

其一，只从统治者自身如何改变来考虑，而不能将其精纯的政治思想"客观化出来"，即未能通过确立政治的主体，使政治变成"各种自治团体的综合"①；

其二，结果君相之德也难真正取得成效，因为"仅靠统治者道德的自觉，反感到天道的难知，而对历史上的暴君污吏，多束手无策"②；

其三，"纵有道德自觉的圣君贤相，而社会上缺乏迎接呼应承当的力量，圣君贤相也会感到孤单悬隔，负担太重，因之常常是力不从心"③；

其四，由于社会空间的开发未受重视，"智识分子的精力，都拘限于向朝廷求官做的一条单线上，而放弃了对社会各方面应有的责任与努力。于是社会既失掉了智识分子的推动力，而智识分子本身，因活动的范围狭隘，亦日趋于孤陋"④。

总之，他认为儒家政治思想的主要局限是没有认识到我们文化中"缺少了个体自觉"这一阶段，从政治上说则"缺少了治于人者的自觉"这一阶段，结果也导致对于政治"缺少客观的限定的力量"⑤，所以会出现袁世凯一类独裁者。他主张，"儒家的政治思想必归结于民主政治"，而民主政治"应以儒家思想为其精神之根据"⑥。

（3）许多新儒家学者认为，中国古代之所以未出现民主政治，与传统儒家的思维方式有关，即传统儒家之所以未能提出民主政治思想，主要是由于思想用力方向的偏颇所致。他们虽然也多认为西方民主政治之出现与其阶级或社会结构有关，但是倾向于把这些历史条件当外在诱因，而不是内在根本原因；因为照他们思想的逻辑，如果能超出传统儒家那样的思想误区，自然就能提出民主政治思想

---

① 徐复观：《儒家政治思想的构造及其转进》，见《学术与政治之间》（新版），55～56页，台北，台湾学生书局，1985。

②③④ 同上书，56页。

⑤ 同上书，58页。

⑥ 徐复观：《儒家精神之基本性格及其限定与新生》，见《儒家政治思想与民主自由人权》（增订再版），萧欣义编，73页，台北，台湾学生书局，1988。

来。下面我们将看到，由于不同的学者思想理路不同，虽同样从主观思想上寻找中国未出现民主政治之原因，各人的解释方式却差别甚大。

在《原儒》(1956) 中，熊十力论证认为孔子早在两千多年前即已提出民主政治之构想，体现于《春秋》大义、《周官》及《礼运》等之中。但是遗憾的是，孔子的民主政治思想，竟然在其后几千年的岁月中未被儒家所认识，让他深为之感叹。显然，在他心目中，后世儒家背离或误读了六经，未能正确领会孔子要旨，才导致孔子已有之民主思想，未能在中国实现。其他新儒家亦有类似之思想倾向，但是解释方式有所不同，因他们不像熊十力那样强调孔子已明确提出民主政治思想，而往往只认为古代儒家有民主思想的种子或精神。

梁漱溟在《东西文化及其哲学》(1921) 中，根据人们生活的态度来划分中、西、印三种文化类型，进而说明中国未出现民主政治是因为中国人的生活态度。他说人的生活态度有三，即"向前面要求"的态度，"变换、调和、持中"的态度以及"转身向后去要求"的态度。① 西洋文化走的是上述第一种路向，即"向前的路向"，所以才体现出民主与科学的"异采"。他说："德谟克拉西不是对于种种威权势力反抗奋斗争持出来的吗？这不是由人们对人们持向前要求的态度吗？"② 但是，"中国文化是以意欲自为、调和、持中为其根本精神的"，"印度文化是以意欲反身向后求为其根本精神的"③。这两种人生态度导致科学与民主没有出现在中国和印度。按照梁的这一思路，只要中国古人有类似于西方那样的开拓进取精神，就可以打破历史条件的限制，发展出科学和民主来，而中国的历史就会彻底改写。这种唯意志论倾向已遭到一些学者的批判。④

---

① 参见梁漱溟：《东西文化及其哲学》，见《梁漱溟全集》（第一卷），381～383 页，济南，山东人民出版社，1989。

② 同上书，382 页。

③ 同上书，383 页。

④ 参见张岱年、程宜山：《中国文化与文化论争》，93～115 页，北京，中国人民大学出版社，1990。

徐复观与梁漱溟也从主观方面总结中国未出现民主政治之原因，只不过他归咎于儒家"思想认识"上的问题，与梁有别。徐复观认为，儒家政治思想所犯的最大错误就是，总是从"统治者自身当如何改变"这一角度出发来解决政治问题，很少从被统治者如何组织起来"由下向上去争"这一角度来想办法，其一切政治措施都体现了统治者"发"、"施"、"济"（发政施仁、博施济众）的特点。"因历史条件的限制，儒家的政治思想，尽管有其精纯的理论；可是，这种理论，总是站在统治者的立场去求实施，而缺少站在被统治者的立场去争取实现，因之，政治的主体性始终没有建立起来，未能由民本走向民主，所以只有减轻统治者毒素的作用，而没有根本解决统治者毒素的作用，反尝易为僭主所假借。"① 他总结认为，由于儒家政治思想缺乏"治于人者"即人民的个体自觉，导致政治的主体未立，社会的空间没有发动起来，所以走不向民主政治。因此民主政治在中国古代没有出现，与儒家思想走不出自身的局限有关。换言之，如果儒家认识到上述问题，就不会有上述困境了。

下面我们重点介绍一下牟宗三的民主观。他与徐复观类似，强烈批评历史上的儒家，永远只知朝着主观方向即道德修养方向努力，而不向客观架构方向即建立法律或制度方向努力，致使民主政治在中国不立。他说秦汉以来的君主制由"皇帝"、"士大夫"及"人民"三者构成，在这三者当中，"圣君"不可期，唯有在"贤相"上下工夫，于是有"尽心尽性尽伦尽制"，"纯向里用心"，而不是向外、向制度上用心。"以往儒者从未想到君民解放出来后如何回应安排一问题。他们所想的回应安排之道就是'修德'。民起不来，君成为一个无限制的超越体，则限制君的唯一办法就是德与'天命靡常'的警戒。……但是道德的教训是完全靠自律的。没有道德感的君相，不能以德自律，便对他毫无办法。天命靡常的警戒是渺茫难测的……以修德来期望君相成为圣君贤相，这是可遇而不可求的。"② "以往儒者顺道德价值观念而向尽心尽性尽伦尽制一路走，以期成为圣贤

① 徐复观：《儒家政治思想与民主自由人权》，72页。
② 牟宗三：《历史哲学》，186页。

人格，在政治上成为圣君贤相，此种文化精神一成为定型，便永转不出民主政治来"①。尽管他也认为西方之出现民主政治有阶级对立等客观历史原因，但这些只是外在的诱因而已，还与文化精神、儒家思维方式等主观因素有极大关系。他说：

> 以往儒者的用心就是这一个湾转不过。只顺"自上而下"的治道方面想，是以论事每至此而穷。不能转出来建立政道，则治道终不能客观化，而民主政治亦不能出现。②

牟宗三进一步上升到文化精神和理性思维方式的高度来总结中国未出现民主政治而西方出现了民主政治的根本原因。他在《历史哲学》中从"综和的尽理之精神"（中国）和"分解的尽理之精神"（西方）这两种文化精神的角度来解释中国未出现民主政治之原因：

> 中国政治史何以不向民主制一路走，而向君主制一路走，而且在以往二千年中，何以终未出现民主制，其故即在，从现实因缘方面说，是因为无阶级对立，从文化生命方面说，是因为以道德价值观念作领导而涌现出之尽心尽性尽伦尽制之"综和的尽理之精神"。③

所谓"综和的尽理之精神"，即将事物之间的种种关系，特别是人情事理疏通、融合无间的"圆而神"的精神。用他的话说，就是"上下通彻，内外贯通"，包括尽心、尽性、尽伦、尽制以尽理。④与之相对的是"分解的尽理之精神"。所谓分解的尽理之精神，是指和外在的对立面作斗争，并发展成以阶级或集团的方式斗争，最后通过订立客观的法律制度、规定双方的权利义务达成妥协的、"方以

---

① 牟宗三：《历史哲学》，186~187 页。着重号系引者所加，下同。
② 同上书，190 页。
③ 同上书，185 页。
④ 同上书，167 页。

智"的精神。他认为，民主政治背后的基础是分解的尽理之精神。"何以说民主政治其背后的基本精神也是'分解的尽理之精神'？盖民主政治之成立，有两个基本观念作条件：一是自外限制，或外在地对立而成之'个性'。此与尽心尽性尽伦尽制之内在地尽其在我所成之道德的圣贤人格不同。二是以阶级的或集团的对立方式争取公平正义，订定客观的制度法律以保障双方对自的权利与对他的义务。此与一无阶级对立之社会而其文化生命又以道德人格之个人活动为主者不同。"①

在《政道与治道》一书中，牟宗三又分别从理性之运用表现与理性之架构表现这一角度来解释中国之所以未出现民主政治之故。所谓"理性之运用表现"，指将一切对立面融合无间和向内收敛的思维方式。用牟的话说，就是"摄尽所能"，"摄物归心"，"免去对立"，将自己与对象融为一体，"成为彻上彻下的绝对"。所谓"理性之架构表现"，我认为指人的理性追求向外发展，通过制造、征服和超越对立面来发展自身，因此也是一种"外延表现"。"架构表现则相反。它的底子是对待关系，由对待关系而成一'对列之局'（Co-Ordination）。是以架构表现便以'对列之局'来规定。"② 牟表示，"综和的尽理之精神"与"理性之运用表现"对应，"分解的尽理之精神"与"理性的架构表现"相应。"西方文化发展之途径固是'外延表现'之途径"③，"它是人类理性客观地对社会阶级而发……依阶级集团的方式争取权利上之平等"④。总之，西方文化之能发展出科学和民主来，与理性之架构表现有关。而中国文化由于注重理性之运用表现，追求天人合一和内心境界，所以不可能发展出科学与民主来。

循着这一思路，牟宗三提出中国民主政治之实现，需要从理性之运用表现通过"曲通"或"坎陷"转出"理性之架构表现"。他还

---

① 牟宗三：《历史哲学》，172～173 页。
② 牟宗三：《政道与治道》（增订新版），52 页。
③ 同上书，156 页。
④ 同上书，155 页。

指出，由于中国无阶级，社会历史背景与西方不一样，因而"不能模仿西方通过阶级斗争的方式"来实现民主政治，"把理性的作用表现转成理性的架构表现，亦即转成对列格局的表现。这才是中国现代化的正当途径"①。

（4）鉴于上述对于民主制、君主制及儒家思想内在问题的分析，现代新儒家学者基本上都认为现代儒学最重要的使命之一就是在中国实现民主政治，这不仅可视为衡量当代中国能否走向进步的主要标准，也是真正落实儒家道德理性精神的必然要求。

唐、牟、徐、张等四人的《宣言》就强烈地表达了"民主建国"是中国当下之主要使命之一，在他们看来建立民主政治既是克服儒家政治思想内在矛盾之办法，也是解决传统中国政治之弊端、实现中国政治进步的唯一可行途径。"现在之问题，则唯在中国民族迄今尚未能真正完成其民主建国之事业"，"今日中国之民主建国，乃中国历史文化发展至今之一大事业，而必当求其成功者"②。

牟宗三在《道德的理想主义》中称，民主政治是近代化所带来的"政治生活方面的常轨"。从西周贵族政治到秦汉以后的君主专制是一大进步，从君主专制到民主政治又是一大进步。他提出，儒家学术的现代外王"必须函摄近代化的国家政治法律之建立"，"以民主政治之实现为其生命中真实之理想"③，这同时构成今日儒家学术之第三期发展的重要使命。如果这种外王不能实现，不仅儒家的外王理想得不到实现，儒家所标榜的内圣、仁义或道德理性同样得不到实现。因此，"我们必须了解民主政治之实现就是道德理性之客观的实现"④。也就是，实现民主政治，乃是儒家道德理性实现自身的必然要求，由此"可知民主政治即可从儒家学术的发展中一根而转出"⑤。因此，"政统之继续，此即由认识政体之发展而肯定民主政

---

① 牟宗三：《政道与治道》，"新版序"（序 25 页）。
② 牟宗三等：《中国文化宣言》，见唐君毅：《中华人文与当今世界》（全二册），第 3 版，901、904 页。
③④ 牟宗三：《道德的理想主义》（修订五版），155 页，台北，台湾学生书局，1982。
⑤ 同上书，155～156 页。

治为必然"①。

徐复观可能是现代新儒家学者中不仅从理论上而且从实践上追求民主最力的人物之一。20 世纪 50 年代他在香港创办《民主评论》杂志，并于撰写了大量有关民主的论著，终生宣传"民主政治，却才是人类政治发展的正轨和坦途"②。

尽管唐、牟、徐、张等人并不主张机械照搬英美自由民主制的模式，而是试图用儒家的德化传统来改造民主，但是对于如何用儒家的道德传统来纠正民主政治的局限，他们都未能提出有建设性的制度设想，多少容易引起空谈之讥。这一点上，显然不如贝淡宁（Daniel A. Bell）那样有创意（有关他的观点详见本章后面）。

下面我们将系统地对上述现代新儒家的民主观加以批评。在正式批评之前，我们将介绍西方一些民主理论，为后面的批评提供理论基础。

民主的历史文化基础

从巴林顿·摩尔对民主的阶级分析说起

巴林顿·摩尔（Barrington Moore）《民主和专制的社会起源》（*Social Origins of Dictatorship and Democracy*）是西方学术界公认的一部名著，作者曾任芝加哥大学、哈佛大学教授。该书主要从阶级分析的立场出发，说明具有不同阶级和社会背景的国家走向现代化的道路为何不同。作者提出迄今为止人类现代化的三条道路，并对这些道路形成的深层社会原因进行剖析：第一条是以英、法、美为代表的通向议会民主制的道路；第二条是以德国、日本为代表的法西斯主义道路；第三条是以俄国、中国为代表的共产主义道路。作者认为，这三条道路的形成都绝不是偶然的，而是有特定的社会

---

① 牟宗三：《道德的理想主义》（修订五版），"序"。
② 徐复观：《学术与政治之间》，54 页。

历史背景，正因如此，其现实后果特别是在造成政治民主或专制方面的后果也大不相同。具体来说：

英、法、美：新兴的资产阶级（bourgeoisie）在与封建贵族势力的斗争中获胜，作为自下而上发动起来的运动，它导致了真正意义上的"革命"，即以新换旧，从而导致了现代议会民主制的兴起。

日本和德国：旧的地主阶级和贵族并未消失或被打败，新兴的资本主义是在这些旧的传统势力的主导下兴起的，因而没有真正意义上的资产阶级革命，而是旧的封建贵族与资本主义相结合所发动的工业化和社会政治改革。但是处于主导地位的旧势力不可能真正支持民主，因而现代化的成功导致了法西斯主义。类似的倾向中国国民党在大陆统治时期也存在过。

俄国和中国：长期受压榨的农民起来推翻了旧的封建贵族，这种革命自然倾向于受剥削者的立场，所以出现共产主义也不是偶然的。但是农民作为传统社会的成分，并不具有现代资产阶级的民主思想，因而也不可能走向议会民主制。

作者的主要观点是，之所以这些不同的国家出现了如此不同的现代化道路，主要是由其国内原有的阶级及社会背景决定的。他认为，资产阶级（bourgeoisie）是各国推动议会民主制建立的真正动力，但是在通向现代化的激烈阶级斗争和变革中，只有英、法、美才出现了以资产阶级取得胜利的资产阶级革命，而在德国、日本、俄国和中国并没有真正的资产阶级革命。必须明白，德国和日本的现代化成功表明，没有真正的资产阶级革命，照样可以有工业化、现代化和资本主义的发展，但是在政治上的后果可能不一样。具体来说，日本和德国的工业化和资本主义是在封建贵族的支持下，由国家主导，自上而下发动和组织起来的。这不同于英、法等国，在后者那里，是一场自下而上长达数百年的资产阶级革命运动，在一个长期以来王权教权分裂、有城市自治传统的社会中实现的。封建贵族势力与资产阶级代表了两种完全不同的传统和生活方式、法律观念和政治制度理念，因而只有资产阶级革命才是真正意义上的"革命"，或者说真正以新换旧，建立一种与传统封建社会完全不同的新型社会政治制度。在日本（以及在中国），资产阶级的势力在明治维新前相当弱小，而且商人阶层从来也没有从封建统治下脱离开来，因而明治维新不可能是真正意义上的资产阶级革命。正因如此，这种现代化改革不可能导向现代民主制。①

德国和日本的共同情况是，资产阶级在现代化变革中并不占主导地位，而是土地贵族占主导地位，这与这两个国家在现代化改革以前封建主义占统治地位这一事实有关。在封建主义占统治地位的历史情况下，农民的势力并没有在斗争中形成真正的力量，或得到有效的组织，故而没有出现中国这样的共产主义革命。封建势力本身并不具有通向民主的观念、价值和生活方式，而是习惯于家长式管理，所以容易走向法西斯主义。

而在中国和俄国，严格说来现代化改革之前封建主义并不占统治地位，农民是这个社会中的主体部分，封建贵族在这个社会相当弱，同时在这两个国家资产阶级也没有真正发展起来，资产阶级革命也不具备条件，唯有农民革命具有相当的社会基础。由农民主导的革命，自然也不具有现代民主观念，而倾向于共产主义。

作者还说，即使在美国这个被当作民主典范的国家，如果当初国内战争中不是北方获胜，而是以南方种植园主为代表的势力获胜的话，那么美国的民主事业就会受到严重影响，甚至不会朝民主方向前进，因为"种植园奴隶制是实行民主制的一大障碍"②；如果19世纪中叶美国种植园经济对东北部构成压倒性优势的话，"当时美国的情况就会像今天一些现代化国家一样：大庄园经济、居于支配地位的反民主的贵族、软弱的带依赖性的商业和工业阶层，不能，也不愿意朝政治民主方向前进。大致上来说，苏联便是这样的国家"③。

该书还考察了印度的民主议会制。印度既未爆发农民革命（该

---

① 参见摩尔：《民主和专制的社会起源》，北京，华夏出版社，1987。英国部分见 1～29 页，法国部分见 30～87 页，日本部分见 182～251 页，中国部分见 129～181 页，美国部分见 88～125 页，印度部分见 252～333 页。该书第二部分主要谈亚洲国家即中国、日本和印度。

② 同上书，122 页。

③ 同上书，123 页。

书将共产主义革命称为农民革命），也未爆发欧美式资产阶级革命，更未发生类似于日本、德国那种地主贵族主导下的工业化改革，却建立了议会民主制，就非常有趣。作者认为，印度 1947 年独立后所走的道路，按照甘地的说法，是回到印度过去的村社自治传统，这条传统虽有民主因素，但是本质上来说并不是现代意义上的民主。印度传统的一个重要特点是中央政权弱，基层相对独立性大，一切由种姓制度所代表，这样就避免了走一条类似日本、德国、苏联现代化道路的可能性。因为后者有两个要素：一是通过剥削农民获得资本积累，以发展工业；二是地主贵族与现代工商业贵族结盟（这一条最重要）。这两个要素在印度均不明显。在印度，独立后到 20 世纪 60 年代农村现代化发展的速度极慢，基本上不成功，而甘地的路线基本上是回到传统。另一方面，跟中国相比，印度虽也有大量的农民运动，但是相对于中国来说温和得多，不成气候，故而没有走上农民革命的现代化道路。

现代民主赖以产生的三个前提

摩尔的研究提醒我们注意到民主作为一种制度构架，并不是某个人、某些理论家或某个具有爱民倾向的学者一时的发明，而是由各国所处的特殊历史时代所决定的、特定经济社会条件下的特定产物。根据他的研究，民主在现代的成功，似乎更像某一部分人的成功，现代民主更像是资产阶级这个特定社会阶层的产物。这个观点颇有马克思主义的味道。

为什么摩尔认定只有现代的资产阶级才是真正推动社会向议会民主制前进的最坚定力量呢？这是因为，在欧洲，现代意义上的议会民主制是从中世纪时逐步形成的自治城市的基础上诞生的。大约从公元 9 世纪开始，在意大利和法国南部一些地区，在封建秩序的汪洋大海中开始兴起一个又一个相对独立的"城市"（初期只是作为城堡、集镇存在），其中的主要居民是游离于封建关系之外的自由民、商人、鞋匠、律师等等，这些人由一个法语词——bourgeois——所代表，该词与后来所说第三等级、资产阶级、中产阶级等含义相近。它对于整个欧洲后来的发展所具有的意义是不可估量的。因为这个群体表面上来说虽然没有什么特别，但是与世界其他文明中不一样的是，它从一开始就与现存的、占统治地位的社会生活方式保持独立。直到后来，形成自治的城市，在城市里由市民自己选举市长，确立城市宪章，建立商业法庭，等等。这一切，就构成为现代西方议会民主制的胚胎，成为今日我们在西方看到的现代民主政治的雏形。到公元 12 世纪左右，自治的城市像雨后春笋般在欧洲兴起，多数向王室缴纳一定的贡赋换取城市自治的权限。自治城市代表一种全新的生活方式，从价值取向、行为规范、法律法规到政治运作模式，均与主流社会迥然不同，这是最有决定性意义的史实，因为它解释了：商人阶层在其他国家也大量存在，相对于中央政府，独立的地方城市在中国及不少国家历史上也并不少见，为何唯有在西方才形成了后来声势浩大的资产阶级革命？因为在非西欧的国家和地区，商人阶层或地方城市可能与中央政权保持了距离，但是与主流社会价值和生活方式仍然是融为一体的。权力的分散化和多元化是欧洲中世纪以来特定的政治社会条件，也是自治城市及现代意义上的市民社会赖以形成的必要前提，它们共同导致了我们今天所见的现代议会民主制及法治。所谓权力的分散化和多元化，包括王权与教权的分离，封建贵族与市民阶层的分离，许多政权中心同时并存等等。① 在统一的中央政权之下，不可能容许新兴的商人阶层和自治市镇大量涌现，更不会让其在现存国家法度之外构成一套全新的法律和社会秩序。

综上所述，我认为民主政治的产生有一系列横向的现实条件和纵向的历史条件；在这些条件尚未具备的情况下，即使是再高明的思想家也不可能把民主当作政治制度的理想。这些条件在我看来应包括：（1）血缘纽带的冲破；（2）公共领域的形成；（3）公民社会的诞生。

---

① 顾准非常精彩地描述了古希腊社会多重政治权力中心（城邦——城市国家）长期并存，长久分裂而不出现战乱或军阀混战的特殊的古希腊政治社会状态。参见顾准：《希腊城邦制度》，北京，中国社会科学出版社，1986。

　　我们看到，在以农业为主、血缘纽带成为社会经济乃至政治生活中最主要的整合方式的情况下，人类没有哪一个文明曾经获得过真正民主的政治制度。"公共领域"（public sphere）严格说来是一个现代概念，但在古希腊的雅典等城邦也并非不存在，它是在血缘纽带被商业贸易和新型的社会交往冲破后产生的社会舆论领域，其核心是人从过去的"家族中人"演变成独立的个人。民主是在公共舆论领域以制度化的方式形成之后产生的。但是在血缘纽带是最主要的社会整合力量的情况下，那种超出于家族之上的公共舆论领域不可能以常规的形式出现于政治舞台。

　　那么公共领域如何以常规形式出现呢？那就是：人与人之间以超出家族的形式联合成为一个个经济实体或其他实体，在经济、政治、文化、教育等各种形式的公共生活中扮演着最重要的角色，成为国家生活中最强有力的力量。这种家族之上、国家之下的实体，公元 16 世纪以来常被称之为"市民社会"（civil society/bürgerliche Gesellschaft）。市民社会的诞生以自由人的出现为前提，自由人（公民）的首要含义就是指冲破了血缘纽带的人。在古希腊的雅典等城邦，我们可以看到伴随着血缘纽带在商业贸易发展下被冲破，全体人被划分成公民和奴隶，于是一个正式形成了的"市民社会"成为民主政治的温床，其中公民大会成为最高权力机构。相反，在血缘纽带没有被完全冲破、市民社会尚未正式形成的斯巴达等其他希腊城邦，则没有出现民主政体，或民主发育不良。至于现代西方市民社会如何经历极其漫长的岁月和曲折道路而形成，本书有专章讨论，此处不赘。由此可见，民主决不是一个单纯的理论发明，"人民主权"、"人民当家作主"这几个字有时是空洞无物的。

民主制度赖以有效运作的社会文化条件

　　除了上述这些方面之外，我们还发现，民主制度即使有了上述政治、经济结构方面的前提，并不等于就能有效地运作。民主制度的有效运作，在我看来至少还要依赖于如下一系列条件：

　　（1）从农业经济向商业经济的过渡。血缘纽带的冲破不可能是少数人主观愿望的产物，而是客观历史趋势特别是生产力、生产关系发展的必然产物。当这种历史趋势没有形成时，人们自然不可能把打破血缘纽带当作社会变革的理想。今天看来，这种历史趋势的形成应当归因于从农业经济向商业经济的过渡，而后者又不是某些人空想的产物，而是与一系列极其复杂的历史因素相关联。

（2）交通工具或者信息传播工具的发达。民主政治需要奔走游说，当交通工具和舆论传播工具不发达时，选举的程序不可能有效进行下去。在一个庞大的古代中央帝国里，一个候选人也许需要花十年以上的时间才能跑遍所有选区。因此在这种情况下，不可能指望能通过真正体现民意的选举程序来决定国家的政治。

（3）新型公共权威的形成。民主需要文化基础，具体说来就是人们在心理上对新型公共权威的普遍认同，而这种认同往往是一个漫长的历史过程。当认同不好的时候，民主可以演变成不同族群之间血腥的相互残杀，这样的例子在历史上及今天的后发现代化国家屡见不鲜。因此，当认同民主权威所需付出的代价远远大于认同其他权威（比如"女王"、"天皇"、"皇帝"、"法老"等）时，认同后者未必不是明智的选择。因此，即使在血缘纽带已经冲破，但是人们普遍存在着对于新型公共权威的认同危机的情况下，民主制度也难以有效运作。第二次世界大战以后获得独立的许多前殖民地国家的民主实践，包括印度、巴基斯坦、菲律宾、印度尼西亚、智利、阿根廷等等，都是这方面的例子。

多数民主理论家都已认识到，民主并不仅仅是理论家在家里充满激情的设想，而主要是一种试验，一种生活方式。早在19世纪30年代托克维尔（Charles Alexis de Tocqueville，1805—1859）撰写《论美国的民主》时，就曾特别强调了美国民主成功的主要秘诀之一在于以清教徒为主建立的新英格兰自治市镇。他指出，市镇是美国最典型的下里巴人生活的地区，而恰恰是在这里，方能体现一个国家政治制度的真正基础。因为市镇居民代表一个国家国民的大多数，而市镇居民的素质，包括他们的法律观念、道德素养、民主意识、公共秩序、生活方式等等，能从根本上决定一个国家民主制度运行的好坏。美国民主成功的决定性要素在于新英格兰市镇的自治和民主状况比世界上其他多数地区好得多。①

除此之外，托克维尔详细论述了美国民主有效运作的其他条件：自然环境、法制、宗教、民情。他明确指出：

> 法制比自然环境更有助于美国维护民主共和制度，而民情比法制的贡献更大。②
> 只有美国人特有的民情，才是使全体美国人能够维护民主制度的独特因素。……我确信，最佳的地理位置和最好的法制，没有民情的支持也不能维护一个政体。③

那么，什么是民情呢？他说：

> 我在这里使用的民情（mœurs）一词，其含义与拉丁文原字 more 一样。它不仅指通常所说的心理习惯方面的东西，而且包括人们拥有的各种见解和社会上流行的不同观点，以及人们的生活习惯所遵循的全部思想。④

因此，所谓民情，乃指一个民族的人们通过漫长时间的积累所慢慢积淀下来的、习惯性的思维方式和行为方式。此外，他又指出，宗教也对美国民主制度的维护起到了巨大作用。因为过于散漫自由是不会建立良好的民主的，宗教让人们通过自己的良心来限制自己，维护公共秩序。他说："法律虽然允许美国人自行决定一切，但宗教却阻止他们想入非非，并禁止他们恣意妄为。"⑤ 托克维尔的这些观点，帮助我们认识到，任何一种制度，都不可能仅凭其条文和规定

---

① 参见托克维尔：《论美国的民主》（全二卷），65～76 页，北京，商务印书馆，1988。
② 同上书，354 页。
③ 同上书，358 页。
④ 同上书，332 页。
⑤ 同上书，339 页。

而成为好的或坏的，民主不是某一些天下为公的人的激情可以成就的，必须有强大的人心、习惯和生活方式上的基础。

美国政治学者罗伯特·达尔（Robert A. Dahl，1915— ）认为，民主的实现"不仅依靠宪法中政府体制内的权力分立与制衡，还要靠政府体制外的社会上的分权，即社会团体组织对权力的拥有。这些团体主要是指各种原始部落、家庭、农会、工会、商会、俱乐部、教会、学校、出版社、组织等等，正是这些有一定规模而又独立的中观领域、类自治组织才是真正的权力中心，社会公共政策的真正权力源。由于社会团体组织相对来说是规模较小的政治单元，有高度的自治性，能反映民意，提出各种不同方面政策方案，向政府提供决策咨询，因而是一种沟通政府与民众联系的表达机制，在政治生活中起着'准政党'的作用。这些团体很多是自发产生的，民主气氛浓厚。另外，这些团体组织本身不仅拥有一定的经济资源，还拥有一定的政治资源，是独立的权力主体，为维护组织成员的权利而奋斗，故在政治斗争中，必然会对政府权力产生一定的制约，更好地分散了权力，有利于民主机制的实现"[1]。他所说的社会团体，是现代欧洲市民社会的派生物和重要组成成分，它们只是在现代欧洲的自治城市和市民社会出现后才诞生的。达尔还认为："民主的实现应具备五个关键性条件：（1）政治上文官政治；（2）经济上现代化的市场经济；（3）文化上公民具备民主信念和政治文化；（4）国内不存在剧烈的文化冲突（弱小的亚文化多元主义）；（5）国际上不存在强大的敌视民主的外部势力（包括国内反民主势力）。"[2]

美国密执安大学教授科恩（Carl Cohen）《论民主》（1971）"是一部以哲学语言分析民主规范"的著作。"该书主要采用规范的分析方法，来论证民主价值的合理性、重要性与普遍性。科恩教授把民主定义为高度参与的社会管理和公民决策的体制，是一种比较经验的意义，强调民主过程实质不仅在于选择，而在于公民自身的参与

---

① 邹建锋：《对罗伯特·达尔〈论民主〉的一种解读》，载《哈尔滨市委党校学报》，总第37期，2005（1），38页。

② 同上书，39页。

和经历，并臻于全体民主。侧重民主的个体条件方面而不是社会宏观环境，是作者的特色。科恩教授主要从公民的智力条件（主要包括理性能力、推理能力、获取信息能力、交流的艺术、民主的知识等）、公民的收入状况、公民所处的法律氛围、良好的心理人格（容忍、自信、现实、协商、客观、妥协、交流和沟通素养等）、少数派权利、个体的代表性、公民的参与度（参与的广度、深度、范围、持久性）等最具体的、可感知的个体方面来分析民主实现的条件。"①

　　郝大维、安乐哲所著《先贤的民主》一书，基本出发点是认为自由民主必须在长久、持续、和谐、包容差异和对立的社会生活实践基础上才能建立起来。作者反对局限于从政治、经济的立场来谈亚洲民主，认为文化的视野对于理解亚洲民主异常重要，民主并不仅仅是政治或制度，而是一种生活共同体。因此，实践、生活方式、习惯或风俗才是理解民主的真正切入点。该书对于西方人认为民主、自由、人权等构成的现代文明价值具有普世价值的思想提出强烈质疑和批评②，认为他们过分强调独立个人的自我意识和选择自由，结果变成了无休止的争吵，形成理想与实践的严重分裂。相比之下，杜威的实用主义与儒家思想传统共同包含着另一些内容，如重视以交流和沟通为主的共同体生活，强调和谐、处境（场域）和"礼"的功能。这些内容自有其不容忽视的价值。现代化的中国应该会是一个以"礼"（rites）而不是"权"（rights）为基础的社会③，中国的民主也应该是社群主义的民主（communitarian form of democracy）。儒家思想传统中有大量的资源可用来建构一种社群主义的民主，避免以权利为基础的民主制的一系列缺陷。例如，儒家传统中的"和"并不是类似于西方那样主要建立于辩论、理性讨论和分析的基础上，而是建立于实践中达成的共识基础上，是审美的而不是

---

　　①　邹建锋：《罗伯特·达尔〈论民主〉的主要思想》，载《孔子 2000》（学术网站），2006-08-14（http://www.confucius2000.com）。上网时间：2010 年 2 月 25 日星期四。

　　②　Hall & Ames, *The Democracy of the Dead*, pp. 1-10.

　　③　Ibid., p. 10.

理智的。建立在包容和差异基础上的中国人的和谐与共识，主要体现了审美的趣味和良好的生活习惯。作者认为，儒家的这一思想，对于理解社群主义民主殊有意义。显然，作者认为，要想做到既容许差异，又保持协调，诉诸西方式的个人意识是不可能的，指望靠理性的说服也不可能做到。只有通过一种共同体生活实践，让人们在参与活动中积极体验、自觉享受一种"和而不同"的境界，才有可能实现此一理想。尽管传统儒家并未面对民主化过程中的多元主义及少数民族参与可能带来的问题，但是并不妨碍我们从儒家传统中吸取有关资源建构另一种不同于自由民主制的新型民主。

民主的风险与代价

Michael Kammen 在《自由的领域：变动中的美国自由观念》一书中，搜罗了大量西方经典民主理论家论著中有关自由与秩序（order）关系的观点，所搜罗的思想家包括洛克、托克维尔、伯克（Edmund Burke）在内的一大批人，这些观点几乎都证明了自由是建立在秩序上的，尤其是宪法和法律。没有社会秩序，民主的追求可能会给人类带来巨大的灾难和不幸。[1] 这一观点与亨廷顿的研究相契合。

亨廷顿《第三波：20 世纪后期的民主化》一书考察分析了全球范围内发生的三次大的民主化浪潮。[2] 第一波发生于 19 世纪上半叶到 1926 年，以欧美国家为主；第二波发生于第二次世界大战期间及以后，许多原先的西方殖民地国家或盟军占领国走上民主化道路，遍及欧洲、亚洲、拉丁美洲等地；第三波发生于 1974 年以后，包括中国台湾、韩国在内的大批亚洲、欧洲、拉丁美洲、非洲等国家和地区。特别有意思的是，每一波民主化浪潮不久，都会有许多国家

---

① Kammen, *Spheres of Liberty: Changing Perceptions of Liberty in American Culture*, Ithaca and London: Cornell University Press, 1985, ref. pp. 83-93.

② Huntington, *The Third Wave: Democratization in the Late Twentieth Century*, Norman and London: University of Oklahoma Press, 1991, pp. 13-26. 作者采取的民主国家还是非民主国家的标准是：(1) 50%以上的成年男子有投票权；(2) 执政者或者得到选举产生的议会的支持，或者得到了周期性的全民大选支持（参见上书, p. 16）。

和地区发生民主的倒退现象，变成威权主义或极权主义国家和地区。三次民主化及三次倒退的时间可列下表[①]：

	民主化浪潮（年）	新增民主国家和地区最多数量（个）	倒退浪潮（年）	民主倒退国家和地区数量（个）
第一波	1828—1926	33	1922—1942	22
第二波	1943—1962	40	1958—1975	22
第三波	1974—	33（至目前）		3（至目前）

在那些发生民主倒退的国家，往往发生军事政变或军人执政，政局长期动荡，政权不断更迭。第一波民主化倒退浪潮中，发生了军事政变的国家有立陶宛、拉脱维亚、爱沙尼亚、葡萄牙、巴西、阿根廷、西班牙等。第二波倒退浪潮中发生军事政变的国家多集中在拉丁美洲和亚洲国家，有秘鲁、巴西、玻利维亚、阿根廷、厄瓜多尔、智利、乌拉圭、韩国、印度尼西亚、巴基斯坦、菲律宾、希腊、土耳其、尼日利亚等。据统计，1962 年世界上有 13 个国家发生了军事政变，而在 1975 年发生军事政变的国家增加到 38 个。

另一个值得注意的现象是民主倒退的现象，往往发生于原先不熟悉民主、采用新体制不久的国家，以非西方国家为主。这说明，急剧的变革可能导致急剧的倒退；也说明了西方发达国家的民主经验在非西方社会中的普遍不适应性。例如，在第一波浪潮中倒退国家多是于第一次世界大战前后刚建立民主体制，不仅体制是新建的，国家也是新建的。而那些 1910 年以前即已建立民主的国家中只有一个在 1920 年以后出现反复（即希腊）；相比之下，1910—1931 年新建的 17 个民主国家中，只有 4 个在 20 世纪 20、30 年代保持了下来。在第二波倒退浪潮中，以拉丁美洲、亚洲国家最为显著。到 70 年代中期，至 1958 年新建立的 32 个民主国家中三分之一左右都发生了倒退。1960 年 10 个伊比利亚南美民主国家中，到 1973 年只有两个国家（即委内瑞拉和哥伦比亚）继续保持民主。

[①]　Huntington，*The Third Wave*，p. 16.

人们常谈论民主社会多么美好，民主的功能多么强大，却很少有人认真地思考过，迄今为止，在非西方社会中，民主政治真正取得巨大成功的国家或社会为何少之又少？且不说中国1911年辛亥革命、陈独秀等人领导下的民主革命均以惨败告终，即第二次世界大战以来实践民主政治的一大批亚、非、拉民族或地区来看，真正成功的又有几个？远的不说，无论是实践民主的拉丁美洲国家如智利、阿根廷等，还是亚洲国家如印度、巴基斯坦、菲律宾、泰国等，均不能成为民主的成功范例。苏联解体后，在俄罗斯及东欧前社会主义国家，也纷纷搞起了民主化改革，但是在这些国家和地区，我们看到的更多的是社会的失序和混乱，至今没有起色。韩国、中国台湾、日本、新加坡也许是第二次世界大战以后现代化最成功的地区，但是日本和新加坡由于长期一党执政，人们通常不认为他们代表典型的民主社会。而中国台湾和韩国，且不说它们的现代化成功当初主要借由威权政府实现，今天的中国台湾和韩国由民主带来的问题甚多，凡是了解其内情者，没有人认为它们的民主是成熟的。笔者在此两地均生活过，无论是直接接触还是间接了解的情况均证明，民主化对它们的现代化特别是经济发展贡献甚少，而所带来的更多的是无休止的党争、人心的撕裂及社会的混乱。人们对于政治人物相当缺乏信任感，政客们腐化堕落及缺少历史使命感与责任感的现象相当普遍严重。越来越多的有识之士认识到，鉴于中国大陆的国情与这些地区相比更加复杂，若将美国、中国台湾与韩国的民主化模式用于中国大陆，后果不堪设想。我们必须认识到，当民主化带来人心的撕裂和族群的无休止斗争，当各种利益集团通过收买控制了国家政治、经济命脉，民主制度不一定比专制制度更尊重人性。当多数人并不是以个体的人独立存在，而是生活在血缘、亲情、家族或乡土共同体纽带中时，或者个人完全为所在的群体绑架时，公民投票就不可能代表个人意志，而只代表生存共同体的利益需要。因此，假定民主竞选能尊重每个人的意志和尊严，也就完全成了一句空话。与此同时，现代文化相对论的成就告诉我们，如果假定这种"集体主义"或"共同体主义"的社会就一定不好，一定要改造成个人主义社会才好，那就是用一种文化的标准来衡量和要求其他文化，并不符合人类文化发展的多样性需要。

我们发现，在很多国家，民主化运动有的甚至导致了更大的专制和极权，而由于民主化运动导致内战的例子也数不胜数，很多国家在几十年间政权的更迭像走马灯一样快。例如，葡萄牙1974年4月发生了青年军官指挥的政变，推翻了原来由马赛罗·卡埃塔诺（Marcello Caetano）统治下的专制政府。此后葡萄牙在长达18个月的时间里一直处于骚乱之中，出现了多达六个临时政府，政变与反扑连续不断。次年4月温和派赢得选举，但是到了这年秋季，葡萄牙陷入了南北战争的危机中。直到同年11月25日，陆军团长安东尼奥·拉马略·埃亚内斯（António Ramalho Eanes）用武力镇压了激进的左派分子，才保证了葡萄牙的民主。① 当然，像葡萄牙这样的结局算是比较好的，动乱的时间较短，且最终走向了民主体制（尽管还是借助于非民主的暴力手段）。许多国家发生军事政变后，政局几十年一直处于动荡之中，军事政变一个接着一个，大规模的群众示威和社会骚乱长期持续不断，最后可能导致更加专制甚至极权的政权产生。之所以会出现这种情况，就是因为政治是无情的权力游戏，而永远不会按照思想家心目中的理想原则来运作。尽管亨廷顿的政治立场似乎倾向于认为民主化浪潮是今日大势所趋，但是他却对非西方国家的民主化现象有过分美化之处，他显然对非西方国家民主化带来的人心的焦虑、族群的分裂、党争和内战等，缺乏深切的体会。

余英时在《民主与文化重建》（1988）一文中也曾论及中国文化与民主之关系，其中也强调文化心态、文化素质及文化状况于政治民主化之至关重要性，提醒人们不要以为政治奇迹可以想当然地创造出来。② 其言甚是，且亦为现实所证实。类似的观点，当参梁启超于近百年前论共和民主之不适用于中国，他的理由是共和革命的结果必然是社会秩序土崩瓦解，讲得十分有理。他因而主张君主立

---

① 资料来源参见 Huntington, *The Third Wave*, pp. 3-5。

② 参见余英时：《钱穆与中国文化》，278～287页，上海，上海远东出版社，1994。

宪更佳。另外，章太炎也曾严厉批评辛亥革命后，国会议员素质低下，致使中国的太上皇从原来的一个人变成了一堆人。许多人都认识到了一场满怀激情的民主革命为何会走到自己的反面，演变成更大的专制。这从今天看来也十分有趣。前述亨廷顿研究所揭示的民主化浪潮中的种种波折，其中不少国家至今并未从波折中完全走出来，这些事实可以帮助我们理解这一点。

我们需要换一种眼光看民主，民主不是若干政治原理，可以像数学公式那样照搬套用在任何社会上。而是类似于人的皮肤，不是人为地想嫁接就嫁接得上去的。比如，我们能不能拿一位白皙女子的皮肤来要求另一位黝黑女子的皮肤，要求后者达到与之同样的程度呢？生理学已经揭示，肤色与一个人的内分泌系统或内在生理机能密不可分。我们不能指望一个皮肤黝黑的女子，在不改变其生理机能或内分泌系统的条件下形成与别人同样的肤色。即使医学发达到可能将一个人的皮肤嫁接到另一个人身上，也会因为后者内分泌系统不同，而让其皮肤再次变回原来的颜色。而且更重要的是，不同人的生理机能或内分泌系统有其先天和后天等一系列复杂因素的影响，其最佳生理机能状态不同，最理想的肤色效果也不一样。因此不同人的肤色不一定非要变得一样，也很难做到一样，机械地模仿别人有时会适得其反。虽然人人都可以使其皮肤在现有基础上变得更白一点，但不能按同样的肤色标准来要求两个不同的人。尽管爱美者也许可以设定同样的肤色标准，但并不符合各人的生理规律，仅仅出于美学原因片面追求理想肤色，反而会伤害一个人的身体健康。民主制度就像某种"理想的"肤色一样，同样不能随便套用：其一，不能指望一个国家不考虑其自身内在历史—文化潜质或机能，在一夜之间建成民主制度；更不能一看到美国等西方国家民主实践好，就机械地模仿。因为建设民主与改变生理机能的过程类似，是非常艰难的。其二，正像健康女子的肤色必然各不相同一样，各国理想的政治制度也可能千差万别，并无统一的标准；不仅不是只有民主一条路可走，即使建设民主也必将走不同的道路。民主是否是理想的政治制度，也是根据各国自身历史—文化情况而定的，就像一个人的理想肤色是由其生理机能或内分泌系统决定的一样。①

民主政治并不必然意味着尊重人性

美国学者福山说，自由民主制（liberal democracy）是迄今为止人类所能接受的最好的制度，因为只有它才能最大限度地满足所有人的尊严。② 这一观点也为我们前述新儒家学者所共认。这一观点真的对吗？

为了回答这个问题，让我们来看看民主定义的演变史。据亨廷顿介绍，一直以来人们对民主的定义有两种取向，一种是从规范性的价值论立场进行，把民主和"人民当家作主"（popular sovereignty）联系在一起，甚至主张民主建立在"自由、平等、博爱"等一系列崇高的价值之上。然而，这种定义方式并不切实际，过于浪漫、理想化。他指出，20 世纪 70 年代以来，理论家们普遍倾向于从经验描述的角度来定义民主，把一套可以客观衡量的操作程序作为民主的本质要素，这个程序指通过"公开、自由、公正的选举"来产生领导人，尽管按照该程序所选出来的政府不一定有效率，甚至腐败、短视、不负责任、被利益集团操控、不关心公共利益（common good）。③ 为什么人们放弃过去那种理想化的、从价值角度对民主的定义，转向主张客观中立地、以程序为标准来定义民主呢？我认为其中一个重要的原因就是：长期持续的民主实践体会打掉了过去人为罩在民主头上的光环，使人们开始从更加现实的角度来评价民主。就好比一个人没有电脑而又急切地想要电脑时，他可能从电脑所具有的美好价值出发来理解它是什么，但是长期用电脑办公的人对电脑的好坏优劣都体会甚深，自然倾向于从"事实判断"而不是"价值判断"的角度来定义什么是电脑。所以当一个国家

---

① 蒋庆先生在有关论著中也有这方面的精彩分析，参见蒋庆：《政治儒学：当代儒学的转向、特质与发展》，55～56、277～281 页，北京，三联书店，2003。

② Fukuyama, *The End of History and the Last Man*, Penguin Books, 1992, pp. xi-xxiii.

③ Huntington, *The Third Wave*, pp. 5-13.

从不民主向民主化过渡时，总是会有一些人喜欢从道义高度和价值立场出发来论证民主，这与他们对现实的不满及对民主的过高期待有关。

另一个更重要的、导致人们放弃从理想化的价值目标出发来定义民主的原因，在我看来就是：迄今为止，恐怕还没有一种政治制度是靠个别理论家在家中想出来后并实施出来的，几乎所有的政治制度都是在权力的博弈中诞生的。正因为政治制度背后存在的永远是权力的较量，而人性的贪婪和自私、各种利益集团之间的利益平衡，共同决定了某种制度或政治体制是否能达到它的初衷，是否能实现对于人性的尊重。在这一过程中，一个民族的历史传统，人们习惯的权力运作模式起到很大的作用，因为一种政治制度的长期、稳定、有效运用，必须以绝大多数社会大众在心理上对某制度作为一种游戏规则的权威性和严肃性的认可。这正是前面摩尔的研究所能告诉我们的一个真理，对于民主政治来说更是如此。由此可以理解，为什么近年来在泰国，以非法、暴力方式推翻通过正常选举方式上台的政府照样受到欢迎；在有些亚洲国家，通过军事政变上台的执政者却能长期保持政局稳定，甚至因其对生产和经济建设作出的贡献而赢得支持。

因此，衡量一种制度好坏与否，并不能单纯看它在理论上怎么说，还要看它在实践中造成了什么样的效果。而决定于一个制度效果的东西，却又是该制度能否植根于一个民族的文化生活土壤。因此，对于政治制度的本质、功能和价值不能光从它的理论原理上来理解，而必须立足于它赖以生长的社会文化心理基础来看。人类过去的经验无数次见证了，一种纸上非常美好的制度在现实中却百孔千疮、漏洞百出，甚至导致鲜血淋漓、尸横遍野、民不聊生；导致了与初衷适得其反的效果，如何能尊重人性？有人说，如果袁世凯不是野心家，如果蒋介石不屠杀共产党，中国的民主革命也许早就完成了。但是有人也许这样来反驳，如果没有袁世凯和蒋介石，难保不会出现其他类似袁世凯和蒋介石这样的人。这一反驳之所以有道理就在于，当时中国的社会历史条件决定了袁世凯、蒋介石这样专权的人有市场，而后来毛泽东的成功就反证了陈独秀那种"秀才式"的、充满温情和浪漫情调的革命，就注定不会成功。历史无情地证明，像孙中山、陈独秀这样理想的知识分子型政治家在中国成功的难度很大（孙中山晚年显然明白了上述道理，所以建黄埔军校，推动北伐）。而孙中山、陈独秀的理想主义的挫败所造成的历史后果决不仅仅是个人的失败，而更重要的是对国家和民族都可能带来严重的后果，导致更多的生命被摧残。这些正是我们不能仅仅从理论原理的角度来理解某一种政治制度是否尊重人性的主要原因。

有人说，辛亥革命建立了亚洲第一个民主共和国。这样算起来，中国人从事民主事业在亚洲国家算是最早的了。只可惜这一革命并没有达成它的目标，此后中国又爆发了一场又一场民主运动。我想，辛亥革命、五四运动和"文化大革命"，已经给了我们一次又一次血的教训，那就是：民主主要是一个实践问题，而不是一个理论问题。民主是一种社会试验，是无数最普通的人经过长久训练后心甘情愿地接受的生活方式，唯此民主的理想才能真正保障无数人的权益，让人民当家作主，让绝大多数人的尊严得到尊重。这也是托克维尔强调美国民主成熟的内在秘密，以及杜威、安乐哲、郝大维等人一再强调民主是一种生活方式的道理所在。[①] 换言之，当社会条件不成熟时，民主的可能后果就是：族群撕裂、地方割据、军阀混战、生灵涂炭。这正是 20 世纪以来包括中国以内的许多亚洲、拉丁美洲国家所发生过或正在发生着的情况。在这种情况下，如何能尊重人的尊严、保障人的权益、让人民当家作主？当然，也许在当今的有些国家和地区，民主政治确实会比其他任何政治制度让人性得到更多的尊重，但是这与在古代特定条件下实现君主制会比实现民主制让人性得到更多的尊重是一样的，都是基于特定的现实所得出的结论，而不能从一种先验的原理出发来证明民主制一定比其他制度更尊重人性。

---

① *The Democracy of the Dead*，pp. 118–140，etc.

　　不妨以古代中国为例来讨论一下，在前述民主赖以产生的条件没有具备的历史背景下，强行推行民主政治，后果将会怎样？可以设想，当血缘纽带没有被完全冲破时，人与人之间的相互整合主要采取家族的形式，与此相应，人们在文化心理上认同的是传统意义上的公共权威。在这种情况下，一切可能的公共舆论领域，都只是服务于家族需要的工具，而不可能具有自己的独立性。结果，民主有可能成为少数大家族之间你死我活较量的战场，而不可能体现公意（不仅如此，由于交通工具和信息传播工具的不发达，一个君主就是花几十年时间也难以走遍中国所有地区，他如何能够到处奔走游说，而民意又如何能得到有效的集中和快速的反馈？选举的程序如何能有效地进行？这也是古代国家不适合民主的另一现实原因）。从另一个角度考虑，我们也可以得出，君主制是古代士大夫唯一可以设想的政治制度安排，从三代以前的“公天下”转变为三代以来的“家天下”有其历史必然性。因为当时的主要矛盾是落后的生产力不能满足人们生活的基本需要，只有统一的中央集权制度才是解决这一矛盾的最有效途径。因此，在血缘纽带是社会整合的主要基础的条件下，根本没有民主政治的社会基础。试问：即使在今天，民主的实现在中国仍然如此艰难，何况在两千多年前？难道只有孔子主张全民投票选举鲁国国君，才算进步吗？思想家不可能超越历史去思考问题，指责孔子、孟子没有民主思想是不合适的。

　　你可以说君主制有很多弊端，但是这和我们今天批判民主的许多弊病是一个道理。“君主制有很多弊端”这一事实不能说明它比民主制更落后，因为任何制度都必然有许多弊端。我们至多只能说，在今天某国家，如果实行民主制，会比实行君主制弊端会少一些，因此民主制更能尊重人性。试想一想，如果春秋战国或秦汉时期的中国人采取全民投票的方式选拔国君和国家官员，中国也许会像今天世界上一些发展中国家一样，整日为军事政变和地方骚乱所困，结果可能是天下大乱、国无宁日乃至于生灵涂炭。当然，今天有的国家已经具备实施民主的客观历史条件，如果不选择民主就违背了历史潮流。但即便如此，也必须认识到，民主在今天对人们来说是无可奈何地被选择的，就像"三代"以来人们虽然向往"公天下"，但是在现实中还是无可奈何地选择了"家天下"一样。因此，我们必须再次回到这样的起点，我们不反对民主，但是我们不得不承认，民主如果有什么"尊重人性"、"尊重人的尊严"的优越性的话，那也不是它的制度过程所自在地具有的特性，而是在某种特定的历史条件下才可能体现出来的优点。脱离具体的历史条件来赞美所谓民主的先进价值，是脱离现实的空谈。

有人认为，民主化实践的挫败，主要原因是由于没有严格、认真执行民主政治的原理所致。这是一种相当理想化的假设。且不说政治永远是残酷的、现实的甚至血淋淋的，不能指望人们用虔诚的态度来落实某种制度；更重要的是，民主政治区别于其他很多制度的一个地方就在于它假定并承认人性是自私的，并认为通过民主这个体制，可以"让坏人干好事"。东亚特别是中国 20 世纪以来的民主政治实践给了这种假设一记响亮的耳光。因为人性的自私在不同的文化中，会以不同的方式来体现。在中国文化中，当你鼓励人们按照自私的方式参政时，他们就会结成各个帮派，为自身的利益进行永无妥协的，甚至是你死我活的斗争，最终导致的后果有军阀混战和国内战争，有军人执政和白色恐怖，有整个社会秩序的全面瘫痪和更加残酷的极权，等等。这些难道不同样是人们按自私方式行事的后果吗？

设想在美国南北战争后是南方获胜，后果会怎样呢？显然，在种植园主经济占统治地位的情况下，并不适合于推行今日意义上的民主，那么这个社会的"进步"也不能用民主与否来衡量，有可能一种精英治国的政治模式更进步。你不能指望将种植园经济完全改造过来吧。你也不能说在种植园经济条件下形成的好的、进步的制度一定程度不及北方，即不能认为只有将南方经济结构改造成北方的样子南方才有进步的制度。

民主是普世价值吗？

一个幽灵徘徊在思想的天空，我给它取个名字，称之为"民主/

专制"二分式思维。这种思维方式的精神实质，在于将民主作为衡量一切制度进步与否的价值准绳。包括现代新儒家学者在内的大批学者，都把民主视为衡量一个社会是否进步的通用标准，把民主制度当成了超越一切具体的历史处境而普遍有效的政治制度。在许多人看来，"民主"就是人民"当家作主"，就是每个人的权利和尊严都得到最大限度的保障。一个人民当家作主的制度怎么不好呢？怎么不可能在一切历史条件下普遍有效呢？于是人们会指责为什么孔子没有民主思想，难道孔子不愿意让人民当家作主吗？有的人更是怀疑中国人没有民主思想是不是因为特别崇尚权威的缘故。更有人认为，民主是解决一系列重大政治问题（包括腐败问题、低效问题、滥用职权问题等等）最有效的灵丹妙药，是让中国社会走出"一治一乱"循环的有效途径。他们完全忽视了民主并不单纯是一个普遍的政治学原理，而是必须深植于一个民族的文化生活中才有能效。这正是前述摩尔、托克维尔等人已经总结出来的。如果我们把民主制度（或者其他任何理想的制度）比作一张"人皮"，这张"皮"决不像一件衣服一样，可以随便从别人那里拿来穿到自己身上。相反，正像人皮必须是由人体内在生理组织中生长出来一样，别人的"皮"再好看，也不能随便移植；民主这张"皮"也必须且只能根据各国自身的实际情况来决定能不能移植、如何移植，甚至有无必要移植。

一个多世纪以来，许多中国人视民主为一种普世价值，曰：民主等于尊重每一个人的尊严。如果某制度尊重人的尊严，就称之为民主精神，反之则否。这一观念进一步泛化，中国人今天把许多可能与民主无关的行为都称之为"民主"。比如我们老师倾听学生意见视为"民主"，家长尊重子女意见也是"民主"，政府官员考察民情也是"民主"……于是"民主"这个原本主要限于政治制度运作层面上的事物，在近代中国被无限地放大为一种行为方式，一种待人态度，一种人人都应该尊奉的理想价值。从这个角度看问题，发现如此重要的价值，在我们老祖宗的典籍中却没有得到集中阐发；一个对于现代人来说最核心的价值，在我们的传统中却备受忽视。于是对中国传统文化的批判开始了。而有些热爱传统的人也从这种泛化的民主概念出发，立即发现我们的老祖宗虽然不曾使用民主一词，但是确实有大量的民主思想，因为他们尊重民意，我们不应该冤枉他们……于是一系列有关中国古代有无民主思想的争论开始了……①

针对这种将民主等于进步价值观的做法，需要指出，现代人至少在如下几个跟他们私人生活关系最紧密的领域都不实行"民主"：学校、公司、教堂、军队（此一说法我从杜维明先生处听来）。除此之外我认为还应该加上一项：家庭。也就是说，西方人虽然实施了民主政治，但是却把它主要限定在政治领域，而在关乎个人最重的家庭、学校、公司（工作单位）、教堂（个人精神信仰）、军队等领域里，并不是主要靠民主来运作的。民主在我看来主要不能作为一种价值观来对待（正如前述），而是一种可以有效地促进政治整合的功能性概念。如果民主真是按照我们所理解的、任何情况下普遍有价值的话，那么，我们是不是应该认为：寺庙应该由和尚投票来选举方丈或住持，学校里应该由学生投票来选举老师，公司里应该由职员共同投票来选举经理，军队里应该由士兵投票来选举将领……我想，没有人会认为这样做合适吧？也许你会说，教主、方丈、老师、经理、将领，也必须尊重下属意见，用毛泽东的话就是所谓"从群众中来，到群众中去"，这也叫民主。如果民主的含义可以这样来解释和延伸的话，那么它还有什么现代性？人类自诞生以来就已经生活在民主中了。由此可见，把民主泛化为一种一切场合普遍适用的制度或方式，认为它天然代表着进步，代表着尊重人性，乃是我们中国人对西方观念盲目崇拜的结果。家庭、学校、公司（工作单位、社会领域）、教会（精神领域），代表了我们每一个普通人日常生活中的绝大多数领域，而所有这些领域都不是靠民主来运作的。由此可见，民主并不覆盖现代人生活中的主要

---

① 美国学者杜威从实用主义的立场出发，也提出民主作为一种生活方式的设想。不过他所谓作为一种生活方式的民主，与我在这里所说的民主作为上级尊重下级、长辈尊重晚辈的生活方式是有本质不同的。因为杜威所说，按照我的理解，主要指人们先要学会过一种在争辩中相互宽容、相互妥协、相互尊重和理解的生活，民主的政治制度才能有效运转。参见 Hall & Ames, *The Democracy of the Dead*, pp. 118—140。

领域。我们是不是应该重新反思一下 20 世纪以来中国人对民主概念的阐释史？

正如历史上那么多今天已过时的制度不能尊重每个人的尊严一样，民主也未必真能尊重每个人的尊严，这取决于具体的社会历史及文化条件。尊重人的尊严本来就应基于一种更高的价值，尊重每个人的尊严是否意味着选择民主，要看什么样的时代以及什么样的社会领域（难道在学校由学生投票选举老师就是尊重学生的权利和尊严吗？难道在公司里投票选举总经理就是尊重员工的权利和尊严吗？难道在寺庙里投票选举方丈和住持就是尊重人的尊严吗？难道在军队时投票选举将领就是尊重人的尊严吗？）。孰不知历史上尊重人的尊严的制度多矣，每个时期的每个好的制度都可能是对个人尊严有限度的尊重。尊重每个人的尊严未必必然地与民主相连，民主也不等于人文主义。在西方历史上及现代虽也有类似地理解民主之思想，但目前理论界比较流行的做法还是将民主限定为一种政治运作程序，而不是一种崇高的价值理想。

必须指出，从理论上讲，之所以出现这种视民主为普世价值的做法，一个根本原因就是由于过去从某种抽象的人性论、价值论或者形而上学（本体论）的角度来论证民主。应该说这一做法无论在西方近代还是在中国近代都共同存在过。例如，在西方，卢梭、洛克等人继承了格劳秀斯等人以来的自然人性论，以此为基础为民主立论；在法国大革命中以及其后的几个世纪里，曾有不少人从自由、人权、平等等价值观的角度来为民主特别是自由民主制立论；而中国学者牟宗三则从本体论（形上学）的高度来为民主立论。我们从下面熊彼特（Joseph Schumpeter）等人以来西方民主定义的变迁可以看出，从抽象的价值观、人性论甚至形而上学的角度来论证民主，试图为民主制度的合法性提供一个绝对、永恒的基础，这一做法在今日学术界早已被放弃。其原因不是别的，而是因为民主本来就没有抽象、绝对、永恒的基础。据说美国学者罗尔斯晚期致力于解决的一个重要问题就是，如何将自由民主制从一切可能的形而上学体系中剥离出来，使之"独立于任何已知的形而上学的基础"和"形而上学的‘学说’”。他深深认识到，如果自由民主制有一个抽象的形而上学基础，将难以避免地走到与自身原则相对立的轨道上去。因为当一个社会中多数人或很多人不赞同自由民主制时，建立于形而上学基础上的自由民主制的支持者要么实现强制，要么听凭自由民主制无法继续下去。而强制与自由民主制的精神是不相容的。① 正如有的学者指出的，政治制度问题与数学问题不同，不可能脱离具体生动的现实生活背景，从一种抽象的形而上学或人性论前提中推演出来。日常生活中复杂多样的利益需要，特殊的历史文化传统，以及风俗、习惯、信仰、礼法等等均会深刻地左右政治制度的形成和运作。②

所以，从抽象的哲学原理出发来为民主立论，主观上可能出于对民主的乌托邦崇拜心理，客观上所产生的最大后果之一就是把民主当成超越一切历史时代条件而普遍有效的普世价值。这种情况在中国学术界相当普遍。总之，我们必须彻底抛弃那种“民主政治是一切社会条件下最理想的政治制度”的思想预设。同时，必须认识到，政治制度通常情况下不是哲学思想的产物，而是特定的经济、文化和社会结构的产物。对于民主政治，我们必须也只能主要从现代社会结构特别是市民社会、公共领域、经济结构、文化心理等来理解它兴起并被广泛接受的原因。有理由认为，在中国古代小农经济及宗法制度占统治地位的历史条件下，君主政治比民主政治更能保护多数人的尊严和权益，尽管君主制本身问题也很多。因此，孔子没有提倡民主制，和他没有提倡郡县制一样，丝毫不是什么思想的局限，而只不过是由于他关心的问题不是制度的形式，而是制度的精神。而在今日中国市民社会已经成型的条件下，民主已经是大势所趋，但即便如此，如果不小心对待，后果也不堪设想。因为在

---

① 参见白彤东：《旧邦新命——古今中西参照下的古典儒家政治哲学》，26～29 页，北京，北京大学出版社，2009。

② 参见蒋庆：《政治儒学》，269～282 页。由此蒋庆坚决反对那种认为“西方民主思想在价值上具有不可置疑的可欲性，在效用上具有放之四海而皆准的普世性，在逻辑上具有自足绝对的真理性，在文化上具有超越民族的人类性”（同上书，283 页）。

东方文化背景下，小团体主义、山头主义、帮派主义、地方主义等等会成为实现民主的大敌，化解民主所可能具有的一切积极意义。使民主演变成像我们在菲律宾、智利、泰国、中国台湾等地所见的，以党派恶斗和族群撕裂为特征的长期、剧烈的社会动荡，甚至是分裂、内乱和政变。

走出民主/专制二元对立的神话

人们通常倾向于认为，民主制度的发现是人类历史上的一大进步。从君主制度到民主制度，从世袭社会到公民社会，从人与人的等级关系到人与人的平等关系，这不是进步是什么。这里面包含一种典型的"现代偏见"。更准确地说，典型的现代中国人的偏见。这种偏见来自五四运动以来严复等人传播进来的"进化论"，它对中国人影响太深，后来的马克思主义思潮无疑又极大地强化了这种影响。按照这种"进化论"的历史观，人类历史是在不断"进步着"的，从古代到现代，人类社会制度越来越进步，越来越文明。其实这种观点20世纪中叶以来在西方早就已经被批得体无完肤了（本书最后一章已有系统论述），此处只想指出，社会制度是建立在一定的社会关系基础上的，民主制度也罢，君主制度也罢，都只是在特定的社会条件下才有效的。当社会条件不具备时，有些在我们看来代表"进步"和"文明"的制度也许只能起反动或倒退的作用。民主就是一个典型的例子。如果有人要在欧洲中世纪主张投票选举伯爵，如果孟子提出用投票来选举齐国国君，如果武则天、王安石或张居正主张全民公决来确立皇位继承人，如果顺治皇帝退位前决定实行全民大选……后果将会是怎么样？你能说这些地方在这些时候实行民主，会导致社会进步吗？

即使在今天的历史条件下，民主也不一定是最理想的政治形式；人们选择它不是因为它"理想"，而是出于"无奈"。没有经历过民主制度的人容易把它想象成灵丹妙药，经历过它的人特别是对它的缺陷感同身受的人，则会在厌烦它的同时认识到它不过就是现代国家的一种制度安排，和历史上的君主制一样有许多根深蒂固的内在问题，只因为争议最少人们才无可奈何地接受了它。从某种意义上讲，现代公民社会实行民主制的合理性与古代宗法血缘条件下实行君主制的合理性大致相当。如果我们把它理想化、神圣化，给它打上过于美丽的光环，等于是人为制造一个海市蜃楼欺骗自己，最终可以说是自己忽悠了自己。正如余英时先生所言，"民主"不过是多种政治形式之一，且不是品质较高的一种政体。此观点可以柏拉图《理想国》为证。在该书第8、9卷中，苏格拉底举出了五种典型的政体，即贵族政体、荣誉政体、寡头政体、民主政体和僭主政体，在对这些政体各自的好坏优劣进行详尽分析之后，他得出最好的政体仍然是贵族政体的结论来，并认为以"哲学家为王"的贵族政体是政治的唯一希望。柏拉图《理想国》中的政治理想后世多被认为是乌托邦，尽管如此，柏拉图对民主政体的批判却并非没有道理。我们知道，无论是民主政体，还是其他任何政体，其最终目标只有一个，就是保证让那些德才兼备的人掌权。那么民主是不是达到这一理想的最佳形式呢？答曰：否。民主者，民意统治也。正因为民主政治试图借助于民意来实现上述目标，而民意本身具有高度的不确定性、非理性、情绪性、盲动性、愚昧性，所以民主绝不是人类最佳形式的政体。因此在西方，除柏拉图之外，19世纪以来批评民主政治的人不胜枚举。

柏拉图"哲学王"式的贵族政治，实际上是一个典型的贤人当政的政体，他所说的"哲学王"主要是指通过哲学学习而具备了完美德性的人；他提出的培养及发现"哲学王"的方式，与中国三代以前尧舜考察和选拔继位天子以及汉唐之时通过辟举方式选拔地方官的方式，有相近处。[1] 我们甚至可以认为，按照柏拉图的观点，中国三代以前"公天下"的政体也许是最理想的政体。那么为什么人们却认为柏拉图的"理想国"是乌托邦呢？这是因为圣贤没有客

---

[1] 陈祖为（Joseph Chan）亦指出，儒家政治模式乃是一种 guardianship（柏拉图《理想国》中的护国者统治方式）。参见 Chan, "Democracy and meritocracy: toward a Confucian perspective," *Journal of Chinese Philosophy*, vol. 34, no. 2 (Jun., 2007), pp. 179-193。

观标准，该理想在现实中难以操作。在中国古代，情形也是如此。尽管人们世世代代一直歌颂三代以前"天下为公"的政治，但是在现实中他们还是不得不选择"家天下"的政治模式。也就是说，儒家选择"家天下"而不是"公天下"，不是出于"情愿"，而是出于"无奈"。正因为圣贤没有客观标准，所以"公天下"的选拔方式必然会导致"争"，"争"则"乱"。这就是说，"公天下"的政体缺乏操作性。《春秋公羊传》讲的就是这个道理。与此同样的道理，我们今天虽然认识到民主政体不是最好的政体，但是还要选择它，也是出于"无奈"，是不得已而为之。这完全是出于操作性方面的考虑。

我认为，民主、专制的二分是现代人人为制造出来的神话，是一种仅仅对现代人的思维来说才有意义的神话，对于古人来说这个神话没有意义。没有一个唐代学者会认为当时的君主制是落后和专制的象征，或有必要取而代之；假使时间能倒流，今天的民主拥护者能回到唐代，同样会发现，在唐代通过公民投票来选择国家最高领导人，不仅得不到官方支持，同样没有其实行的社会现实基础。唐代人没有实行普选制，不等于唐代人生活在专制之中。看看李白、杜甫、白居易的诗，你就会发现他们的精神世界是何等自由、奔放；看看当时学者批评时政的文章或奏疏，同样可发现当时中国人的精神世界并不是"专制"所能允许产生的。你也许会从唐代政治制度的运作中发现一些专制的因素，我也可以从当代最民主的国家政治运作中找到大量专制的因素；同样我还可以从唐代文官制度中发现大量非专制的成分。事实上，我们必须承认，中国古代的君主制度，从夏商周到明清，大体上是符合当时的社会条件的，是合时宜的最佳选择。大概找不到比它们的政治制度框架更好的制度了。当然，就每个具体的时代而言，其政治制度和文官系统总是有各种各样的问题，且各朝有所不同，包括设不设宰相、如何选拔官员、宦官的问题等等，在这些问题上各朝制度总是有改善的余地，但是它们的大体制度框架是符合当时的时代条件的。

我们今天读《左传》，看到那么多弑君之乱发生后，特别是好多

146

国家到了没有国君可立、不得不到别国寻找与公室有一点血缘关系的成员立为国君（如晋国在鲁成公 18 年厉公被弑之后，到周迎立王子周为晋国国君，等等），可以发现，当时人们并没有盲目崇尚君权，也不会听命于专制暴君，但是他们并没有因此而认为国君应该通过全民投票方式来选拔。应该承认，以血统为基础的君主继承制是当时时代条件下最合适的制度安排，也最进步、最能保障人的尊严。可见，用现代人普遍接受的民主来理解古代政治制度，一律视之为"专制"，进而目之为落后与不尊重人的尊严，恐难成立。我们甚至可以这样想象，在春秋那个大变动时代，如果真的存在一种比君主制更好的政治制度，人们是完全可以想得出来并付诸实施的。特别是，当时在很多国家，国君荒淫无道被大臣所杀，而国家军政大权完全掌握在权臣手里（比如：晋灵公被赵盾等所弑，齐庄公为崔杼所弑，郑灵公被子家所杀，郑僖公被子驷所杀；以及卫州吁弑君，楚灵王弑君，齐公子商人弑君，齐公孙无知弑君，齐陈乞弑君，鲁羽父弑君，鲁共仲弑君，晋里克弑君，楚公子商臣弑君，晋栾书弑君，宋督弑君，卫孙宁二氏弑君，吴公子光弑君……①）。这些弑君之臣弑君后往往还是从公室中选取一个来继承君位（如果不是取而代之的话），而没有人认为全民普选为确定国君最佳途径，这并不仅仅是由于时代局限、他们想不到，而是因为它本身就不符合社会需要（因为如前所述，民主的实行需要一系列客观条件，包括市民社会兴起、血缘纽带冲破、公共领域形成等等）。

等级制度不等于专制和极权

有人认为，儒家社会政治学说强调等级关系，这不符合民主要求。"明贵贱，辨等列"，"君为臣纲"，"君要臣死，臣不得不死"，这些大家耳熟能详的话是否说明儒家社会政治学说中许多不合时宜的东西？其实，关于儒家思想中的"等级观念"，我在这里不想作太多辩护。就我所知，已有不少学者指出儒家所提倡的社会等级安排

---

① 相关人物事迹，可参见方朝晖：《春秋左传人物谱》，济南，齐鲁书社，2001。

并不是如我们今天所理解的那样，把人划分为三六九等，而是更加类似于社会职能的分工，所以它同时也承认所有的人在人格尊严方面一律平等。至于"三纲"思想，一直以来为现代人误解太多，其实儒家思想的本义完全不是在强调下对上的无条件服从，而是在强调身为下级要具有从大局出发的精神。"君要臣死、臣不得不死"讲的是王朝法统的权威性，与今人主张"法律要你亡，你不得不亡"本质上是一个意思，没有什么可大惊小怪的。今天的法官可以昧着良心草菅人命，但是没有人因此而否定"法律要你亡，你不得不亡"的合理性；古代的皇帝可以干错事，但是"君要臣死，臣不得不死"的本义也绝不是要无止境地强化君权。宋明儒家讲得很清楚，"尽己之谓忠"（程颐语），儒家为臣之道的实质是要忠于自己的良知和做人的道义。"三纲"思想的精神即使在今天也在普遍应用。比如上级的决定可能是错误的，下级职员虽有建议权，但是在行动中其根本职责还是严格、认真地去执行，而不是与上级对着干；在战场上，上级对下级有时有生杀之权，"军长要你死，你不得不死"，但这种军规本义也不是为了无止境地抬高军长的独断权；如果一位外交部长不同意中央的决定，这也不意味着他在出使外国时可以不严格执行中央的旨意，按自己的意志办事。

在这里，我要向大家推荐两本书，一是 Louis Dumont 对印度种姓制度的研究，二是 John Clammer 对日本社会的研究。他们的研究有一个共同点就是，用大量生动的材料说明了所谓"等级制度就是压抑人性、没有个性或自由的制度"这一观念是完全错误的。

Louis Dumont 通过对印度种姓制度的研究发现：西方人在理解等级制时，误把等级制度当作与平等相对立的、压制人的个性和自由的制度，而不知道事实上任何社会都是等级制的。如果说平等主义是一个永远无法实现的乌托邦，那么等级制才是人类社会正常条件下的生存状态。通过对印度种姓制度（caste system）的大量剖析，证明它的所谓等级制度乃是劳动分工和专业化的产物，等级制度远比我们想象的复杂，未必不合理，也与西方人心目中的等级制非同一个概念。并且他批评西方个人主义的根源在于基督教传统，是一种虚幻的、带有偏见的意识形态，更不是我们理解世界的唯一有效方式。①

John Clammer 通过对日本现代社会的研究发现：日本是一个"没有阶级的等级制社会"，人们通常习惯于把日本理解为是一个团体主义（groupism）社会，即没有个人自由、权利可言的权威主义社会。其实这是完全错误的。他认为日本社会与其称之为权威主义社会，不如称为总体主义（holism），一种可以允许对立存在的等级制度。日本的等级制度一方面使个人从属于集体，另一方面并不意味着个人在集体中没有自由。相反，在日本，集体与个人之间的界限不明，本身恰恰说明了每个人的自由度都是存在的；这是特别强调关系和互动的文化，每个人都可以运用自己的能力来影响集体。日本社会中的总体主义，并不意味着人际关系一定是僵化的、机械的、与人性对立的，相反我们看到的是动态而多元的现象。另外，日本社会中文化的力量比法律和制度强大得多，内在生命力的培养和精神的发展，取代了对于制度法则、法律信条或物质对象的全盘服从。人的状况即使不能被完全超越，至少可能被激活。他指出，日本人对精神和谐的追求，日本社会中秩序、工业化与各种人群共同体（包括村社共同体、文化及道德共同体）的共存，使得庞大的社会结构及等级秩序不复成为毁坏人自由的力量。②

Dumont 和 Clammer 的观点使我想起一个问题，唐、宋时期的中国政治制度表面看来是"专制的"，但是实际上，你真的认为唐宋时期普通人的自由比今天的少吗？那时人们可以公开骂皇帝，指责朝廷，可以撰写讽刺朝廷的诗文，可以相当自由地结社、出版、信教，等等。我们也都知道，当时文人学士的诗文少见对皇权奴颜卑骨的赞美（如我们在"文化大革命"时所见），当时宗教大师们的作品也极少以颂扬皇恩为主旨，或以论证天朝的伟大为核心。经历过"文化大革命"政治高压的人都知道，在一个政治气氛森严、政治压

---

① Dumont, *Homo Hierarchicus: The Caste System and Its Implications*, Delhi: Oxford University Press, 1988.

② Clammer, *Difference and Modernity*, pp. 98, 100, 103-104, 121-122, etc.

迫盛行的时代，是不可能有唐宋那么伟大的艺术复兴、宗教繁荣和文化进步的。由此可见，用要么民主、要么专制，要么是等级制社会、要么是自由社会这样的标准来衡量人类不同时期、不同地域的文化现象，有时是要出大问题的。Dumont 和 Clammer 的卓越研究证明了，民主、专制、自由、平等、等级这样一些概念，都是西方18 世纪以来所逐渐形成的概念，来源于西方特殊的社会状况，并被人们天真地打上了好坏优劣的烙印。事实上不同文化中最适合的秩序，不可能有统一的答案，不能千篇一律地套用西方现代性形成过程中所创造出来的范式。我们的生活中流行着历史的偏见，民主/专制二分，平等/等级二分，自由/秩序二分，就是其中最典型的例子。西方人已经越来越认识到它们的局限性，我们又为何要继续受其毒害呢？

从东亚文化的特征看民主

民主：西方与非西方之别

也许有人说，不能因为东亚或其他地区民主化实践中的挫败而否认民主的普世价值。民主之实现本来就需要时间，需要经历痛苦的过程。但是需要提醒大家的是：首先，西方人的民主实践如果从近代算起，可以追溯到公元 9—10 世纪以来欧洲的自治城市。那时一开始在意大利、法国南部，后遍及整个欧洲兴起了无数自治的城市或市镇；它们投票选举市长，建立商人法庭，确立城市宪章（现代宪政的雏形），等等。从这时到 19 世纪西方世界普遍的民主化运动兴起，已有上千年时间。如果进一步追溯西方文化传统，则古希腊城邦（以雅典为典型代表）早就有过十分成熟、发达的民主历史；后来罗马的元老院制度也可算作现代议会政治的雏形。如此算来，西方人搞民主已有两千五百多年历史。难道今日哪个东亚国家或地区有本钱花同样长的时间来建构成熟的民主吗？其次，即使是有了来自古希腊和罗马的政治背景，许多近代西方国家，如法国、德国、意大利、西班牙、葡萄牙、奥地利、比利时、丹麦、荷兰、挪威等，仍然花了近百年甚至数百年时间才建立起相对成熟的自由民主制度（例如，葡萄牙直到 1975 年才正式确立了民主制度，中间经历了多次军事政变和政权更迭）。最后，古希腊民主政治的实践在今日东方国家就更加没有可模仿性。古希腊民主政治之发展，与当时地中海地区商业发达冲破了占统治地位的宗族关系，以及家庭势力、血缘亲情、裙带关系不占统治地位有关。此外，古希腊的奴隶制城邦里，人口往往少的只有几千，多的也只是几十万。而在这些人口中，有公民权的人只是少数。雅典在伯里克利执政的最繁荣时期人口只有 30 万，而公民人数只有 6 万左右。这一系列古希腊城邦的社会状况对于今日多数国家特别是中国来说没有模仿意义。

今天看来，西方的民主政治实践不仅有欧洲中世纪以来的市民社会传统为背景，而且还有一个今天东亚多数地区所不具备的宗教及个人主义甚至自由主义背景。前面也提到，东亚社会民主化实践所导致的许多问题均与其根深蒂固的集体主义或关系主义文化传统有关。用一些西方理论家的观点看，没有根深蒂固的个人主义传统会给现代国家的民主化实践带来深刻的问题。黑格尔在《精神现象学》中曾经探讨了个人主义传统从罗马到近代以来的发展，特别是从当初自我中心的、原子式个人主义，到后来"普遍的"个人主义的演变。他并从这一角度分析了法国革命对"绝对自由"的追求为何带来了"恐怖"。相比之下，比起 18 世纪和 19 世纪初的法国人来说，东亚人当然更加缺乏黑格尔意义上的"普遍的个人"，其民主自由追求带来"恐怖"或混乱也就再自然不过了。尽管民主化并不一定非要以个人主义为基础，但是生活在东方文化传统中的我们都知道，东方世界的血缘亲情、裙带关系、家族本位、土匪豪强、门阀世族、地方主义等与个人主义完全不同的传统，极容易而且也已经给这些地方的民主化实践带来许多难以逾越的障碍，极大地妨碍了这些地区民主化实践的成效和质量。这一点也可从亨廷顿有关民主与基督教关系的研究得到证实。

亨廷顿在分析近代以来人类历史上三次大的民主化浪潮的过程中，令人惊异地发现民主与基督教之间的深刻关联。① 用他的话说："西方民主与基督教之间存在很强的联系。现代民主首先在基督教国家获得最旺盛的发展。"② 据他提供的资料，1988年，在46个民主化国家中，有39个国家的主要宗教是新教或天主教（相当于总数的85％左右）。这39个民主化国家在68个信西方基督教的国家中占57％，而在58个信其他宗教的国家中，只有7个是民主化国家（相当于总数的12％）（比较这三个数据，85％、57％、12％可发现问题）。他强调，这与基督教教义内容有关，因为基督教主张个人的独立性及分权（政教分离），在许多国家教会与外部压制作斗争。因此，似乎有理由假设基督教的发展会促进民主化。具体来说，在19世纪以来世界各地三次大的民主化浪潮中，在第一波、第二波世界民主化浪潮国家中，新教影响比较大，而第三波民主化浪潮中天主教影响比较大。第一波浪潮（发生于18世纪末至第一次世界大战前后）中的民主化国家绝大多数都是新教国家。第二波浪潮（发生于第二次世界大战前夕至20世纪60年代初）中的民主化国家宗教属性相比于第一波有些分散，但是一项研究表明，在99个国家中，"新教人口比例越高，民主化程度也越大"③。在前面两波民主化浪潮中，天主教多半与民主无缘，而到第三波却完全不同了。亨廷顿认为这可能与天主教会组织制度的改革有关。天主教教会组织本来比较崇尚权威，在第一波和第二波中多半是一些穷国信天主教，而到了第三波民主化浪潮时（发生于20世纪70、80年代以来），绝大多数新教国家均已经民主化了，而天主教组织自身内部也经历了巨大转换，不再像以前那么威权化了。尽管亨廷顿认为儒教、佛教不支持民主化的言论遭遇争议，他对儒家的理解也很片面，但是他所提供的上述数据，难道不也再次深刻地反映了文化历史背景特别是宗教传统对于民主化的重要性吗？他还重点举了韩国为信基督教而

---

① Huntington, *The Third Wave*, pp. 72–85.

② Ibid., pp. 72–73.

③ Ibid., p. 75.

导致民主化之例，也谈到了巴西、阿根廷的天主教普及运动。同时讲到了这些国家里基督教组织在民主化运动中的介入。这使我想到，在今天那些非基督教国家或地区，如果要民主的提倡者为了实现民主，而改信基督教，有几个地区会接受？

总而言之，我认为，如果考虑到今日亚洲、拉丁美洲、非洲各国及地区在国际环境、社会结构、阶级分化、教育水平以及人口、经济、宗教、文化等各方面与历史上的西方国家之间的重大差别，欧洲民主实践的一系列历史背景对它们来说都根本不具有模仿性。与其花时间来学习西方特定历史处境下的政治制度，不如结合自身的国情来做更有意义，此其一。从中国的情况来说，虽然民主、自由必然成为中国现代性的一部分，但由于中国文化与西方之不同，民主之所以难成为中国文化的核心价值，原因部分在于中国文化不是个人主义的文化。由于这一点，导致中国文化中个人的自由需要被限制在不影响大局或整体的和谐之上，才能真正有利于多数人的生存。因为中国人倾向于在人群中、在人际关系网络中，而不是在与上帝的关系或个人的超然独立中安身，所以，当个人自由被绝对化后，必然导致人群关系的紧张，也会危及多数人的精神幸福和安宁（这一点下面论述）。现在看来，20 世纪以来，中国人对民主、自由等西方概念的崇尚，在很大程度上是由于在西方文化强势面前，一时丧失了立身的根基，认识不到民主、自由这些东西在未来的中国虽可能需要，但决不会成为中国社会整合的最有效武器，不会成为引导中国社会走向进步的核心价值。当然，我决不是说，没有个人主义传统，就不能或不应该实践民主，而是说必须正视由于没有个人主义传统，导致民主化在东亚社会中容易呈现另一种类型的情况，东亚国家或社会实现民主可能遇到更多、更大的问题。忽视这一文化因素来看民主是极端幼稚的。

东亚文化之不适合于党争

Kwok Leung、Michael H. Bond 等文化心理学者从事了这样一项心理学研究：一批中国的和美国的试验对象在实验中受邀担任报酬分配者的角色，他们被要求阅读一份与所在集体成员或别的集体成员一起工作的方案。报酬分配者（即试验对象）要么有比较高的投入，要么有比较低的投入，或采用公正原则，或采用平等原则来分配集体的报酬。结果发现：与美国试验对象相比，中国试验对象更喜欢对所在集体（in-group）成员平均分配报酬；但是当分配对象是别的集体（out-group）成员时，他们往往采取更公平的分配方案：

> 当试验对象被问及如果他们是分配者并从事报酬的分配时，中国的试验对象与美国的试验对象相比更接近于遵从公平分配方式，前提是分配对象是集体外成员，或者试验对象的投入低。然而，当试验对象的投入高，且分配对象是集体内成员时，中国的试验对象比美国更加遵从平均分配方式（the equality norm）。这些发现我们被从集体主义文化中保持集体团结的欲望这一角度来讨论。①

另外，该调查还发现，具有较高的人际关系取向（higher scores on their interpersonal orientation）的人分配报酬时使用平均分配方式的程度更高，而具有较低的人际关系指数的人则更喜欢使用公平分配方式。"高人际关系取向"（high interpersonal orientation）以对于与他人的人际关系高度敏感为特征，相反低人际关系取向则对与他人的关系不敏感为特征，并具有寻求自身投入最大化的欲望。②由此出发，作者认为，很明显，人们的社会情感取向（socioemotional orientation）是支配其选择报酬分配方式的一个重要因素，从而导致这二者之间的关系从个人水平到文化水平的转移。在人际敏感性（interpersonal sensitivity）高的文化中，和谐、团结（cohesion）更受注重，平均分配比公正分配更受偏爱。另一方面，在注重

---

① Leung & Bond, "The impact of cultural collectivism on reward allocation," *Journal of Personality and Social Psychology*, 1984, vol. 47, no. 4, p. 793.

② Ibid., p. 794.

生产率、竞争及个人成就的文化中，公正原则更受偏爱。①

　　按照黄光国先生的看法②，关系主义文化的核心机制有二：一是人情，二是面子。首先，由于人情的力量，所以会有"圈子意识"，并区分出"圈子内"（in-group，即集体内）与"圈子外"（out-group，即集体外）。③ 因为在这个社会中，人们需要在与他人的相互关系中寻求心理安慰、自我认同和防护力量。其最理想的情况则是如梁漱溟先生所说："形骸上日夕相依，神魂间尤相依以为安慰。一啼一笑，彼此相和答；一痛一痒，彼此相体念"④。正是这种寻求情感、心理上相互依慰的倾向，会导致中国文化中人容易分裂为各个小的团体、帮派、"山头"、"圈子"等利益—人情的共同体（in-group）。这是因为，由于现实中人与人在情感上"爱有等差"，结果造成大家都去寻找对自己来说能带来最大心理安慰和依靠的"小圈子"，并且不自觉地把"所在圈子"（所在团体、所在集体）当作谋求和捍卫个人利益的主要手段。由于在圈子内，人与人之间的情感联系较深，所以什么事都好办；但是圈子外的人，由于与自己的情感联系较弱，加以不能成为保护自我利益的屏障，所以人们有时有不把对方当"人"的倾向，至少不是"自己人"。由于有一种潜在的不把"非自己人"当"人"的倾向，所以在涉及利益冲突和个人需要时，人们不一定在乎"非自己人"的感受，也不会真的在意自己的行为是否合乎社会正义，而更在乎是否合乎人情。这种圈子意识，或团体主义精神，导致身在其中的人们容易缺乏公正性，一

---

　　① Bond, et al, "How does cultural collectivism operate? The impact of task and maintenance contributions on reward distribution," *Journal of Cross-Cultural Psychology*, vol. 13, no. 2 (Jun. , 1982), pp. 186-200.

　　② 黄光国：《人情与面子：中国人的权力游戏》，226～248 页；Hwang, "Face and favor: the Chinese power game," *American Journal of Sociology*, vol. 92, no. 4 (Jan. , 1987), pp. 944-974。

　　③ 区分"圈内"与"圈外"（或译为"所在集体"与"别的集体"）是近三十年心理学领域有关"集体主义/个人主义"研究的一项公认的成果，参见 Triandis, et al, "Individualism and collectivism: cross-cultural perspectives on self-ingroup relationships," *Journal of Personality and Social Psychology*, vol. 54, no. 2 (Feb. , 1988), pp. 323-338。

　　④ 梁漱溟：《中国文化要义》，87 页。

切只是为了圈子或所在集体的利益。这与人情在其中有着核心和枢纽的作用这一事实有关。由于人们都认识到圈子、帮派、团体是社会生活中最重要的力量，所以对与自己有利益冲突的其他圈子也特别敏感，加以上述"非自己人心理"，可能导致圈子、团体、帮派之间的斗争你死我活。

另一方面，人际关系本位还导致在中国或东亚文化中"面子"心理成为人与人交往的重要心理机制。面子心理不仅意味着人们对于自己在活动圈中的"形象"、"地位"、"名声"等等的追逐，还有一个强大的消极后果，那就是不愿意接受他人的批评，或者当自己有错时，出于"要面子"心理而难以承认或接受。我们看到，在有的民主化地区，当一个政党的"领袖"犯错之后，同一党派的信众相当缺乏自我反省的勇气，还是千方百计地为"自己人"辩护。这里面其实包含着"死要面子"的心理。因为一旦承认了"自己的领袖"有错，就意味着自己在别人面前"没面子"，而在中国文化中"没面子"有时就是"没尊严"，是很难忍受的。必须认识到，由于"人情"和"面子"所引起的帮派之争，给中国人在精神上、心理上带来的焦虑和不安也十分强烈，因为关系本位的中国人需要在人与人的相互关系中寻求精神寄托。不仅如此，帮派斗争的非公正性、非理性以及"一报还一报"特征也表明，它的后果往往是消极而非积极的，破坏性而非建设性的。这正是中国人相比于美国人，对集体内成员采取更平均化的分配方案的原因所在，因为管理者本能地觉察到有时宁可牺牲公平，也要维护整体的团结。这也有助于我们理解，为什么中国古代的贤哲们强调"和而不同"，提出"保合大和"；以及在民间社会人们喜欢说"团结"、"一团和气"、"和气生财"、"和和美美"等。我们知道，中国文化从不主张将某种权利绝对化，而主张调和，主张妥协，崇尚谦让。也许还因为，古人早就认识到，在中国文化中，崇尚谦让、调和、妥协才能达到对个人权利最大限度的保障。这不是因为中国人不明白个人自由的正面价值，而是因为在中国文化中，自由的绝对化导致无休止的内讧；人际斗争一旦伤到了感情，"撕破了脸"，就永远别想再妥协了。

156

这一切，都令我们理解，"党争"为什么在中国文化中一直受到反对。尽管古人所谓的"党"与今日有异，但是我们从20世纪中国大陆包括台湾的政治斗争历史，完全有理由相信，民主实践中的"政党"斗争只不过是古人所谓的"党争"的一个体现形式罢了，甚至是其最糟糕的形式。下面我们辑录几段古人对党争的警诫之言。《尚书·洪范》有：

> 无偏无党，王道荡荡；无党无偏，王道平平。

《左传》有：

> 亡人无党，有党必有雠。（僖公九年）
> 举其偏，不为党。（襄公三年）

《国语》有：

> 亡人无党，有党必有雠。（晋语二）
> 事君者比而不党。（晋语五）

《论语》中有关论述如下：

> 子曰："君子矜而不争，群而不党。"（卫灵公）
> 子曰："人之过也，各于其党。"（里仁）
> "君子不党，君子亦党乎？"（述而）

再来看民主。我们立即发现，对于不具有个人主义传统的中国人来说，民主的直接后果就是使人群结成帮派即所谓"党"相互斗争这一中国文化中最大的忌讳合法化、公开化。其最可怕的后果之一无疑就是它不但无益于社会主要矛盾的克服，反而在更进一步地强化着中国文化中的主要矛盾！一旦把个人自由绝对化，那就等于在鼓励一些无理性的人际斗争无止境地进行下去；一旦政治变成政党斗争的工具，就等于倡导丑恶、无耻、肮脏的利益群体之争，其后果是不堪设想的。由此可见，不懂得中国文化的习性，盲目模仿和学习西方的经验，带给我们的后果是多么的可怕！这种情况已经在今天的台湾出现，被台湾人称为"政党恶斗"或"族群撕裂"。当然，这不等于说民主、自由为东方社会所不容，而是说如果不考虑东亚文化传统的特殊性，盲目模仿或照搬西方自由—民主政治制度，很可能收到适得其反的效果。

当然，我的意思决不是说，中国或东亚地区不应该民主化，而是说这些地区特定的文化历史传统所必然给民主化改革带来的问题，这些恰恰一直被许多现当代的民主提倡者或思想家们严重忽视。正是从这个角度，我们可以发现，儒家的"三纲"思想对于东亚地区民主化实践仍然有不容小视的意义，前提是人们同意我的观点，认识到"三纲"的精神实质就是"以大局为重，从国家民族大义出发，从做人的良知和道义出发"①。因为我们看到，在今天的东亚民主化地区，党争之所以愈演愈烈，而永无妥协之日，正是人们太多地为一党之见所主宰，一党之私及所谓的"面子"，都阻止了党争发展成良性循环的竞争局面。

修德、任贤比制度重要

长期以来，不少学者认为儒家学说虽有民本倾向，但是认识不到制度的重要性；对于君王，只是一味寄希望于君王从道德上自觉和自律。我们从牟宗三、徐复观等人那里已可看到这种观点，除他

---

① 我之所以对"三纲"的精神实质作这种解读，有大量的事实根据。《论语·先进》有"以道事君，不可则止"；《孟子·告子》有"长君之恶，其罪小；逢君之恶，其罪大。今之大夫，皆逢君之恶，故曰：今之大夫，今之诸侯之罪人也"；《孝经》中孔子与曾子关于争臣、争子、争友的有名论述，明确反对"从父之令为孝"；《礼记·檀君》称"事君有犯而无隐"；《荀子·子道》有"从道不从君，从义不从父，人之大行也"。程子曰："尽己无憾为忠。"朱熹亦曰："尽己之谓忠。"我们从这些言论不难发现，儒家从无愚忠于权威的思想，由此再来理解《春秋》尊王之义，可以发现孔子是认为天下大乱的根源在于私欲的膨胀导致诸侯、大夫们不能从大局出发，不以国家民族大义为重。

们之外持同样观点的还大有人在。① 这一说法首先遇到的问题就是，如果我们承认在中国古代社会条件下，君主政体是唯一合理的制度选择，人们既不可能选择三代以前的禅让之制，也不具备确立民主政体的社会现实条件（就像欧洲中世纪不可能走民主制一样），也就应该认识到，所谓"儒家不知道从制度上限制王权"的说法人为地预设了"只有选择民主政治，才叫认识到从制度上限制王权"这一前提。我们发现，儒家政治学说都以"君主制"为自然而然的前提来展开，本来是时代历史使然，不能以此为据来批评其不懂得制度的重要性。另外，更重要的，即使假定了君主制这一前提，儒家还是发明了大量的制度措施来限制权力，并以之作为整合整个社会的最主要手段，这充分地体现在"礼制"上。前文已述，儒家不是不重视制度，"礼"代表了中国文化中特别适合于中国文化关系本位特征的制度形式。然而，由于"礼"不等于机械、死板的制度，而是需要相应修养和境界的人才能真正履行，所以"礼治"背后的原动力是"德"。中国人也确实重"制"，但是这个"制"是建立在"礼"的基础上的，如何贯彻落实要取决于"德"。下面我们就要来说一下，为什么中国人"重德"远甚于"重法"。

综观几千年来中国历史特别是政治史，可以发现，在中国文化中，社会进步永恒的动力是修德、任贤，而非制度。诚然，制度改革在中国历史上曾一而再、再而三地上演，制度变革在某些特殊历史时期所发挥的作用也确曾达到无与伦比的地步。但是总体来说，制度变革的作用往往是时段性的，而修德、任贤在中国文化中几乎任何时期都需要，而且是从根本上保证这个社会进步的力量。为什么这样说呢？因为制度总是有非人情化和"一刀切"的趋向，在一个人情和关系编织出来的世界里，这一倾向让中国人很难忍受。中国人总是说"制度是死的，人是活的"，他们在自己的现实生活中也习惯于随时随地地对制度进行变通或冷处理。所以结果是，"关系

---

① 这方面观点可参见谈远平：《中国政治思想——儒家与民主化》，209～211 页，台北，扬智文化事业股份有限公司，2004；何信全：《儒学与现代民主》，124～126 页，北京，中国社会科学出版社，2001。

网"的实际力量总是大于制度。鉴于关系网的偏私性，带来了大量的腐败、任人唯亲以及社会风气败坏等问题。要解决这些问题，当然还是不能指望通过制度改革，而必须走"以人治人"（朱熹《中庸章句》第十三章）的道路（因为关系网的主要力量来自于人与人的关系），即通过任贤，让有德者在位，改变关系网的主导者，才能让上述关系网的负面作用发生实质性的改变。当贤德之人势力大时，就可能造就一种好的风气，形成一个好的传统，对整个社会的影响力甚大。而好的风气和传统，需要通过"礼"这种人情化的活动来传承，不在最重要位置的普通人往往通过对"礼"的集体参与领会到好传统的价值和意义，从而能把它们一代代传下去。由此我们发现中国社会自我整合的规律，以及引导中国社会进步的永恒力量为什么是修德、任贤，而不是制度。

然而，令人遗憾的是，民主政治却要把人们引向与修德、尊贤、隆礼相反的方向，从而毁坏东亚文化的根基。在今天的东亚民主化地区，经常看到这样一种典型现象，即政客与自己的选民之间形成了一种"生存共同体"。每个政客有一群较明确的"自己的"追随者，他需要在一定的场合、一定的时间为他们发声，通常政客口头之所说根本不是自己之所信，带有纯粹的"表演"性质。不要以为这是政客在为选民服务，实际上相反，政客通过操弄一些具有民粹色彩的话题，才使自己爆红，成为一群人心目中的"偶像"。这些选民对政客的青睐带有典型的东方文化的"人情味"，即喜欢一个人到发昏的地步，完全不问是非，政客成了他们精神的慰藉、情感的食粮。然而这似乎不能怪选民愚蠢，而要怪政客别有用心地用民粹主义话题来绑架选民，挑动起不健康的社会情绪，引发尖锐的族群对立。可叹的是，这种完全没有责任感和道义精神、不惜以消耗庞大社会成本和把整个社会引向不正常方向为代价来换取个人职业生涯成功的政客，在东亚民主化地区已经屡见不鲜了。曾几何时，政治市场成了政客们吃饭的专业，他们个个成了掌握大众心理的"高级专家"，言行处处都体现了善于利用民众心理弱点的"特长"。民主政治逼着政客们朝"乡愿"的方向走，千方百计地讨好大众，绞尽脑汁地迎合选民。在民主社会里，如果一个人不擅长巧言令色，不精通乡愿之道，很可能不会成功。孔子说，"乡愿，德之贼也"（《论语·阳货》），他老人家一定是深刻认识到了"乡愿"在中国文化中为害之大。然而，在东亚文化中，民主政治如今成了培植"乡愿"最大的温床。所以民主政治在东亚文化中培养出来的，往往是一些只会花言巧语而没有做人责任感和政治使命感的"政客"，而决不是经天纬地的政治领袖。同样的现象在西方当然也存在。

在今天的东亚民主化地区，还时常出现这样的现象，一位政客上台前，巧舌如簧，呼风唤雨，不可一世。一旦赢得权力后，人们却发现他贪腐堕落、素质低下甚至肮脏龌龊。导致这种现象的原因很简单，就因为人们沉浸于口舌之争，而不是修德、尊贤。民主政治实践史无前例地把"口舌"当成了个人成功的最重要手段之一。必须指出，以"言辞"作为个人争取政治权力最重要的武器，这与中国文化对于人性及社会进步的基本要求是背道而驰的。仔细回味儒家思想，可以发现中国人几千年一贯注重的做人之道，强调"深沉厚重"，主张"厚积薄发"，反对过于张扬。在《周易·系辞》中，孔子谆谆告诫，"言行"为君子之枢机，"言行，君子之所以动天地也，可不慎乎？"我们看到孔子这些对于谨言的说法，作何感想呢？难道我们今天所实行的民主政治，不是天天在鼓励人们"巧言令色"吗？让我们从下面摘录的《论语》言论中来进一步思考这一问题：

> 子曰："巧言令色，鲜矣仁。"（学而、阳货）
> 子曰："巧言、令色、足恭，左丘明耻之，丘亦耻之。"（公冶长）
> 子曰："巧言乱德。"（卫灵公）
> 子曰："君子食无求饱，居无求安，敏于事而慎于言。"（学而）
> 子曰："仁者，其言也讱。"（颜渊）
> 子曰："道听而涂说，德之弃也！"（阳货）

子曰："多闻阙疑，慎言其余，则寡尤。"（为政）

子曰："有德者必有言，有言者不必有德"。（宪问）

子曰："其言之不怍，则为之也难！"（宪问）

子曰："贤者辟世，其次辟地，其次辟色，其次辟言。"（宪问）

子曰："君子于其言，无所苟而已矣！"（子路）

子曰："君子耻其言而过其行。"（宪问）

子曰："天何言哉？四时行焉，百物生焉，天何言哉？"（阳货）

子曰："古者言之不出，耻躬之不逮也。"（里仁）

子曰："君子欲讷于言而敏于行。"（里仁）

子曰："知者不失人，亦不失言。"（卫灵公）

子曰："夫人不言，言必有中。"（先进）

子曰："言忠信，行笃敬，虽蛮貊之邦行矣；言不忠信，行不笃敬，虽州里行乎哉?"（卫灵公）

孔子曰："侍于君子有三愆：言未及之而言，谓之躁；言及之而不言，谓之隐；未见颜色而言，谓之瞽。"（季氏）

子夏曰："君子有三变：望之俨然，即之也温，听其言也厉。"（子张）

孔子于乡党，恂恂如也，似不能言者。其在宗庙、朝廷，便便言，唯谨尔。朝，与下大夫言，侃侃如也；与上大夫言，訚訚如也。（乡党）

现代人不断地追问，儒家把一切希望寄托于改造国君，但是如国君不好的话，他们并无发明任何手段来限制国君。所以儒家好像犯了大错。这其实是个假问题。因为它认为儒家应该认识到可以由其他手段来重新任命国君，可是却不知道人类在当时社会条件下，还没有出现民主选举的例子。责问儒家未发明法律手段限制君权，这类似于追问如果民主社会人民愚昧、庸俗，并且坚持愚昧、庸俗，怎么办？如果无论如何教育，他们仍然坚持愚昧、庸俗，不等于说就可以废除民主，因为民主社会的基本原则就是"多数统治"。几千年之后，人们如果指责说，民主的提倡者犯了个大错误，居然将一切寄托在愚昧、庸俗的民众身上。这样的指责合不合理呢？其实，任何制度都有其难以逾越的局限。上述君主制下国君的问题与民主制下人民的问题都是这样的例子。选择或不选择某个制度，总是由于这些不得已，而非由于其完美。而世袭的君主制之所以在历史上不仅盛行于中国，而且盛行于日本、印度、中东、南美及欧洲中世纪，显然不是由于人们认识不到其内在极限，而是由于它是当时条件下无可替代的唯一选择。

"公天下"意味着民主政治？

前面谈过，现代新儒家普遍将民主政治看作儒家"公天下"理想的最佳体现。我们将在下面论证说明，这一说法没有充分的事实根据。而现代新儒家之所以陷入这一说法，主要是由于他们对民主政治过度理想化、不切实际的理解。这涉及两个问题，一是民主的定义问题；二是"公天下"一词的本义问题。

首先，"民主"的定义问题。鉴于"民主"这一概念定义已很多，此处只引述其中几种与主题有关的内容。从词源上看，democracy 的本义就是指人民统治（role by the people），由此自然地引申出"民主"两个紧密相关的基本含义，即所谓"多数统治"和"人民主权"。包括 C. Cohen、Austin Ranney 在内的不少学者均认同此观点；有的学者认为"人民主权"又包括竞选、分权等若干内容。[1]亨廷顿认为，西方学者对民主概念的定义也有演变。[2] 20 世纪 70 年代以前，不少人还倾向于从理想化的、价值规范的角度来定义民主，而此后就比较多地倾向于从经验描述的角度来定义民主，把民主定义为一种特定的选举程序。根据熊彼特、罗伯特·达尔对民主含义的有名研究，亨廷顿提出，民主的本质内容就是通过全民参与的公

---

① Hu, "Confucianism and Western democracy"；谈远平：《中国政治思想——儒家与民主化》，15～16 页。

② Huntington, *The Third Wave*, pp. 5–13.

开、自由、公正的竞选来确立最高领导人。当然，民主还可能有其他内容，但是这一条应当是民主的最起码要求。政治辩论和公开竞选是罗伯特·达尔认为民主的两个关键要素。这意味着一系列公民自由和政治自由，包括言论、出版、集会和组织的自由，以便进行政治辩论和公开竞选。所以民主与自由有关，也与政治平等有关。但是把自由、平等、博爱等价值规范作为衡量民主的标准则是当今多数西方理论家所不接受的。

其次，中国古代经典中的"公天下"本义是指通过禅让来确立接班人，而没有上述通过公开竞选和政治辩论来确立领导人的意思在内。联系《尚书》、《礼记·礼运》中的上下文可以发现，古人所讲的"公天下"，更加接近于今日所谓的"精英政治"（更妥当的说法是"贤能政治"①，英文 elite politics，meritocracy）而不是"民主政治"，因为它强调的是让真正有德的"圣人"在位。这一"圣德在位"的目标在儒家看来高于手段，鉴于"圣德"并不一定是家人，故不主张传位于子。根据《尚书·尧典》等的记载，为了实现圣德在位，需要借助发现、鉴别、考验等方式，即尧提拔、考验舜的方式。在中国的古书中，我们丝毫找不到以公民投票为特征的公开竞选来确立接班人的思想。

今按："公天下"之说主要来自于《礼记·礼运》下述一段话：

> 大道之行也，天下为公，选贤与能……今大道既隐……

郑玄注：

> "公"犹"共"也，禅位授圣，不家之睦亲也。……"隐"犹去也，天下为家，传位于子。

孔颖达疏：

---

① 我的同事及好友贝淡宁提醒我注意到，"贤能政治"这个术语比"精英政治"更恰当。

"天下为公"，谓天子位也。"为公"谓揖让而授圣德，不私
传子孙，即废朱均而用舜禹是也。"选贤与能者"，向明不私传
天位，此明不世诸侯也。国不传世，唯选贤与能也，黜四凶、
举十六相之类是也。

"禅位授圣"，谓尧授舜也。"不家之"者，谓不以天位为己
家之有授子也。天位尚不为己有，诸侯公卿大夫之位灼然与天
下共之，故选贤与能也，己子不才可舍子立他人之子，则废朱
均而禅舜禹是也。

这段话的意思已经十分清楚，"天下为公"指传位于圣德，而不传于
子。可见"公天下"的本义不是民主政治，而是民本政治、贤能政
治。"禅让"与"竞选"最大的区别在于，前者是以德治国，体现了
精英政治的鉴别、考察和选拔程序；而竞选强调群众参与，体现了
人民主权、政治平等和多数统治的思想。这二者不是一码事。尽管
在精神上，二者有相近之处，都强调天下不应为一家、一族、一派
所垄断。

熊十力（1956）认为孔子早有民主政治思想，体现在《春秋》、
《礼运》及《周官》中，并说"《周官》之政治主张，在取消王
权……而实行民主政治"[1]。理由是《周官》主张对于国家大事甚至
包括国君人选无不进行"大询"。他说：

《周官》为民主之制，不独朝野百官，皆自民选。即其拥有
王号之虚君，亦必由全国人民公选。秋官、小司寇掌外朝之政，
以致万民而询焉。一曰询国危，二曰询国迁，三曰询立君。据
此类推，则国之大询，当不止三事，如立法及举三公、冢宰与
大政事，未有不经大询也。[2]

熊十力所谓"民选"，在《周官》中的本义是"大询"，即"征

---

① 熊十力：《原儒》，670页。
② 同上书，675页。标点系引者所加。

求民意"。然而，以"征求民意"等同于民主政治，显然不符合现代民主概念之本义，因为征求民意并不是指多数人的意见通过某种法定的程序来保证谁当选、谁不当选，至多只可说包含民主之萌芽。而且，如何征求民意具体程序并不清楚，何况根本没有亨廷顿所强调的"全民参与的自由、公开、公正的竞选"这一民主的本质要素。另一方面，征求民意在《周官》中只是实现任贤使能的一环，目的是为了发现"圣德之人"，这也不是民主政治的本质含义。《周官》的主体思想仍然是任贤使能，可以这样说，它与民主的本质差别是，一个是"精英统治"，一个是"人民统治"。①

诚然，正如不少前人已指出的，儒家传统确实存在许多有益于民主或倾向于民主的思想，比如民贵君轻倾向，批评时政，反对无道昏君，此外还有重视教育和人民素质，以及"己所不欲，勿施于人"的仁爱精神，"人皆可以为尧舜"的平等精神，尊重宗教和意识形态的宽容精神等等。但是，必须认识到儒家根本的关怀是如何让真正有德的圣贤在位，而不是如何实现"人民主权"（popular sovereignty）和"政治平等"（political equality），后者是民主的两项基本要素。香港大学陈祖为（Joseph Chan）通过对唐君毅、牟宗三等四人《中国文化与世界》宣言的批评，说明先秦儒家有关"公天下"的思想，不能解读为民主。② 他指出，从"天下为公"（《礼记·礼运》），到"天下非一人之天下，天下之天下也"（《吕氏春秋·贵公》），再到孟子的民贵君轻等思想，完全可以采取君主制而非民主制的形式。因为，好的君主制同样可能得到人民的认可；而民主制度也可能得不到人民的认可。按照孟子的观点，一个好的、有德的

---

① 蒋庆认为，"公天下"思想在儒家传统中本身就是与选贤举能联系在一起的，而与西方民主思想中的"主权在民"概念迥异。参见蒋庆：《政治儒学》，299～301 页。

② Chan, "Democracy and meritocracy: toward a Confucian perspective." 他认为从王韬、薛福成到唐君毅等儒家学者均赞同民主，可能是由于他们发现民主制度可作为一种手段来促成儒家价值理想的实现，而不是把民主本身当作目的来追求。但是即使如此，孙中山和唐君毅等人在倡导民主的同时仍然不是没有保留的，并批评民主制度下的道德败坏现象。因为在民主时代，儒家自然会关心民主机制能不能选拔出真正优秀的人来，真正为全民而不是部分人的利益服务。

君主，完全可能得民心，从而得到人民的拥护。他进一步指出，儒家的民本思想并不意味着采纳民主制度。因为无论是以民为本、顺从民意，还是提倡社会批评、反对无道昏君，在儒家那里都是通过让有德的精英人物领导来实现，而不是通过民主来实现的。他认为儒家选拔人才治理国家的理念就是一种 guardianship（柏拉图《理想国》中的护国者统治模式）。因此，他认为儒家政治学说本质上是一种精英统治思想（meritocracy），而不是民主政治思想。

看来，熊十力等现代新儒家之所以把儒家的"公天下"思想解释成民主，显然不是因为他们的儒学基础不够，问题出在他们对民主政治这个西方来的新鲜事物过于崇拜，认为只有将儒家的思想传统与之接上轨，才能"适应"现代社会需要。然而，今天看来，这种对儒家的现代解读方式不仅是不必要的，而且更重要的是，它抛弃了儒家传统中原有的优良成分，反而无益于中国人在接受民主的过程中有效克服自由民主制的缺陷。

"任贤使能"与"多数统治"

长期以来有一个重要的思想误区，即把民主政治与儒家的圣贤理想当作两个互不兼容的东西来对待，认为二者分属于两个不同的时代。其实圣贤治国——或者说，"任贤使能"——作为一种政治原则与民主政治是两个不同层面的事物，并能够互补共存。前者属于政治原则方面，后者属于政治制度方面；不同历史时代的政治制度可以变化，比如从君主制度到民主制度；但是无论是什么样的政治制度，任贤使能都是需要的，如果有圣人出世当然更好。也就是说，"任贤使能"不会也不应当因为民主政治的诞生而失去其现实意义。我们甚至可以说，民主选举也是为了能够任贤使能的一种手段。

这就是说，任贤使能超然于现实的政治制度而普遍有效，无论是民主社会还是君主社会，都需要它。相反，民主制度却不具有如此的普遍有效性。你也许会说，这与民主的理念不相符。因为我们都知道民主的基本精神是多数人统治，而任贤使能的基本精神是精英统治；民主意味着通过投票表决的方式来选举领导人，而"任贤使能"导致古代帝王们通过征辟、推举以及科举的方式选拔官员；因此民主选举与现代民主政治制度相一致，而任贤使能与古代君主政治制度相一致。这种观点代表一种流行意见，但在我看来是错误的。

首先，我们必须坚定地抛弃"凡是不合乎民主标准的都是坏东西"这一观念，有了这一前提，我们就会发现：儒家政治思想中与民主不一致的地方，未必就是不好；恰好相反，儒家思想中有些与民主不一致的内容，正好是需要我们今天发扬的。我们还需要认识到，民主既然本身有那么多问题，如能从儒家传统中找出若干有价值的资源来纠正其错误，有何不好呢？

正如有的学者①指出的那样，现代大国在全球化和资本主义条件下实行民主时有许多无法克服的局限，包括国家规模太大、资讯不全导致的操作困难，专业分工过细等导致的公民参政能力缺乏（与教育有关），利益集团对政客的收买与控制问题，等等。由此出发，白彤东认为儒家的基本立场，即只有特定的人（君子或圣贤）而不是全体人有能力参政的精英政治立场是有道理的。他引用孟子"劳心/劳力"的有关观点来说明，古人尚且认识到有些人，特别是那些从事体力劳动的人因为自身局限不具备参政议政的能力；而在现代社会，专业化分工空前精细，许多受过良好高等教育的"白领"所学到的也不过是有限的专业知识，经常不具备参政议政的能力。正是从这一角度出发，他主张应当重新认识儒家精英政治传统对于民主政治的纠偏补弊功能。

现代新儒家受民主、专制二分式思维方式影响，过高地估计了民主的价值或意义。视民主本身自在地就是好东西（具有超越时代、历史发展阶段、社会生活条件的普遍意义），于是自然觉得儒家没有提出民主制度是一缺陷，然后想着论证儒学中有哪些精华可与之相接。殊不知民主只是一种制度程序，与历史上的君主制、三代前的禅让制作为制度程序而言并无本质差别。既然历史上的儒家没有想

---

① 白彤东：《旧邦新命》，1～77 页（第 1 章至第 3 章）。

着论证儒学与君主制、推举制、郡县制、井田制等之间的必然联系，今人花那么多精力来论证民主与儒学之间的必然联系，亦无必要。

其次，虽然民主与任贤使能代表两种不同的甚至在一定程度上对立的理念，但是这没有什么稀奇，正因为不一样才需要互补。"任贤使能"不仅与民主制度不一致，而且也与君主制度不一致。正因为不一致，所以才能对后者构成制约。我们都知道君主制的精神实质是世袭，是家天下；而任贤使能的精神实质是用人唯贤，是公天下。如果儒家严格、彻底地沿着它的任贤使能原则走下去，就应当追求公天下而不是家天下，并且反对君权世袭。那么为什么儒生在现实生活中却接受了与其精神不一致的君主制呢？这是因为毕竟任贤使能只能作为一种理想、一种原则，而没有真正有效的可操作性。儒家的入世精神决定了，它一方面认识到在现实社会中不得不接受与其基本理念不一致的君主制；另一方面正因为如此，它强烈主张用"公天下"的精神和任贤使能的原则来抗衡君权，消弭君主制的消极后果。这充分说明儒家本身是把政治理想与现实选择这二者相对区分开来的。

与此同样的道理，今天儒家也许会不得不接受一个与其基本理念不一致的民主政治制度，另一方面又需要用其精英政治理念来抗衡民主的"暴政"，消弭民主制度的消极后果。君主制度也罢，民主制度也罢，都是相应于特定的社会现实条件，特别是社会经济基础及生产关系结构而产生的，也都存在着自身难以克服的严重局限性。就像古人选择君主制度是出于"无奈"，今人选择民主制度也是出于"无奈"。就像古人选择君主制度不是由于儒家的缘故一样，今人选择民主制度也与儒家无关。一个多世纪以来的西方化运动，导致许多中国知识分子误以为民主制度是普遍适用于一切历史时代的理想制度，于是他们由此出发错误地把"孔子没有认识到民主"当作是他和儒家的一个"缺陷"，这个错误早就应当纠正过来了。至于由任贤使能精神所导致的中国古代官员选拔制度，如今中外学者们都已普遍承认，它为现代文官制度的确立作出了巨大贡献；即使在今日最发达国家，国家公务人员的选拔也仍然普遍采取与之类似的方式。

贝淡宁（Daniel A. Bell）新著《超越自由民主制》（*Beyond Liberal Democracy*，2006）一书，强调儒家式贤能政治（meritocracy）的现代意义，特别是其对于西方自由民主制的补益作用。该书认为，与西方相比，儒家化东亚传统的一个特点在于对公民参政的理解有所不同。这种传统更重视家庭或家族生活，多数人把主要精力用于经营家庭及地方事务，而把政治交给受教育的、有公共精神的精英（an educated，public-spirited elite）。精英政治并不一定排除公民民主参政，但可能采取最低限度的民主形式。儒家政治思想包含着把精英政治与最低限度的民主政治（minimal democracy）协调的倾向。儒家精英政治通过科举方式制度化，尽管自身有一定缺陷，但如按黄宗羲等提出的改革方案，可以改造成一种新的、适合于现代民主体制需要，从而削弱现代自由民主制消极后果的新型政治制度。在该书第六章，他提出了一种"儒家式"两院制设想，由具有天赋和公共精神的精英构成的上院和由人民选举产生的下院构成。上院成员用考核方式选拔，不需要经过民选；下院议员需经民选产生。白彤东先生也提出了类似的构想。他提出，鉴于民主制在现代社会条件下的各种局限，也许不如建立一个精英制和民主制的混合政体，他把这种政体称为"孔氏中国"①。

贝淡宁的观点，使我想到，现代新儒家放弃精英政治，拥抱民主政治，是丢弃了自身的传统。尽管牟宗三、徐复观、唐君毅等人确实也多次提出要以儒家道德精神来济西方民主之弊，包括庸俗化、物化之弊。但是从整体上讲，由于他们对于民主浪漫的、理想化的观念太深，视民主本身为天然的"进步"事物，因此其思想的主导倾向还是主张"拥抱民主"为当代儒学的主要使命。至于用儒学来济西方民主之弊，则只是辅助的性质。显然，他们并没有认识到，现代社会所以选择民主制，与古人选择"家天下"的君主制一样，不是由于它理想性，而是由于它是"最低限度的坏"的政治形式。如果认识到这一点，自然就不会强调儒学中支持民主了，更不会指

① 白彤东：《旧邦新命》，41～77 页。

望通过民主来实现儒家的公天下精神和道德理想。而是相反，应该强调儒家政治学说本来就不是民主学说，其核心精神是道德—文化精英治国，这一儒家思想传统，加上儒家"三纲"所代表的"从大局出发，从做人的良知与道义出发"的精神，乃是现代社会中校正民主之弊异常宝贵的资源。因此，真正应该强调的不是儒学如何拥抱民主，而是儒学如何发挥自身"非民主"的传统，来与民主的消极后果作斗争。现代新儒家的浪漫主义和理想化特点还体现在对于民主实践过程的高度复杂性缺乏清醒认识。中国诚然需要民主，但中国社会进步的主要动力不寄托于民主，而寄托于以任贤举能为原则的精英政治能否从制度上落实；不寄托于党争，而寄托于公平、公开透明的参政议政模式能否在实践中确立。

　　牟宗三、徐复观、唐君毅均一再强调自由民主只有与儒家道德理性相结合，才不致陷入错误。如果按照这一思路发展下去，则显然会走到与贝淡宁等人相似的精英治国路线上去。如果一直走下去，还会发现，未来中国文化进步的主要动力仍然不是民主、法治，而是社会内在的精神活力是否被调动了起来。在中国未来的发展中，"民主"、"法治"只是一些虽然必不可少但绝不崇高神圣的"外壳"而已。打个比方，一台电脑需要有键盘、显示屏之类外在器件，但是不能说这些东西代表电脑的核心成分。外壳可能固定下来后变化不多，但内在核心则需要不断革新、不断进步，才能推动电脑更新换代。尽管牟宗三等现代新儒家也一再强调儒家道德理性的核心价值，但实际上由于对民主、法治等外壳的功能作了过度理想化和夸大的理解，上升到认为它们才是中国文化生命中最核心的问题、发展它们是当今中国文化生命成长进步最关键的步骤这样高的地步。因而，他们的学说让人有偏离儒家中心的感觉，对于如何在民主实践中修身，在科技进步中求道，在商业竞争中定性，在法治实践中自省，在资本主义中慎独，在市场经济中治心，这些最重要的问题，他们反而提不出新见。因而，给人一种感觉，一种号称承续宋明心性之学的现代儒学，反而不谈心性了，沉浸在与心性无关的制度论证中。

171

儒学对民主的纠偏功能

从文化习性的角度看，中国文化时常面临的一个问题是：在中国社会，每个人的人生价值都是在一定的人际圈中落脚的；人与人之间容易结成各种自保性的团体或小共同体（今天又称为"帮派"、"圈子"、"抱团"）。在这种情况下，"竞选"极易变成一种不同群体之间为了面子和好胜心的角逐，而不能保证真正有良知的人上台。这样的竞选将不能保证竞选的成功者有为人民服务之心，因为竞选的成功意味着他以及他所在的群体对其他势力的胜利，从而也意味着他可以更加为所欲为和稳坐钓鱼台了。在公开的竞选中，一个真正有良知的人未必能被人接受。我们要理解，为什么几千年来，我们的祖先都教育子孙后代不要"争"，不要公开地夸自己，要谦让。

也许，中国文化中发展民主最大的障碍就是地方主义、帮派主义、山头主义、小团体主义。也正是从这个角度说，我认为儒家的"三纲"思想对中国未来的民主实践仍将有着不可磨灭的意义。因为"三纲"思想的实质，在我看来可以解释为：从大局出发，从国家民族大义出发，从做人的良知和道义出发。而我感到最值得深思的一个问题是：20世纪以来，那么多人在赞美和倡导中国民主，而却很少有人认真探讨民主在中国文化实践中所可能遇到的严重障碍，以及如何才能有效地克服它们。

中国文化中另一个妨碍民主制度的致命问题就是"从风效应"。也许世上所有的国家包括欧美国家里人们都有跟风心理，但是我们不要忘记，没有基督教、伊斯兰教或犹太教彼岸思想传统的中国文化，真正有力的不是神对人的影响，而是人与人的相互影响。这正是中国文化强烈的"此岸性"（this-worldliness）特征。孔子曾用"风动草偃"（《论语·颜渊》）来比喻中国文化中上对下的影响。《孝经》、《乐记》均提到"移风易俗"的重要性。在《毛诗》、《大学》、《左传》、《孝经》等一系列儒家经典中，我们看到大量的言论强调只有在上位者以身作则，为民立极，才能正天下之风。古人所说的

"风"，对应于今人所谓的"校风"、"党风"、"学风"、"社会风气"、"行业风气"……我们看到，它们今天仍然对中国人社会生活的质量和整个国民的道德水准起到极大的作用。"从风"从另一个角度说明中国文化中人们的盲从心理非常强，人们受到他人影响的程度过深。有过"文化大革命"惨痛历史教训的中国人应该不会忘记，在民主时代，大规模的群众运动，可能导致无数人被盲目地席卷进去，去做一件非理性的事。而整个社会的所谓"潮流"——有时被美化为"时代潮流"——却可能是一场盲动，对社会的进步和理性发展并无任何积极意义。

从文化心理上说，中国文化不适合于群众运动式民主，而更适合于精英治国模式。20 世纪以来，群众运动式民主中国人至少经历过三次，一次是 1921—1927 年陈独秀任中国共产党主要领导时期，另一次是新中国成立后 1966—1976 年间，还有一次就是 20 世纪 80 年代中后期。议会民主制在中国也经历过一次试验，那就是孙中山领导的辛亥革命。今日台湾的民主化实践可能同时包含着这两方面的民主实验。仔细观察这些民主运动，同时从正反面观察思考包括日本、新加坡、韩国、菲律宾、泰国、印度等地的民主化运动，我们会发现很多问题。那就是未来中国的民主政治制度怎么做，最大的挑战之一来自于如何避免让民主实践变成"政党恶斗"、"族群撕裂"和"社会失序"。

用儒家的话说，中国文化可能不适合于"党争"这种形式的民主，而必须结合儒家的"选贤举能"式政治。中国社会自我整合的逻辑不同于西方，因为没有个人主义的文化背景，裙带关系盛行，加上帮派主义、小团体主义、地方主义，极易在民主运动中造成巨大的社会混乱。所以在中国文化中，民主选举有可能导致只有巧言令色之徒才能当选，而政治运动不能真正提升整个社会的道德水平和精神风貌，只是变成口水战，变成舆论炒作，演变成非理性的、无序混乱的鼓噪和斗争。诚然民主的实现需要经历痛苦的过程，而且世界不可能有完美无缺的制度，但是这不等于民主制度在现有条件下一定是最佳选择。熊十力、唐君毅等均强调了在党争中要有礼让精神①，显然是敏锐地感觉到在中国文化中争斗太多必然会出问题。而他们批评西方人尚争斗，导致人心不古，其实他们缺乏文化相对论思想，即认识不到在西方文化背景下，竞争未尝不可达致好的效果。正如许多文化心理学者所指出的那样，在西方，人与人的联结趋向于不稳定，人们习惯于在不断否定、不断超越而不是相互依赖中找到人生的安全感和人生价值。② 由此可知，为什么在有着根深蒂固的个人主义传统的西方文化中，公开的政治竞选可能选拔出优秀的人才来，至少民主在其中比在中国或东亚更有效。

因此，我们认为，与其探讨中国古代为何没出现民主，不如探讨在中国文化中如何与民主政治的消极后果作斗争。正像古代儒者将主要精力用于探讨儒家如何与君主制根深蒂固的问题作斗争（所以孔子、孟子、荀子均讨论到君道和臣道），今天的儒家也应当将主要精力用于探讨儒家如何与民主制根深蒂固的问题作斗争。曾几何时，宣称"儒家要与民主结合"似乎是现代儒家不得不作的自我表白，而这一表白本来是不必要的，因为它不仅颠倒了儒学本身的现代任务，还出于对儒学现代意义的不自信，以及误以为民主才是时代进步的指标，或者认为中国社会今后政治建设的主要任务就是建设民主。如果民主不是普世价值，如果民主不是衡量一个国家是否进步的主要标准，那么我们也许发现，儒学没必要将拥抱民主当作自己的主要使命，尽管中国在今后一段时期确实需要建设民主。如果我们将民主制度与君主制度放在同一层面上来思维，将其定位为一个特定时代里人们不得不接受、无可奈何地要接受的一套制度安排，我们就会认识到，如何与民主政治的消极后果作斗争，才是现代儒家应该努力的主要方向之一。也许有人说，儒家不同于其他宗教之处在于它关心世俗生活，所以有政治儒学。然而这并不意味着

---

① 相关论述参见熊十力：《读经示要》，27～34 页，上海，上海书店，1996；何信全：《儒学与现代民主》，44～45 页；唐君毅：《民主理想之实践与客观价值意识》，536～539 页。

② Hsu, *Americans and Chinese*; Ho, "Interpersonal relationships and relationship dominance;" Ho, "Asian concepts in behavioral science."

儒学的主要任务是为某种政治制度作论证，而主要是提出用于指导政治运作的法则（比如"公天下"、"为政以德"、"为政为礼"、"移风易俗"等）。《周礼》看似一部政治制度著作，但细读可知其主要关心的乃是"唯王建国"的根本方针、原则或理念，特别是百官的功能、使命和责任，而不涉及建什么政体；严格说来，这些理念或原则，即使在现代民主社会也不一定完全过时了。

儒学与民主的理论结合是一个假问题①

这里批评的是"理论结合"，即下文所谓本体论、形而上学或人性论意义上的结合，但我并不反对在实践中可以结合。②

在牟宗三的学说中③，我们看到，他将中国没有发展出民主上升到抽象的人性论高度，视之为中华民族文化精神先天具有的一大缺憾。在《历史哲学》（1955）中，他将民主的没有"开出"归因于中国文化中缺少了"分解的尽理之精神"，而在《政道与治道》（1961）中又提出"政道之转出，事功之开济，科学知识之成立，皆源于理性之架构表现与外延表现也"④。可见他认为民主赖以产生的主要基础是一种特殊的主体而不是特定的社会、政治、经济及历史条件，这种主体的精神或面貌被他称之为"理性之架构表现"或"分解的尽理之精神"。不仅如此，将民主上升到"存有论"高度来论证其合理性，事实上已经把民主错误地当成任何社会历史条件下都普遍可行的最理想的政治制度了。因为按照他的思路推下去，如果古典儒家具有"理性之架构表现"或"分解的尽理之精神"，早在

① 邓小军《儒家思想与民主思想的逻辑结合》（成都，四川人民出版社，1995）一书，也是从一种抽象人性论的角度来分析儒学与民主结合的逻辑基础，并把大量篇幅用之于分析西方及中国人性论学说中相通的部分。他显然没有认识到一个基本道理，即民主从来都建立在社会特定的历史文化基础上，而不是建在什么抽象人性论的基础上。邓小军的观点受到了蒋庆较为全面、有力的批驳，参见蒋庆：《政治儒学》，250～308 页。

② 所谓理论结合，有如牟宗三所谓"存有论"层面上的结合，邓小军在《儒家思想与民主思想的逻辑结合》一书中阐述的儒学与民主的结合方式等。

③ 我曾对牟宗三"内圣开出新外王"思想作过专门检讨，参见拙著：《"中学"与"西学"》，330～355 页。

④ 《牟宗三集》，92 页，北京，群言出版社，1993。

先秦就应该提倡民主政治了。①

其实中国文化没有发展出民主，既不是孔子或儒家的任何过错，也不能说是缺乏牟宗三所谓"理性之架构表现"或"分解的尽理之精神"的缘故。一种制度的形成与发展取决于很多外在的现实条件，儒学作为一种精神运动的主要职责不是去发明什么高明的制度（后者根据现实历史条件而演化），而主要是在现实制度框架内为之填充合乎人性的内容，使之合理化。比如，在儒家思想正式形成的先秦时期，中国还是世袭社会；我们也都知道秦汉以来推行的郡县制以及后来的科举制打破了爵位世袭制度，一向被看作是中国古代政治制度的一大进步，也曾得到了绝大多数儒生的赞赏。但是为什么秦汉特别是宋明以来赞同郡县制和科举制的儒生们没有像牟宗三那样，提出"内圣开出郡县制"、"内圣开出科举制"的观点来？原因很简单，郡县制、科举制作为一种制度，在当时已经得到多数人的认可，而且它们的形成和发展事实上并不是儒家内圣开出的结果，儒家的主要作用是帮助人们如何实践它们，这才是最重要的，此其一。

事实上，中国人没有西洋那种民主和科学，是一个缺少，但根本不是什么错误。恰如西方没有中国的太极拳和京剧，是一个缺少而不是什么错误，要学习的话按照太极拳和京剧自身的内在规则来学就是了。其实即使太极拳与京剧也不是儒家创造出来的，儒家未能发明太极拳和京剧的原因和其未能发明科学和民主的原因相似。因此，从理论上总结所谓儒家缺乏民主科学因素之根本原因是没有必要的，弥补之道在于按照西洋科学民主之道学习之，学习的结果是构造一个新的文明景观。未来的新文明是一个新平台，其中中国古代传统与现代西方文化共存且相互促进，与过去相比它有了不少新气象，而有些东西则可能不变，如社会主流价值、文化生存方式、宗教信仰等。梁启超、牟宗三、唐君毅甚至陈独秀、李大钊等人均是从抽象的人性论出发来看民主和科学问题，认为是儒家的思维方式导致中国没有发展出民主和科学。不知道民主受制于民族文化的

① 参见牟宗三：《政道与治道》（1987）和《历史哲学》（1984）。另参见牟宗三：《道德理想主义的重建——牟宗三新儒学论著辑要》，北京，中国广播电视出版社，1992。

习性，而非抽象的哲学思维方式可以致生。并且民主政治尤其适合于西方个人本位的文化，对于东方的关系主义和集体主义来说，民主政治程序有相当的操作难度。如果把民主泛化，当然可以说儒家思想不乏民主成分，但这样泛化地理解民主，问题也很严重。

更重要的，儒家政治思想的主要特色是提出指导政治运作的若干原则，而不是提出某种新的制度架构。后者往往是人们顺应历史现实潮流作出的选择，不需要多费精力去论证。正因为儒家提出的只是政治运作的理念或原则，它们可以超越某种具体的政治制度而有效发挥其作用。作为政治原则和政治理念，它们无论在世袭制度、郡县制度还是民主制度下都可能需要，都可以有效地发挥作用。因此，如今有人因为儒家没有认识到民主的重要性而指责它，我倒要问问：为何秦汉以来没有人指责孔孟没有发明郡县制和科举制？事实上按照牟宗三的逻辑，我们恰恰应当认为中国古代文化中"理性之构架表现"太发达了，远远超过了西方文化才对，因为中国人在过去几千年间在社会制度创新方面的发明实在太多了，取得的成就也举世无双，对西方现代文官制度的建立起到了巨大的推动作用，这些制度创新是否也要说成是内圣开出的"外王"呢？此其二。

封建制也罢，郡县制也好，都不能说成是由儒家的内圣开出来的。本来就不是，也没有必要论证成"是"。所以，儒家要做的工作只是说明在不同的制度架构下，儒学如何发挥自己的功能。与此同样的道理，有必要去论证儒学与民主宪政相结合的理论基础吗？难道不说明内圣可以开出民主宪政，就说明儒学落伍于时代了吗？这种思想本身恰恰是对儒学的现代意义缺乏自信的表现。

正如儒家没有必要提倡"内圣开出郡县制、科举制"一样，儒家今天也没有必要提出"内圣开出民主、科学"的口号来。民主制度的实施在今天早已是人们的共识，中国人也都接受它。儒家应该做的主要工作不是从其自身的传统出发为之提出论证，而是在民主政治制度已然不可逆转的时代环境下，如何有效地贯彻原始儒家所曾提出的一系列社会政治理念，这些理念包括"任贤使能"、"三纲五常"、"为政以德"、"正名"等等。因此，我认为民主政治制度与儒家政治理想可以结合，但这主要是指它们在实践中相辅相成，形成一个带有张力的互补关系；就像儒家政治理想曾经在历史上与郡县制、科举制相辅相成、在张力中互补一样。但是，这种互补不是指理论上的结合，更不是所谓本体论或人性论上的结合。

一些当代新儒家主张儒家传统要现代化，就必须从理论上去建设一个把民主政治、契约伦理吸纳进来的新的价值体系，来补充儒家社会政治学说的局限性。这里面有很大的误区。儒家政治学说的现代化，根本不需要一个所谓吸纳民主政治思想与契约伦理的理论建构过程，而是发挥其道德精英治国理念，在现实生活中对民主政治加以制衡，它要形成一种强大的社会道德力量，与民主政治运作过程之间构成动态的、充满张力的平衡关系。儒家传统在现代社会的主要使命之一是在这一动态过程中诊治现代大众的盲从、浮躁和猎奇心理，清除现代社会流行的世俗化、平均化以及功利化倾向，为克服民主政治环境下民众目光短浅、易被煽动等一系列弱点而奋斗。在中国社会，还有如何用儒家的政治理念来克服民主在中国文化中所可能带来的族群分裂、政党恶斗甚至国家分裂、诸侯割据等现象。此外，还有如何在民主、科学时代让儒学来诊治现代人疲惫的心灵。这当然更是个实践问题。这些才体现儒家传统的现代意义。像牟宗三等人那样沉浸在把民主理想吸纳到儒家政治学说中来，把儒学的现代性理解成一种完全脱离实际的"两层存有论"，是没有什么实践意义和学术价值的。

儒家与民主宪政的理论结合，之所以严格说来是个假问题，还因为儒学的精神并不是建立某种制度，而是为制度提供基础性价值。从三代的世袭制到秦汉的郡县制，社会制度发生了空前的变化，但是孔子的思想并没有过时，因为儒家提供的基础价值未变，而汉代儒生们也不需要论证如何从儒学开出郡县制；从隋唐到两宋，中国的社会制度特别是经济、文化制度再次发生了翻天覆地的变化，但是倡导内圣的新儒家，也没有煞费苦心地去论证如何从内圣开出当时的新制度。张载写过井田制的文章，程颐曾论证过郡县制比封建制好，但是，他们都只是就事论事，从不同制度的合理性本身来立论，而没有论证如何从老内圣开出新制度。如果硬要说老内圣可以开出新外王，也许关键的是如何做的问题，而不是一个如何从理论上论证的问题。

必须认识到，历史上的儒家可能支持过某种类型的政治制度，儒家也有自己的政治学说，但这并不等于说儒学应当将某种政治制度纳入到自己的学说体系中去。比如孔子虽然主张恢复周礼，但是并没有论证过世袭制度，如果他论证过了，岂不成了秦汉儒家的一块心病？汉代以来的学者没有论证过君主制，尽管事实上他们是维护这一制度的。《春秋公羊传》有所谓"立嫡以长不以贤，立子以贵不以长"之说，似乎是个例外。但是《春秋公羊传》的这一思想严格说来与儒家"三纲"一致，即探讨国家长治久安的根本大法，而不是探讨某个政体可立还是不可立。

既然我们认识到，从历史的观点看问题，孔孟或儒家思想没有民主的成分丝毫不能说是一个什么历史性的错误，甚至连缺陷都谈不上。那么，牟宗三等人煞费苦心，提出一系列新奇的概念或说法来论证中国文化特别是如何在儒家道统中加入与民主、科学相一致的成分，看样子有点像堂吉诃德，围绕着一个人为制造出来的"风车"斗得满头大汗。

因此，儒学与民主的结合，与历史上曾经发生过的儒学与气功、京剧的结合，儒学与封建制、郡县制、君主制等的结合一样，主要是一个实践问题而不是理论问题。至少理论上结合点的论证并不是其首要任务。如果认识到儒家的社会功能与宗教相近，就会发现，基督教等伟大宗教与政治的结合主要都不是理论上的，而是实践上的。正如没有哪一个宗教家认为基督教只有与民主、科学等现代性要素的理论结合（指从本体论、形而上学或人性论上寻找二者之间的逻辑结合点）是其在现代发挥作用、体现生机的必要前提一样，儒学也无须自认只有与民主、科学从本体论、形而上学或人性论上找到相结合的逻辑基础才能有现代出路。儒学需要思考的毋宁是，在民主、法治、科学的今天，儒学所能发挥的、抵制后者消极后果的作用及方式是什么？

有人说：儒家思想不能克服一治一乱的循环，可见儒学在制度架构方面无力。这同样是个假问题。原因很简单：这是传统社会制度的局限性问题，而不是儒学的问题。账算不到儒家身上。一治一乱的循环，如果说是君主制下不可避免的产物，那么民主政治不可避免的问题可能是社会生活的庸俗化、平面化。这些问题既然是制度本身的特征所决定的，就不是哪个学派、哪种思想所能根治的。儒学的作用只是减轻特定社会制度所可能具有的负面作用而已。历史已经证明，在这方面，儒家在历史上所发挥的作用整体上是成功的。与此同样的道理，我们今天如果不得不选择民主、宪政的话，那么儒学的作用无非是尽最大可能减轻民主宪政所带来的负面影响，而不可能从根本上根除民主所带来的庸俗化、大众化以及政党恶斗、族群分裂等问题。

重思儒学与民主

20 世纪以来，几乎所有进步的中国学人（梁漱溟、牟宗三尤其明显）都在思索为什么民主、科学没有出现在中国？为什么中国传统文化未提倡这些东西？如果他们认为这些东西并不是最重要的，或者不是现代文明的本质要素，他们一定不会这样来问。比如他们不会问，为什么西方人没有发明京剧和气功，也不会问为什么中国人没有发明哥特式建筑？显然因为后者并不是对于现代文明来说最重要的。我们也承认民主、科学是现代文明的要素，但是我的主要观点是：追问为什么中国古代没有出现民主（科学此处不谈）则包含着对民主的误解，因为民主本来就是特定社会历史条件下的特定产物。如果说它好的话，也只是相对于特定的社会历史条件而言的。今天来看，西方出现民主与科学，乃是历史偶然的产物，或特定历史与时代环境之产物，不必归之于某种抽象的人性论或本体论（如牟宗三的存有论）。古代儒家之所以没有提出民主政治，丝毫也不能理解为儒家主体建构方面的缺陷或不足，而是与特定的历史、社会及特别是经济状况相关；在当时的生产力和社会经济状况下，君主制之合乎"天经地义"，就像在今天一些社会状况下民主制合乎"天经地义"一样。既然如此，将中国没有发展出民主归结为中国人理性主体的某种先天缺陷或不足，岂不荒唐？

梁漱溟（早期）、牟宗三、唐君毅等人均犯有这样一个共同的错误，即从中国思想家的思维方式来总结科学与民主发生的必然原因或哲学上之根源。其实，如果认识到科学、民主发生于特定客观环境中，及其对于人性之意义（如科学可以满足人的好奇心，有益于人性自由；民主有助于调动全社会参政议政的热情，增加政治透明度，保障公平正义），对于后发现代化国家来说，所要做的主要工作就是吸收而容纳之。中国人的主要心理包袱来源是：过去儒家宣称自己可以解决一切问题，可以创造一个完美无缺的理想文明（在过去的历史时代背景下，作此宣言亦完全可以理解）；如今民主科学在儒学传统中根本找不到，不知道如何定位与它们的关系了。其实如果想清楚了，就会发现二者本非不兼容，而是我们自己的心里难容。

必须批评对民主之非历史的、理想主义和普遍主义的观点。或许现代社会都可能会走向民主，但是民主未必对所有社会、所有民族、所有文化具有同等重要性。这不仅是我个人的观点，也是如今不少西方学者的观点，前面提到过的郝大维、安乐哲（Hall&Ames，1999）和贝淡宁（Bell，2006）就是典型的例子。对于那些没有实行自由民主制的社会来说，预设只有实行民主政治制度才是其进步的首要前提也是错误的。此一观点人为地假定了一种进化论的历史观，即自由民主制是人类一切条件下最理想、最尊重人性的政治制度（如福山《历史的终结》一书所言），于是有孔子或古典儒学为何没有发现民主的重要性，而始终停留于民本之疑问；进而又有儒家为何只认识到德性之重要，而不知道诉诸制度来约束人，为何不知道单靠德性不能解决帝王及官僚之腐败滥权问题，即所谓宪政和法治问题。我们前面曾试图说明，中国文化的习性决定了对它来说治人重于治法。因此徐复观、牟宗三"中国古代有治权的民主而无政权的民主"以及儒家只重德性、不重制度的思想未必准确。此外，今日之需要民主政治，与古代之需要君主制度一样，并无任何性质之不同，皆时代条件使然。

有人也许会说，在古代建立民主制度有困难并不等于就不应该实践它。这一观点仍然假定了"民主是一切条件下最理想的政治制度和普世价值"这一前提。然而，按照这个逻辑，中国古代思想家就应该把不断冲破宗法血缘纽带当作其重要使命。可是血缘纽带的冲破，本来不是思想家带来的，而主要是商品经济的兴起导致的。难道血缘纽带在农业经济条件下应该被冲破？难道儒家应当预见到商品经济兴起、工业革命到来及市民社会诞生？况且，即使冲破了血缘纽带，建立了市民社会，也不等于可以建立民主制度。前面说过，民主需要一定的社会文化基础。这可不是一件轻而易举的事情，改造一种文化有时需要漫长的时间，甚至上千年。这就是为什么人类历史上主要的政治制度，多半都是在现实的经济社会土壤中自发形成的，而很少是思想家发明的产物。无论是君主制还是民主制，最初都不是思想的发明，而是现实的产物。

无论新儒家还是自由主义者均未认真探讨过在中国实现民主之文化障碍或现实困难，及其相应对策。他们只有一种理想的浪漫假设，仿佛该制度能解决一切，只要认真地建立起相应的制度就行了，而不知道政治之残酷，以及文化障碍之根深蒂固。从这个角度来思考，今日儒家应该思考的并不是中国要不要建立民主政治制度，而是如何才能建立民主制度，特别是中国式民主制度究竟是什么。从文化习性的角度看问题，抽象地讨论儒学与民主可否相结合，而不研究在中国文化环境中建立民主之难，以及如何用儒家传统来校正民主制度的局限，就不可能建立起合乎中国国情的民主，在这方面历史已让我们付出了沉重代价。

正如历史上儒家从来没有拥抱过君主制一样，今天的儒学也没必要去拥抱民主制。相反，儒学的主要任务恰恰是以批评的态度来诊治民主所带来的主要弊端，这些弊端包括现代社会的大众化、庸俗化、从风效应、平均化倾向等等。今天思考儒学与民主关系的人，如果笃信儒学，那么就应该这样来重新定位自己，即研究儒学在现代社会发挥道德教化和精英示范作用，来抵制民主所可能带来的根深蒂固的社会问题，此其一；其二，需要思考和研究中国文化的习性对于民主所可能带来的巨大障碍，以及如何克服这些障碍的问题。正是从这一角度出发，我们发现在中国实行民主，由于不是在类似于西方的个人主义传统中进行，而是在集体主义文化背景下实行，儒家原为针对中国文化中的山头主义、地方主义、帮派主义和小团体主义而倡导的"三纲"，其精神可以说仍然是中国未来推行民主政治所必不可少的。"三纲"精神仍是今日中国实行民主的前提条件。需知中国文化的习性决定了它不适合于发展一种把民众分成若干党派无休止相互争斗的政治运动。中国人更习惯于权威主义的管理方式，最好是道德精英治国（或曰贤能治国）。从这个角度看，我们发现现代新儒家，特别提倡民主建国的新儒家学者，恰恰对于民主在中国文化中实行的最大障碍是什么思考最少，而对今日台湾所出现的民主实践中的种种问题并无先见之明，或很少应对。总而言之，儒学与民主关系研究的前提之一就是假定民主已成为现代社会不可避免的趋势之下如何让儒学发挥作用来抵制民主的消极后果，以及认清中国文化的习性对于民主政治之实行所可能有的消极影响和负面障碍。

本章的主旨决不是反民主。因为我把民主看成只不过就像君主制一样的东西，认为二者都是特定历史条件下自然而然地出现的制度安排（只不过不要把它理想化，而要像古典儒家那样把它人性化、合理化）。从今天的发展趋势看，我也认为今后中国政治走向民主特别是自由民主制的呼声肯定越来越高。因此站在现实主义立场，我们也许可以预知民主政治会成为中国政治发展之大势，就像今日台湾、香港一样。承认这一现实，符合我的基本立场，但并不等于这一现实是可取的，或值得的。所以另一方面，鉴于我们从中国文化的习性出发，发现以党争和大众运动为特色的民主政治并不适合于东亚文化的土壤，我们就更有理由呼唤儒学的复兴，以儒家的贤能治国精神来校正自由民主制所具有的根深蒂固的问题。我们把民主制当作今天人类无法避免的现实，坚持不懈地与之作斗争，斗争的目的不是否定它，而是改造和完善它。在中国历史上，儒家对君主制的改造作用之大，从汉承秦制而精神实质却发生了转化这一点即可看出。同样，我们可以预期，在中国文化中，民主政治也许无法避免，但是中国人承西方之制却可以从精神实质上改造它。至于如何改造，改造的具体方案是什么，我现在无法预测，也没必要预测。因为真正重要的不是设计什么制度，而是让儒家的精神真正光大。一旦精神光大了，在社会上形成了力量，总可以在民主制不可避免地到来时，发挥其应有的作用。

易言之，我的态度是视"民主"为一种未来中国可能无法避免的"现实"，而不是一种我们应该追求的"理想"。尽管从我的个人观点看，自由民主制在中国并不可取，但是我也充分认识到了历史发展趋势无法阻挡，所以才会主张用儒家政治理念来校正它。我并不是个进化论者，不认为符合历史趋势的就一定是好的。我想儒家的态度应该是这样。

我当然承认，民主制特别是自由民主制也有它的优点，特别是舆论自由、政治透明、人民参政、公平竞争等，其好处是十分明显的。从这个角度说，民主制如果能以成熟的方式到来，是再好不过了。我在本章所强调的无非是，如果它不能以成熟的方式到来，后果可能非常严重。从东亚文化的特征看，它的弊可能比利要大。

我并不否认精英政治的缺陷，我坚持东亚文化更适合于精英/贤能政治，是从比较优势的角度说的。精英政治的缺陷至少包括精英/贤能的选拔操作性不高，集权可能导致专制和腐败，大众的权利、自由和尊严被剥夺，社会参与度不高，公平、公开、透明的竞争不够，等等。

白彤东先生提出儒家与民主关系的四种代表性观点，一种认为儒家传统是实现自由民主制的羁绊，一种认为儒家传统可以导出现代民主，第三种认为儒家传统比西方传统优越（我想蒋庆大概属于此类），他本人则主张第四种，超越现实的东、西方制度，即不局限于儒家的精英政治和自由民主制，在它们之上探索更新、更好的制度。① 我想这也是一种思路。如果我们认为中国文化中最理想的政治形式是贵族政治、精英政治而不是民主政治的话，也许理想的中国社会未来是"自由精神＋精英政治"。

在《论美国的民主》中，托克维尔写道，一开始来到美洲开拓殖民地的英国清教徒多是中产阶级（bourgeois），在一片荒无人烟之地开始生计，他们订立规章，确立法度，成立自治政府，用清教徒的自由精神建立自己的政权，为日后美国民主和自由精神的健全发展奠定了良好基础。② 这引起我这样的联想：设想 17 世纪初叶来美洲开拓殖民地的是中国人，而不是英国清教徒。当他们初到此荒无人烟之地，在他们之上没有政府、国家和法律，一切靠他们自己，他们将会如何组织起自己的社会呢？我想，他们绝不会想到英国清教徒的自由投票方式和民主原则，因为那样做并不是真正有效的。真正有效的方式，还是推举那些品德端正、有公益心和责任感又有能力的人来管事。这就是儒家的任贤使能了。与此同时，他们还可倡导培育孝悌忠信的做人美德，仁民爱物的恻隐之心，已立立人的责任意识，这就是儒家"齐家"为"治""平"之基的思想了。他们肯定会建立某种规章、制度，来规范和约束人们的行为。但是由于中国人从来不习惯于生活在硬性的、没有人情味的法度中，人情大于法律，对策胜于政策，裙带总是管用，腐败总难根除，在这种情况下，最好的解决办法不是不断制定新的法度和规定，而是一方面，以人情为基础来制定礼节规矩，这些礼节规矩就像习俗和传统一样，在人心中产生巨大的约束力，它的力量比硬性的、没有人情的法代表更大的权威。这就是儒家的礼制思想了。"凡礼之大体，体天地，法四时，则阴阳，顺人情，故谓之礼"（《礼记·丧服四制》）。另一方面，他们中的有识之士可能会认识到：把这群人管理好最有效的途径还是办学校、兴教化、崇有德、育贤才、敦风俗、美人伦，"正人心而后正天下"……这一切莫不是儒家的贤能治国思想。唯此，他们才能真正地被组织起来。

---

① 白彤东：《旧邦新命》，13～14 页。
② 托克维尔：《论美国的民主》（全二卷），30～49 页。

王霸之辨、行业自治与儒学

【提要】

行业的自治与理性化，是儒家王道传统的重要内容之一。

行业的自治与理性化，代表了中国文化中尊重人的尊严、个性和价值的传统，却避免了西方自由主义形式至上、个人中心和权利为本的特点，对于我们理解"中国特色"的现代性有启发意义。它同时也说明，那种认为儒家将治国希望寄托于个别人的道德与人格，而不能落实于一套制度体系这一流行观点过于简单化了。① 行业的自治与理性化是指借助于行业传统、职业规范和社会风尚，来约束大多数人和一代代后来者，达到与西方的"法"同样的功效。须知西方自由主义所代表的形式至上特点和个人权利绝对化倾向，并不完全适用于中国文化土壤。我们分别从西周史学传统、孔子的"正

---

① 蒋庆认为儒家不仅有心性儒学传统，更有政治儒学传统，后者"以建立客观化的礼法制度为其使命"，"认为外王不是由内圣开出，而是有其独自的规定性与权能，并从事物相互联系的结构（架构）关系中来看世界"（蒋庆：《政治儒学》，53 页。较全面的论述，参见 96～127 页）。不过蒋庆主要从"《春秋》公羊学"角度来思考，与本章对儒家制度化层面的探讨角度不同。

名"思想、孟子的性善论以及宋明新儒家的社会实践等，来说明行业的自治与理性化是中国古代最重要的传统之一，在儒家思想中有着极为丰富的资源，是儒家王道思想的自然要求。

本章内容与下一章讲"社会空间的自治与理性化"相应。无疑，行业的自治与理性化也是社会空间自治与理性化的基础，社会空间的自治与理性化是行业自治与理性化的一部分。也许在中国文化土壤中，行业之道对政治权力的限制比市民社会对国家的限制更有意义。

《左传》中的史学传统

《左传》记载：襄公二十五年夏，齐国权臣崔杼弑其君光，齐国大史直书其事，被崔杼所杀；其弟再书，再被杀；再嗣者又书，又被杀；第四位史官再书，崔杼终于杀不下去了。此间，齐国南史氏（盖为另一史官世家）得知大史尽死，奋不顾身地执简前往，听说崔氏弑君已被记下，他才中途返回。传曰：

> 大史书曰："崔杼弑其君。"崔子杀之。其弟嗣书，而死者二人。其弟又书，乃舍之。南史氏闻大史尽死，执简以往。闻既书矣，乃还。

齐国大史氏不畏强暴，他们所捍卫的不仅仅是"个人自由"或"真理"，更重要的是捍卫史学传统的独立性与史家的尊严。对史家来说，史学传统的独立性需要一代代人共同来捍卫，而史家自身的尊严是史家在写史过程中所发现和体验到的，他们通过把自己融入到一个伟大传统中去而感受到了人格境界的升华。类似的事件《左传》中还有一次：宣公二年，晋国大夫赵穿攻杀晋灵公于桃园。晋国大史认为这场事件的罪魁祸首是首席卿大夫（即赵盾），将弑君之人记为赵盾（即赵宣子），公示于朝：

> 大史书曰："赵盾弑其君。"以示于朝。
> 宣子曰："不然。"
> 对曰："子为正卿，亡不越竟，反不讨贼，非子而谁？"

　　赵盾是当时晋国的中军帅，其地位相当于后世的宰相；虽然他掌握军权，甚至蔑视国君，但并不等于他可以以政治强力干预史官写史。在本次事件中，赵盾虽未亲自弑君，甚至想在弑君之际逃开，但是由于赵穿为赵盾侄儿，在赵盾庇护下才获得权势；赵盾身为执政大臣，对弑君本有不可推卸的责任；何况弑君之后，他既非人在国外，亦未追究罪犯。故大史记"赵盾弑其君"，盖认赵盾为此次事件的罪魁祸首。从《左传》的记载可以看出，赵盾权倾一时，驱逐异己，培植亲信，治国无方，诸侯叛离，晋灵公欲杀之而未成。赵穿为赵盾羽翼，他为人跋扈，气焰嚣张，杀灵公实为救赵氏。① 这是中国古代史学传统独立于政治的又一例证。

　　《汉书·艺文志》云：

> 古之王者，世有史官。君举必书，所以慎言行，昭法式也。左史记言，右史记事；事为《春秋》，言为《尚书》。帝王靡不同之。

　　中国古代史学传统之所以源远流长，也是因为它并非统治者手中任意操纵的工具，而是有自己的行业传统和规则，有史家独立不倚的品格和精神，否则史家也就无所谓人格尊严了。《礼记·曲礼》曰："天子建天官，先六大，曰大宰、大宗、大史、大祝、大士、大卜，典司六典。"大史是天官之一。《周礼·春官》则说："大史掌建

---

　　① 后文孔子赞晋国大史董狐"书法不隐"，而称赵盾为"古之良大夫"，据吴闿生考证为诡词。参见吴闿生：《左传微》，289～300 页，合肥，黄山书社，1995。《左传》中许多此类诡词，明扬暗讽，参见上书《与李右周进士论〈左传〉书》。"赵盾"生平，参见方朝晖：《春秋左传人物谱》，188～200 页，济南，齐鲁书社，2001。

邦之六典，以逆邦国之治；掌法，以逆官府之治；掌则，以逆都鄙之治。"大史更像掌握国家文书、史料，特别是国家重要档案、王朝法度的专业人士，其所掌握者为天子治天下的主要依据。"小史掌邦国之志，奠系世，辨昭穆"（《周礼·春官》），主要掌管各国的文献资料，尤其是诸侯的家族谱系，在祭祀时序昭穆、定仪节。《礼记·王制》云："大史典礼，执简记，奉讳恶。天子齐戒受谏。"据此，大史有向国君进言劝谏之责，国君得受大史约束。据《礼记·月令》，"大史守典奉法，司天日月星辰之行"，大史需了解天文、气象，及时向天子报告，并由此确定国君一年各季节之行事。

《左传》中有关列国史官的记载甚多：列国史官职称出现最多的有"大史"，见于周室、郑国、鲁国、卫国、晋国、齐国等；此外还有其他史官职称，如周室内史、鲁国外史、楚国左史等。《左传》中的史官人名则更多：晋国有史苏、史赵、史黯、史龟、大史董狐；楚国有左史倚相和史皇；周室有内史过、内史叔兴、内史叔服、史狡、大史辛甲；鲁有大史克、大史固；郑国有史狗、史鳅；卫有史苟、史朝、史鳅；蔡有史猈、史墨；虢有史嚚；卫有大史华龙滑与礼孔；齐有大史子余；等等。根据《左传》中对史官的记载，可以归纳出春秋时代史官在列国的主要职能如下：

（1）主持祭祀。祭天地、祖先、鬼神等，包括战争、灾异、疾病等一切需要祭祀的场合均由祝、史主之。通常祝、史并称，"祝用币，史用辞"（昭公十七年）[1]。参庄32[2]、闵2、襄25、襄27、昭17、昭20、昭26、哀25。

（2）占卜，《左传》中史官占卜皆限于解《易》。参庄22、僖15、文13、成16、襄9、襄25、昭7、哀9；

（3）作为史官记录史事。参宣2、襄14、襄25、昭元；

（4）从事外交、出使、结盟、辞令等。参僖11、僖16、僖28、文元、成11、襄23、哀17、哀24、哀25；

（5）精通历史、天文、地理、疾病、五行等。参襄30、昭2、

---

① 鲁国则有祝史同为一人之例，见哀公二十五年称"祝史挥"。

② 庄32，即庄公三十二年，下同。

昭 8、昭 12、昭 17、昭 31、定 4、哀 6、哀 9；

(6) 懂治国之道及为人为官之道，评论时事及人物。参桓 2、僖 16、文 18、成 5、昭 8、昭 11、昭 29、昭 32、定 13、哀 14；

(7) 预言某人死生、预知某国兴亡。参庄 32、僖 16、文 14、昭 8、昭 11、昭 29、昭 31、昭 32；

(8) 参与国政，或被杀。参襄 4、襄 10、襄 14、襄 30、昭 7、昭 13、定 4。

在上述一系列与史官有关的工作中，最重要的还是前四项，即记事、祭祀、占卜和外交。史官的这些功能，以及后面的其他一些职能如预言、分析事件及评论时事等，均与其掌握文书、档案、史料等，从而精通历史、天文、地理等有关。[①] 这些说明，至少从西周时期开始，史官多为掌管文书、法度、族谱乃至天文、地理、方物的专业人士，既是国家最重要的文献档案和历史资料的管理者，也承担着为王朝治理提供法典依据的职责，故能协助祭祀、占卜、结盟、战伐、外交等重大礼仪活动，根据天文气象确定一年四季的主要活动，并需根据典章制度及经验向帝王或国君建言劝谏等。

由上似可推断，史学传统的独立性早在西周以来就在我国政治史上得到了认可。列国的史官都是代代相承，世守其职，用他们一代代人的经验来维持着自己的行业传统，在一系列重要活动中捍卫史家的尊严，我们把这一行为称为"史学的自治和理性化"。所谓"理性化"，意味着史家记事有自身的规范性和规则，这些规范性和规则来源于可能是数百年甚至上千年经验的积累，其社会价值也早已深入人心。古代政治家们深知，史家唯有不惧外力，坚持自身，才能保持史学之大

---

① 《左传》载：昭公二年，晋侯使韩宣子来聘，观书于大史氏，见《易·象》与鲁《春秋》，曰："周礼尽在鲁矣，吾乃今知周公之德与周之所以王也。"可见史官掌握王朝最重要的历史与文献资料。昭公十二年，楚灵王在与子革对话中，左史倚相趋过，王曰："是良史也，子善视之！是能读《三坟》、《五典》、《八索》、《九丘》。"说明史官掌管历史文献，因此精通名物度数。昭公二十年，齐国大臣晏子与人讨论国君有疾非祝、史之责，论祝、史祭祀功能甚明："若有德之君……其祝、史荐信，无愧心矣。是以鬼神用飨，国受其福，祝、史与焉。……其适遇淫君……其祝、史荐信，是言罪也……是以鬼神不飨其国以祸之，祝、史与焉。"

用；正因如此，史记内容不允许随意由外力来改变，即使是帝王、权臣也不能改变史家记事之规则。另一方面，这种规范和规则，也是史家安身立命之本，需要他们自己用生命来捍卫。因为若是史家随时向政治势力低头，不仅亵渎了史学传统本身，久之史学本身也丧失了价值，史家的尊严也就不复存在了。这正是我们开头看到春秋时代齐国、晋国大史舍身捍卫史学传统的原因所在。

正名与行业自治

美国著名汉学家狄百瑞指出，把儒学理解为将个人价值完全建立在群体之上，个人不过是其所执行的社会角色之和，或者个人只满足于服从群体及其确立的权威，这种思想是完全错误的。因为，儒家强调"为己之学"而不是"为人之学"，强调真正的自我发展，而不是获得社会认可或政治前途（to gain social acceptance or political advancement）。① 他指出，儒家倡导的君臣关系并不是如今人所理解的那样强调君权至上，反对臣对君的抗议和批评。恰恰相反，孟子、朱熹皆明确反对臣对君的无条件服从。方孝孺、海瑞的故事，以及明太祖朱元璋撤销孟子孔庙牌位而遭钱唐激烈反对等，都说明儒家是有言论自由的精神的。如果考虑到西方式言论自由及示威抗议自由乃是发生在另一历史情境中对于人性的尊重，那么儒家的思想资源就不能完全用现代人的标准来衡量。② 他还说，20 世纪以来现代新儒家对民主、自由的强烈兴趣及辩护态度本身，也证明了儒学传统与西方自由主义存在相通之处。③

---

① De Bary，*Asian Values and Human Rights*：*A Confucian Communitarian Perspective*，Cambridge，Mass.：Harvard University Press，1998，p. 23.

② *Asian Values and Human Rights*，pp. 19—21.

③ 他还认为某种支持自由、民主与人权的制度程序，虽然不是在儒家理论基础上产生的，但是不能说是儒家思维方式完全陌生的东西。我们不能说，儒家为亚洲国家反对人权的做法提供了基础。有理由相信儒家的历史经验能为《国际人权宣言》所罗列的许多人权提供积极支持，尽管同时也会对其中其他一些人权提供消极的证明。参见 *Asian Values and Human Rights*，pp. 14—16.

他还专门写了一本书，系统地论证了儒家特别是宋明以来新儒家传统中的自由主义精神。①

儒家不仅关注史学的自治与理性化，而且倡导政治行业的自治和理性化，主张将君权和政治纳入到理性化轨道。具体来说，一方面，儒家的政治思想，主张"道统"高于政治，提出"君道"、"臣道"等一系列旨在限制君权或政治势力无限膨胀的政治思想，这些均与政治行业的理性化发展有关。《荀子》中专门有一章讨论"臣道"，认为臣子只要是从利于社稷出发，可以不必服于君。

另一方面，更重要的，在孔子、孟子等人看来，政治的理性化不是"如何限制国君"这么简单的一件事，而在于一种良好的风尚、传统能否形成，这需要通过人格的典范和一代代人的努力。这体现在孔子的"正名"思想中。从孔子的"正名"思想可以看出，儒家政治思想与西方现代政治思想的一个重大不同，即不是将政治的希望寄托于一套客观、普遍、人人可依的"法"（宪法和法律），而是寄托于一种良好的传统的树立，并通过传统的确立来达到与西方的"法"同样的功效，即对多数普通人的约束：

> 齐景公问政于孔子，孔子对曰："君君、臣臣、父父、子子。"（《论语·颜渊》）
>
> 子路曰："卫君待子而为政，子将奚先？"子曰："必也正名乎！"子路曰："有是哉，子之迂也！奚其正？"子曰："野哉，由也！君子于其所不知，盖阙如也。名不正，则言不顺；言不顺，则事不成；事不成，则礼乐不兴；礼乐不兴，则刑罚不中；刑罚不中，则民无所措手足。故君子名之必可言也，言之必可行也。君子于其言，无所苟而已矣！"（《论语·子路》）
>
> 子曰："觚不觚，觚哉！觚哉！"（《论语·雍也》）

---

① 参见狄百瑞：《中国的自由传统》，香港，中文大学出版社，1983。英文版：De Bary，*The Liberal Tradition in China*，Hong Kong：The Chinese University Press & New York：Columbia University Press，1983。

"正名"的表面意思，用今天的话来说，就是拥有与自己的职位、角色相符的品质，包括个人的主观素质、职业道德、责任感和能力等。易言之，当官要像当官的样子，当老师要像老师的样子，当学者要像学者的样子，当政治家要像政治家的样子，当法官要像法官的样子，等等。

过去不少人认为，孔子的"正名"思想体现了儒家将国家的希望寄托于一两个人的道德品行，而不是制度，陷于人治而无法治。其实这种看法过于简单化了。孔子的用意不仅在于，为君有为君之道、为臣有为臣之道、经商有经商之道、为学有为学之道，而且更重要的是，他认识到多数普通人是需要有制度性的管束的，这个能管束他们、使其言行"合制"的事物不是别的，而是社会风气或行业传统；然而，这样的风气或传统不可能自发地形成，而需要有人来确立。那么谁有资格来确立呢？答案是贤能之辈，而不是普通人。请问这样的思维逻辑天真吗？孔子显然充分认识到不能寄希望于普通人的道德自觉，才主张通过俊杰出来引导社会风气，形成行业传统，确立行业规范，从而引导绝大多数不够自觉的人们；他显然知道，好的传统可以一代代传下去，约束无数原本道德境界不高也不指望其道德境界高的普通人；它还可以经过后人的不断耕耘臻于完善，培养出一代又一代新人。一个社会中固然不可能人人皆是君子，但人品端正、德才兼备的人也是任何时候都有的，关键在于能不能发现并提拔他们；也只有通过这些人，才能实现行业风气的转变和行业传统的确立；通过转变行业风气，确立行业传统，即可让当官的知道当官的样子、为师的知道为师的样子、经商的知道经商的样子，如此等等，这就是"正名"。因此，"传统"、"风气"和"规范"，可以达到与"法"同样的效果。所以"正名"的精神实质并不是"人治"，而是"治人"，或者用今天的话说叫做"收拾人心"，我把它理解为儒家的"政治理性化"思想，它主张通过端正行业风气，引导多数人自觉遵守行业规范，让人们充分认识到如何让自己的道德素质、人格自尊、行为方式等与自己的身份、角色相符，从而形成广泛的约束力。

《孟子·梁惠王下》曰：

> 君子创业垂统，为可继也。

"正名"思想的真正效果，落脚于行业传统的树立。就政治而言，存在一个优良政治传统的树立问题；就学术而言，存在一个学术传统的重建问题；就商业领域而言，存在一个商业传统的塑造问题。在其他所有行业，都同样存在着这样一个传统的建设问题。也就是说各行各业都需要"正名"。行业传统的树立，可以规范行业行为，也可以起到端正行业风气的效果。

行业自治与理性化的历史

在中国历史上，儒家不仅一直倡导史学和政治的理性化发展，同样强调学术、家族、地方社会、宗教乃至包括商业在内的百业的自治与理性化。这些思想，正如狄百瑞等所说的那样，在今天非但没有过时，而且极有现实意义。

狄百瑞认为，在现代以前，儒家视野或者价值对于独立的地方组织本来就具有支持性。他在有关论著中系统地分析了儒家思想所内在包含的社会自治传统，包括家族自治、村社自治、民间办学，以及与现代法治和宪政精神相一致的王道或"公天下"思想。具体说来：

（1）学校：在儒家历史上，一直非常重视民间办学。孔子的"有教无类"思想在朱熹那儿发扬光大，宋代以来各种不为王公贵族设立的学校，包括社学、义学、私塾在中国异常盛行，通常并不受官方直接控制。另外，由儒家所发展起来的书院制度更是扮演着传播儒学、推动学术和弘扬独立思考精神的角色。[①]

（2）乡约：早在 11 世纪时乡约事实上已经存在，只不过是一种

---

① *Asian Values and Human Rights*，pp. 41–57.

地方性主导潮流；后来它的发展与南宋王朝战败失权、国力衰弱从而无力控制乡村地区有关。狄百瑞说，乡约代表新儒家的自由传统，是国家权威与家庭之间的一种力量。所谓自由，意指自愿原则、地方自治、协商和合作精神，官方干预的最小化，以人们共同认同的价值为基础推行行政。他认为新儒家对乡约的贡献极大，这主要由于新儒家主张村教之故。村教在明代有了很好的发展，朱熹之后，明人罗钦顺、王阳明、王廷相、罗汝芳、胡志、吕坤、高攀龙、刘宗周、陆士毅和陈弘谋等人均对村教有所贡献。王阳明最为典型，其"新民"等思想内容极详。同样的传统在朝鲜（16 世纪）也得到了发展。日本有的学者甚至认为，乡村中国才是真正的中国。[1]

(3) 法律：汉代的国家法有如下特征：反对专制、主张仁政；在强调中央集权的同时，也强调了"礼大于法"，允许对皇权一定程度的限制以及家族自治；以开国皇帝的模范精神作为皇朝法律的终极基础；把圣德（superior virtue）作为法律的基础，而不是把系统、统一、一致的法律内容作为基础。"大唐律"是东亚国家长期尊奉过的皇法样板。在朝鲜、日本以及越南，大唐律均是文明的象征。其基本特征是强调王朝国家需要尊重习惯形成的及家族的传统，尊重礼制，其对国家权力的限制得到认可。明代法律有与此类似的精神。新儒家对皇朝法律的批判包括：援用《周礼》，超越、取代或改革皇室法，强调《周礼》及孔子的权威高于皇室。有的甚至强调诉诸道德修养而不是法律手段来治理社会的理想原则。黄宗羲在《明夷待访录》中提出了前所未有的法律思想，可看作是儒家的宪政精神（Confucian constitutionalism），其特点是不再简单寄望于国君的人格和善良，而是坚持对国君的制度化限制的重要性。[2]

根据狄百瑞的研究可以得出，儒家思想传统充满了大量行业自治特别是社会自治的资源。从行业的理性化发展看，我认为儒家礼治思想是其中最重要的内容。例如，狄百瑞认为，与《周礼》相比较，乡约强调了自愿的、地方性的而非中央性的组织方式，以及对

---

[1]　*Asian Values and Human Rights*，pp. 58-89.

[2]　Ibid.，pp. 90-117.

个人日常行为的促进作用；乡约不主张说教（indoctrination），而主张成员个人的道德潜力得以发挥，组织成和谐、合礼、有序的生活。他说，孔子"道之以政，齐之以刑，民免而无耻；道之以德，齐之以礼，有耻且格"（《论语·为政》）思想的精神是：让社会活动的巨大空间由人们对传统礼制的自发遵守而不是国家和法律的干预来组织，这种思想在理论上以及部分在实践上给了非政府组织——建立在家庭或社群的基础上——以存在的空间。①

狄百瑞的上述有关思想，还可从包弼德（Peter K. Bol）有关中国古代地方志的研究等之中得到证实。②

除狄百瑞、包弼德等人的研究外，近年来学术界关于中国近代早期商人精神的研究，也体现了儒学可以为商业的自治与理性化服务，也有的学者认为这标志着中国市民社会的兴起。③ 而 Edward Shils 则试图说明儒家思想传统中包含着丰富的市民社会成分。④ 我们可以说，行业的自治与理性化，不仅可以从儒家思想中得到有力支持，而且在中国古代社会中也有长久的实践，并不是什么新鲜的现代事物。

行业自治与性善论

然而，在儒家传统中，行业自治与理性化发展的目标并不仅仅是为了某个行业本身，而且也是个人在职业化行为中安身立命的基本条件。从这个角度讲，行业的自治与理性化是符合儒家的人性论

---

① *Asian Values and Human Rights*，pp. 30–31.

② Bol，"The rise of local history: history，geography，and culture in southern Song and Yuan Wuzhou," *Harvard Journal of Asiatic Studies*，vol. 61，no. 1（Jun.，2001），pp. 37–76.

③ 参见余英时：《儒家伦理与商人精神》，桂林，广西师范大学出版社，2004；英语世界学者关于中国早期市民社会的部分讨论，参见 Symposium: "Public Sphere" / "Civil Society" in China?: Paradigmatic Issues in Chinese Studies，Ⅲ，*Modern China*，vol. 19，no. 2（Apr.，1993），pp. 107–239。

④ Shils，"Reflections on civil society and civility in the Chinese intellectual tradition," in: *Confucian Traditions in East Asian Modernity*，pp. 38–71.

的。易言之，儒家的人性论，尤其是孟子的性善论为之提供了某种理论基础。孟子曰：

> 尽其心者，知其性也。知其性，则知天矣。存其心，养其性，所以事天也。夭寿不贰，修身以俟之，所以立命也。（《孟子·尽心上》）

这是孟子性善论最精彩的一段表达。它试图告诉人们只有按照合乎自己天性的方向发展，才是个人人生价值得以实现（即安身立命）的根本前提。按照孟子，无论我们从事什么行业，选择什么职业，都需要把自身人性的完满实现（"养其性"、"尽其性"）当作根本，而不是让自己成为任何外在目标的工具。

孟子王道理想的根本精神，决不止"民本主义"四个字那么简单，而是基于对人的尊重，以及把每个人本身当作目的，闪耀着"人是目的"这一精神的光辉。为什么这样说？因为王道理想是孟子性善论的自然延伸。性善论强调"尽心"、"知性"、"养性"、"事天"这一过程，它的精神实质是认为人性本身是目的，实现人性自身的目的，就是实现"天道"（即《中庸》所谓"尽己"→"尽人"→"尽物"→"赞天地之化育"→"与天地参"之过程）。这一点，用狄百瑞等现当代学者的话说，就是对人的尊严的尊重和人的全面发展的追求。之所以反对霸道，是因为霸道不相信人性有自主能力，霸道假定了人需要依靠外在的权威和力量，于是自作主张、强行把人纳入一套原则或体系中。所谓"仁政"，并不是如现代人所误解的那样，强调国君要对人民"施恩"，而是主张发挥人的内在本性，让每个人的自主性真正调动起来。①

孟子性善论的必然结论是尊重行业传统的独立性，与行业的自

---

① 在孟子与告子等人有关"义"的辩论中（参见《孟子·公孙丑上》），他更清楚地说明了这一点：践仁行义是因为这样做符合人性，是"由仁义行"，而不是"行仁义"（《孟子·离娄下》）。不仅在道德领域是如此，在其他领域也是如此。在与梁惠王有关仁政的讨论中，孟子更是强调了仁政的成效之一在于可使每个人"制梃以挞秦楚之坚甲利兵"（《孟子·梁惠王上》）。

治和理性化完全一致，原因有二：其一，行业的自治与理性化意味着，人们从事一项工作、选择一个职业并不是为了政治或意识形态目的，而是为了他们自己，出于他们自己的自由、兴趣、爱好，其中包含着对他们人生价值的理解和认识。因此，行业的自治和理性化是抑制极权和专制最有效的利器。就每个行业而言，只有尊重行业自身的逻辑，才能让人们实现自身的潜力，从而最大限度地让人们"尽性"。其二，从性善论的基本精神出发，可以自然引申出这样的信念：只要各行各业的人们均能在其行业中"尽性"，天下自然会太平。也就是说，我们不必担心行业的自治与理性化发展会导致"天下大乱"，尊重行业逻辑和社会自身的规律，是实现天下大治最有效的途径。极权和专制在这里找不到落脚点。这说明：行业的自治与理性化，以及捍卫职业的神圣感与尊严，是符合儒家传统的根本精神的，也让我们对儒家传统的现代意义有更新的认识。《孟子·梁惠王下》有这样一则故事：

> 孟子谓齐宣王曰："为巨室，则必使工师求大木。工师得大木，则王喜，以为能胜其任也。匠人斫而小之，则王怒，以为不胜其任矣。夫人幼而学之，壮而欲行之；王曰'姑舍女所学而从我'，则何如？今有璞玉于此，虽万镒，必使玉人雕琢之；至于治国家，则曰'姑舍女所学而从我'，则何以异于教玉人雕琢玉哉？"

这段话本义是批评国君把英才作为实现其私人利益的工具。在一些国君眼里，大臣或人才的唯一意义在于成全统治（或政治）的需要，而忘记了另一个重要事实：大臣或英才首先是人而不是臣仆，他们是为自己而学的（"为己之学"），而"为己之学"的终极目的是"尽其性"（《中庸》），即实现个人自身的价值；其次，在政治这个行业，他"尽其性"——或即实现个人自身价值——的途径就是：研究治国安邦的道理，遵从天下兴亡的规律，主动担负起为千千万万人谋幸福这一神圣使命，因而不可能为维护当权者的统治需要服务；

其三，如果他违背上述原理、规律和使命，一味满足国君个人的私欲，放弃自己做人的原则，他的人格尊严就被贬低，他的个人价值也得不到实现。这些就是儒家提倡"臣道"的主要原因。"姑舍女所学而从我"，这句话的含义就是不尊重行业传统、专业精神和职业自身的逻辑要求，当然更不尊重专业人员的人格尊严，使其丧失安身立命之本，人生价值被贬低。

总之，我们认为，行业的自治与理性化之所以符合儒家的人性论，是因为它符合儒家"生命是目的"的精神，对于人性有无穷无尽的意义。今天，我们也认识到，行业的自治与理性化，即行业传统的树立，使得行业精英们在职业行为中自觉地参与到一种伟大的精神传统中，体验该传统之魅力，从而鼓舞自己的身心，拓展我们的视野，提升人生的境界，安顿自己的灵魂。因为在博大悠久的传统面前，每个人都是渺小的；传统就像一条温暖的河，让我们躺卧于其上不胜安逸，遨游于其中其乐无穷。今天，各行各业的人们，都容易不自觉地把自己的行业当作手段或工具，而不是目的和价值，不能自觉地参与到一种伟大的传统中去。在今天这样的时代，孟子的思想仍有着振聋发聩的启发意义。

行业自治与今日王道

1975 年，当中国人还没有从"文化大革命"的混乱中醒过来时，狄百瑞就已指出，现代中国人经验中不幸的一方面是他们健全本能的挫伤，暂时失去了自尊，不愿通过结合过去来发展现在和未来。他说：

> 把一切价值看成都完全来自西方，而不是从自身的过去中成长起来的，或者单从未来而不是过去的角度来看它们，这种做法已经阻止了近年来中国人从自身出发的求道之路。这种变异及其急剧倒退在"文化大革命"中表现得再明显不

过了。①

儒家王道思想的精神实质是什么？我认为其中重要方面之一就是：反对把政治逻辑或意识形态强行凌驾于行业之上，倡导行业/社会自治，包括学术自治、宗教自治、家族自治、地方自治等等，此即所谓政统服从道统。我相信这一思想对理解中国现代性建设的方向，仍然有重要意义。

行业的自治与理性化，同样是今天我们每个人"尽性"的必然要求。因为只有尊重行业自身的逻辑，才符合人性发展的内在需要；只有避免蛮横无理的外力，才能让人性的价值充分实现。如果行业传统可以由政治力肆意践踏或破坏，从业人员就不可能真正在其中安身立命，更不可能有职业的神圣感与尊严；久之，也会从根本上摧残社会道德资源，造成人心迷乱、人欲横流、社会失序。因此，今天的中国各行各业都存在"正名"的需要。

在经历了半个多世纪的意识形态高于一切、抽象名词统治百业的价值混乱之后，中国目前最急需做的事情之一，莫过于行业的自治与理性化。行业自治与理性化的重建，同时是无数人在本行业安身立命之本的建设，让人们从职业的神圣感和尊严中找到自身的落脚点，重铸社会道德之本。应该认识到，今日中国社会人心混乱、浮躁的主要原因之一，是人们不知如何在职业行为中寻找人生的正确定位，人们从小被教育为一些抽象的名词和象征符号（如国家、民族、人民、正义、真理等等）而奋斗，而不知道怎么把自己塑造成为人，特别是怎样在具体的职业行为中找到个人的神圣感和人性的尊严。

今天，我们生活在一个分工高度发达、职业分化日益精细的时代，如何在自己的职业中找到安身立命之本关系着我们一生的幸福和命运，因为每个人都是特定行业的从业人员，他们人生价值的很大部分来自于专业的选择、职业的追求。从这个角度说，如果人们

---

① *Asian Values and Human Rights*，p. 5.

不懂得"尽其性",即事业的追求不能朝着使自身人性得到充分、全面发展的方向,可以说是一生最大的悲剧。换言之,朝着尽性的方向来发展自己的兴趣,发挥自己的潜力,这一方向的必然结果就是行业的自治与理性化。

不妨以学术为例来说明。今天中国学术进步面临的最大障碍之一,并不仅仅是一个政治干预学术那么简单的问题。我们知道,学术进步从根本上来说需要依赖于学者们的创造,需要有一批又一批优秀的学者、大师。这意味着,仅有所谓的"学术自由"还远远不足以促进学术的进步,学术进步的内在条件则更重要,那就是需要具有学者人格和大师素质的人出现。他能感受到学术研究的无限魅力,他为一个伟大的学术传统而深深感动,愿意将自身无条件地奉献于这一伟大传统。也就是说,他能感受到学术的神圣感与尊严。从这个角度说,推进学术研究深度的唯一有效途径就是尊重学者们自身的人格尊严,把维护学术自身的逻辑当作一项最神圣的工作来对待。

然而,有些人有这样一种观念:学术研究是为现实需要服务的,包括政治需要、社会需要、发展需要等需要。这些现实需要还可具体化为:生产力进步、生活水平提高、民族自豪感、人类和平、可持续发展、世界一流水平……之类。有些人虽然是"行外人士",不懂专业知识,但却自认有权对学者们进行"管理",因为他们认为自己懂得社会现在需要什么,至少知道某篇论文或某个项目在服务现实需要方面有什么意义。总之,在一些人心目中,学者只是实现外在社会需要的手段,他们应该给社会现实提供具有功利价值或指导意义的东西。学者们都是为他们之外的某个目标而存在的,而不是为自身的生命存在,不是为行业自身的内在价值而存在,也不是为了建立和推进某个伟大的人类学术传统而存在。

由于认识不到学术传统独立的重要性,导致对学术的管理按照违背学术自身逻辑的方式来进行。让学术行业获得它自身的自主性和自治性,让学术传统的独立性得到充分的尊重,同时让学者们感受到学术的神圣感与自身的尊严——我把这些促进学术进步的最主要要素合称为一句话："学术事业的自治与理性化。"这里最需要强调的是，我采用"学术的自治与理性化"这一表达方式，而没有采用"学术自由"这一传统的表达方式，因为：

（1）"学术自由"这一说法只强调学术研究不受外部力量干预，而未包括学者们自身的主观素质，后者才是实现学术进步的本质要素。

（2）"自由"这一概念含义的绝对性，使它可能成为一部分人为己所用的工具。"自由"从来都不是绝对的，而是相对于社会情境和条件才有意义。

（3）"学术的自治与理性化"意味着需要能够自律的学术传统，伟大的学术传统的树立才是学术进步的根本保证。

因此，从"正名"——行业传统的树立——这一角度来理解中国的现代性之路，也许能体现中国现代性与西方的一个重要差别。这并不是说，西方企业或大学没有行业传统，而是说中国的现代性走的是一条"非形式主义"道路。所谓非形式主义，指反对形式化的、非人情化的（impersonal）"规则至上"，认为真正适合于中国文化的东西是一种介于规则与人情之间的"传统"。"传统"是由一群人在一起形成的某种类似习惯、风俗之类的东西，它不像法律一样过分注重形式，但通过人心的力量对每个人构成约束。这不是说中国现代性不需要法治，而是说中国现代性的方向之一可能体现在行业的自治与理性化。

民主、自由、人权、法治……这些概念多年来一直被看成衡量现代性的价值标准。毋庸置疑的是，这些概念，以及自由主义，确能维护社会自治、促进行业的理性化。因为自由主义的信念之一，就是把个人作为社会行为者（社会学中习称为 agent/agency）——无论是作家、学者、教授还是工匠、商人——自身作为目的，而不是单纯作为完成其他目的的手段，这才是对其人格的基本尊重。但是，正如我们在前面已经指出过的，自由主义的局限性在于：它可能导致权利的被滥用；在东方文化中，由于没有根深蒂固的个人主义传统，个人自由的绝对化往往导致族群冲突、人心撕裂甚至社会失序等问题。所以，我宁愿选择用儒家的术语——"王道"与"霸道"——来表述我们的观念，我们发现：其实儒家王道思想的现代意义之一就是促进"行业的自治与理性化"，它在另一文化传统中也许可以达到与西方自由主义"殊途同归"之效。

按照狄百瑞的说法，儒家礼学以互助、关爱、理解为伦理精神之核心，而不是一味强调权利。这是儒家传统中与西方自由主义所不同的东西，也正是这种区别，在狄百瑞看来最难能可贵，因为这种社群主义精神既吸收了自由主义的优点，又超越了自由主义的不足。他认为，礼制类似于西方历史上的人格主义（personalism），与个人主义（individualism）不同的是，它表达了对人的价值和尊严的尊重，以及对人格全面发展的追求，但认为这些并不是通过诉诸孤立的个人权利和自由来达到，而是在特定的文化传统和各自的社会共同体及其自然环境中实现的，所以才有益于社群主义。[①]

今天，有责任感、有良知的中国人需要思考的一个重要问题是：成为一个真正文明、进步的现代国家的基本前提就是，行业传统空前发达，行业的自治和理性化得以确立；我们不仅有"领导"和"官员"，更有一大批杰出的政治家、教育家、企业家、法官等各行各业的"大师"；不仅有经济的腾飞、政治的进步和科技的发达，更有尊严的保障、个性的展示与潜力的发挥以及人格的全面发展……而这一切，难道不需要以行业的自治与理性化为前提吗？

---

① *Asian Values and Human Rights*，p. 25. 其他从社群主义立场来阐述儒学对于现代性的意义，参见 Hall & Ames，*The Democracy of the Dead*，1999；Tu Wei-ming，*Centrality and Commonality：An Essay on Confucian Religiousness*，Albany，N. Y.：State University of New York Press，1989（有中译本）。

市民社会与现代儒学使命

【提要】

　　西方历史上的市民社会是在权力高度分散化和多元化的特定背景下形成的，一开始就呈现出与现实社会及政治结构的异质性，与此相应的是其内部的理性化过程完成得较早；相反对于许多后发现代化国家来说，"市民社会"与现实社会及政治结构是同质的，这导致其内部的理性化过程迟迟不能完成。在这种情况下，后发现代化国家市民社会发展所面临的最主要问题是内部的理性化过程如何完成。

　　还可以这样来表述：市民社会在欧洲的发展历程在中国是不可模仿的。中国市民社会的发展道路有自己不同的背景和独特的要求，其中最大的难题莫过于社会的散漫、游离、缺乏自组织能力。因为当社会缺乏自我组织和自我管理能力时，过早地给它充分的自由反会造成混乱，更遑论对抗政府了。从中国乃至东亚文化的特殊习性出发，可以理解，在不具备欧洲市民社会早期成长过程的条件下，主张本来并不成熟、如散沙一般的社会走一条对抗并最终彻底战胜官府的道路，是不现实的。因此，市民社会的自治与理性化，才是未来中国市民社会实现自身的首要前提。正是从这个角度出发，我们再次发现了儒家传统对于中国市民社会健全发育的特殊功能。

表面看来，儒家从格致到治平的条目并不包含"社会"这一环。然而儒家的外王条目本不是机械构成的，儒家选贤举能的精英主义和尽性化育的礼治思想实为中国市民社会自治与理性化的必由之途。从个人修身的阶梯看，社会的自治与理性化属于儒学"外王"范畴。因此，把《大学》八条目中的"治国"转化为"治业"乃是儒学今天的自然转换，也是儒学在市民社会的巨大挑战面前需要作出的反应。

本章内容与前面"王霸之辨、行业自治与儒学"章相呼应。

市民社会是 20 世纪 90 年代中国学界的热门话题。应该承认，市民社会的兴起是现代社会区别于古代社会的最重要标志之一，它从根本上改变了人类社会的结构，包含着现代性的全部秘密。本章第一部分详细考证西方市民社会早期发育、自治及理性化这一鲜为人知的重要过程，借此说明西方市民社会道路的特殊性；第二部分说明中国市民社会不可能走一条与西方相似的、以对抗为主、以彻底战胜国家为宗旨的道路；第三部分说明儒家传统如何应对现代市民社会的挑战，实现相应的转换，并发挥积极作用。

市民社会的两个传统及其在现代的汇合

本部分试图通过对"市民社会"、"市民—公民"、"城堡—城市公社—国家"三组概念的词源学考察，揭示西方两种不同的市民社会观念和对市民社会的两种不同的理解趋势，分析二者赖以产生的社会背景，亦即现代市民社会的两个传统：古希腊罗马时期的城邦或以城市为文明中心的政治国家，以及人们关于它的观念和思想；中世纪末叶以来在西欧涌现出来的自治的城市公社，它在后来的发展，以及人们关于它的观念和思想。我们认为，17、18 世纪以来在一些西欧国家产生的现代市民社会实际上可以看作这两种传统的汇合，它既是一个"私人利益关系的总和"，又是一个"国家公民"的社会，这一社会在西方特有的政治、经济、文化背景下经历了漫长的发展演化过程。

人们往往从西方经典作家的论述出发去理解市民社会概念，而没有把市民社会当作一个活生生的社会历史过程对待。市民社会是特定历史条件下的产物，现代西方的市民社会是欧洲特有的文化传统和社会现实因素所共同造就的。在不同的历史时期和不同的地方，市民社会可能表现为不同的形态，置身于不同文化环境中的经典作家们也因此对它作出了不同的理解和阐释。通过对不同的市民社会学说背后隐藏的语言、文化、历史和政治背景的考察，我试图揭示西方市民社会的演变历程。实际上，市民社会既是"私人利益关系的总和"（马克思语），又是"国家公民"的社会，二者既相区别又相联系，在现代已经实现了某种程度的汇合。

英、德、法语中"市民社会"概念

"市民社会"一词在现代英语和法语中分别写作 civil society 和 société civile，该词是从拉丁文 civilis societas 一词演化过来的。在拉丁语中，societas 一词是协会、结社、联盟的意思，而 civilis 一词的含义则比较复杂。[①] 首先，它指市民的或城民的。这里所谓的市民或城民都与城市并且与文明联系在一起。在古希腊罗马时期，人们习惯于认为那些遵守市民法（jus civile）生活的市民们过着一种高贵、优雅、道德的生活，因此城市或市民生活本身就是和野蛮人相

---

① Sills (ed.), *International Encyclopedia of the Social Sciences*, New York: The Macmillan Company & The Free Press, vol. 2, 1968, p. 473（civil 的五个含义，包括遵纪守法、举止文雅、尊重他人甚至对手、公正讲理、崇尚普遍自由）。Lewis, *A Latin Dictionary for Schools*, New York, Cincinnati and Chicago: American Company, 1888/1916, p. 168; Simpson & Weiner (prepared), *The Oxford English Dictionary*, second edition, vol. II, Oxford: Clarendon Press, 1989, pp. 255-256: "civil."

对照的文明的象征，civilis 因而具有文明的含义。与 civilis 词根相同的另两个拉丁语词 civile 和 civiliter 至今仍指谦恭、礼貌、文雅、文明等。其次，civilis 在古代尤其是罗马共和国时期就代表了一种西方人特有的法律和社会至上思想。civilis 在拉丁文中的另一个含义是法律，还可指罗马共和国时期的民法，它在很大程度上是一个法律用语。乔治·霍兰·萨拜因教授指出，当时的人们不认为法律代表国家，也不认为法律是统治阶层或立法团体中少数人私人意志的产物；相反，他们认为法律是人类赖以共同生活所必须遵守的天赋的或至高无上的原则；法律和权利都来自天意而不是长官，也决不代表长官的个人意志和私人利益。用西塞罗的话来说，那就是"法律统治长官，长官统治人民"。在人们心目中，法律是代表社会的，人们把社会和人民看得高于国家或长官。这种认为"人们就其本性而论从根本上说是社会的"思想，早在公元前 1 世纪之前的罗马共和国时期就已经流行了；它不仅体现在当时人们关于 jus civile（市民法）、jus gentium（万民法）和 jus naturale（自然法）的普遍观念之中，而且在西塞罗等罗马法学家的理论著作中得到了充分阐述。[1] 再次，civilis 在拉丁文中还有着重要的经济含义。civilils 不仅指法律而且指私人权利，不仅包括私人自由活动和居住的权利，而且主要指公民的私有财产不受侵犯的权利，及与他人订立契约和从事自由贸易活动的权利等。中世纪末叶以来，罗马法在西欧再度兴起，影响日益扩大，主要原因之一即是当时欧洲城市的商人纷纷利用罗马法关于私人财产和契约等经济活动权利的规定来对抗世俗教会和封建领主。[2] 不过 civilis 的上述经济含义是在其法律含义范畴内取得的，也就是说个人的私人权利是通过 civilis 作为民法（市民法）直接加以规定的。最后，civilis 还有一个与公共生活、政治生活和国家密切相连的含义。和 civilis 相关的另两个词 civitas、civitatem 在拉丁文中

---

　　[1]　参见萨拜因：《政治学说史》（上册），199～214 页（西塞罗和罗马法学家），北京，商务印书馆，1986。

　　[2]　Tigar, *Law and the Rise of Capitalism*, New York and London: Monthly Review Press, 1977.

有城邦、政体和政治国家的意思①，civilis 在拉丁文中也有"国家公民"的含义。在古希腊罗马时期，公民概念本身就带有强烈的政治含义，并不是每个居住在城邦或国家版图之内的人都有资格成为公民，而一个人一旦成为公民就意味着他拥有了一般平民或外乡人所没有的一系列政治权利，其中包括参加选举或当选为执政官的权利、保卫城邦或国家不受侵犯的权利、私人财产不受国家武力侵犯的权利等等。

在《布莱克维尔政治学百科全书》中写道：

> 市民社会（源于拉丁文 civilis societas）一词约在 14 世纪开始为欧洲人采用，其含义则是西塞罗在公元［前］1 世纪便提出的。它不仅指单个国家，而且指业已发达到出现城市的文明政治共同体的生活状况。②

实际上，现代西方的市民社会思想不仅可以追溯至古罗马时期人们关于 civilis 的观念以及西塞罗等思想家的思想，而且可以追溯至古希腊时期人们关于"公民"以及与之相关的城邦政治生活的思想，这些思想在柏拉图、亚里士多德等的政治学说中得到了生动的体现。我们今天已很难确知 civilis socitas 在拉丁文中出现于什么年代，前引书作者也没有交代 14 世纪时欧洲人开始使用的"市民社会"一词是以什么语言形式出现的。但据笔者考查，civil 一词于1290 年首次在法语中出现，并于 1718 年被收入学术字典。③ 由于该词是从拉丁文 civilis 演变过来的，因而含义也与之相似。它当时是

---

① 霍布斯后来用 civitas 一词来指君主专制国家，该词常被我国学者译为"利维坦"，实际上在古罗马时期该词指以城市为文明中心的政治国家。参见北京大学哲学系外国哲学史教研室编译：《十六—十八世纪西欧各国哲学》，98 页，北京，三联书店，1958；另参见 Lewis，*A Latin Dictionary for Schools*，New York，Cincinnati and Chicago：American Company，1888/1916，pp. 168−169："civita"。

② 米勒（等）：《布莱克维尔政治学百科全书》，125 页，北京，中国政法大学出版社，1992。

③ Larousse，*Nouveau dictionnaire étymologiqte at historique*，quatrième édition revue et corriqée，Libairie larousse，1964，p. 170.

一个法律用语，指民法，此外还有市民的、公民的、民用的等含义。
而在英语中，civil 一词据考查较早于 1594 年以 ciuill society 这一古
英语形式出现，并被解释成：ciuill society doth more cotent the na-
ture of man then any priuate kind of solitary liuing（可大致译为：市
民社会比任何一种人类私人生活团体具有更丰富的人性内容①）。显
然，英文 civil 一词也是从拉丁文 civilis 演化过来的。从上面的引文
还可以看出，"市民社会"一词在其刚刚产生时就与古罗马时期的文
化有着直接的渊源关系，它被人们当作一种文明、进步的社会形态。
尽管"市民社会"一词在欧洲语言中出现的时间可能较早，但正式
使用应当说只是 17 世纪末叶特别是 18 世纪以来的事情。在英国，
自从洛克在《政府论》中把 civil society（多译为"公民社会"）当作
一个核心问题来讨论之后，civil society 在英国学术界便成为人们关
注的重要课题。到 18 世纪中叶，市民社会问题在爱丁堡的苏格兰常
识学派（包括休谟、亚当·斯密、亚当·福格森等人）那里获得了
重视，其中亚当·福格森（Adam Ferguson，1723—1816）是一位
重要的市民社会理论家。在法国，卢梭可能是第一个使用 société ci-
vile（市民社会）概念的重要思想家，在《论人类不平等的起源和基
础》这本书中，他用这一概念来称和自然状态相对应的，由公正、
理性和公民主权统治的文明进步的社会。应当注意到，18 世纪法国
思想家更多使用的还是另一个与"市民社会"等义的术语，即
L'etate civil。该词多次出现于卢梭的《社会契约论》、孟德斯鸠的
《论法的精神》等重要著作中。L'etate civil 一词常被译为"公民状
态"②，实际上该词是在和 société civile 同等的意义上被使用的。在
法文中，etate 既有状态、状况之义，也有国家、政体之义，卢梭、
孟德斯鸠所讨论的 L'etate civil 是指一种公民的权利得到保障且在
公民意志一致的基础上建立起民主政体的政治社会，它和洛克所

---

① *The Oxford English Dictionary*，vol. Ⅱ，Oxford：Clarendon Press，1933，
p. 446.

② 北京大学哲学系外国哲学史教研室编译：《十八世纪法国哲学》，23、174～175
页，北京，商务印书馆，1963.

说的 civil society 和 civil government 含义接近。

从大体上讲，在 18 世纪的英国和法国这两个拉丁语系国家，尽管人们的市民社会思想有一定差别，例如英国人讲市民社会（civil society）时注重经济关系（私有财产权），而法国人更强调政治含义和革命色彩，但他们在使用 civil 一词时都带有异常明显的罗马文化烙印。首先，他们把市民社会当作一种文明、进步、道德的社会理想；其次，他们把市民社会看作一个通过法律来代表人民的利益、保障公民的私人权利的社会，在这个社会里法律和人民的权利是至上的，即社会至上；最后，强调市民社会是一个政治社会，在这个社会里公民或人民能主宰或积极有效地参与国家政治事务，也就是说这是一个国家公民的社会。这些特征可能与几个世纪以来拉丁文化在欧洲的复兴给人们特别是拉丁语系国家的人们造成的深刻影响这一事实有关。然而，17、18 世纪以来在欧洲部分商业发达国家形成的现代市民社会毕竟与古希腊罗马社会有巨大的差异，洛克、孟德斯鸠、卢梭等人所描绘的那个理想的"市民社会"也绝不能等同于古代的希腊或罗马社会。在这种新的市民社会里，公民不复根据一个人的家庭出身或财产来划分等级，也不是享有特权的政治等级，公民的范围已大大拓宽。在现代历史上，公民的主力军是由中世纪城市里形成的市民等级即 bourgeoisie 阶层的人演化来的。因此，仅从 civil society、société civile 等词的拉丁语原义来理解现代市民社会是不行的，为此我们引入另一组从词源上讲与古罗马时期的拉丁文化没有直接联系的市民社会概念，其中最主要的是德文"市民社会"——bürgerliche Gesellschaft——一词。

bürgerliche Gesellschaft 一词是由形容词 bürgerliche（市民的、资产者的）和名词 Gesellschaft（社会）构成的，这两个词都是日耳曼语中早就有的，而与拉丁语没有直接关系。其中 bürgerliche（形容词）是名词 Bürger（市民、资产者）的变化形式。在德国古典哲学家中，康德是第一个明确使用这个概念并把它当作一个重要问题加以讨论的思想家。可以认为，康德和费希特的市民社会思想是 18 世纪法国哲学家关于"公民"及"公民社会"（即市民社会）的热烈讨论在德国的回应。康德和费希特都受到过法国启蒙思想家卢梭等人的深刻影响，也许正因为如此，他们把市民社会（bürgerliche Gesellschaft）理解成"普遍法治的公民社会"，理解成卢梭等人所描述过的那种理想、文明、进步的社会。然而，到了黑格尔和马克思那里，这幅文明理想的图画遭到了彻底摒弃①，他们把市民社会直接看成"私人需要的体系"（黑格尔）或"私人利益关系的总和"（马克思）。黑格尔强调，在市民社会中每个人把自身的需要当作唯一目的，而把他人仅仅当作手段；马克思则认为市民社会是由物质的交往关系构成的。与此同时，黑格尔和马克思都把市民社会和国家区别开来，市民社会不复是政治社会，它的成员也不是国家公民而成了单个的私人或个人，即从 citoyen（公民）变成了 bourgeois。黑格尔和马克思对市民社会的重新阐释使得过去人们在拉丁文化传统中从规范的意义上理解的市民社会概念发生了严重动摇，同时这一问题又由于 bürgerliche Gesellschaft 一词含义的多样性而变得更加复杂。由于它不是从拉丁文演化过来，其含义对拉丁文化没有直接继承性，结果中国学者有时将它译成"市民社会"，有时又不得不译为"资产阶级社会"；在英文和法文中，这一概念也相应地有两种译法，即译为 civil society（英）、société civile（法），或 bourgeois society（英）、société bourgeoise（法）。现在就让我们从词源上来考察一下 bürgerliche Gesellschaft 的真实含义应该是什么。

首先，从词源上看，bürgerliche Gesellschaft 的含义与英语中的 bourgeois society、法语中的 société bourgeoise 更加接近。德文中 bürgerliche 的名词形式 Bürger 在现代德语中有多种含义，可分别指市民、资产者或公民。由于 Bürger 又是从名词 Burg（城堡、要塞、城镇）演变而来，其最初含义则是指生活在城堡周围或城镇上的人，即近代早期城市里的那些商人、手工业者和自由民等。② 今日德语中以 Bürger 的词根组成的复合词如 Bürgertum、Bürgerstand、

①　米勒（等）：《布莱克维尔政治学百科全书》，125～126 页。

②　*DUDEN Etymologie：Herkunftswörterbuch der deutschen Sprache*，Band 7，Mannheim：Bibliographisches Institut，Dudenverlag，1963，p. 90.

Bürgerschaft 在中译本中分别译作"市民阶层"、"市民等级"、"市民阶级"，它们在现代早期曾被用来指第三等级或中间阶级。① 尽管 Bürger 后来（18 世纪在康德那儿）也获得了"公民"的含义，但是从词源上看，德语中的 Bürger 和法语中的 bourgeois，德语中的 Bürgertum 等和法语中的 bourgeois（ie）一词含义是一致的。今查得，bourgeois 一词 1080 年首次在法语中出现，它是从法语词 bourg（同德文 Burg，即城堡、要塞或城镇）演变过来的，指生活在解放了的城市或城镇上的市民、自由民等；而其复数形式 bourgeoisie（通常译为"资产阶级"）于 1240 年出现在法文中，指作为一个整体的市民或自由民阶层。事实上，bourgeois（ie）一词的含义是非常广泛的，它包括早期城市里的商人、自由民、手工业者，乃至律师、帮工、学徒等等，直到 1830 年之后人们才把 bourgeoisie 一词和手工业者区分开来。在法国革命前，bourgeoisie 就是人们所说的第三等级，但它的含义也经历了一个演变过程。在法国革命中，bourgeois（ie）仍然带有贬义。② 由此可见，Bürger 一词从词源看上与 bourgeois 含义更加接近，将德语中的 bürgerliche Gesellschaft（市民社会）译为英语中的 bourgeois society 或法语中的 société bourgeoise 应当说是比较准确、比较符合该词本义的。从词源上还可以看出，bürgerliche Gesellschaft（德）、bourgeois society（英）、société bourgeoise（法）这三组概念的本来含义就是指一个由中世纪末期以

---

① 笔者在中央编译局马克思恩格斯著作编译室资料库中直接查得，马克思在著作中大量使用过的有关 Bürger 的词包括 Bürgertum、Bürgerstand、Bürgerklasse、Bürgerliche Kleise、Bürgerliche Stand，它们在中译本中被译成市民阶层、市民阶级、市民等级等等。马克思经常使用的 Bürger 一词一般在中译本中译作"市民"，另一个词 Bürgermeister 分别被中译本译作"市长"、"乡镇长"、"地方长官"。

② Dauzat, et al, *Nouveau dictionnaire étymologique et historique*, Paris: Librairie Larousse, 1964, p. 103. bourgeois 还可作 bourgeoisie 的形容词形式，该词和 bourgeoisie 在现代欧洲语言中通用。五四时期我国学者曾将 bourgeoisie 译为"布尔乔亚"，译为"资产阶级"实际上是借用了日本学者的译法。马克思将 bourgeois 当作"市民社会的一分子"（《马克思恩格斯全集》，中文 1 版，第 1 卷，429、440 页，北京，人民出版社，1956），实际上 bourgeois（ie）在法语中虽通常指拥有资产的人，但它其实并不等于资本家阶级（capitalists），后者是和无产阶级（proletariat）相对立的概念，从 bourgeoisie 和 proletariat 相对立的角度来理解该词不符合 bourgeoisie 的本来含义。

来在欧洲城市里形成的商人、手工业者、自由民或第三等级构成的社会，这个社会就是马克思所说的 bürgerliche Gesellschaft，把它译成"市民社会"当然是没有问题的，因为它的主体就是市民阶级或市民等级；法国人称之为 bourgeoisie，德国人则称之为 Bürgertum、Bürgerstand 等等。

其次，bürgerliche Gesellschaft 以及与之相关的 société bourgeoise 等词给我们提供了一系列异常重要的理解现代西方市民社会起源和特征方面的信息。因此，笔者认为它们比来自拉丁文的市民社会概念——civil society、société civile 等——更准确地反映了现代市民社会作为一个活生生的历史过程的起源和特征。第一，Bürger 或 bourgeois 不仅代表了现代西方市民阶层的主体，而且更重要的是，它们准确地告诉我们，现代西方的市民社会一开始就是由那些生活在城堡或市镇之上的商人、自由民等构成的。这些人不同于古罗马时期有着特定身份和特殊政治地位的公民，而是一些既无身份也无地位直到 18 世纪中叶在一些国家仍被人瞧不起的商人或"流民"。第二，与古代公民相比，Bürger 或 bourgeois 作为市民社会成员的重大不同在于他们早期不是公民，无须对国家、对封建秩序尽什么义务或过分地讲究国家公民的德行，恰恰相反，他们是一些精打细算的商人和有产者，追求私人利益就是他们的目标。第三，和古希腊罗马时期的"公民"社会相比，这个由 Bürger 或 bourgeois 构成的社会还有一个特点，那就是它自 11 世纪起源以来便一直对它外部的政治秩序和政治势力保持一种离心的关系，在近代早期它们是独立于教会和王权的自治的城市公社（commune）。这些现代市民社会的特有含义我们可通过对 bürgerliche Gesellschaft 等词的词源学探讨中发现，但却不能在源于拉丁文的几个市民社会概念中直接反映出来。这样我们也许就能部分地理解，为什么黑格尔和马克思能不受拉丁文化的影响，把市民社会理解成"私人需要的体系"或"私人利益关系的总和"，并从政治国家和市民社会二元区分的立场上来认识它。

最后，笔者还要指出另外一个重要事实，即要在德语中找到一个能精确翻译源于拉丁文中的"市民社会"（civilis societas、civil society、société civile）一词的词语是完全可能的。一位德国学者告诉笔者，严格说来，在德语中只有 Zivilgesellschaft 一词和 civil society、société civile 含义完全相同。今查知，zivil 这个德语单词是 16 世纪时从法文 civil 一词演化过来的，二者含义自然相同，即指市民的、公民的、文明的等意思。① 然而奇怪的是，生活在 18 世纪中叶至 19 世纪的德国哲学家康德、费希特、黑格尔及后来的马克思等人却从未使用过 Zivilgesellschaft 这个术语来指称"市民社会"。事实上，zivil 一词虽然在德文中出现较早且在近代著作中频繁出现，但是 Zivilgesellschaft 一词却几乎从来没有为人们所正式使用过，我们可以从不同的角度来猜测德国哲学家使用 bürgerliche Gesellschaft（甚至 Bürger Gesellschaft）而不用 Zivilgesellschaft 来表示市民社会的真正用意。也许是因为 zivil 是一个外来词，而 bürgerliche 是日耳曼语中固有的词；也许是因为黑格尔、马克思等人有意要破除 civil 一词的拉丁文含义，意欲强调市民社会是一个由现代的市民等级构成的社会；也许是因为他们试图强调这个由现代市民等级构成的社会是以相对独立于国家的方式存在的……总之，bürgerliche Gesellschaft（市民社会）的含义和 civil society 等源于拉丁语的市民社会概念含义有重要差别。从词源上看，它和英、法语中后来出现的另一组概念 bourgeois society（英）、société bourgeoise（法）含义更加接近。后者虽常被中国人译成"资产阶级社会"，但实际上它在现代史上和 bürgerliche Gesellschaft 一样，指一个由新兴的市民等级构成的社会。如果说，civil society、société civile 从人们的使用情况看应当被较为准确地理解或翻译成"公民社会"的话，那么 bürgerliche Gesellschaft、société bourgeoise 才真正应当被准确地理解或翻译成"市民社会"。据此，笔者认为，现代英语和法语中的市民社会概念不应局限于 civil society（英）、société civile（法）、L'etate civil（法）等几个，还应包括 bourgeois(ie) society（英）、société bourgeoise

---

① *DUDEN Etymologie：Herkunftswörterbuch der deutschen Sprache*，Band 7, p. 784.

（法）等等。既然 Bürger 和 bourgeois 本来含义相同，bürgerliche Ge-sellschaft 可译为"市民社会"，那么 bourgeois(ie) society 等又为何不能译为"市民社会"呢？

英、德、法语中"市民—公民"概念

现在，我们面对着两组不同的市民社会概念。其中一组是从拉丁文 civilis societas 演化而来的，它带有古罗马文化的明显烙印；而另一组则是现代早期新创立的，它们与拉丁文化没有直接的联系，但却更能反映现代西方市民社会的起源和特征。现将这两组概念分列如下：

第 1 组	第 2 组
civilis societas（拉）	bürgerliche Gesellschaft（德）
civil society（英）	bourgeois(ie) society（英）
société civile（法）	société bourgeoise（法）
L'etate civil（法）	

我们发现，这两组不同的市民社会概念都和"市民—公民"这组概念有着不可分割的重要联系。正如前文所揭示的那样，在这两组市民社会概念中，第 1 组概念在历史上导致人们倾向于把市民社会理解成"公民"的社会，进而理解成文明社会、政治社会。这种理解主要体现于 18 世纪英国和法国思想家的著作中。第 2 组概念在历史上则导致人们把市民社会表达成一个真正的"市民"的社会，即一个由市民等级（bourgeoisie、Bürgertum）构成的、与政治国家相区分的私人利益体系。鉴于第 2 组概念中 bürgerliche Gesellschaft 一词自康德将 Bürger 赋予了"国家公民"（Staatsbürger）的含义以来也获得了"公民社会"的含义，故而可以认为该术语同时包含着上述两种含义，即"市民"社会和"公民"社会的双重含义。另外，从词源上讲，上述几种不同的市民社会概念也与相应语言中的市民（Bürger、bourgeois）和公民（civis、citoyen 等）两词有着相关性。下面，笔者将通过对"市民—公民"概念的词源学考察以及人们在讨论市民社会问题时对这类概念的使用情况来说明：在上述两种不

同的市民社会概念背后，存在着西方人理解市民社会时的两个趋势，即把它理解成"市民的"社会和理解成"公民的"社会的趋势，而18世纪形成的现代西方历史上的市民社会则可看作由这两种趋势所代表的两种市民社会传统在新的历史条件下的汇合。

现代欧洲语言——特别是那些属于拉丁语系的语言——中的公民概念，如英语中的 citizen、法语中的 citoyen 无论在词形上还是在含义方面都源于拉丁文中的"公民"（civis）一词，后者据说又是从希腊文公民一词——πολιτηξ——迻译过来的。德国学者乔·里特教授写道：

> ［公民］这个古典哲学概念，即希腊文中的 πολιτηξ，拉丁文中的 civis，是一个带有古代城市国家（Staadtstaates，πόλιξ，civitas）烙印的术语。①

根据恩格斯在《家庭、私有制和国家的起源》中对古希腊罗马时公民状况的分析，我认为"公民"这一概念在古希腊罗马时期有下述一些共同特征，尽管该词的含义在这段历史时期一直在变化着：首先，它指一个拥有特殊的政治权利的阶层，并因而和那些不属于公民阶层的绝大多数人相区分。只有公民才有资格参加投票，在公民大会上有发言权，有权利担任官职。因此公民等级就是政治等级，"公共权力在这里体现在服兵役的公民身上"②。那些非本地出生的外乡人，那些被征服地区的臣民以及受人统治的奴隶都没有资格成为公民。其次，公民是一个拥有一定的世袭财产（特别是地产）、在经济上独立并依靠非公民阶层的人（奴隶）的劳动的人。"国家公民的权利和义务，是按照他们的地产的多寡来规定的"③。在雅典，梭伦把公民按照他们的地产和收入分为四个等级；前三个等级的人有权担任一切官职，第四等级的人只有在公民大会上投票和发言的权

---

① Ritter, *Historisches Wörterbuch der Philosophie*, Band 1, Basel: Schwabe & Co. Verlag, 1971, p. 962.
② 《马克思恩格斯选集》，1版，第4卷，126页，北京，人民出版社，1972。
③ 同上书，112页。

利。在古罗马，国王塞维·图里乌（Servius Tullius）曾将公民依财产多寡分成五个等级（"无产者"不列级）。再次，公民就是自由民，他们的权利、地位和自由都是通过法律得到确实可靠的保障的，法律不仅保障了他们的政治权利和私人财产，而且赋予他们以很大的经济和社会活动自由。正因为如此，古希腊罗马时期的公民并不局限于某一职业范围——他们可以是贵族、长官，也可以是平民；可以是乡村地主，也可以是手工业者、航海家或商人。最后，需要强调指出的是，公民之所以成为公民，是以统一的政治共同体——国家的形成为前提的，不仅公民的政治权利是相对于国家而言的，而且公民的其他一切权利如财产权利和社会活动自由都是在统一的政治国家中通过公民大会的立法得到确认和保障的。用恩格斯的话来说，在古代希腊和罗马，国家机构是在拥有私人财产的公民的基础上形成的，因为公共权力是在公民身上体现出来的，正因为如此才会有"以地区划分和财产差别为基础的真正的国家制度"[①]。另外，公民一旦成为公民，就要为国家尽一定的义务（服兵役、缴纳税赋等），同时还要遵守一系列有关公民的品质、性格和德性的要求，这些要求都与人们关于国家的一系列理念有关。古希腊罗马时期的"公民"概念，我们今天可以从当时遗留下来的法律文献、从柏拉图、亚里士多德和西塞罗等人的著作中清晰地发现，这些思想和观念在 11 世纪之后开始在西欧发生影响，并导致了现代公民概念的产生。[②]

现在再让我们看看在英语和法语中"公民"概念的产生及其含义。现代法语中的"公民"——citoyen——一词是 12 世纪从 civis（拉丁文"公民"）演变过来的，当时写作 citeien，而英语中的"公民"——citizen——一词则是 14 世纪时受法语的影响产生的，曾经被写作 citisein、citeseyn、cetisen、cytezyn、citizen 等多种不同的形式（citizen 的词形在 16 世纪以后通用）。无论是 citoyen 还是 citizen，其含义都是从 civis 这一拉丁文中的"公民"概念继承过来的，

---

①　《马克思恩格斯选集》，1 版，第 4 卷，126 页，北京，人民出版社，1972。

②　参见顾准：《希腊城邦制度》，10～20 页，北京，中国社会科学出版社，1986；Ritter，*Historisches Wörterbuch der Philosophie*，pp. 962-966。

早期指那些生活在城邦、城市或城镇上，享有一定的市民权利或特权的人。但是在 16 世纪以前，即在民族国家尚未形成的历史条件下，人们还没有也不可能把这些市民权利或特权和政治国家联系起来。在英语中，citizen 一词是在 16 世纪以后获得国家公民的含义的；而在法语中，人们在 18 世纪时才把 citoyen 理解为享有公民权利的、共和国的公民。[①] 这两个时期正好与英国和法国民族国家形成的历史时期大致吻合。无论在英国还是法国，现代公民概念的形成和流行使用都是在民族国家初步形成、市民等级日益壮大及资产阶级革命已经兴起的历史条件下实现的。正因为如此，我们看到，这一时期的思想家们在讨论公民概念时把它和市民社会紧密地联系到了一起，或者说，他们是在市民社会的范畴内讨论公民和公民权利的。从这个角度看，我国学者过去常将他们所使用的"市民社会"——civil society、société civile——一词译成"公民社会"，这样做是不无道理的。

具体地讲，17—18 世纪的英国哲学家和法国思想家对"公民"一词的使用情况又有区别。在英国，据笔者查阅，"公民"（citizen）这个带有强烈政治色彩的术语当时虽已形成，但其使用程度远不及在 18 世纪的法国那么热烈。霍布斯、温斯坦莱、洛克、休谟等人大多数情况下使用的并不是 citizen（公民）这个词，而是在一种比较温和的意义上使用了"臣民"、"人民"、"人"等词。但是事实上，这些概念的含义和"公民"这个概念的含义往往大体相当。[②] 例如，温斯坦莱竭力宣扬共和制度和这样一种"共和国"的理想：在这个共和国里，每一个人都有使用土地的自由，都能以间接的方式参与国家法律的制定；在这个共和国里，人民是国家事务的真正主宰，而人民之间则是通过象征和平与正义的法律联合起来的。这里的"人"、"人民"与卢梭、狄德罗所使用的"公民"一词含义相近。在洛克那里也有

---

① *The Oxford English Dictionary*, 1933, p. 442; Robert, *Dictionnaire alphab étique et analogique de la langue française*, Paris: Le Robert, 1978, pp. 319–320.

② 关于"人"和"公民"两个概念之间的具体关系，见 Ritter, *Historisches Wörterbuch der Philosophie*, pp. 963–965。

相似的情况，因为洛克一再宣扬和赞美的 civil society 确实是一个"公民的"社会。① 在 17、18 世纪的法国等欧洲大陆国家，"公民"（citoyen）概念及公民权成为人们关心的最主要问题之一。在斯宾诺莎、卢梭及百科全书派的作品中到处充斥着对于"公民"及"公民权"的讨论，这种讨论到法国大革命时期达到了顶点。他们所使用的"公民"（citoyen）一词的含义在许多方面都继承了 civis（公民）一词在古罗马时期的含义，即指那些享有特定的政治权利和经济活动自由（包括私人财产权利）的人，同时强调公民的权利和义务是由代表理性和正义的法律加以保障的；另一方面，公民又是相对于统一完整的政治国家（共和国）而言的，只是在民族国家已经形成的条件下，在资产阶级共和国里才有真正意义上的公民。

　　然而，我们也不能过分夸大现代公民概念和古希腊罗马时期公民概念之间的联系，否则我们就将无法认识现代市民社会与古希腊罗马"公民"社会的本质区别。首先，与古希腊罗马时期相比，现代公民的范围已经大大拓宽了。它虽然也与古代一样以政治权利为核心内容，但是现代的公民概念已经不是像古代那样指一个主要与奴隶、外乡人等相区别的特权阶层。广义地讲，每一个国家成员都有可能成为并应该成为公民。现代公民概念坚决反对用一个阶层来压迫和奴役另一个阶层的古代观念，而强调人与人之间的平等关系。其次，从经济含义上讲，古代的公民被按其所拥有的财产多少来划分和衡量，在公民与公民之间造成了贵族和平民的等级区分。与此相反的是，现代公民概念在经济含义上只强调每一个人的私人财产及经济活动自由都应当得到保障，而强烈反对在公民与公民之间划分任何等级。这与现代公民思想建立在资产阶级的"自由"、"平等"、"人权"这些新概念之上有关。再次，在古代，那些在乡村拥

① 狄德罗曾经指责霍布斯对"臣民"和"公民"不作任何区别，而卢梭的下述一段话则可在某种程度上视作对"人（民）"、"臣民"和"公民"三个概念之间关系的一种概括。卢梭说，在共和国里，"至于参加联合的人们，集合在一起称为人民，个别的则称为公民，这是指参与主权的身份，又称为臣民，这是指服从国家法律的身份"。但他接着又说："但是这些名词常常是混淆的，互相通用的；在以十分精确的意义使用时知道加以区别也就够了。"（北京大学哲学系外国哲学史教研室编译：《十八世纪法国哲学》，423、172 页）

有大笔地产的地主和贵族最有资格成为公民，并且实际上是公民中的最高层；相反，现代的公民思想实际上是代表市民等级（bourgeoisie、Dürgertum）的利益的，正因为如此它把乡村地主（领主）和封建贵族当成共和国和 civil society（公民社会）的死敌，认为这些人最没有资格被当作公民。最后，从来源上讲，古希腊罗马时代的公民来源是具有一定的家族身份、出生于一定地点的人，而现代的公民应当说来源于中世纪末叶以来逐渐形成的商人、有产者、自由民阶层（bourgeois）即第三等级。人们认为现代市民等级即 bourgeoisie 中的优秀分子最有资格成为共和国的公民，或者说现代的公民是从 bourgeois 转化而来的。这个问题涉及 citoyen（公民）和 bourgeois（市民）两个概念之间的关系，让我们来加以分析。

我们说现代公民（citoyen）是从 bourgeoisie 转化而来的，这并不等于可以认为 citoyen 和 bourgeois 两个词同义。这个问题之所以重要，是因为它直接关涉到市民社会的两种不同理解趋势，还涉及西方市民社会的两个传统及其在现代的汇合这个本章的主题。从词源上看，citoyen 和 bourgeois 的含义区别是显而易见的。如果说，在民族国家形成以前 bourgeois 和 citoyen 含义还有些相近，二者都可用来指称那些在城市或镇上的自由民，那么到了民族国家形成以后特别是 18 世纪之后，二者的含义就有了明显的区别。如前所述，所谓公民（citoyen），首先是相对于统一的政治国家（共和国）而言的，一个人只有作为共和国的成员，并被共和国的法律赋予了相应的政治和社会权利才能谈得上是公民；而 bourgeois 这个 11 世纪新出现的法语词长期以来一直是指商人、有产者、自由民等等，它的存在并不是以政治国家为前提的。其次，正如乔·里特教授指出的那样，bourgeois 一词在使用时主要强调的是市民等级——城市居民、出版商、手工工场主、自由劳动者、制造家等——的经济特征。笔者认为，所谓经济特征不仅包含拥有资产这一含义，而且还包括他是追逐私人利益的"单个的私人"这个黑格尔后来阐发出来的含义。相反，citoyen（公民）则主要强调了政治含义和道德含义，人们认为一种只追求私人利益而没有现代"自由、平等、人权"等公民观念的人（如贵族、领主）是没有资格成为公民的。"正如卢梭和狄德罗抱怨的那样，当时法国的城市里充满了 bourgeois，但其中却只有很少人能成为 citoyen，法国革命中对这些概念的使用则表明这个比例发生了颠倒。"① 最后，从外延上看，citoyen 的范围大大超出了 bourgeois，后者后来主要用来指拥有资产的人，而前者则原则上可以包括任何一个国家成员。一个人成为 citoyen 的标准不取决于他的财产而取决于共和国的制度和他个人的价值信念等。

bourgeois 一词及其与 citoyen 的重要区别在黑格尔和马克思的市民社会学说中引起了高度的重视，这显然与黑格尔和马克思在另一个与英法学者完全不同的立场上来重新理解市民社会有重要关系。如果说，康德由于在公民（citoyen）和市民（bourgeois）这两重意义上同时使用 Bürger 一词，并从而在他的市民社会学说中抹杀或者混淆了 bourgeois 和 citoyen 二者之间的重要区别的话②，那么到了黑格尔和马克思，这个问题便得到了充分认识。他们明确地不把 citoyen（公民），更不把那个含义模糊、既可指市民又可指公民的 Bürger 当作市民社会的成员，而是将 bourgeois 理解作市民社会的成员。在《哲学史讲演录》中，黑格尔在谈到亚里士多德及古代的公民概念时，明确地提到了 Bürger 这个德语词的局限性。他说，"我们没有两个不同的字眼来代表 bourgeois［市民］和 citoyen［公民］"③。实际上，黑格尔在论述 bürgerliche Gesellschaft（市民社会）时是从 bourgeois 而不是 citoyen 的角度来使用 Bürger 一词的。按照德国学者乔·里特的说法，黑格尔把市民社会的成员称之为 bourgeois。④ 在《法哲学原理》一书中，我们看到黑格尔一再强调，市民社会的成员作为个别的人，就是追求本身利益的私人。⑤ 这个私人当然不

---

① Ritter, *Historisches Wörterbuch der Philosophie*, p. 964.

② 乔·里特教授说："康德在 Bürger 的定义中把 bourgeois 从形式上排除了，但在他那儿，财产完全是在 bourgeois 的社会解放的意义上成为 Staatsbürger（国家公民）的标准"（Ibid., pp. 964-965）。何兆武先生则将康德所使用的 Bürger 一词翻译成"公民"而不是"市民"（参见康德：《历史理性批判文集》，"译序"，8～9 页，北京，商务印书馆，1990）。

③ 黑格尔：《哲学史讲演录》（第 2 卷），365 页，北京，商务印书馆，1960。

④ Ritter, *Historisches Wörterbuch der Philosophie*, p. 965.

⑤ 参见黑格尔：《法哲学原理》，201 页，北京，商务印书馆，1961。

能被理解成在法国被人们普遍强调的、以参与政治生活和公共权力的运作及具有理性、平等、自由等现代公民意识为标准的 citoyen，而只能被理解为中世纪末叶以来在欧洲的城市或城镇中发展起来的 bourgeois。这一倾向导致黑格尔把市民社会和国家相区分，并把国家置于市民社会之上。因为在他看来，由那些自私自利的 bourgeois 结成的社会还处在盲目、自为的特殊性阶段，如果没有国家对市民社会从整体上加以保护，如果市民社会不在国家这个自在自为的理念中寻求归宿，那么它也就不能完整地实现自身。与此类似的是，马克思一方面把市民社会归结为"各个个人在生产力发展的一定阶段上的一切物质交往"①，从而不仅彻底抛弃了过去那种把市民社会描绘成一幅文明、进步、道德的理想图画的做法，而且他还把市民社会当成了国家的基础（这与黑格尔不同）。另一方面，基于这一思路，马克思强调现代市民社会的成员是 bourgeois，而决不是 citoyen。在讨论这一问题时，为了避免 Bürger 这一德语词含义的不确定性，马克思干脆直接采用了 citoyen 和 bourgeois 这两个法语词。马克思写道：

> 作为市民社会成员的人是**本来的**人，这是和 citoyen［公民］不同的 homme［人］。②
>
> 不是身为 citoyen［公民］的人，而是身为 bourgeois［市民社会的一分子］的人，才是**本来的**人，**真正的**人。③
>
> 宗教信徒和政治人之间的矛盾，也就是 bourgeois［市民社会的一分子］和 citoyen［公民］之间、市民社会一分子和他的**政治外貌**之间的矛盾。④

从上面的讨论中我们清晰地看到，黑格尔和马克思共同开创了

---

① 《马克思恩格斯全集》，中文 1 版，第 3 卷，41 页，北京，人民出版社，1960。
② 《马克思恩格斯全集》，中文 1 版，第 1 卷，443 页。
③ 同上书，440 页。
④ 同上书，429 页。

一条崭新的理解市民社会的思路（尽管两人的市民社会学说之间还有重要区别）。事实上，黑格尔和马克思所阐述的市民社会概念和 18 世纪英法哲学家所理解的市民社会概念在很多方面不仅互相区别，而且甚至是矛盾的、冲突的。例如，他们强调市民社会的成员是 bourgeois（市民）而不是 citoyen（公民），而在英法思想家那里正好相反，市民社会是一个以 citoyen（公民）为主体的社会，离开了公民也就谈不上有什么市民社会了。再如，黑格尔和马克思摒弃了把市民社会当作一个文明、进步、道德的理想社会的观点，以为它不过是一个"私人需要的体系"或由物质交往关系构成的世俗社会，而英法思想家则持相反的观点。最后，黑格尔和马克思把市民社会和国家相区分，认为它是国家政治生活和秩序之外的领域；而洛克、卢梭则相反，在他们的心目中，市民社会作为"公民的"社会就是政治社会，公民等级也就是政治等级。在这里，我们把黑格尔、马克思使用的市民社会（bürgerliche Gesellschaft）概念和现代英语、法语中出现的另外两个市民社会概念即 bourgeois society（英）、société bourgeoise（法）联系到一起，就会发现从 17、18 世纪以来，在西方人中就存在着两种不同的甚至是相互矛盾的理解市民社会的趋势，即一种把它理解成一个主要由 bourgeois 构成的"市民的"社会，另一种则把它理解成主要由 citoyen 构成的"公民的"社会，后者同时也是文明社会和政治社会。可以说，市民社会问题在后来之所以出现了许多概念上的严重混乱，与现代西方人从这两种不同乃至冲突的角度理解市民社会这一事实有着深刻的关系。那么，为什么现代西方人对市民社会产生了两种如此不同的理解方式？造成这两种不同的理解趋势的原因或社会背景是什么？如何才能从这样一些概念的矛盾和混乱中摆脱出来去理解和把握 17、18 世纪以来在欧洲形成的那个真正的市民社会？这是需要进一步探讨的。

城堡、城市公社和共和国

任何一种思想和观念都有它赖以产生和发展的社会现实基础。18、19 世纪西方人理解市民社会的两种趋势也不例外，它们只不过

223

是现代市民社会赖以形成的两个既相联系又相区别的历史传统在理论上的反映而已。这两个传统就是：古希腊罗马时期以公民这个政治等级和财产等级为核心的政治社会及当时人们关于这一社会的一系列思想和观念；中世纪末期（从 11 世纪开始）以来在自治的欧洲城市公社（commune）里发展起来的现代的市民等级（bourgeoisie、Bürgertum），这个等级结合成的社会形态及其形成的一系列观念。通过前面的大量考证我们发现，17、18 世纪英国人和法国人的市民社会思想可以看作市民社会的第一个传统，即古代的公民社会及其观念在现代的发展和延伸。与此同时，我们还可以找到足够的材料来证明：从 17、18 世纪开始在部分欧洲国家（如英国、法国）形成的现代市民社会与古希腊罗马时期的公民社会及其思想和观念之间有着深刻的渊源关系。我们看到，11 世纪以来，罗马法先是在意大利和法国，继而在英国、荷兰、比利时等许多欧洲国家复兴起来，成为那个时代的商人们在经济和社会活动中奉行的重要准则；与此同时，亚里士多德和西塞罗的著作几乎成为人人必读的作品，这些作品中关于财产、契约、私人权利和政治的思想对早期市民阶层的生活方式和社会结构产生了深刻而持久的影响；13 世纪末期以来的文艺复兴运动则把拉丁文化的影响发展到顶峰。正因为如此，17、18 世纪以来在英国、法国等一些拉丁语系国家，人们借用从拉丁文演化过来的 civil society（英）、société civile（法）概念来表达一种与古代的公民社会相近似的市民社会或文明社会理想，是完全可以理解的；这一做法，正是现代市民社会受到古代传统影响的生动证明。然而我们不能忽视，17、18 世纪以来形成的现代的市民社会是在从早期城市里发展起来的新兴的市民等级即 bourgeoisie 的推动下完成的，这个新兴的等级和古代的国家公民迥然不同，也正是他们给现代市民社会赋予了许多与古代公民社会迥然不同的特征。这就充分表明现代市民社会还有另外一个重要的历史源头（或传统），即 11 世纪以来逐渐形成的市民等级，他们结成的城市社会及他们关于财产、契约和私人权利的一系列新型观念。黑格尔和马克思把市民社会的成员理解成 bourgeois 而不是 citoyen，说明现代市民社会的第二个传统已经被他们深刻地意识到了。① 现在就让我们重点考察一下现代市民社会的上述第二个传统，并在此基础上来重新把握和理解什么是现代历史上的市民社会，以及它和上述两种不同的理解市民社会的概念倾向之间的关系。

17、18 世纪以来产生的现代市民社会不是凭空出现的。如果说古希腊罗马时期的公民社会是它的间接源头，那么 11 世纪以来新兴的欧洲城市公社及其后来发展则构成了它的直接源头。让我们再次从被马克思解作"市民社会的一分子"的 bourgeois 一词开始。如前所述，bourgeois 一词是 11 世纪时在法国以名词 bourg（城堡、城镇）为词干构成的，原意指生活在城堡或城镇上的人。事实上，bourgeois 在现代欧洲其他语言中还有许多同义词，且这些词出现的年代与 bourgeois 大体相近，它们就是德语中的 Bürger，英语中的 burgher、burgens、burgess 等。这些词都是由"城堡"一词演变而来的。拉丁语中的"城堡"一词是 burgus（或 burg）②，该词在中世纪末叶的德语、法语和英语中以下列各种不同形式出现：

> burc，burg，burug，baugs，borg，Burg……（德语）；
> borc，burg，bourg，bourg，burgh……（法语）；
> borough，burgh，burg，bury，burrow……（英语）③

---

① 马克思曾经把现代市民社会的早期形态称之为"旧日市民社会"、"中世纪的市民社会"或"行会市民社会"。在《德意志意识形态》中，马克思详细分析了中世纪的市民社会是如何随着交往的扩大而发展到现代的市民社会的。对他来说，从这样一个历史传统出发来理解现代市民社会是异常重要的。参见《马克思恩格斯全集》，中文 1 版，第 3 卷，56～62、70 页；第 4 卷，154 页，第 7 卷，404 页。

② Baxter & Johnson（prepared），*Medieval Latin Word-List from British and Irish Sources*，London：Oxford University Press，1934，p. 55："burg"；Maltby，*A Lexicon of Ancient Latin Etymologies*，Cambridge，UK：Francais Cairns Ltd.，1991，p. 88："burgus"；Niermeyer（composuit），*Mediae Latinitatis lexicon minus：lexique latin médiéval-français/anglais*，Leiden，the Netherlands：E. J. Brill，1997，pp. 108-109："burgus"。

③ Kluge，*Etymologisches Wörterbuch der Deutschen Sprache*，21. unveränderte Auflage，Berlin and New York：Walter de Gruyter，1975，p. 112；Partridge，*Origins：A Short Etymological Dictionary of Modern English*，London：Routledge & Kegan Paul，1961，p. 54；Dauzat，et al，*Nouveau dictionnaire étymologique et historique*，p. 103；皮雷纳：《中世纪的城市》，44～45 页，北京，商务印书馆，1985。

这些词的出现和使用经历了一个过程，其中很多词如 borc、burc、baugs 等后来都废弃不用了。它们在早期都有城堡、要塞（设有防御工事）等意思，但后来有些词逐渐被人们用来指市镇、城市等。例如，法语词 bourg 是从 borc（城堡）演化来的（时间约在 11 世纪），早期指"加固的城堡"，但后来主要被人们用来指市镇。英语词 borough、burgh 等的含义也与此类似。欧洲历史上的城堡有多种不同的来源，有的是古罗马时期遗留下来的，有的是封建主和教皇新建的，有的是在后来的战争中（如十字军东征期间）建立的，等等。城堡是一种筑有防御工事的居住区，一般面积不太大，和我国古代筑有城墙的城市不一样。在中世纪时，城堡里居住的一般是国王、领主、教皇、公爵或骑士等，他们是城堡的主人，在城堡之外往往拥有大片领地。

从上面的讨论可以看出，城堡一词是和城镇联系在一起的，这里有一个从城堡到城镇和城市的演变过程。大约从 10 世纪至 11 世纪开始，在欧洲许多地方，特别是在意大利和法国南部一些地方的城堡周围聚集了越来越多的商人、手工艺人等等，他们向城堡里的主人贩卖各种从远方运来的物品，提供各种特殊的服务，城堡外的"商业郊区"（suburbjum）于是逐步形成。为了保障安全，人们把这些地方用围墙围起来，这样就在旧城堡之外形成了新城堡（novus burgus，又称 foriburgus，即外堡），新城堡和旧城堡（vetus burgus）之间的区别在于它是个商业居住区，实际上就是一个集镇或者正在形成之中的城市。如果说，旧堡里的居民当时被人们称之为 castelleni、castrenses 等等的话，新堡的居民则被称之为前面提到过的 bourgeois、Bürger、burgenses、burghers 等等。而由这些人结成的共同体常被人们称为 communio、communitas、civitatis，这些词后来演变成 commune 一词而在英、法、荷、比利时、苏格兰等地通用，在德语中其表达形式则是 Kommune。该词可译为城镇、城市公社等。① 早期的城市公社是现代市民社会的前驱，这一点在词语的

---

① 参见皮雷纳：《中世纪的城市》，85～94、104～130 页；Tigar, *Law and the Rise of Capitalism*, pp. 80-96。

发展上表现为：在德语中，Burg→Bürger→bürgerliche→bürgerliche Gesellschaft（市民社会）；在法语中，bourg→bourgeois→bourgeoisie→société bourgeoise（市民社会）。

　　从内容特征上看，城市公社（commune）是从 11 世纪开始首先在意大利、法国南部等地形成的，后来逐渐普及到尼德兰（低地国家）、斯堪的那维亚半岛、英国和德国的。commune 是一种典型的自治城市。它是一个由商人、匠人、自由民、学徒、律师乃至逃亡到城市里的农奴等在封建秩序的汪洋大海中以某些城堡或教堂为中心结成的工商业“特区”。早期，这些人受到领主和教皇的支配，势力不是很强。后来，他们越来越不满于教会和领主对他们的压榨和盘剥，对中世纪时盛行的一系列有碍于商业发展的观念也恨之入骨，于是便联合起来，向领主、教会和国王提出了一系列要求，包括要有人身自由和私人财产的保障，有来往和居住于城堡的自由，有举办市集（market）和定期集市（fair）的权利，废除过高的税赋和过路费（tolls）；后来又提出要在城市或城镇中建立自己的商业法庭，以摆脱封建政权和教会强加于他们的种种不合理的法律法规的限制，并在城市中建立治安秩序。最后，他们要求城市独立和自治，具体表现为城市居民有权自己选举市长和市议会，其条件仅仅是城市每年向领主或国王缴纳一定的税金。① 一般来说，自治权的获得要经过国王或教皇的特许，大约到 12 世纪，自治的城市公社（commune）在意大利、法国、比利时、荷兰、英国、德国等地如雨后春笋般出现。例如在英国，12 世纪初自治城市还很少，但到 12 世纪末 13 世纪初，英王理查一世和约翰为了获取金钱以支付巨额军费和赔偿金，曾大量出卖自治城市的许可状。伦敦市民于 1191 年选举出自己的市长，并组成了伦敦公社，同时及稍后在英国出现的自治城市公社还有 10 多个。②

---

　　① 　参见皮雷纳：《中世纪的城市》，104～130 页；Tigar, *Law and the Rise of Capitalism*, pp. 81-96；蒋孟引主编：《英国史》，107～108、123～126 页，北京，中国社会科学出版社，1988。
　　② 　参见蒋孟引主编：《英国史》，107～108、126 页。

　　11—15 世纪期间西欧的自治城市公社（commune）可以说是一种真正的"市民"的社会，我们不能忽视它在西方市民社会发展史上的作用。首先，每一个城市公社都可以在某种程度上看作一个独立的政治单元（在意大利和法国，人们把它称之为"城市国家"［city-state］或"小共和国"［small republic］），它最重要的意义是与外部的专制君主、封建秩序、封建领主及教皇这些不利于商业资本主义发展的政治势力之间形成了相对独立和自治的关系。与此相反的是，在同一时期的东罗马拜占庭帝国，虽然也有很多商业极为发达的大城市（如君士坦丁堡），但是这些城市是直接依赖王室的政治特权发展起来的，因此不能和西欧独立而自治的城市公社相比，其兴衰取决于帝国的兴衰。一旦帝国摇摇欲坠，这些城市也就立即连同自己的商业阶层土崩瓦解。城市公社的形成使得商业的发展有效地摆脱了外部政治势力的干预，从而为日后商业资本主义和市民等级的发展打下了较为良好的基础。

　　其次，在自治的城市公社内部形成了一整套合乎商业资本主义发展并由市民等级自己建立起来的理性化的社会制度。这一制度体现为每一个自治城市都有自己的城市宪章（charters）[1]，体现为人们在罗马法等法律传统的基础上形成了一整套完备的商人法（law merchant）[2]，体现为组织严密的行会及行会制度，等等。我们知道，16 世纪以后，伴随着民族国家的兴起，城市公社已在欧洲普遍衰落，转而听命于强大的王权的操纵；然而王权的强大及与之相应的对资产者阶层的压榨盘剥和重税政策（这种王权后来遭到了洛克、卢梭、孟德斯鸠等市民社会理论家的猛烈攻击）为什么并没有像在东罗马拜占庭帝国那样最终导致了帝国的瓦解和商业的衰退呢？笔者认为，其中一个重要原因就是商人和有产者阶层早在公社时期就已习惯于一种合乎资本主义要求的理性化生活，因此当公社消失后，原先在公社内部养成的理性化的制度规范并没有消失；另一方面，日后的王权为了发展自己不但不能破坏这些制度，反而只能在一定程度上

---

　　[1]　Tigar, *Law and the Rise of Capitalism*, pp. 84-85.
　　[2]　Ibid., pp. 62, 92-93.

与之妥协并积极利用它。例如，16 世纪兴起的重商主义思潮就可以看作是这种妥协的反映，它显示了王室试图振兴国力和加强自身权力的野心，而这一企图又只能通过发展和振兴商业贸易来实现。①

最后，在早期的自治公社里，现代市民社会的两个领域——私人领域和公共领域——获得了初步的分化和发展。正如哈贝马斯在《公共领域的结构转换——对一个市民社会范畴的研究》这部名著中分析指出的那样，在中世纪的封建采邑制度之下，私人领域和公共领域实际上是模糊不清的，封建领主既是公共权力的最高代表，又是最大的私人利益实现者，公共权力不过是实现其私人利益的手段罢了。② 只是随着自治公社的出现和 bourgeois 的壮大，才有了私人领域的分化，才有了真正意义上的私人领域。在采邑制度和教会统治下，私人利益不被承认，追逐私人需要被认为是有罪的，因此我们说中世纪时没有真正的私人领域，或者说它没有从公共领域中分化出来。但是，bourgeois 和自治公社的诞生标志着私人利益已经得到公开的承认，人们追逐私人利益时不需再把它和公共领域的道德和义务直接联系起来。这个追逐私人利益的阶层就是公社之中的 bourgeois，难怪黑格尔要把由 bourgeois 结成的市民社会称为"私人需要的体系"了！

然而，我们不应过分夸大中世纪末期的城市公社（11—15 世纪）的重要性，它至多只能被看成现代市民社会的前身或摇篮。市民社会——无论是它的私人领域还是它的公共领域③——都只是在 16 世

---

① 参见阿格：《近世欧洲经济发达史》（第 4 版），76～77 页，上海，商务印书馆，1927。

② Habermas, *The Structural Transformation of the Public Sphere: An Inquiry Into a Category of Bourgeois Society*, translated by Thomas Burger, Cambridge, Mass.: MIT Press, 1989, pp. 5-6.

③ 关于市民社会的两个范畴即私人领域和公共领域的含义界定及发展过程，参见 Habermas, *The Structural Transformation of the Public Sphere*, pp. 1-140（Part Ⅰ—Ⅳ）。相关评述，参见方朝晖：《市民社会与资本主义国家的合法性——论哈贝马斯的合法性学说》，载《中国社会科学季刊》（香港），夏季卷，总第 4 期，1993，34～41 页；Huang, "'Public sphere'/'civil society' in China?: The third realm between state and society," *Modern China: An International Quaterly of History and Social Science*, vol. 19, no. 2, April 1993, pp. 216-239。

纪以后，随着民族国家的兴起和中央集权的君主专制政府的形成而获得实质性的发展的①；而它的成熟和真正完成严格说来只是在17世纪末叶的英国、18世纪末叶的法国等地资产阶级革命取得胜利和资产阶级共和国（或政府）建立之后的事情。民族国家的形成打破了早期自治城市公社的封闭狭隘和地方主义特征，城市的市民（bourgeois）于是变成了国王的臣民（subject）；在资产阶级革命完成之后，国王的臣民又变成了共和国（republic）的公民。不过这里的公民已不同于古代的公民，它是由 bourgeois 演变而来的。在这里，我们清楚地看到了现代市民社会的另一重要传统，即中世纪末叶以来在自治城市里形成的新兴市民阶层（bourgeoisie、Bürgertum）结成的社会形态。从早期的城市公社，经过民族国家形成之后的发展阶段，到资产阶级共和国，市民社会经历了一个漫长的发展演化历程。只有充分认识这一市民社会传统，我们才能真正把握什么是现代西方的市民社会。从这里，我们也能充分领略为什么黑格尔和马克思别具匠心地把市民社会的成员称之为 bourgeois，强调它是一个"私人需要的体系"或由物质的交往关系构成的，并把市民社会和国家相区别。因为第一，现代的市民社会事实上正是在 bourgeoise（市民等级）的推动下形成的，它的主要成员是 bourgeois 而不是 citoyen（公民），后者只有在共和国形成之后、在理想状况下才能存在。第二，正是在 bourgeois 兴起的现代历史上，才出现了真正意义上的私人领域，对私人利益需要的追求才成了光明正大的事情。第三，bourgeois 的政治含义就在于，它是一个从一开始就试图摆脱王权、教会和领主等一切外部政治势力的干预并试图结成自己的自治公社的阶层；而在民族国家形成之后的君主专制国家里，它又和政治国家相对抗，反对国家对私人财产的侵犯和重税政策，并试图从制度上划分国家权力和私人领域之间的界限，这一企图最终通过资产阶级革命在共和国里得到了实现。

如果我们不是把市民社会单纯地理解成一个概念和人们关于这

---

① 关于民族国家在资本主义成长过程中的巨大作用，参见 Tigar，*Law and the Rise of Capitalism*，pp. 117–227（Part Three to Part Four）。

一概念的思想，而是把它理解成一个活生生的历史过程，理解成 18 世纪欧洲国家里确曾发生过的客观社会形态，就会发现，关于市民社会概念的两种不同理解趋势之间的矛盾和冲突将迎刃而解。

首先，17、18 世纪以来的英国人和法国人实际上是把市民社会当作一种理想、一种对未来的憧憬而提出的。对他们来说，civil society、société civile、L'etate civil 不是对现实的准确刻画，而是社会发展的目标。正因为如此，他们对市民社会进行了热情洋溢的讴歌和赞美，把它描绘成一幅文明、进步、道德、理想的图画。与此相反的是，在黑格尔和马克思（尤其是在马克思）那里，市民社会并不是作为一种未来的理想提出来的，而是被理解成一个在现实条件下已经发展起来了的世俗的社会有机体。正因如此，黑格尔和马克思从不将那个由 bourgeois 构成的市民社会过分地理想化，而是宁愿用更多的笔墨来批判它。黑格尔强调市民社会要以国家为前提，马克思则揭示了市民社会内部两个对立阶级的形成以及这一社会制度的根本缺陷。由此可见，由 18 世纪英国人和法国人代表的理解市民社会的第一种趋势和由黑格尔、马克思等人代表的理解市民社会的另一种趋势尽管有不相容之处，但这完全是由于他们心目中的市民社会出自不同的范畴而造成的，它们之间的冲突和不相容只不过是人们基于不同的文化和语言传统对同一种市民社会现实作出的不同抽象和思考。

其次，17、18 世纪形成的现代的市民社会可以看成上述两种趋势所代表的两种不同的市民社会传统的汇合。一方面，马克思等人的市民社会思想是基于对市民社会的第二个传统——即中世纪末叶以来由 bourgeois 结成的社会传统及其观念——的认识而提出的。黑格尔和马克思不是把市民社会当作理想而是当作现实，因此正是在他们那里特别是在马克思那里我们看到了现代市民社会的一系列重要特征：它是一个以"真正的人"即 bourgeois 结成的私人利益关系的体系，它是一个私人领域获得了充分解放并和公共权力机关相区分的自治领域，等等。另一方面，在洛克、卢梭那个时代，civil society 的文明理想也不是完全没有实现，在资产阶级革命已经完成的共和国，事实上这种理想已在相当大的程度上获得了实现。也就是说，市民社会理解中的另一个趋势告诉我们，现代市民社会还有另外一系列特征：私人领域和公共领域相对区分，市民社会中每一个人的私有财产不受侵犯（从这个意义上说它也是和政治国家之间相对区分开来的）；从现实的角度来说，市民社会作为公民社会的含义应当理解为：平等、自由、人权这样一种现代公民意识被当作这个社会的根本原则。而它作为政治社会的含义则应当从现实的角度（即不是完全从洛克等人的那个角度）理解为：一方面，这个社会是政治国家的基础，它通过自己的和国家的制度来制约国家对公共权力的行使，发挥监督和参政作用；另一方面，这个社会也只是在统一的民族国家和资产阶级共和国形成的历史条件下才真正实现的。

什么是现代西方的市民社会？它是古希腊罗马时期的公民社会和11世纪以来的市民社会这两个活生生的传统在现代汇合的产物，它的含义可通过综合人们对这两个市民社会传统的两种不同理解趋势而找到，具体说来就是：

——它是一个市民的社会。即一个主要由 bourgeois 构成的私人利益关系的总和，在这里私人领域和公共领域相区分，且不受公共权力的侵犯。

——它是一个公民的社会。即平等、自由、人权这些信念或公民意识是这个社会的根本原则或价值信条。

——它是一个政治的社会。即它有权力制约国家对公共权力的行使，它只有在统一的政治国家——资产阶级共和国——已经形成的时候才达到成熟，或以较完整的形式实现自身。

至于它是不是一个文明社会，持有不同价值尺度的人们自然会作出不同的判断。

对20世纪90年代市民社会研究的反思

西方市民社会的发展道路，对于我们理解未来中国的"市民社会"（如果有的话）有多大启发？

　　首先，我们发现，经过一百多年艰难困苦的现代化改造，过去以小农经济为主、以宗法制度为主体的中国社会结构发生了天翻地覆的变化，与此相应的是，在经济、法律、学术、文化、教育制度等一系列方面，中国社会都已经像是一个"现代社会"。与鸦片战争时的中国相比，今日中国社会结构的主要特征是，过去以血缘纽带或宗法关系为基础所建立的社会结构已经基本上被非血缘的、根据私人需要组织起来的社会关系所代替；人与人之间的社会结合主要是根据共同兴趣和职业发展需要来决定，而不是由家族或血缘的纽带所决定；社会分工的高度发达，不仅给人们提供了更多的就业机会，而且也使得人们更倾向于把职业追求当作实现个人人生潜能和价值的主要途径；公共领域代替了私人领域（由大众传媒、出版机构、结社集会等组成的公共舆论领域，是现代市民社会的有机组成部分）。不少学者已经论述了改革开放以来中国市民社会的发展，说明了自从"文化大革命"结束以来由于从"政治挂帅"和"党天下"中逐步解脱出来，导致中国出现的"小政府、大社会"现象。这一切，似乎都可以看成是中国市民社会已经发展起来的证据。① 市民社会研究之所以成为 20 世纪 90 年代中国学术界的一个重要热点，绝不是出于单纯的学术兴趣，而是政治及意识形态方面的关怀在学术研究中一直起着极其重要支配作用的结果，这种关怀的基本思路是：市场经济的发展将有可能导致未来的中国出现一个类似西方早期市民社会那样的社会空间，这个空间不仅独立于任何可能的政治及意识形态而存在，而且终将会反过来以市民阶层的力量推动现实政治及社会结构的改造。

　　然而，我们也都知道，市民社会在中国还很年轻，更没有经历

---

　　①　有关当代中国市民社会研究，参见李煜煜：《当代中国公民社会研究综述》，载《北京行政学院学报》，2004（2），92～96 页。另参见邓正来：《国家与社会：中国市民社会研究》，成都，四川人民出版社，1997。国外市民社会研究现状，参见何增科：《市民社会概念的历史演变》，载《中国社会科学》，1994（5），67～81 页；邓正来、J. C. 亚历山大编：《国家与市民社会：一种社会理论的研究路径》，北京，中央编译出版社，1999。

过西欧历史上长达八九百年漫长的、自下而上的自发演化过程。它的很多特点都表明，它根本没有独立过。特别是改革开放以后新兴的市民社会，不仅相当脆弱，内部的理性化过程也从来没有认真地进行过，它的一系列行为似乎表明它还是相当"不理性"的。20世纪90年代以来，国内不少学人对市民社会理论及未来中国的市民社会寄予了莫大希望，以为五四以来中国进步人士的民族理想可以通过市民社会来实现，而知识分子也因此找到了自己的恰当定位了。然而随着研究的深入，我们越来越发现西方市民社会的发生背景和中国文化历史传统相差甚远，西方市民社会的发展道路似乎难以在未来的中国以同样的方式重演。前面的论述已经表明，无论是作为一个概念，还是作为一种客观存在的社会历史形态，"市民社会"都是西方特定历史文化背景的产物。下面就让我们先来看看西方市民社会起源过程中一系列特殊的历史条件。

欧洲市民社会是在极为特殊的历史条件下兴起的

首先，西方市民社会是在一系列特定的、中国历史上根本不具备的历史条件下发展起来的。西方市民社会大体上经历了三个发展阶段，一是从早期的商业城镇到独立的城市公社阶段，二是民族国家兴起以后君主专制时期市民社会的发展，三是通过资产阶级革命的胜利成立资产阶级共和国，市民社会的理念真正地实现自身①，成为所谓的"公民社会"（这里"公民社会"是指通过统一的政治国家使得市民的一系列私人权利得到了法律的保障）。从早期的商业城堡到资产阶级共和国的诞生中间经历了至少8、9个世纪的漫长演化过程；在市民社会的发展史上，最重要的、具有决定意义的阶段是从早期的商业城堡发展到独立的城市公社（commune）这个阶段，因为如果没有这个阶段为后来市民社会的发展从规模上及自我整合方式上奠定了基础，后来市民社会要想得到任何发展都是根本不可

---

① 指由洛克、卢梭、孟德斯鸠等市民社会理论家所构建的市民社会的理想得到了较完整的实现。

能的（这一点将在下面一段涉及）。研究表明，从公元 9、10 世纪算起，在市民阶层（即当时的工商业阶层）和封建领主之间展开了一场长达几个世纪的漫长斗争过程。在这场旷日持久的较量中，市民阶层之所以得以不断发展壮大，有两个外部的环境因素起到了决定性作用：（1）统一的中央集权的政治体系的崩溃。西罗马帝国崩溃后，西欧分裂成无数个大小不同的诸侯国，这些不同的诸侯国之间难能形成统一的商业政策，使得商业城镇能够在个别封建势力干预较少而工商业又较为发达的地区首先发展起来；也正因为没有在中央集权的统一管辖之下的帝国观念，小型商业城镇的独立易被容忍。相比之下，在同一时期的东罗马拜占庭帝国，所有的商业城镇都和帝国的大都市融为一体或者说完全依附于帝国大都市而存在，一旦帝国因内政或战争等原因而使这些都市毁于一旦，那些依附于它们而存在的工商业也立即土崩瓦解。这是因为在统一的中央集权政府的统治下，任何一个小城镇的独立都会被视为对帝国的背叛从而会动用整个帝国的力量来消灭它，在这种情况下，工商业阶级和帝国官僚政治之间形成了一种相互利用和相依相伴的关系，不可能成为和帝国政治相抗衡的独立的市民社会空间，这导致东罗马帝国的工商业阶级走上了一条和东方许多国家的工商业阶级相似，但却与西欧的市民社会道路完全不同的道路。（2）王权与教权的分离是市民社会得以在西欧发展并壮大起来的又一重要原因。大量材料显示，西方市民社会是在王权与教权的夹缝中成长起来的，其中无论是王室还是教会都曾对市民社会的生存和发展给予过巨大的帮助。尽管市民社会的兴起是与王室及教会所代表的封建经济及封建制度相对立的，但王室和教会之间的矛盾和斗争却给了市民阶层以巨大的可乘之机，市民阶层需要得到王室和教会的庇护，而王室和教会在彼此激烈的斗争中则往往需要利用市民阶层的力量来打击对方。结果往往出现这样的情况：当教会决心对市民阶级严厉打击时，王室就出来袒护市民阶级；当王室对市民阶级采取镇压措施时，教会就出来保护市民阶级。尽管王室和教会对市民阶级的支持都是出于政治斗争的考虑，但这一行为客观上给市民社会的发展壮大提供了极为难得的机会。总之，权力的分散化、多元化，是西欧市民社会得以发展壮大的最为重要的外部环境，没有这个特殊的外部环境，西欧市民社会的发展壮大是不可思议的。

其次，从工商业城镇到独立的城市公社，经过君主专制统治下的市民社会，再到资产阶级共和国，西方市民社会的发展史不仅是一个与外部势力相抗衡和斗争的历史，也是一个内部不断自治及理性化的历史。与前者相比，市民社会内部的理性化甚至显得更加重要，因为在与各种外部势力作斗争的过程中，如果市民社会在内部不能结成牢固的同盟，如果它没有一套理性化的制度来组织自己从而保障自己，它们就随时有可能被种种外部力量侵入而彻底瓦解。一开始，为了反对封建领主的盘剥和掠夺，市民阶层从罗马法中搬出有关财产、契约等方面的条文来为自己辩护，在此基础上逐渐形成了一系列适合于商业需要的商人法、习惯法等，后来他们成立自己的商业法庭；在城市公社中，市民社会的理性化还体现在行会的兴起在促进同业利益及与外部斗争中都起到过巨大的作用，体现在城市公社可以有自己的城市宪章和城市法庭，在自治的城市公社里市民们可以选举自己的市长。城市公社内部的理性化对于市民社会发展的意义不可估量。一方面，它使得市民阶层在与各种封建势力较量时能够团结一致，共同对外，从而为市民社会的发展提供了更大的保障。例如伦敦是英国发展最早的工商业城市之一，该城自 11 世纪以来曾在几次外敌入侵期间为捍卫英王室立下了汗马功劳，从而为它在城市的自治方面赢得了不少特权。1191 年伦敦市民选举出自己的市长，并组成了伦敦公社，同时及稍后自治的城市公社还在意大利、法国、比利时、荷兰、德国及英国其他地方大量地涌现出来。[①] 另一方面，城市公社内部的理性化使得市民社会在后来西欧民族国家兴起以后所诞生的强大的君主专制统治之下不但没有被摧毁，反而能以新的形式获得发展。16 世纪以后，随着民族国家的兴起，行会及城市公社已在

---

① 伦敦情况参见蒋孟引主编：《英国史》，66、126 页等。

普遍衰落之中，市民阶层不得不听命于日益强大的王权的操纵，与此相应的是王室以各种重税政策对市民阶层进行贪得无厌的压榨盘剥。那么，新的中央集权帝国的形成为什么没有像东罗马拜占庭帝国那样，导致工商业阶层完全成为帝国官僚政治的附庸，以至于工商业城市的兴衰完全取决于帝国政治的状况呢？这是因为经过几个世纪的发展，城市公社虽已衰落，但在城市公社时期所形成的一整套适合于工商业发展的理性化的制度早已深入人心；专制的君主们清楚地意识到，如果对市民阶层的盘剥到了连其存在的独立性也要取消的地步，那就等于连王室试图通过盘剥市民阶层来振兴国力和加强自身权力的野心也要化为泡影了。16 世纪兴起的重商主义思潮充分表明王室试图振兴国力和加强自身权力的野心只能通过发展和振兴商业贸易来实现。这样一来，民族国家兴起以后出现的西欧君主专制统治不但没有削弱市民社会的发展势头，反而为市民社会的发展提供了新的良机。但是如果市民社会没有当初五六百年内部的理性化过程，这种情况出现的可能性还有多少呢？

中国式市民社会的不同特点

1993 年，也是在中国大陆学界热议市民社会问题的时候，由黄宗智先生主办的《近代中国》（*Modern China*）杂志出版了一个中国早期市民社会的专辑。在这期专辑中，一批优秀的西方学者对中国在 20 世纪以前出现过的类似于市民社会的"东西"与西方市民社会的异同进行了非常有趣的比较。例如，William T. Rowe 以清代汉口为例说明中国早期市民社会的存在，试图驳斥韦伯式命题（中国没有自发出现的资本主义，也无市民社会）。但是，Jr. Frederic Wakeman 紧接着指出，Rowe 所谓"中国市民社会"概念在学理上的可能局限，即中国当时并未出现过西方式独立于国家的 bourgoisie 阶层，而商业阶层的行为仍深受国家和意识形态的影响。Mary Backus Rankin 讨论了西方市民社会概念特别是其中与个人主义传统有关的内容在中国的不适用，同时也提到中国式公共领域与官方的关系相当深（也与西方不同）。作者说市民社会一词就其指特定的 bourgeoise 阶层，以及资本主义兴起的背景而言，不适合于中国古代的情形，尽管它与中国的商业和商品经济兴起有关（商业经济并不等于资本主义）。与哈贝马斯所说的公共领域相比，中国的公共领域"公共讨论"的特征不很明显，乡绅与政府之间的互动也主要不是对抗式的，更无从私人权利上来确立政府干预的边界。黄宗智也认识到欧洲式市民社会/国家二元对立的思维范式的局限性，并提出把东方的公共领域当作介于国家和市民社会之间的"第三领域"来研究的可能性问题。[①]

对于中国历史上的"市民社会"问题，我们无暇顾及，这里关注当代中国改革开放以来新兴的"市民社会"。下面我们来分析这个市民社会与西方市民社会发展道路的区别：

首先，如果说当代中国已经有或者说正在形成所谓的"市民社会"的话，那么这个"市民社会"与西方历史上曾经出现过的市民社会实在很少相似之处。西方市民社会由于是在统一的中央集权的罗马帝国崩溃的基础上形成的，是在权力高度分散化和多元化的特殊政治背景下形成的，这一历史事实使得市民阶层能够以一种和现实社会及政治权力结构完全不同的方式组织到一起来，并在此基础上谋求发展。也就是说，市民社会一开始就表现出与现实的政治—经济—社会结构的异质性，这种异质性不仅意味着它要走独立发展的道路，而且更重要的是，它使得市民社会代表了一种全新的、和现实的社会政治结构完全不同的制度模式（民主的、法治的、人权的），进一步它还代表了一种全新的生活方式（个人主义的人生观、价值观）。这种全新的生活方式和制度模式所具有的现实政治意义和文化价值意义在 17、18 世纪以后的市民社会理论家们那儿得到了热情洋溢的讴歌和赞美，他们不仅把它看成一种和现实的政治及

---

① 参见 Symposium："Public Sphere"/"Civil Society" in China?：Paradigmatic Issues in Chinese Studies，Ⅲ，*Modern China*：*An International Quaterly of History and Social Science*，vol. 19，no. 2，April 1993，pp. 108-239。其中 William T. Rowe，pp. 139-157；Frederic Wakeman，Jr.，pp. 108-138；Mary Backus Rankin，pp. 158-182；Philip C. C. Huang，pp. 216-239。

社会结构完全不同甚至根本上对立的社会理想，而且把它描绘成一幅唯一人道、自由、进步、文明、道德的图画。但是我们非常遗憾地发现，这种市民社会和现实社会政治结构的异质性在包括中国在内的几乎所有东方国家或发展中国家都根本不存在。在这些国家，由于统一的中央集权的政治权力结构的存在，使得市民阶层采取了另外一种完全相反的道路，即最大限度地和现实社会—政治结构融为一体，也就是说它要尽可能地表现出和现实社会及政治结构所代表的制度模式及生活方式的同质性。具体体现为拼命利用现实社会及政治权力结构中所存在的主要问题来为自己服务（权钱交易及特权经济等），结果也因此而使得它难以获得真正的自主性。问题的关键并不在于东方国家或发展中国家的市民社会根本不打算走独立于现实政治的道路，更重要的是，它对现实所采取的同质化态度，使其根本不可能代表一种和现实社会及政治结构完全不同的全新制度模式及生活方式。在千方百计地利用现实社会及政治结构中所存在的漏洞来为自己赚取利益的过程中，东方国家（也包括当代发展中国家）的市民阶层既不可能形成一套和现实社会及政治制度完全不同的自己的制度整合方式，也不可能代表一种全新的、和现实社会及文化迥然不同的生活方式，他们在人生观和价值观上与现实社会中其他阶层的人之间没有本质区别。在这种情况下，可以想见，这些国家的市民阶层决不可能像西方早期的市民社会那样提出一整套全新的政治、经济及文化理想，更莫谈形成一股改造现实政治及社会结构的客观自然力量了。

　　其次，东西方市民社会的不同特征决定了它们所面对的主要问题完全不一样：西欧时期的市民社会所面对的主要问题是如何最大限度地摆脱现实政治权力结构的束缚，使自身获得解放，于是提出"自由、人权、民主"的口号；但在东方则不然，市民社会所面临的主要问题则是在力图和现实政治社会权力融为一体以求自身发展的过程中使自身失去了自主性，从而使得它不可能仅仅通过自身来实现内部的理性化。在西方，由于市民社会一开始就已形成一整套自身完备的自我整合方式（即内部的理性化），所以独立发展并使这种整合方式占据统治地位乃是其最高理想。但在东方，由于市民阶层（或者说市民社会）和现实社会及政治权力结构是同质的，市民社会在现实的社会及政治结构之外并没有形成过任何一种真正属于自身的独特的制度模式及生活方式；在这种情况下，市民社会没有自身内在的自主性，因而根本不具备独立发展所需要的内在条件；即使人为地允许其独立发展，它也不知道如何来走这条道路，或许它会在腐败堕落的道路上走得越来越深。在对权钱交易和贪污受贿的利用可能代表着赚取暴利的最主要的也是在商人心目中最成功的手段的时候，商人阶层已和现实政治及社会结构完全打成了一片，不仅缺乏反抗现实社会政治结构及其所代表的生活方式的思想，而且他们唯一感兴趣的事情往往也许只是最大限度地利用现实政治及社会结构中所存在的漏洞来为自己服务。① 由于在东方国家市民阶层或者说市民社会自身内部的理性化过程没有完成，而且事实上需要借助于一系列外部的力量（包括官方的力量）来实现自身的理性化过程，它们就根本不可能走与西方市民社会同样的独立发展道路。这就充分表明，在东方国家及当代许多发展中国家，由于市民社会或者说市民阶层在发展中所面临的主要问题是内部的理性化过程没有完成，并且需要借助于政治的、社会的、文化的等各种市民社会之外的力量来帮助它完成这一过程；或者说不是市民社会的发展改造现实政治及社会结构，而是要通过种种外部的政治及社会力量来改造市民社会以促使其尽快地实现自身的理性化，获得自身内在的自主性。所以西方早期市民社会的发展道路在这些国家所具有的启发意义实在是非常小的。

---

① 一种观点认为，中国目前正处于类似于资本主义早期的原始积累时期，商人阶层的贪得无厌是一件好事，是在为他们的资本积累作准备。其实这种观点是极其荒唐的，它完全忽视了这样一个重要事实，即资本原始积累时期的西方资本主义是在市民社会已然独立、市民社会内部的理性化过程早已完成的情况下发生的，而在包括中国在内的绝大多数发展中国家这种情况根本不存在。由于市民社会内部的理性化过程尚未发生，商人阶层的贪得无厌不仅是现实社会的催腐剂，并正在使它自身越来越丧失自主性。而只要市民社会内部的理性化过程没有完成，它就不可能在现实的社会及政治过程中发挥积极的作用。

中国市民社会不可能走西方道路

对于像中国这样的后发现代化国家来说，市民社会的发展不可能模仿西方走一条放任自由主义的道路。具体原因有以下几条：

首先，市民社会内部的理性化不可能通过放任其自由发展的方式完成。这是因为造成市民社会内部的理性化迟迟不能完成的根本原因是市民社会和现实社会政治体系长期以来一直融为一体，但是放任其自由发展不但不可能改变二者融为一体的现实，而且事实上是给市民社会以非理性化的方式发展提供了更多的机会。在利用政治的腐败、通过权钱交易等一系列行为来为自己谋取私利的过程中，市民社会和政府腐败官员或部门的相互勾结所带来的消极影响是双重的：一方面，它在市民社会内部形成一种风气，即不需要讲良知，不需要诚信原则，不需要通过公平竞争即可成为暴发户；另一方面，它给那些试图通过正当方式经营的商人们施加了极为强大的压力，使他们认识到，一个人讲究诚信原则、讲良知反而可能会吃亏倒霉，从而不得不放弃通过公平竞争谋求发展这一善良企图。

其次，市民社会与政府的关系与西方早期的情形已有根本不同。在西方市民社会发展的早期阶段，即在中世纪时期，市民阶层与封建领主分别代表两种完全不同的经济所有制结构、社会政治制度及文化价值观念等等，二者之间几乎完全是水火不相容的；一个阶层势力的增长必然意味着另一个阶层势力的削弱，市民生活方式和封建领主的生活方式可以说是此消彼长、你死我活的关系。这就必然地决定了，在西方，市民社会的发展必须走一条和国家相对抗的道路。但在今天的多数发展中国家，由于市民社会和国家之间并不完全是那种异质的关系，它们之间也就不再是此消彼长、你死我活和水火不容的关系。一方面，国家并不一定代表着一种和市民阶层理想完全背道而驰的、落后的、封建主义的经济制度和社会理想，相反它可能会比市民阶层更加急切地想要实现工业化从而赶上西方发达国家；另一方面，市民阶层也并不

241

一定代表着合理和正确的方向，相反，它和官僚政治中腐败成分的相互勾结长期以来一直是其自身走向理性化从而最终走向独立、自治的最大障碍。正如一些成功的后发现代化国家或地区（日本、韩国、中国台湾、新加坡等）的经验所表明的那样，国家以适当方式出面干预对后发现代化国家市民社会的成长及理性化可以发挥巨大的积极作用。

最后，放任市民社会的自由发展不仅会进一步加剧业已存在的市民社会内部的非理性化局面，强化市民阶层和政治腐败部门或官员相互勾结的欲望，而且更重要的是它必然导致市民社会内部不平等竞争的加剧，导致贫富悬殊的进一步扩大，最终还会导致大型官僚资本及豪强势力的兴起。从中国过去的历史经验中我们发现这些新的工商业强宗大族的兴起不仅会成为市民社会内部走向理性化、走向公平合理竞争的市场秩序不可逾越的障碍，而且可怕的是由于它一开始就是利用官僚资本发展起来的，它的强大必然意味着国家权威的巨大流失，国家最终被极少数几个工商业大族完全操纵，国家的权威成为它们谋取自身不法利益的手段。这种国家权威的流失还会导致地方主义势力的崛起，其最终的结果甚至可能是诸侯割据、军阀混战乃至国家分裂。一旦出现这种情况，后发现代化国家想在短期内赶上西方发达国家的梦想必将彻底化为泡影，而这决不是这些国家的人民和政府最初所期望的。

中国式市民社会健全发育的要素

仔细反思 20 世纪 90 年代中国"市民社会热"发生的根源，可以发现这一研究中的最大误区就是"想在西方现代化道路中找到对中国来说可以模仿的东西"。我们的研究表明，西方早期的市民社会，无论是就其成长和发展的过程而言，还是就其所提供的制度模式而言，或者就其所提倡的一系列诸如民主、自由、人权的理想而言，对我们来说都没有任何直接的模仿意义。但是如果我们能够抛弃"西方现代化道路代表着唯一的现代性，而中国的现代化道路只能模仿西方"这样一种思维模式，我们就可能发现西方市民社会的历史对我们的启发意义并不在于一个"以中产阶级为主体的私人利益体系"（即黑格尔所理解的"市民社会"）的诞生，而在于西方市民社会思想所包含的"社会至上"理念对于中国未来的现代化来说有着直接的指导意义。

　　具体说来，我认为对于包括中国在内的许多后发现代化国家来说，市民社会的发展至少应该经历如下几个过程：

　　一是国家干预。首先，由于这些国家的市民阶层在统一的中央集权政治之下长期以来一直没有走上过独立发展的道路，其内部的自治和理性化程度还很差，因此在市民社会刚刚发育的初始阶段，迫切需要外部的力量来帮助它走上一条逐步理性化的道路。国家是能够帮助市民社会理性化的最主要的外部力量之一。其次，国家的重要性还不仅体现在市民社会需要外部的监督，而且更重要的还是因为国家本身是市民阶层腐败和侵蚀的主要的和直接的对象，只要国家稍一放松警惕，市民阶层马上就会侵蚀进来，只要国家不能端正自身的行为，市民社会的理性化就不可能得以实现。因此对市民社会的监督同时也向国家提出了极高的要求：它必须强化自身内部的自我监督和自我管理，从而尽可能彻底地清除腐败。因为腐败是导致发展中国家市民社会不能理性化发展的主要障碍，导致公平竞争、诚信原则、遵纪守法的商业行为受到打击和排挤。最后，国家必须彻底树立"社会至上"的观念，这决不仅仅是指国家要为社会服务，而且更重要的是，国家必须认识到社会各行各业都有自己独立的运作逻辑，它们的存在本身就有着独立的、不可剥夺的价值，而决不是国家实现自身意志的工具。国家对市民社会可能发生的作用，不仅体现在制定法律法规这些硬的约束之上，而且更重要的是要通过国家行为使市民社会获得内在的自主性和自觉，让每一个社会空间认识到，自觉自愿地按照公平、理性的原则行为本身就有着无上的价值和尊严。此外，不同的社会空间有不同的价值目标和运作逻辑，国家无权通过为它们制定价值目标而剥夺或掩盖社会自身的价值目标和运作逻辑，而只有无条件地尊重和维护各行业自身的价值和运作规则。

　　二是社会自治。如果说国家的干预是一个外部因素的话，那么

243

市民社会内部的自觉则是决定市民社会理性化的根本因素。市民社会内部的自觉体现在如下几个方面：首先，社会空间必须认识到，任何一个市民社会赖以存在的真正基础在于其行业行为本身所具有的独立的、不可替代的神圣价值。这种神圣价值不仅可以体现在它对社会的奉献当中，而且更重要的是表现为对于每一个献身于这一事业的人来说，严格按照行业逻辑从事行为本身就可获得职业的神圣感和人性的尊严。因此社会空间自觉自愿地按照公平、理性的原则从事行业行为，并把这种行为方式当作是自己的"天职"从根本上说不是为了任何外部的需要，而是出于职业自身的神圣感和尊严。其次，不同的市民社会空间应当遵循不同甚至于完全相反的自治原则，而绝不可能有通用的模式。这是因为不同的社会空间有属于自身的不同的运作逻辑，如果所有的社会空间都按照同一种逻辑来运作，也就等于取消了许多社会空间的存在。例如，企业、公司这些社会空间的运作逻辑是最大限度地谋取利润，学校的运作逻辑则是最大限度地培育人才，而新闻机构的运作逻辑则是公开地揭发丑恶现象、弘扬社会正气。如果所有这些社会空间都按照同一种运作逻辑来运作，比如都按照市场经济的逻辑来运作，那么学校就不会将精力集中在提高教育质量上，而是集中在千方百计乱收费上；而新闻机构则不仅可能搞"有偿新闻"，而且可能会被一些财团所收买，成为它们左右社会舆论的工具。由此可见，让市场的逻辑主宰一切社会空间决不符合社会自治的原则和理想，而且会极大地伤害社会空间的机体，成为其理性化发展的巨大障碍。最后，社会空间的自治还应该表现为同业同盟、行业协会及其他一系列同业组织和机构的建立、健全和完善。通过这一过程，社会空间就不仅可以在内部实行自我监督、自我管理，而且可以在社会空间的利益受到不应有的侵犯时以集体的形式进行抗争，捍卫社会的自治和独立性。

三是政府重新寻找自己的合法性基础。伴随着社会空间的自治，人们将会对政府、对社会行使权力的合法性基础提出质疑，这就是说谁才有资格对政府的合法性作出判断，是政府本身还是社会（市民社会）？当社会空间还很散漫、弱小的时候，它们不会在合法性方面向政府提出自己的独立要求；但是伴随着社会空间内部理性化过程的完成，市民社会不仅必然会向政府提出独立发展的要求，社会与政府的矛盾和冲突也可能日益加剧。在这种情况下，政府必须从制度结构上为自己重新寻找合法性基础。毫无疑问，后发现代化国家政治民主化过程的完整实现需要以社会机体的健全发育、社会空间的理性化过程得到较好的完成为重要基础。

市民社会的兴起对儒学的挑战

下面我们试图分析，儒学与现代市民社会的自治与理性化是不是本质上相冲突；如果不是的话，它能为中国社会市民内部的理性化发展提供什么样的有益资源。我认为，市民社会的兴起对儒学的挑战是史无前例的，在这方面，遗憾的是现代新儒家正面回应的不多。下面就让我们来讨论一下市民社会的兴起对儒学的挑战。[①]

挑战一：内圣外王理论的转换

一种观点认为，儒家学说中根本没有"社会"这一概念，"齐家、治国、平天下"的个人修身阶梯中没有"社会"这一环，此其不适应于现实社会之一要素。也许儒家的内圣概念可以与现代社会需要相接，但是"外王"方面就有问题了：

（1）现代人生活在市民社会中，家庭的细胞化、政治成为一门特定的职业。政治对社会的主宰作用不再像古代那么大等一系列现

---

① 相关的研究，参见林安梧：《从"外王"到"内圣"：以"社会公义"论为核心的儒学》，载《西南民族学院学报》（哲学社会科学版），总第 22 期，2001（2），1～7 页；马长山：《东亚法治秩序的局限与超越维度》，载《中国法学》，2003（3），183～190 页；张舜清：《公民社会与儒家伦理》，载《中州学刊》，总第 154 期，2007（4），130～133 页；等等。

实表明，现代人在价值追求中不可能再把"齐家、治国、平天下"当作自己的主要事业，因为现代人多半是生活在特定行业和职业中的人，他们读书、做学问不应当也不可能以治理国家乃至于管理天下为首务。但是同时我们必须明白，现代人也有现代人的"外王"理想，体现在他们所追求的个人事业上，不过这种"外王"带有现代社会分工的特征，是一种职业化行为而不一定是直接为了家国。

（2）随着社会空间的迅速分化、劳动分工的高度专门化，随着物质财富的大大丰富，使得人们选择一项职业、追求一门事业从过去压倒一切的求生需要以及与此相应的责任感和使命感，转到以满足人的兴趣爱好、促进人的潜能和创造力的发挥、体现人的自由本性、实现人性的全面发展这一方向上来。因此这个时代最大的"道德"无疑是为人们自由进行这样一种事业追求提供必要的条件，其中最基本的条件就是让每一个社会空间和职业按照自己的内在逻辑来运作，而不受来自任何一种政治或其他势力的干预，唯其如此方能确保每一个社会空间和职业真正为人性的自由和价值服务。也就是说，现代公民在"外王"方面应从过去的"齐家、治国、平天下"转变到社会空间的理性化以及行业的独立和自治上来。

（3）现代人不仅仍然生活在家庭中，而且主要生活在市民社会中，生活在职业化的追求中，他们在道德方面的主要问题部分来自于如何处理职业行为与人性价值的关系，来自于如何在具体的、职业化的追求中赢得人性的自由和永恒。在这种情况下，人们在外在行为方面最大的道德理想之一应当是把握"职业的神圣感与尊严"，而不是"尊王"、"大一统"、"君臣父子之道"等一类价值规范，尽管人伦关系仍是当代中国人生活中所不可回避的重要问题。

针对上述挑战，我想强调一下：儒学虽然从未正式从理论上涉及过"社会"特别是市民社会，但并不等于它的理论资源对于市民社会来说是完全不相容的。首先，在中国过去几千年的历史中，中国并非完全没有出现过与现代市民社会相类似的东西，而儒学也曾经在其中发挥过积极作用。研究表明，社会空间的兴起并不是个完全现代的事实，早在宋代就已开始。日本京都学派 20 世纪 30 年代曾经提出中国早在宋代就有现代性的说法，也是基于此一事实。根据哈佛大学东亚语言与文明系包弼德教授的有关研究[①]，唐宋转型最有意义的一个方面就是，社会空间的自治与理性化程度空前加大。包弼德谈到宋代的中央集权不如唐代那么大，商业经济空前繁荣，在中央政权之外还有多个不同的政治、经济、文化中心同时并存。他还提到一个重要事实，宋代科举制度的变革使得在衡量一个人方面，教育和文化的作用比血统和身份大多了，这在我看来也标志着儒家教育实践在现实生活中发挥的作用比以前大多了。与此相伴随的一个重要事实，他提到，是科举录取率甚低与参试人数甚多之间的不协调关系导致越来越多有教养的人进入到基层社会，成为地方精英。这在我看来，客观上说明儒家传统在促进社会空间的自治与理性化方面发挥的作用大幅度提升了。

余英时曾围绕着儒家伦理与中国商人精神作了不少专题式研究，他虽然认同韦伯"新教伦理与资本主义精神"的命题，但是针对中国文化得出了与韦伯不同的答案。他通过大量实证研究，发现儒家伦理可以成为中国商人的精神源头，作为规范商业行为的道德资源。这就说明了儒家伦理对于现代中国市民社会的理性化仍有不可替代的意义，只要我们承认未来中国的意识形态不可能由基督教来主导。[②] 余英时的观点今天已为越来越多的研究所证实。[③]

当然，我们必须同时承认，上述事实并不足以说明儒家已经正式从理论上回答了社会空间兴起的问题，至少从今天的角度看，我

---

①　参见包弼德：《唐宋巨大历史变迁的现代意义：对 nation 观念的重新思考》，载 http://www. yannan. cn/data/detail. php?id=2293，2004-04-30；Bol, "The rise of local history: history, geography, and culture in southern Song and Yuan Wuzhou," *Harvard Journal of Asiatic Studies*，vol. 61，no. 1 (Jun. , 2001)，pp. 37-76。另参见方朝晖：《波士顿学者论儒家 (4)：变换时空看儒家——Peter K. Bol》，载《孔子 2000 学术网站》(www. confucius2000. com)，2004-04-27。

②　参见余英时：《儒家伦理与商人精神》。

③　参见章颖颉：《略论儒家伦理与明清之际社会转型——以山西商人为个案的研究》，载《同济大学学报》(社会科学版)，第 15 卷，2004 (6)，39~46 页 (此文以明清山西商人为例讨论韦伯新教伦理与资本主义关系的命题)；唐琼：《从町人思想看儒学在日本近代化中的功效》，载《中共四川省委党校学报》，2006 (3)，102~105 页 (该文论述了町人阶层从儒家义利观中如何吸取有利于商业的精神)。

们必须承认，《大学》八条目中的内容，以及"外王"中"治国"、"平天下"这两条目的内容都面临着重大调整。也许今天的儒家应当将"外王"从"治国"改为"治业"了。如果说在古代，"齐家、治国、平天下"对于几乎每一个有知识、有文化且有良知的人来说是一种使命的话，那么对于现代人来说，他们在"外王"方面的主要困境是如何选择真正适合于发挥自己潜能的职业（亦可称之为事业）；现代社会空间为人们选择适合于发挥自己潜能和创造力的行业提供了无比广阔的空间，因此一个现代公民的事业追求（或称职业追求）不应当单纯是为了谋生，而应当同时出于人性自由的需要。也就是说，在"外王"方面，现代人基本上是通过特定的职业来成就自己的人生的。除了极少部分例外之外，一个现代人不管如何聪明、如何有才，都往往要通过特定的职业来实现自己的人生价值。

挑战二：为社会空间的自治与理性化提供资源

通过前面的研究可以发现，民主和法治仅仅代表现代社会发展需要的一部分，市民社会才是现代社会的主力军。因为一方面，从现代政治发展的特点看，政治好比是漂浮在市民社会及各行业汪洋大海中的小舟，真正推动政治朝向合理化方向发展的力量是社会而不是政治自身，这也符合民主政治的逻辑。因此，社会空间能否健全有效地发展自身，就成为影响政治发展方向的决定性力量之一。同时，社会空间自身能否理性地组织起来，是决定它能不能有效地对抗政府的关键所在。当政治家们通过权谋、交易手段欺骗大众时，只有有效地组织起来的社会团体才有力量与之抗衡。如果社会本身是一盘散沙，那么独裁者或军阀就有胆量凌驾于社会之上为所欲为。在中国文化中，这一点尤其突出，因为中国人一向以不团结（即孙中山所谓的"一盘散沙"）为主要特征。无疑，在建设中国现代性的过程中，社会空间的自治与理性化是比政治民主化与法治化等制度建设更为基本的任务（当然二者要同时进行）。

所谓"社会空间的独立、自治与理性化"，至少包括：

（1）政府只是社会的监督者和管理者，非但不能垄断各行业的

248

社会资源，而且也不以政治需要为准绳来规定社会空间或行业的发展方向和方式。

（2）各个社会空间需要确立自己的基本价值理念，以发挥人的潜能与创造力，实现每一个人的自由、价值与幸福为宗旨；也就是说，社会空间有自己独立的价值目标。

（3）社会空间的自治。即各社会空间形成自己的运作规范和内部管理模式，并在政府的监督下逐渐产生自我约束和调整的能力。

（4）社会空间的理性化。我在这里借用它来指社会空间不仅有自我约束、自我管理的能力，而且能够一方面在内部通过任人唯贤等方式来形成良好的行业风气，让各行业、各单位成为人们安身立命的乐园（可以新中国成立前的清华、北大为教育行业之例）；另一方面，在外部，各社会空间能够积极有效地与其他空间及政治之间良性互动，而不是恶性竞争。①

从这个角度看，我们发现，传统儒家虽不曾就社会的自治与理性化作出说明，但是它的根本精神是与社会空间或行业的自治和理性化相一致的：

其一，儒家家国一体概念的含义之一是先有了真正的"家"才会有真正意义上的"国"。"家"代表私的领域，与现代市民社会代表"私"的领域是一致的。我们必须承认，在过去几千年历史中，儒家在家族的理性化方面发挥了不可估量的重大作用。儒家认为"齐家"是"治"、"平"的基础。"齐家"就是家庭、家族的自治与理性化。今日，在家族已然细胞化的情况下，"齐家"让位于"治业"，即社会空间的自治与理性化。当然这不是说"齐家"不再需要，而是说"齐家"之外还有更加重要的"治业"使命，这是一个自然而然的过渡。需要指出，指责儒家没有认识到社会的重要性是荒唐的，关键在于儒家家国一体的逻辑在现代社会是活的。

---

①　"理性化"（rationalization）是韦伯、哈贝马斯常用的词汇，无疑我这里使用的"理性化"一词含义已经与韦伯、哈贝马斯等人有相当大差别，应该说西方语境中的"理性化"一词具有非人化（impersonal）、规则高于一切、产出最大化等特征，这些均与中国文化精神不合。

其二，古代儒家通过"制礼作乐"等手段来促进家族和社会关系的理性化，在这方面形成了博大精深的理论体系，也特别适合于中国社会的人情需要。这些对于现代每一个社会空间，从工厂到学校，从医院到公司，从社团到各种民间组织，都是异常重要的。关于这一点，一些提倡礼学复兴的人可能也已注意到。

其三，儒家的核心价值理念也与社会空间或行业的自治与理性化相吻合。这就是儒家所一再倡导的"公天下"理想，以及强调学问是"为己"而不是"为人"的。从这个角度来说，社会或行业的自治与理性化，是有益于人性的自我实现的，因而也应当是现代儒家所支持的。

其四，正如一些学者指出的，儒家的仁义忠信观念、义利之辨等等也对社会空间或行业的理性化有极其重要的作用。① 这一点，在近年来有关儒商的研究中也已得到了证明。

其五，中国古代的乡绅阶层作为地方精英，对于地方社会的自治产生过不可估量的作用。特别是宋代以来，乡约的发展、地方志的兴起，表明没有朝廷正式官职的士绅在参与地方村社治理方面的作用日益增大。这一事实充分说明儒家思想的作用并不局限于国家和家庭这两个范围，而是可能随时根据具体情况向其他领域特别是社会空间伸展。②

挑战三：为社会与政府的合理关系等提出说明

社会空间或行业的一个重要特征就是几乎所有的社会单位都不可能封闭自足：首先，这些单位之间的关系大大增强，时刻处在极为密

---

① 参见蒋庆：《儒家文化：构建中国式市民社会的深厚文化资源》，载《中国社会科学季刊》（香港），春季卷，总第3期，1993，170～175页。

② 在这方面，国内外学术界已有不少杰出的研究。参见朱开宇：《科举社会、地域秩序与宗族发展：宋明间的徽州，1100—1644》，台湾大学出版委员会，2004；Rankin，"Some observations on a Chinese public sphere," *Modern China：An International Quaterly of History and Social Science*，vol. 19，no. 2，April 1993，pp. 158～182；Bol，"Government, family, and later imperial culture," *Sungkyun Journal of East Asian Studies*，vol. 2，no. 1，2002，pp. 173～190。

切的相互影响中。一所学校需要同时跟供电局、供水公司、煤气公司、建筑公司、房地产管理局等等在内的几个甚至几十个其他社会单位打交道，少了哪一个环节学校都无法正常运转。这种无比密切的交互影响是古代根本没有的。其次，它们再也不像农耕时代的主要经济单位——家庭——那样可以一辈子不跟政府部门打交道而安然无事，菜市场需要派出所随时来保证它的安全，商店需要治安部门来保证它不被抢劫，建筑公司必须按照政府的统一规划来建房子，所有的单位都必须跟水、电、气等部门打交道。结果是，各社会空间之间的关系如此密切，纠纷也大大增加，有大量的事情需要政府部门来仲裁。这一切都充分表明社会对政府的管理职能要求大大提高了，与此同时对政府的合法性要求也大大增强了。这就是杜尔凯姆所说的那个事实：现代社会是有机型社会，而传统社会是机械型社会，在现代社会中社会整合（social solidarity）的程度空前加强。

市民社会出现的后果之一是：尽管它对政府的依赖性很强，但与此同时又必然要求独立于政府，不愿意政府在它们头上为所欲为，削弱它们自身的独立性。事实上每一个不同的社会空间都有自己独立的运作逻辑，这些运作逻辑是政府所应当保护的，而决不能随意干扰和破坏。由于政府和社会之间的关系太密切，政府一个小小的动作即可能对社会造成大面积影响，引起社会的强烈反响。在这种情况下，过去那种孤立、分散的小民和官府之间的对抗就变成了有组织的社会空间和政府之间的对抗，而社会决不允许政府随意按照自己的意愿胡作非为。当社会希望政府领导人按照它的愿望来选举产生时，民主的产生就成为不可避免的了。社会向政府的主要要求会包括透明度，决策程序的理性化，政府官员的素质，政府的产生程序……今日社会的发展趋势必然是社会和政府的互动代替了过去政府自身的单向自律。在这种情况下，政府在整个国家、社会及个人所构成的整体中的位置就发生了一个根本的变化：即从过去的、凌驾于一切社会空间之上的万民之主的地位，变成了社会的服务机构，社会的服务员。但是由于政府客观上是相互倾轧中的不同社会空间的仲裁者和协调者，而且必须主导整个社会的建设，因而拥有

251

相当特殊的权力，也很容易利用市民社会的内部混乱（特别是在社会自身还缺乏自治能力的时候）来谋取个人或部门利益，从而滥用职权、贪污腐化等等。

跟现代社会相比，古代政府凌驾于社会（严格说那时现代意义上的"社会"还不成型，这里指一切非政治领域）似乎比现代要严重得多，然而那时社会在经济上自给自足的程度比较高，交通、通信的不发达，新闻传播手段的缺乏，使得政府的手并不能真正伸进社会的每个角落。只是在现代，政府对个人、对私生活、对社会的干预才可能达到空前绝后甚至无孔不入的地步。这正是我们在 20 世纪中国所曾看到和体验过的。但是，另一方面，在古代，家庭作为社会的主体，是分散的、独立的、游离的，它们的散漫游离是中国文化习性的产物，它们注定了不能横向地联合起来，并以理性的方式和政府发生关系。在这一点上，今天的社会较之于古代所发生的改变在于：第一，有了独立的社会空间，也就是有了市民社会，包括市民社会的最重要成分——公共领域（由大众传媒、各种文化传播途径以及各种可能的非私人的舆论空间构成），对政府的制约能力大大增强了。以社会机体的力量与政治抗衡，毕竟比以个人或家庭的力量对抗政府要强得多。第二，社会价值以及国家合法性基础的最高解释权不再是国家而变成是社会了，更准确地说是公共领域讨论的产物，或社会精英的共识。

那么儒家在这一新的历史条件下能有什么作为呢？我认为，儒家传统中同样有一些利于说明现代市民社会与政府关系的重要资源，其中最重要的就是孟子提出的王霸思想。在过去几千年的中国政治史上，在官与民、政统与道统、国家与社会的对立与紧张中，儒家一直是站在后者的立场上，有意识地扮演着制约君权、限制国家的作用。宋代以来，乡约制度的形成，地方讲学的兴起，书院的大范围发展，特别是教育的民间化，民间结社的增加（最有名的是明代东林党人结社），均说明儒家的政治立场有益于社会的自治，推动社会从政府的控制下摆脱出来。

不仅如此，儒家的"王道"、"仁政"思想，强调理想的政治不是通过以力服人，而是以德化民，这无疑也有益于社会的自治和独立。儒家王道政治理想特别是孟子王霸之辨的精神实质之一，在于强调国家仅仅从精神价值象征上有至高无上性，而不是在权力上有至高无上性。更准确地说国家具有向整个社会昭示社会价值轴心的神圣义务，它应当成为社会正义力量的最高象征。如果它做不到的话，那么，"天命"就可能改变，故有革命、有改朝换代。从这个意义上来说，我们不能说儒家主张政府凌驾于社会之上。政府凌驾于社会之上，用孟子的观点就是典型的霸道，因为它的本质特点可以概括为四个字，即"以力服人"。孟子曰：

> 以力假仁者霸，霸必有大国；以德行仁者王，王不待大，汤以七十里，文王以百里。以力服人者，非心服也，力不赡也；以德服人者，中心悦而诚服也，如七十子之服孔子也。《诗》云："自西自东，自南北，无思不服。"此之谓也。(《孟子·公孙丑上》)

"文化大革命"中"政治挂帅"的观点也与儒家传统相对立。借用一下儒家的术语，或许可以说：社会空间或行业的自治与理性化乃是王道理想在今天的必然要求之一。我们不能人为地去设计今后中国的(市民)社会是什么样的，以及它和政府彼此互动的模式，但可以预言：社会和政府彼此互动的最终模式将取决于中国的社会空间将在多大程度上自治和理性化；如果中国的社会空间不能理性地自我组织起来，而是停留在一盘散沙状态，就不可能对政府、对政权和国家政策产生积极、有意义的影响。在这方面，我们恐怕不能完全寄希望于引进西方的法治，而要去传统中积极寻找有利的资源。

重估内圣的现代功能[①]

我们在从市民社会角度讨论儒学面临的挑战时，涉及了一个问

---

① 余英时先生也强调社会整合才是文化发展的前提，只有社会不被摧毁，文化才有生存的空间。他对中国古代的民间社会、民间信仰的文化传承功能评价甚高，并认为今天需要寄希望于良性的公民社会。参见刘梦溪：《为了文化与社会的重建——余英时教授访谈录》，载《中国文化》，1994 (10)，9～10 页。

题，即儒家传统中有益于社会空间自治和理性化的资源。① 对于后者，下面我想在前人基础上，再补充几方面：一是道德精英治理的观念；二是正心修身的作用；三是职业的神圣感与尊严。

第一，针对中国文化的习性，道德精英对社会空间理性化的作用非常大。

我在前章指出，中国文化的习性决定了，中国社会真正有效的社会整合方式，在可以预设的将来仍然是治人的而不是治法的，伦理的（指以人际关系的整合为主）和以道德/文化精英为主导的。此外，道德、文化精英在社会空间理性化过程中的重要作用还包含孔子所说的"正名"。至于正名的内容，就某行业而言，是指确立行业传统，这正是我们今天谈论儒学复兴的一个重要基础，如果这一说法正确的话，儒学的复兴就将不仅是必然的，而且是大势所趋。儒

---

① 林安梧先生近年来主张儒学要从内圣到外王的修身模式转化为外王到内圣的模式。前者是在传统社会"血缘性纵贯轴"支配下形成的，过分强调权威和服从，沦落为封闭、内倾甚至自欺欺人的境界追求。现代社会由平等、独立、有"普遍意志"的个体公民组成，"血缘性纵贯轴"被代之以"人际关系互动轴"，"交谈的伦理"代替了"独白的伦理"；现代社会中"社会公义"不是以"心性修养"为基础，相反，内圣可能在平等对话中、在新外王中做出。这种"后新儒学思考"新意其实不大，其对儒家心性传统的认识与五四思想家并无本质差别；所谓以有"普遍意志"的个人之间的契约结合来代替血缘性纵贯轴，是不切实际的，因为中国文化中并不存在这种意义上的"个人"。所谓以父子关系为轴心的"血缘性纵贯轴"，人类学家许烺光早在1965年就曾提出过类似的思想，但结论与林安梧完全不同。许烺光提出，在人类不同的文化中，自发地形成了四种不同类型的血亲制度，其间的差别体现在占主导地位的关系不同：有的文化中占主导地位的是父子关系（如中国），有的文化中是夫妻关系（如美国），有的文化中是母子关系（如印度及一些一妻多夫制社会），有的文化中是兄弟关系。许烺光认为，血亲制度中什么关系占主导，对该文化中的其他方面影响甚大。例如，父子关系主导型社会更重视亲情和权威，而夫妻关系主导型社会更重视平等和工具性。这是当今美国文化与中国文化差别的一个根源。站在人类学家的立场上，显然他更倾向于认为这几种不同的文化由于由不同的关系主导，很难用一套统一的模式来衡量，否则会犯很多当代西方思想家的错误，包括弗洛伊德、帕森斯等人都犯了这样的错误，即用在夫妻关系主导型文化中形成的看法来评判其他文化。据此来说，林安梧似乎也犯了类似的错误。若从文化相对论的态度看，每个文化模式都可能有自身致命的缺陷，也有自身特殊的优势；正因如此，一套制度出了问题，不一定就要变换文化的习性（往往也变不了），而在于采取适合于它自身的方式来解决。参见林安梧：《从"外王"到"内圣"：以"社会公义"论为核心的儒学》，载《西南民族学院学报》（哲学社会科学版），总第22期，2001（2），1～7页；Hsu，"The effect of dominant kinship relationships on kin and non-kin behavior: a hypothesis，" *American Anthropologist*，vol. 67，no. 3（Jun.，1965），pp. 638-661。

家虽然并不承担开出现代性的使命，但确实能承担塑造、完善中国现代性的历史使命。

宋代以来儒生以地方精英的方式在地方经济、行政、社会事务中发挥的作用，给我们这样一个启示，即中国现代性的模式可能与西方不同。以道德精英为主导的中国人的社会整合方式，与以制度原则为主导的社会整合方式有根本性差异。很多人曾认为只有西方工具理性的社会整合方式才是现代性的唯一需要，而中国式的人治传统是不符合现代性的需要的。这一观点今天看来未必正确。

应当承认，宋代以来，中国社会结构的转型已在很多方面与我们后来看到的西方现代性有相似之处，其中包括：社会空间的兴起，从一元化的政治中心到多元化的政治中心，经济、科技以及文化在政府之外的空前发展，教育的改革所实现的"人人平等"等等。而宋明理学的民间化传播，让我们了解到在中国古代社会下，即儒学一统天下的时期，中国文化中有效的社会整合方式是什么。我们最重要的发现之一是，精神文化传统及民间信仰在中国社会空间自治与理性化过程中的作用不可忽视。当然，对于这种中国式的伦理的、治人的和以道德—文化精英为主导的社会整合方式，及其在社会空间的自治与理性化发展过程中的作用的评估，包弼德的研究是远远不够的（甚至他的重点也从不在这方面）。我相信，中国式社会整合方式的出现决不是偶然的，而是与中国文化几千年来所养成的、中国人特有的文化心理结构有极大的关系。所以同样是道德精英主导的社会整合，在中国文化中发生的方式也可能与在其他文化（包括阿拉伯文化、印度文化、日本文化等）有所不同。这里想强调的是，从社会结构的调整，特别是市民社会的兴起以及社会空间的理性化等角度来理解儒家传统的现代意义，唐宋转型恰恰给了我们非常重要的启示。

第二，职业的神圣感与尊严问题。

既然今天这个社会人们的"外王"理想不再是从政（即"治国、平天下"），而是"治业"，其主要的职业道德也就不可能是"三纲"，那么现代人在"外王"方面会有什么样的道德理想？我认为，现代

255

人在外王上的人生价值理想主要是通过职业的神圣感和尊严来实现的。这是今天的儒学需要面对和回答的问题。

所谓"职业的神圣感与尊严"，作为现代人在外在行为方面的基本规范，不是一个无条件的道德命令，而是现代人在职业追求中所应努力把握的东西。如果说现代人在人生价值方面的主要道德困境是如何通过职业的选择来追求和实现其人生价值，那么这样做既有外在的要求，也有内在的要求。在外在方面，就实现这一理想的社会条件而言，只有严格按照各行各业自身的内在逻辑来运作，才能确保职业的行为朝着合乎人性自由和价值的方向前进；只有社会空间的理性化，职业的高度独立和自治，才能确保现代人的人性价值。而在内在方面，他需要树立这样的素质，即并不单纯是为了生计、为了功名、出于世俗的诱惑而选择或追求某一项事业，而是最好能真正按照自己的兴趣做事，让工作真正能发挥自己的潜能和创造力，展现自己的自由本性，实现自己的全面发展。此即孔子"为己"之学真义，体现在个人道德素养方面，就是对"职业的神圣感与尊严"的体验。因为当一个人真正出于人性内在的兴趣全面发展时，他就会主动参与到一种伟大的行业传统中，并深深感受到个人生命与整个人类甚至整个宇宙生命的共生共荣，从而体验到个人生命的升华、崇高与永恒。因此，职业神圣感与尊严的确立，是确立行业之道的内在动力。对于一个国家或民族来说，职业的神圣感和尊严既是确保社会空间或行业理性化的内在精神资源，也是一个人通过职业/事业追求而获得自身潜能发挥和人生价值实现必不可少的途径。就像古代士大夫需要讲究臣道、子道、师道等一样，对这种境界的追求则构成了行业之道。由于这一过程依赖于行为者自觉、主动、积极的追求，因而需要个人自身的道德自觉和人格素养的提升为条件或动力，这就为儒家在现代条件下发挥自己的作用提供了巨大空间。换言之，行业之道的自觉、职业神圣感与尊严的追求，决定了儒家修身与道德传统在现代社会仍然有巨大的潜力。从这个角度出发，现代儒家需要探讨和回答如何从其心性修养理论和道德实践传统出发，在各行各业培育职业的神圣感和尊严。

第三，心性修养问题。

无疑，一个人对于"职业的神圣感与尊严"的理解取决于一个人的基本道德素质、道德追求和道德理想，这也恰恰是儒家"内圣"功夫的产物。因为它完全可以看作是一个人"致良知"、"求其放心"、"仁义忠信"、"正心诚意"等内圣功夫的必然要求，是每一个有"良知"、"致良知"的现代人理应遵循的。只要他追求虚荣、追逐名位、哗众取宠，就意味着他不能从职业的追求中真正体验到人性的自由和永恒，而这也表明他不可能真正体验到职业的神圣感和尊严。因此，古代儒家在"内圣"方面的道德实践——格物致知、正心诚意、切磋琢磨、求其放心、知行合一、致良知等等——非但没有因时代而过时，相反在今天无疑仍然是现代人在"外王"方面一切实践的内在根据，具有永恒的意义。所以我认为，儒家学说并未因为时代不同而丧失其存在意义，而且只有重新继承它所开创的伟大而独立的文化价值传统，未来中国文化的发展才会找到取之不用、用之不竭的精神源泉。

当然，除了儒家传统外，其他人类精神价值传统比如基督教传统或其他伟大宗教传统，也许同样可以对社会空间或行业的自治与理性化起到积极的支持作用，正如我们在今天其他人类文化共同体中所看到的情形一样。但是儒家的特殊重要性来自于中国文化的习性。我们坚信：中国社会结构的变化、市民社会的兴起、公共领域的形成等事实，并没有改变中国文化的习性，适合于传统中国社会的人与人的整合方式仍然适合于今日中国社会。从这个角度讲，中国的现代性就主要体现为：中国社会仍然是一个伦理型的社会，即主要是治人的而不是治法的社会；在这个社会中"做人"会一直被当作一件最重要的事，孔子所倡导的仁、义、礼、智、信、忠、孝等价值仍是其中的主流价值；此外社会风气、行业风气、单位风气等"风气"将是衡量社会、行业或单位好坏的重要标志，在每一个单位或行业会形成自身的"传统"，这些行业传统是社会空间或行业自治与理性化的基础；在具体的社会空间，特别是各行各业，会有许多人试图将企业或单位当作一个"家"来塑造；一个单位或一个

行业的状况，将依赖于该单位中人际关系协调和整合的状况。所有
这些，使我们有理由认为儒家必然会是未来中国市民社会走向理性
化发展所必不可少的资源。这是因为儒家是一种强调人伦关系、追
求道德理想、注重精英示范作用的精神传统，这一传统的宗旨之一
是在现实社会中塑造一种以"治人"为特征的社会整合方式，以及
由此所构成的社会有机体。

让我们再从多元现代性的角度对上述观点略加小结。似乎有理由
相信，"中国的"现代性在不久的未来可能成为世界多元现代性景观中
一道独特的风景。一方面，它既有许多与西方现代性相通之处，比如
社会空间的独立、自治与理性化，以及民主与法治等等；另一方面，
它也有自己与西方迥然不同的地方，包括：精神文化传统在社会空间
理性化过程中的作用远大于西方，以道德/文化精英为主导的社会整合
方式，一个伦理的、治人的、以礼为主的社会，等等。

文化是普遍的还是特殊的？

——文化进化论与文化相对论之争

【提要】

文化相对论主张尊重文化多样性和特殊性，反对以自身文化的标准来衡量其他文化；其极端形式是对文化的好坏优劣不作任何评判，对文化的进化或发展方向缺乏基本立场。文化进化论强调文化的普遍性和统一性，探讨文化进化的规律和方向；其极端形式是不尊重文化的多样性和特殊性，将文化形态区分为高级/低级、进步/落后，将西方现代文明视为一切文化进化的方向。20世纪30年代始兴起的新进化论修改了古典进化论的"进化"概念，不再将"进化"等同于"进步"，或不把"进步"等同于"好"；提出多线进化论、一般进化与特殊进化相区分等新说法，既体现了对文化多样性和特殊性的尊重，又加深了对文化进化原因和普遍规律的研究。

稍有常识的人都会说文化既有普遍性又有特殊性。然而，文化相对论突破了长期以来主宰我们心灵的、"人类各文化应朝同一终极目标逐步进化"的观念，让我们理解了为什么不同文化可能有各自独立的内在逻辑、"共同的终极目标"只是人为预设，及为什么不能在没有深入研究的基础上对其他文化妄加评判。相比之下，文化进化论特别是新进化论则说明了文化之间也存在"家族类似"，正因如此，不同文化之间可以相互借鉴、影响或学习，有些具体的文化现象也并非不能作价值的评判或进化阶段的评估，特别是在物质、技术、组织复杂性等方面。因此，评判某种文化或某种文化现象的进化与退化、好坏与优劣，要具体问题具体对待。

今天，当我们关注世界多极化或文明多样化的时候，文化相对论与文化进化论之争对于我们理解多元现代性，特别是儒家传统主导下的东亚现代性模式有重要启发意义。本章为本书所倡导的东亚现代性或中华文明独特样式的立场提供理论基础，并在最后从新进化论立场说明今日重铸中国文化最高理想的必要性。

20世纪初叶，当中国人刚开始接触到并沉浸在进化论的兴奋中时，在美国人类学领域开始了一场反对进化论的、持续了数十年的学术争论——即文化相对论与文化进化论的争论。这场争论有两个特点：一是通过批判古典文化进化论（cultural evolutionism），对欧洲中心主义观念展开了全面有力的批判；二是这场争论的发起者——博厄斯学派或文化历史学派——的主张几乎可以看成是为各个民族的文化自主性或特殊性提供论证的典型。此后兴起的新进化论思潮，虽然重申文化进化的主张，但已经吸收文化相对论的合理成分，体现出对文化多样性和文化特殊性的高度重视。

与20世纪初叶的全盘西化论相比，崇尚中国文化的特殊价值，主张中国文化有自己的独特性已成为当下中国学界主流话语之一。因为正如许多东西方学者所已经认识到的，现代化不等于西方化。以西方文化的价值标准强加于人类其他文化体系，对许多非西方文化来说未必是什么福音，而是相反，有时会造成灾难性的后果。越来越多的中国人认为，西方的价值标准不能成为衡量人类其他文化的唯一标准，世界各民族应当基于自己的文化传统发展合乎自己的现代性。

出于对这个问题的关注，我注意到20世纪初叶开始发生在美国人类学领域的一场持续了数十年的学术争论——文化相对论与文化进化论之争。这场争论有两个特点：一是相对论批判的对象——古典文化进化论——的精神实质乃是欧洲中心论，其中包括欧洲种族中心论、欧洲文化或文明中心论等内容；二是这场争论的发起者，又称博厄斯学派或文化历史学派，其主张几乎可以看成是为各民族的文化自主性或特殊性提供论证的典型。既然我们今天如此感兴趣于文化的特殊性，是不是应该好好研究一下文化相对论的主要观点呢？至少，如果我们真为其观点辩护，或许可以从文化相对论中找到不少资源；而对于文化相对论局限性的认识，也利于从理论上建立起对文化特殊性和普遍性关系的更合理认识。由于马克思主义的影响，摩尔根等人的文化进化论在中国早已广为人知。但是相比之下，中国学者对文化相对论的介绍和了解则相当有限，基本上没有超出专业学术领域。我们希望，本章的研究对于探讨中国的现代性有所启迪。

背景：影响深远的文化进化论

所谓文化进化论，又称社会进化论，是 19 世纪下半叶盛行于西方思想界的一股关于人类文化进化方式的思潮。准确地说，文化进化论大约 18 世纪末兴起、19 世纪中叶成型并于 19 世纪下半叶广为流行，其思想先驱包括康德、黑格尔、马克思、圣西门、孔德等人，而其主要代表人物是英国学者斯宾塞（Herbert Spencer，1820—1903）、美国学者摩尔根（Lewis H. Morgan，1818—1881）、英国学者泰勒（Edward B. Taylor，1832—1917）等人。与他们同一时期有进化论思想的人还有很多。[①] 不少人以为文化进化论是达尔文生物进化论在社会领域的运用，这是不符合事实的。应该说，古典文化进化论思潮赖以产生的历史背景远远超越了达尔文

---

① 参见塞维斯：《文化进化论》，3 页，北京，华夏出版社，1991；Herskovits, *Man and His Works*, p. 464。

的影响范围，其基本理论也不是在达尔文生物进化论直接影响下的产物。①

按照戈登威泽的说法，进化思想在人类历史上有着古老的渊源。从古代人们关于过去的传说中，就可以看出有关进化的思想。几乎所有的原始种族均有关于世界和人如何形成的神话。有的民族是从创世的角度解释世界、万物及人是如何形成的，有的民族把人类社会的形成和发展解释为一系列自我改造或转换的过程。②现代意义上的文化进化思想于18世纪开始兴起。康德、黑格尔哲学中均包含着进化论思想，其中黑格尔哲学中"潜在的"进化论在他的后继者卡尔·马克思处发扬光大，发展成为把人类历史概括为固定不变的六个发展阶段。戈登威泽认为，严格意义上的、现代版的文化进化论是赫伯特·斯宾塞建立起来的。斯宾塞确立了社会进化论的基本观点，即社会进化过程类似于生物进化，是

---

① 据卡内罗考察，达尔文在1859年出版的《物种起源》中并未使用过"进化"一词。一直到1872年该书第六版时，由于"进化"一词已经广泛流行，才将"进化"一词加进自己的书中。而斯宾塞早在1851年开始就已经使用"进化"一词，并在1857年出版的被认为是进化论历史里程碑的著作《进化：其规律及原因》中，将"进化"从人间扩展到整个宇宙，到1862年出版《综合哲学》第一卷即《第一原理》，他"已经形成了一个清晰、客观、明确而全面的关于进化过程的观念"（卡内罗：《文化进化论的古典创建》，载《史林》，2004（1），3页）。赫斯科维茨（Herskovits, *Man and His Works*, p.464）强调指出，文化进化论严格说来主要不是由于受达尔文生物进化论影响而产生的。达尔文的《物种起源》发表于1859年，而对文化进化论有重要贡献的学者如德国的魏茨、巴斯蒂安、巴赫霍夫，英国的梅因、麦克伦南及泰勒均出现于1859—1865年之间，其研究和著述的时间与达尔文大体相同，不能说是在达尔文的影响下写成的，特别是麦克伦南及泰勒均否认自己的思想来源于达尔文。在1959年为纪念达尔文一百周年之际出版的，包含有怀特、萨林斯、塞维斯等美国新进化论代表人物文章的论集《文化与进化》中，作者还强调该书并不是受达尔文的启发而作，并声称："我们不应忘记，早在达尔文之前就已经有了对社会和文化的进化的研究。"（哈定（等）：《文化与进化》，3页，杭州，浙江人民出版社，1987）

中文本中对古典进化论的介绍，参见绫部恒雄主编：《文化人类学的十五种理论》，5～17页，贵阳，贵州人民出版社，1988；庄锡昌、孙志民编著：《文化人类学的理论构架》，1～14页，杭州，浙江人民出版社，1988；黄淑娉、龚佩华：《文化人类学理论方法研究》，13～56页，广州，广东高等教育出版社，2004；夏建中：《文化人类学理论学派》，11～52页，北京，中国人民大学出版社，1997。

② Goldenweiser, *Early Civilization: An Introduction to Anthropology*, New York: Alfred A. Knopf, Inc., 1922, pp.20—21.

一个统一的、渐进的和不断进步的（uniform，gradual and progres-
sive）过程。①

卡内罗（2004）专门考察了"进化"一词的使用史。她发现，
"进化"一词从 17 世纪开始在英语中使用，18 世纪末 19 世纪初已
有一种自然变化的思想在欧洲哲学界流行。但是，一直到 19 世纪
50 年代早期，该词在英语中的使用仍不普遍。孔德于 1830—1854
年中比较多地使用了"进化"一词，但并未给进化下定义。孔德
大概是比较早大量使用"进化"一词的学者，斯宾塞则第一个给
"进化"下了严格的定义，并从理论上全面、系统、明确地将阐发
了进化论。戈登威泽指出，斯宾塞的思想受到了马尔萨斯的人口
论、赖尔的进化论地质学以及达尔文生物进化论的影响。斯宾塞
的思想影响了之后很多人，包括摩尔根、泰勒、弗雷泽和杜尔凯
姆等人在内。②

根据赫斯科维茨的总结③，社会进化论或文化进化论的主要观
点可概括为如下三方面④：

（1）人类的历史是一个制度和信仰的线性进化过程，不同文化
之间的相似性则反映了人类心理机制的统一性。

具体来说，古典进化论将人类历史看作一个不断从低级向高级
进化的线性过程。其中最有代表性的观点就是摩尔根的学说，他把
人类历史—文化的进程归纳为从蒙昧（savagery）、野蛮（barba-
rism）到文明（civilization）三个阶段的进化过程。其中前两个阶段
又有早、中、晚三个时期，是文化发展的低级、中级、高级三个阶
段。见下表：

---

① Goldenweiser, *Early Civilization*, pp. 21–23.

② Ibid., p. 21.

③ Herskovits, *Man and His Works*, p. 467.

④ 卡内罗对古典文化进化论作了更细致的概括分析，提到了"比较研究法"、"自然
界的一致性"、"连续性原理"、"由简单到复杂"、"对不同文化的客观评价"、"进化并非是
内在趋势"、"人类心理的一致性"、"有差异的进化"、"当代原始人与祖先文化"、"当代原
始社会"以及"遗风"等若干古典文化进化论的重要方面。参见卡内罗：《文化进化论的
古典创建》，载《史林》，2004（1），1～12 页。

表 6—1　　　　　　　　　摩尔根的文化进化阶段学说

文明阶段		发明语音字母及写作
野蛮阶段	高级	冶炼矿石、使用铁制工具
	中级	拥有家养动物（东半球）、栽培玉米等农作物（西半球）以及制作砖、石器
	低级	发明陶器
蒙昧阶段	高级	发明弓、箭
	中级	捕鱼和使用火
	低级	人类的幼儿期

摩尔根的上述学说，建立在人性普遍性的假设之上，即人的普遍本性决定了人类社会或文化的进化遵循同样的规律，不同的社会或文化即使在相互隔绝、互不影响的情况下也会走上大体相同的进化之路。

泰勒也相信人类历史是从蒙昧阶段向更高级阶段进化的，并把进化等同于"进步"（progress），但是他对于人类历史进化规律性的理解不像摩尔根那么肯定，认为有许多不符合规律的例外。斯宾塞并没有对社会或文化的进化阶段进行具体划分和命名，但是他坚定地相信进化的规律（Law of Evolution），他的思想带有明显的种族中心论（ethnocentrism）倾向。

（2）通过比较现有的各种文化，可以确立人类社会进化的线性序列。因为那些现存的、比较落后的文化，代表了目前比较高级的文化的早期发展阶段。这就是研究进化的方法——比较法。

摩尔根相信，在世界各个洲，处于同一历史发展阶段的不同文化，其制度、生活方式及艺术是一致的。古希腊罗马人的制度应该可以在今天美洲土著身上找到相应的形式。泰勒研究文明的方法，根据他自己的交代，就是把文明分解为构成文明的具体成分，对于后者根据其内容和复杂性等加以归类，然后将其纳入相应的地理分布和历史进程框架。赫斯科维茨认为这种研究方式之所以被称为比较研究法，是因为它研究的是文化的形式而不是过程，却试图通过文化形式的比较分析来理解文化进化的历程。设想一下：把世界各地的弓搜集起来，放在博物馆的同一间屋里，然后根据这些弓的制作特点及工艺复杂性将其归类为若干等级，真的可以据此勾画出弓的历史发展轨迹吗？

（3）通过风俗遗存（survivals of custom），即将发源于一个文化中的风俗在新的历史条件下的残留与原始文化比较研究，可以追踪文化的发展轨迹。这种由泰勒倡导的研究方式假定，有些风俗、过程或观念本来存在于一个社会，当这个社会已经进化到新的阶段之后，有些风俗会借助于习惯的势力保存下来。通过对本国文化遗存与当代原始部落的比较，就可以发现两者的相似性。文化遗存的存在，为证明今天世界的原始部落代表了我们祖先的生活方式提供了证据。因此，在泰勒、弗雷泽及其同事们看来，今天居住在太平洋遥远岛屿上的人代表人类文化的较早阶段，他们的习俗让人想起今天英国乡下的习俗。摩尔根生活在纽约，对他来说，美国境内一些印第安人的生活方式，与白种人生活方式的当代遗存是一致的，证明印第安人的生活方式代表了白种人祖先的生活方式。

具体来说，19世纪下半叶在欧洲思想界盛行并达到顶峰的文化进化论思想有如下几个主要假定[①]：

> 所有的人类社会或文化遵循同样的发展规律，即必然要经历一些相同的阶段或过程；
>
> 人类社会或文化发展的过程是逐步的、渐进的，而不可能跨越或跳跃一些必经阶段，发生突变或剧变；
>
> 人类社会或文化的进化是一个从低级到高级、从不完善到

---

① 当然，不能说这些假定为表6—1所列各位进化论者所共同接受或阐发。如果一个个具体分析，也许会发现许多差异，这里重点列举影响比较大的几个文化进化论假定。

完善的"进步"过程；

现有的原始部落或落后文化，是目前处于较高级阶段的文化的缩影，代表欧洲文化以前经历过的阶段；

今日欧洲文化或白人社会代表着人类社会进化迄今为止所已经达到的最高阶段。

除了摩尔根、马克思等人关于人类社会进化的经典学说以外，上述进化论思想还有很多其他方面的具体体现，比如认为：

——狩猎采集是先于和低于灌溉农业的人类社会阶段；

——从石器、青铜器到铁器是所有人类社会的必经过程；

——父系社会是从母系社会发展而来的；

——先有多神论后有一神论；

——从群婚到多配偶制再到一夫一妻制是人类婚姻的普遍进步过程，等等。

此处特别要指出，这些进化论思想在一定程度上带有欧洲文化中心论甚至白人种族主义倾向，因为它把白人文化看作了世界各文化或文明发展的最高阶段。

需要指出的是，社会或文化进化论思想并不是若干人的发明，而是经过好几代人的积累逐步形成的；它的影响所及也远不止于人类学领域，而是深入到了宗教学（如泰勒、弗雷泽）、艺术理论（如哈顿）、社会学（如孔德、杜尔凯姆）、政治学（如圣西门）、历史学（如魏茨、马克思）、考古学（如恩格斯）、经济学（如马克思）、法学（如梅因）、心理学（如冯特）等诸多领域。[①] 例如，马克思关于人类社会发展必然经历从原始社会、奴隶社会、封建社会、资本主义社会以及共产主义社会"五个阶段"的学说，可以说也是上述进化论思想在历史学领域的典型代表。

现将文化进化论的形成和发展大致分为三个时期（见表6—2）：

---

① Goldenweiser, *Early Civilization*, pp. 23-24；Herskovits, *Man and His Works*, p. 466.

表 6—2　　　18—19 世纪文化进化论形成与发展三时期①

时期	人物	生卒年
起源 (1850 年前)②	康德 (Immanuel Kant)	1724—1804
	黑格尔 (G. W. F. Hegel)	1770—1831
	圣西门 (Claude-Henri de Saint-Simon)	1760—1825
	马尔萨斯 (Thomas R. Malthus)	1766—1834
	赖尔 (Charles Lyell)	1797—1875
	孔德 (Auguste Comte)	1798—1857
	达尔文 (Charles Darwin)	1809—1882
	……	
形成 (1850—1880)③	魏茨 (Goerg Waitz)	1813—1886
	巴霍芬 (Johann Jakob Bachhofen)	1815—1887
	马克思 (Karl Marx)	1818—1883
	摩尔根 (Lewis Henry Morgan)	1818—1881
	斯宾塞 (Herbert Spencer)	1820—1903
	恩格斯 (Friedrich Engels)	1820—1895
	梅因 (Henry Sumner Maine)	1822—1888
	巴斯蒂安 (Adolf Bastian)	1826—1906
	麦克伦南 (John Ferguson McLennan)	1827—1881
	皮特·里费斯 (Augustus Pitt-Rivers)	1827—1900
	泰勒 (Edward B. Taylor)	1832—1917

　　① 本表中的三个时期，只是为便于理解作的粗略划分，其具体年代当以相关论著的发表时间为准。本表所涉及的一系列人名，均取于 Goldenweiser, *Early Civilization*, pp. 23—24; Herskovits, *Man and His Works*, pp. 465—466, 仅供参考。其中不少人虽非进化论倡导者或创立者，但有明确的进化论思想，并把这一思想应用于某一与文化学或人类学无关的领域，包括历史、艺术、宗教、哲学、心理学等学科。

　　② 达尔文、马尔萨斯以及赖尔等人严格说来并未提出文化进化的思想，但是他们对于斯宾塞等人的文化进化论思想形成有较大启发，属于文化进化论的早期渊源部分。

　　③ 斯宾塞于 1852 年发表《进化的假说》一文，梅因《古代法》写于 1861 年，泰勒《原始社会》发表于 1871 年，摩尔根《古代社会》发表于 1877 年。

续前表

时期	人物	生卒年
发展 （1880—1920）①	冯特（Wilhelm M. Wundt）	1832—1920
	杰文斯（William Stanley Jevons）	1835—1882
	拉伯克（John Lubbock）	1834—1913
	安德鲁·兰（Andrew Lang）	1844—1912
	格兰特·阿伦（Grant Allen）	1848—1899
	哈特兰（E. Sidney Hartland）	1848—1927
	弗雷泽（J. G. Frazer）	1854—1941
	哈顿（Alfred C. Haddon）	1855—1940
	杜尔凯姆（Emile Durkheim）	1858—1917
	韦斯特马克（Edvard A. Westermarck）	1862—1939
	马瑞特（Robert Ranulph Marett）	1866—1943
	……	

  今天看来，上述欧洲文化进化论的基本思想，将一切人类文化纳入到一个统一的模式之中，并用一种单线（unilinear）的历史发展阶段或序列囊括一切可能的人类文化发展过程，从而否定了人类文化的特殊性及其发展方式的多样性。不仅如此，它还把当时欧洲文明或白种人的文明当成了人类文化发展目前所已达到的最高阶段。这样做实际上为种族中心论，或者说白人种族主义开了方便之门。从这个角度说，文化进化论与后来盛行、至今仍在西方意识形态领域占据统治地位的西方文明中心论完全一致，甚至可以说是后者的理论基础。在我国，由于严复等人的努力以及 20 世纪后半叶马克思主义的统治地位，上述进化论思想可以说也已经深入人心，得到相当广泛的接受，尽管其他有些方面比如白人种族主义和欧洲中心论并未得到中国人的完全认可。

---

  ① 弗雷泽《金枝》出版于 1890 年，恩格斯《家庭、私有制和国家的起源》写于 1884 年。

文化相对论的主要观点

以摩尔根等人为代表的文化进化论，一开始曾遭到了两股有影响力的文化理论的批评，一是文化传播学派（diffusionism），二是文化功能主义。以施密特（Wilhelm Schmidt，1868—1954）等人为代表的文化传播学派认为，人类文化起源于若干文明中心，世界各地的文化都是由少数几个中心传播出去的，因此不能说世界各地的文化循着同样的历史阶段进化。另一方面，文化功能主义则认为文化是为了满足人们生存、繁衍等需要而建立起来的，因而文化的优劣取决于其系统内部的自我整合在多大程度上满足人们的上述需要。从这个角度看，有些原始文化在满足人类需要方面的效果并不比现代文化差，因而不一定能认为现代文明比原始文化更进步。这就在一定程度上为文化的特殊性提供了辩护，对文化进化论构成挑战。不过，文化传播学派和文化功能主义都不是专门针对文化进化论提出来的，也没有针对文化进化论的思想前提进行深入细致的解剖，因而对后者构不成真正的挑战。19 世纪末叶以来，以博厄斯等人为代表的文化人类学家开始以强有力的证据来批判上述文化进化论思想，在西方影响甚大。下面我们专门介绍文化相对论是如何全面批评文化进化论的。

文化相对论是 19 世纪末叶从美国兴起，盛行于 20 世纪最初 30 年的一股文化人类学思潮。[①] 它以博厄斯（Franz Boas，1858—1942）为领袖，以他的一群弟子共同构成的学术群体，在西方常被称为"历史批评学派"、"历史特殊论"、"历史学派"或"文化史学派"等。该学派重点批判了以摩尔根、斯宾塞、泰勒等人为代表的、盛行了半个多世纪的古典文化进化论，其精神实质之一是认为人类不同文化各有其不同的价值体系或制度系统，不能用一种标准或今

---

① 参见王海龙、何勇：《文化人类学历史导引》，123 页，上海，学林出版社，1992。

日欧洲文明的标准来衡量人类其他文化；同时，博厄斯倡导高度尊重事实和充分了解经验的科学研究方式，批评不同文化的发展有所谓固定不变的轨迹或阶段之说。他用他的思路培养了一大批学生，共同把这一方法论立场贯彻下去，形成声势浩大的文化相对论思潮。这些学生包括克鲁伯（Alfred Kroeber，1876—1960）、戈登威泽（Alexander A. Goldenweiser，1880—1940）、罗维（Robert H. Lowie，1883—1957）、威斯勒（C. Wissler，1870—1947）、萨皮尔（Edward Sapir，1884—1939）、本尼迪克特（Ruth Benedict，1887—1948）、林顿（Ralph Linton，1893—1953）、赫斯科维茨（Melville J. Herskovits，1895—1963）、玛格丽特·米德（Margaret Mead，1901—1977）等人。由于博厄斯和他的弟子们在 20 世纪最初 20 年内几乎垄断了美国人类学界，他们的观点也成了人类学界曾长期占主导地位的观点。下面系统介绍文化相对论的主要论点。①

方法论的错误

博厄斯指出，19 世纪的文化进化论者之所以得出他们的进化论思想，是因为他们认为人类的文化类型虽多，但不乏共同的文化样式。② 将这些文化样式从低级到高级加以排列，可得出人类文化的发展是按照一定的次序进行的。这种研究方式要想成立，就必须证明：

---

① 我国学者介绍文化相对论的时间可追溯到 20 世纪 30 年代。林惠祥《文化人类学》（上海，商务印书馆，1934）一书大概是国内较早正式介绍文化相对论思想的，吕叔湘译的罗维名作《初民社会》早在 1935 年初版，博厄斯《人类学与现代生活》一书也早在 1945 年即已有中文版。目前文化相对论方面原著的中译本已有不少。20 世纪 80 年代以后，国内对文化相对论的论著日益增多。余甦（1988）、黄淑娉/龚佩华（2004）、夏建中（1997）、王海龙/何勇（1992）等对文化相对论作了较多的介绍，还有大量散见于期刊上、以中文资料为基础写成、从不同角度评述文化相对论的论文。这些介绍或评述，对于文化相对论的思想和逻辑，多不能充分展开分析，或只是扼要地介绍了一些结论性的观点。也有不少学者批评了文化相对论的局限性，但对文化相对论的介绍和评述均不够客观。下面我们尽量以英文原始文献为主要依据展开对相对论的介绍和分析，其中许多内容均为国内同类介绍和研究中所未见。国内有关文化相对论的介绍，参见余甦编写：《历史批判主义》，载《文化人类学的理论构架》，54～82 页；黄淑娉、龚佩华：《文化人类学理论方法研究》，156～215 页；王海龙、何勇：《文化人类学历史导引》，123～132 页；夏建中：《文化人类学理论学派》，68～94 页，北京，中国人民大学出版社，1997。

② 参见博厄斯：《原始人的心智》，95～106 页，北京，国际文化出版公司，1989。

（1）那些目前看来低级的文化样式，是那些高级的文化以前所经历过的；

（2）那些高级的文化也一定代表较低级文化的发展方向或必经之途；

（3）那些较重要的文化现象（比如母系制度、陶器等等），应该是所有文化所共同要经历的。

然而，这些并未得到事实的充分证明，进化论者是在没有充分材料证明的情况下，凭主观臆想得出上述进化阶段观点的。博厄斯相信，不同氏族的环境不同，信仰、风俗及传统不同，导致它们所具有的文化样式及经历的阶段也可能不同，除非有足够的事实根据，不能轻率地说它们会经历相同的发展阶段，并按照相同的次序发展。博厄斯强调经验和实证的重要性，对于没有充分的事实根据证明的观点，总是采取存疑的态度。

表 6—3　　　　　　　　　古典文化进化论研究方法

资料来源：Goldenweiser, *Early Civilization*, 1922, p. 22.

戈登威泽对斯宾塞进化论学说的方法论基础进一步作了深入检讨和批判。[1] 他指出，斯宾塞的方法论是所谓的"比较法"，其特点可用表 6—3 来说明。在表 6—3 中，Ⅰ、Ⅱ、Ⅲ、Ⅳ、Ⅴ、Ⅵ分别代表六种不同的氏族（或文化），1～6 代表其制度或社会形式发展的

---

[1]　Goldenweiser, *Early Civilization*, pp. 22–23.

六个阶段，图中"｜"线代表Ⅰ～Ⅵ各类文化目前的发展阶段，
"－"线代表Ⅰ～Ⅵ类文化目前并未经历的发展阶段。斯宾塞的方法
论假定 1～6 所代表的六个阶段是所有Ⅰ～Ⅵ这六种文化所必然、不
可避免地要经历的主要阶段，不管它们目前是否已经过这些阶段，
或处于这些阶段中的哪一个阶段。斯宾塞方法论还假定，1～6 正好
代表各个文化从低级到高级发展的六个阶段，于是由Ⅰ～Ⅵ目前所
处的阶段来说明他们彼此在发展上的先后或高低差异。然而，问题
在于：斯宾塞的这一方法并未建立在翔实资料和经验调查的基础上，
也没有得到足够的考古资料或传世文献的证实，完全建立在他个人
主观臆想的基础上。今天的经验材料也许可以证明另一种情况不是
完全不可能，即 1～6 代表的是六种不同的文化发展道路，而不是同
一种文化发展的六个阶段。由此看来，斯宾塞的方法论问题相当严
重，基于此一方法论得出的文化进化论也就自然站不住脚。

表 6—4　　　　摩尔根、赫斯科维茨对文化进化阶段的看法比较

	1. 摩尔根观点	2. 赫斯科维茨观点		
↑	④现代西方文明	④现代西方文明	②美洲印第安部落	①澳大利亚土著部落
	③古希腊社会	③古希腊社会		
	②美洲印第安部落			
	①澳大利亚土著部落			

　　赫斯科维茨进一步以摩尔根为例说明戈登威泽前面的同一观
点。[1] 他说，根据摩尔根的社会进化阶段说，母系氏族处于蒙昧阶
段中期，澳大利亚原居民就属于这一时期；美洲印第安人则处于野
蛮中期阶段，因为它正处于从母系氏族向父系氏族过渡的阶段；古
希腊文化由于是父系社会，因而处于野蛮阶段后期；以一夫一妻为
特征的现代文明是这些社会发展的最高阶段。而在赫斯科维茨看来，
摩尔根的观点完全基于个人的猜想；因为在上述四种文化中，只有
古希腊社会（③）与现代西方文明（④）之间的联系符合历史事实；

---

① 　Herskovits, *Man and His Works*, pp. 475-476.

而美洲印第安人与澳大利亚以及古希腊人这三者之间迄今并未发现任何可见的联系。我们用表6—4来概括摩尔根与赫斯科维茨之间的观点异同。可以发现,在摩尔根看来符合①~④之间从低级到高级的发展序列,在赫斯科维茨看来应当归入三种不同的社会类型中去研究,即③④为一类,①②各为一类。

赫斯科维茨进一步认为,进化论的比较研究法,实质上是把一系列文化事实从其生长的现实土壤中抽离出来,使之与其原有的历史文化语境相脱离,变成了干枯、无意义的标签符号。[①] 就拿图腾来说,世界各地的图腾差别极大,如果脱离每一个图腾产生于其中的文化现实,抽象地来谈论,就失去了意义。但是进化论的比较研究法就是这么做的。而且,对大量的文化现象进行比较,并不必然得出进化论者所得出来的文化进化阶段来。法国非进化论学者列维-布留尔(Lévy-Bruhl,1857—1939)就可以看作一个典型的反例。

经验的反驳

戈登威泽指出,随着人类学特别是人种学研究的进一步发展,越来越多的事实证明了社会或文化进化学说的错误。[②] 他具体谈到了如下几个方面的例证:

(1) 在婚姻制度方面:进化论者认为,所有的人类社会都经历了从杂婚、群婚、母系宗族(clan)、父系家族(gens)到家庭—村落组织几个阶段。其中"家庭—村落组织"指在个体婚姻基础上结成家庭,以这样的家庭为基本单位,形成村落或地方居住群体。但是现在人种学研究的结论是:没有什么证据证明杂婚真的存在过;群婚(group marriage)也不一定先于个体婚姻(individual marriage)存在。相反,在有些情况下,群婚却是从个体婚姻发展而来的。被认为最高阶段的家庭—村落制度倒是从一开始就普遍存在着。有些部落里从未有过母系宗族阶段。有些部落里母系宗族是从家庭—村落组织里发展起来的,有些父系家族也是从直接从这种组织

---

① Herskovits, *Man and His Works*, p. 475.
② Goldenweiser, *Early Civilization*, pp. 24—26.

发展过来的。只有很少一些从母系发展到父系的情况。家庭—村落组织渗透在各种类型的社会组织中。

（2）在物质文化领域：进化论者认为，从石器、青铜器到铁器是每个文化必经的发展过程。然而，这种观点现在看来是建立在对欧洲社会研究的基础上，而在有些社会中，例如非洲的黑人就是从石器直接发展到铁，并没有经历青铜阶段。博厄斯也指出，有的社会从未使用过陶器，就直接进入了摩尔根所说的陶器之后的阶段。①

（3）在经济领域：进化论者认为，从狩猎、游牧到农业是所有社会发展中共同经历的三部曲。固然，狩猎是人类最早的经济活动形式之一，但是有些农业部落并未经历过游牧时期，甚至没有除了狗之外的家养动物。在非洲黑人社会中，游牧与农耕同样得到了发展。而且，农业本身经历了重大变化，早期农业与后期农业不可同等看待。

（4）在艺术领域：进化论者认为，现实主义风格早于几何纹样，后者是经历了一系列改造后发展起来的、更高级的艺术形式。然而这种观点并没有获得支持，相反，两种风格现在被发现同样是原始和基本的。尽管从现实主义到几何风格的发展过程常见，但是这一顺序并不是必然的和普遍的，相反的过程也同样发生过。

理论预设的错误

假定1　渐进的、连续的历史观

戈登威泽指出，进化论者把历史过程设想成渐进的、阶梯式的、由低到高的过程，认为发展主要是通过累积的方式进行的。② 这种历史现象诚然常常出现，但也不尽然。人类历史的发展也时常会因为政治革命、巨大战争以及重要发明等因素而发生突变或剧变。现代艺术、科学、哲学和文学时常由于天才人物的降临而发生剧变，但是紧随其后的往往是静止、模仿、停滞甚至倒退。后面我们将提到新进化论者塞维斯对这一观点的认同和发挥。

---

① 博厄斯：《原始人的心智》，99～100 页。
② Goldenweiser, *Early Civilization*, p. 26.

假定 2 抽象人性假定

进化论者试图把文化与文化之间的相似解释成是人性普遍性（the psychic unit of man）的产物，他们之所以深信人类社会必然经历相同的历史阶段，也是因为把抽象人性当作进化过程中的决定因素之一。赫斯科维茨指出，有时我们无法区分文化间的相似性是来自于共同普遍的人性，还是来自于文化间的相互借鉴和学习。[①]

博厄斯特别提出了区分人的本能行为与自发行为的重要性，本能行为来自人的机体，而自发行为来自于环境的作用和习惯的培养。他指出："我们一定要认清我们的行为的特殊形式是由文化决定的。"[②] 也就是说，在博厄斯看来，由于不同的文化是在不同的环境中成长起来的，而人在既有文化环境中都会基于习惯，自发地想维持文化的传统和现状，这就导致了对于不同的文化，不能用一种脱离其自身环境的抽象人性的普遍规律来解释，而必须具体问题具体对待。在没有把各种人类文化全部研究完之前，不要急于对它们的发展规律提出一些抽象普遍的法则。

假定 3 把主要文化阶段看成是孤立发展的结果

戈登威泽指出，进化论者犯的另一个错误，就是忽略或贬低文化传播对文化变迁的重要作用。[③] 有的学者指出，任何一个文明中都有百分九十的成分是外来的，也许我们很难确定外来成分是否真有这么高，但是向其他文化借鉴、吸收并同化之，乃是一种极其重要的文化现象，其重要性对于一个文化来说并不亚于在自身传统的基础上发展，这一点即便在原始部落也同样明显。戈登威泽之所以强调文化传播的重要性，也是因为文化传播可能打破文化变迁的正常轨道，使之发生异常变化，包括突变和剧变。

赫斯科维茨也指出[④]，文化进化论的理论出发点之一在于认为，无论什么样的社会，在与其他社会没有接触的情况下，可以独立地

---

① Herskovits, *Man and His Works*, pp. 474—475.

② 博厄斯:《人类学与现代生活》，87 页，北京，华夏出版社，1999。

③ Goldenweiser, *Early Civilization*, pp. 26—27.

④ Herskovits, *Man and His Works*, pp. 474—475.

走上同一条进化之路，沿着相同的进化序列展开。这一出发点从前提上站不住脚。因为没有哪一个社会未从其他社会吸取大量成分，本不存在任何一个未曾与外界接触的社会。尽管摩尔根、泰勒等人也认识到文化传播的存在，但是对于其重要性认识明显不足。

当代中国学者的反省

中国学术界对文化进化论的接受受两股思潮的共同激荡。一是20世纪初叶，由于严复等人对达尔文、赫胥黎等人进化论思想的介绍和宣传，在中国学者当中一直有很大影响。中国知识分子是从20世纪初叶开始全面接受西方思想的，好多人把进化论引申为解释当今世界各民族之间的残酷竞争，用"优胜劣汰、适者生存"来说明当时中国的处境，产生了很大影响。二是20世纪中叶以来，由于经过斯大林主义加工后的马克思社会发展五阶段学说，恩格斯在摩尔根《古代社会》基础上写成的《家庭、私有制和国家的起源》等在中国盛行不衰，也强化了摩尔根文化进化思想在中国的影响，极大地强化了中国人对文化进化论的接受，西方文化进化论的许多观念，如人类历史发展是有方向的、渐进的、不断由低到高的过程等等，至今都为大批中国学者深信不疑。

然而，早在20世纪80年代甚至更早，就有不少中国学者根据马克思晚年对俄罗斯农村公社的研究等，特别是其《人类学笔记》等手稿，提出马克思晚年已经认识到其对人类社会发展五阶段的设想是基于对西欧社会的研究所得，未必适合于俄罗斯、中国或印度等东方国家或地区。不少人认为马克思提出了经济落后的前资本主义国家在一定条件下可以跨越资本主义制度的"卡夫丁峡谷"，并视之为马克思的东方社会理论，而俄国十月社会主义革命和中国新民主主义革命的胜利即是其例。这一发现，从理论上给了深信社会进化论的中国学者以启发，使他们认识到不同民族的历史背景不同，未必可以照搬套用社会历史发展阶段论学说。

对于文化进化论，中国学者还从其他方面提出了不少批评。例如，孛·吉尔格勒撰文指出，20世纪五六十年代以来，在苏联模式及摩尔根等人思想的影响下，我国在对少数民族社会结构的政策中生搬硬套斯大林的民族理论模式,"把人类社会历史文化的发展界定为以狩猎—游猎—游牧—游耕—农耕—工业渐次递进的进化发展系列",用"氏族—部落—部落联盟—民族"的进化论民族观来评判草原文明,根本不照顾少数民族社会形态的特殊性,把蒙古游牧业当作是必须在全球经济一体化和现代工业化压力下强行改造的对象。作者强调,游牧文化乃是人们为了适应特定的自然环境和顺应畜群的习性而逐渐形成的一种文化形态,是"合理而有效地利用自然资源和驾驭畜力,最大限度地保护存续资源和节制自身行为的自然可持续发展的一种生存方式"[①]。

然而,所有这些中国学术界对西方进化论的反省,影响非常有限,迄今为止中国学界占主导地位的观点仍然是文化进化论,而博厄斯学派早在 20 世纪初就提出并发生过巨大影响的文化相对论思潮,在中国学术界的影响主要局限在专业学术圈。

对欧洲文化中心论及白人种族主义的批判

博厄斯等人深深认识到,欧洲文化中心论是所有文化进化论思想最重要的思想根源之一,它认为欧洲现代文明代表了人类迄今为止最发达、最进步的文明。因此,他在一系列著作中专门针对这种思想展开了批判。[②] 博厄斯指出,信仰本民族文化的独特与伟大,乃是人类历史上许多文化的共同特征,也是一种教条的信仰的产物。例如,许多原始部落把和自己敌对的部落不当作"人",认为他们是比自己低一级的动物。又比如,欧洲历史上的日耳曼人、德意志人、盎格鲁-撒克逊人曾经有过强烈的种族自豪感和优越感,还有意大利人赞誉自己种族往昔的伟大、权威与荣耀。他指出,国家或民族间的相互排斥或自我中心态度,在很大程度上来源于一种情感、一种本能的非理性情绪,而决不是来自于理性的评估。在对外界不够了解的情况下,有时人们会自然地对与自己不同的生活方式产生排斥

---

① 吉尔格勒:《科学认识草原、治理草原的理论思考》,载《北方经济》,2006 (2),20～22 页。

② 参见博厄斯:《人类学与现代生活》,53、61、63～65 页。

心理，或因为惧怕，或因为无法接受。同时我们也理解，人们对自己习惯了的生活方式所包含的乐趣的自我欣赏，也使得他们容易贬低其他文化，或忽视不同生活方式的价值。因此，这种文化上的自我中心主义，往往不是出于理性的分析或推理。

博厄斯进一步从种族关系到民族关系的角度考察了文化中心论的思想根源。首先，从种族关系看。① 可以发现历史上许多种族之间以自我为中心的相互仇恨，与低等动物之间的相互仇视相似，实质上是一种为生存需要而进行的利益之争。在动物社会中，我们观察到有些群居动物的社会是开放的，即外部个体都可以加入其中；但是也有不少群居动物的社会是封闭的，特别是当他们占据了一定的地域、视之为自己的生存之所时，会不惜一切手段驱赶或杀死外来的其他同类动物。企鹅、野狗、蚂蚁等不少动物均是如此。与此相似的是，原始的部落群体，对于自己狩猎地之外的其他部落，特别是那些语言、外貌及风俗均与自己不同的部落，也采取敌视态度。因为在部落内部，人们共享一切利益或所得；但不同部落之间不能共享任何共同利益，反而可能相互构成威胁。在这里，一种自我中心的态度，使部落变成了一个完全封闭的社会。同样的情况在现代社会也比比皆是。不仅欧洲昔日的贵族曾形成一种封闭的社会，而且"贵族和平民、希腊人和野蛮人、街道流氓、穆斯林和异教徒——以及我们自己的现代国家，都是这种意义上的封闭性社会"②。毫无疑问，文化中心论是封闭型群体心理的一个产物，因为封闭型群体的特征就是通过把自己的群体理想化来表达他们情感上的一致，在一种人为制造出来的、虚幻的自身优越感中找到本群体精神不朽的证据。

其次，从民族关系看。③ 民族特别是民族国家之间的相互排斥心理，与上述种族中心论产生的心理基础有相似之处，它一方面是基于本民族共同一致的文化心理或理想，另一方面也是基于同一政

---

① 参见博厄斯：《人类学与现代生活》，38～49 页。

② 同上书，42 页。

③ 参见上书，50～65 页。

治实体下追求自身利益最大化的考量，其中包含着对权力的野心和贪欲。博厄斯区分了"民族国家"（nation）、"民族主义"（nationalism）和"民族"（nationality）三者，指出了民族主义与民族国家之间的联系，民族国家通常指一个政治实体、一个国家，而民族主义被用来表示团结的感情，以及公民为国家而献身的精神。尽管无论是语言还是种族都事实上不可能被用来作为民族国家—民族主义的基础——因为毕竟同一个政治国家拥有好多个种族、多种语言的情况今天已司空见惯，但是在现代国家里人们还是倾向于利用他们的母语、情感以及公共活动等手段，来煽动一些带有本国特征的、高度情绪化的抽象价值，并通过人们的权力意识和追求本群体独立性的欲望来强化这些价值。结果之一就是把本国或本文化的价值和利益抬高到不适当的地步，对别国或其他文化的价值或生活方式盲目攻击，在孤芳自赏中形成强烈的民族中心主义。博厄斯认为，这种民族主义，与原始部落对待其他部落的心理是完全一致的。在漫长的人类历史上，有些部落或群体采取开放的态度对待外部其他群体，而有些部落或群体则对外部群体采取敌对态度，这种态度"只是一种观念的情感，用以维持每个群体成员的共同生活，并赞扬他们团结和伟大的情感。由于程度太过，所以不可能向其他群体妥协"[①]。

赫斯科维茨也指出，每个种族或群体都可能有自己的种族或文化中心主义，但是各个种族建立自己身份优越感的方式不同，有的种族以神话方式，有的以食物形式，有的以技术形式。相比之下，今天有些欧洲人以科技发达程度或文化成就作为衡量一个种族是高级还是低级，其思维方式与其他种族中心主义并无差别。[②] 误区在于，认识不到事实上"极难找到一个可普遍接受的标准，以之为基础证明某一种思想或行为比另一种好"[③]。他进一步指出[④]：

（1）"原始的"（primitive）问题。学术界把一些民族定义为

---

① 博厄斯：《人类学与现代生活》，63 页。
② Herskovits, *Man and His Works*, pp. 68—70.
③ Ibid., p. 70.
④ Ibid., pp. 71—75.

"原始的"，而另一些民族定义为"文明的"（civilized）。所谓"原始的"，是指有些民族或文化虽然生存于当代，但却是从原始社会遗留下来的。这种做法已经从词源上把一些现存的民族当成了另一些民族的祖先，可是我们如何能证明这些"原始"民族与另一个民族的祖先一模一样呢？即使曾经一样，后来也一定发生了变化，因为世界上没有哪个文化可以永远不变，无论它多么保守。

（2）用 savage（蒙昧的）、barbarous（野蛮的）等一些词汇来形容"原始人"，人为地假定了他们幼稚、简单、不够成熟或发达，甚至把这些文化描绘成一幅没有道德、缺乏智商的无政府状态。这简直就是对历史事实的讽刺，因为欧洲殖民者与被他们认为蒙昧或野蛮的印第安人之间在风俗习惯上一直相互影响着。比如，澳大利亚土著被认为是"最原始的"人，可是他们的亲属关系以及确认亲属关系的方法如此复杂，让西方研究者望而生畏。相比之下，西方人的亲属称谓简单得让人无地自容。比如，英语词汇中不区分祖父母与外祖父母，不区分哥哥与弟弟，把十多种不同的亲戚统称为 cousin（堂兄弟、堂姊妹或表兄弟、表姊妹等）。又比如，本土秘鲁人在被西班牙人征服前，就发明了一种织锦染色技术，其工艺质量之高远胜于哥白林挂毯，而欧洲人却常常无知地大肆吹捧后者的工艺质量。再比如，非洲人的世界观与希腊人的世界观及玻利尼西亚人的神话之间存在着大量共同之处。所有这些都证明所谓的"原始人"并不像人们想象的那么幼稚、简单、不够成熟或发达。

（3）原始人缺乏逻辑思维能力的问题。法国学者列维-布留尔认为"原始人"的思维是"前逻辑的"（prelogical），然而这根本得不到事实的证明。任何正常的人都必须具备一定的因果思维能力，即能够认识一些事物之间的因果联系。有些人因为"原始人"信仰图腾或超自然力，而认为他们不具备逻辑思维能力。然而许多例子表明，"原始人"的逻辑推理能力一点儿不差，甚至是完美的。即便在我们的社会里，严格按照科学中的因果法则来思维的人也很少，往往限于那些科学家。可是即使这些人，一旦走出实验室，进入日常生活，也往往不再那么逻辑地思维了。比如他们可能在社会冒险中追求"幸运"，对一些权力或优雅事物表示敬意。

（4）和"文明人"相比，各种"原始人"（或"蒙昧人"）之间是不是有更多的共同之处？恰好相反，所谓的"原始人"从来就不是一个统一的整体，他们之间的差别比我们想象的大得多。例如，"原始人"的经济形式既有货币交易，也有实物交换，以及非商业经济。"原始人"的婚姻及家庭形式也多种多样，也有实行一夫一妻制的。有的"原始人"信仰图腾，有的则否。有的有宗族体系，有的没有。有的以父系为准计算后代，有的以母系为准计算后代，有的同时从父、母双方出发计算后代，等等。

多数进化论者以欧洲文化今天所取得的主要成就作为欧洲文化具有高于其他人类种族或文化的重要证据。相对论者指出，综观人类历史，人类文明的中心是一直不断变换的，不能单以今日欧洲文明的成就来证明欧洲白人是最优秀的人种。"文明时而由某一民族，时而又由另一民族所代表。……现今最文明的人种的祖先在任何方面都并不比那些原始人优越。"① 事实上，任何一个文明的发展都有自身的周期性，其中包括兴起、巅峰和衰落。今日最发达、最辉煌的文明，不能保证自己将永远发达和辉煌。今日不发达、不辉煌的文明，有许多曾在历史上很长时期内比西方文明更加辉煌和发达。有些文明虽然现在黯淡无光，谁能保证它不在将来某个时候异军突起，超过目前所有的文明，在短时期内达到最耀眼夺目的状态？综观人类文明史，这类现象都是时有发生的。博厄斯的观点，也许可用我们中国人熟悉的蒙古人为例来说明。例如，蒙古人曾在很长时间匍匐在中原文明的熏炙之下，向他们称臣纳贡，可是谁能想象它能在 13 世纪迅速崛起，打败并吞并了周围几乎所有的王国，建立了一个地跨蒙古高原、中亚、西亚、中原甚至部分中东地区的、人类历史上前所未有的大帝国？类似的例子还有满族人、突厥人、日本人等等。

戈登威泽指出，今天的欧洲人以其现代科技成就沾沾自喜，殊

---

① 博厄斯：《原始人的心智》，4 页。

不知，这些成就只不过是最近一两百年的事。五百年前，白种人还是一无所有，两百年前今天西方文明成就的大部分还没有诞生，甚至在一百年前今天西方文明成就中许多最根本的成分仍未出现。谁都知道，西方人并不是在人类历史的各个时期一直有如此骄人的科学技术成就。① 同时，谁又能预言，其他文化就不能在将来的某个时候取得类似的成就，甚至超过西方文明？再说，科学技术也并不代表文化的全部，在艺术、宗教、伦理等对于文明或文化来说同样重要的领域，今日西方人甚至不能确定无疑地说自己超过了古代或史前的人们。

博厄斯认为，对于人类历史上不同的文化，一种真正科学的态度，是在未深入了解之前，不要从我们自己的文化传统出发妄加评判。他说：

> 我们赋予自己的文明如此高的价值是因为我们置身于这一文明之中，而它控制了我们的所有行动。对我们来说，认识到这一事实多少有些困难。但我们完全可以想见到世界上存在其它并不比我们的文明低劣的文明，它们可能建立在不同的传统之上，可能以不同的情感与理智平衡为基础，尽管我们可能无法欣赏它们的价值，除非我们在它们的影响之下长大。人类学研究形成了评价人类行为的一般理论。它教给我们一种比我们现在所能具备的更高的宽容力。②

说到这里，我们不禁要问一问：博厄斯等人所批评的那种文化中心论（或民族主义）在今日之中国是不是同样存在呢？今天的中国人，或多或少都有一点为自己是中国人而感到优越的。但是凡是在国外生活过的中国人，或者经常跟外国人打交道的中国人，都很容易发现，中国人那种自我优越感在外国人面前常常遭到冷遇，具体可能表现为外国人对中国人的那种民族自豪感毫无兴趣。在言谈

---

① Goldenweiser, *Early Civilization*, pp. 13—14.
② 博厄斯：《原始人的心智》，113 页。

交往中，我们会发现，他们并没有觉得今天的中国人应该比美国人或其他国家的人有更多值得自豪的地方。造成这一状况的原因是多方面的，部分与我们的教育体制有关，也有部分原因是世界各国的人们都有一种自身的优越感，只是其证明自身文化优越的方式个个不同而已。以我们中国人而言，我们之所以为自己是中国人而感到优越，理由包括中国文化源远流长，是世界上唯一的一支从远古到今天一直没有中断的文化；中华民族曾在历史上长达数千年的漫长岁月里创造了世界上最先进、最发达的物质文化和精神文化；中国社会无论从经济文化的繁荣程度，还是科学技术的进步程度，都曾在相当长的历史时期内居世界领先地位；等等。这些确实是中国人可以感到骄傲的中国文化的"独特性"。但是这些毕竟只是一个民族文化中的某些方面而非全部，正因为如此，其他国家在这些地方找不到自身文化的独特之处，但却可以从其他方面找到其文化的独特之处来。比如美国的历史远比中国短，但是美国在最短的时期内创造了世界上最繁荣富强的国家，这本身也可以成为美国文化的独特之处了，足以让美国人感到由衷的自豪。又比如今天的美国人可以以全世界人都讲英语，美国的诺贝尔获得者全世界最多，美国的高科技独霸全球，美国的军事技术全球领先……而感到自豪。不仅如此，美国人还以他们是世界上最自由、最民主、最讲究平等的国家而感到自豪。不管中国人是否接受，这些东西确实是美国自视为自身的独特之处。除此之外，我还直接或间接地听到过今天的德国人、新加坡人、韩国人乃至日本人的民族自豪感故事，惊讶地发现他们各自有以自己的民族或国家为世间最伟大的民族或国家的理由，因为他们也都能从不同角度找到自己民族或国家的"独特"之处。什么时候中国人才能具备博厄斯等人所倡导的、以平等和谦逊的心态来看待其他国家的文化，特别是那些不如中国发达和进步或者在某些方面不如我们的文化呢？是的，我们对于欧美文化不敢藐视，但是对于其他小国，包括许多非洲小国、伊斯兰国家以及诸周边小国，是否也有一种优越感呢？我们一方面对西方文化的霸权主义倾向深感愤慨；另一方面对一些地球上的弱势文化或群体，是否也有一种藐视、鄙视甚至霸权主义心理呢？

对种族中心论的批判

博厄斯及其弟子们从多个方面批判了种族主义或白人种族高于其他种族的思想。这种思想，我觉得介绍一下也是有用的。

首先，从单纯人种学的观点看，可以发现，迄今为止人类的所有种族没有哪一个种族不掺杂着其他种族的成分。他们指出，在人类漫长的历史上，不同种族之间的接触和碰撞不胜其多，其中许多彼此之间的通婚和杂合行为已经鲜为人知，以至于到今天为止，已经没有任何一个种族的"种"是纯的了。诚然我们今天也可发现，像欧洲白人、黑人、蒙古人等一些肤色和体态上明显各异的不同种族，但是即便这些"种"也已经混杂了不少其他种族的血统，究竟他们的"纯种"是什么样子已经找不到了；另一方面这些种内部存在着许多形态不同的样式，而且其间也相互杂交，不断发生着变异，其样式并不能确定下来。要确定任何一个种族是不是一定智力比其他种族低或高，必须以这些种族的"纯种"或者至少是可以确定的人种样式为前提，而事实上要做到这一点是不可能的。①

其次，从解剖学的角度看，可以发现，世上几乎没有任何一个种族，可从它身上找到比其他种族更加高级或优越的证据。比如黑人凸出的下颚被认为是接近于动物的特征，但是黑人发达的嘴唇却同时证明黑人远离动物的程度并不亚于其下颚所代表的、黑人接近动物的程度。② 又比如，有人说有些野蛮人身上多毛，是其尚未摆脱动物的特征。但是如果这么说，恰恰是白种人身上的体毛远较蒙古人多，这难道证明蒙古人比白种人更高级吗？博厄斯等人分别从体毛、骨骼、肌肉、内脏、循环系统乃至大脑容量等不同角度证明，并不存在某种统一的解剖学特征，可以标志一种动物是高等的还是低等的。③ 戈登威泽也分析了为什么不能从大脑容量和结构来证实

---

① 参见博厄斯：《人类学与现代生活》，8～19、38 页。
② Goldenweiser, *Early Civilization*, pp. 3-4.
③ 参见博厄斯：《原始人的心智》，9～16 页。

黑人的智商比白人低。[①]

最后,通过分析比较现有各种族之间的异同,可以发现,很多习惯上被认为可以证明某些种族高级或低级的东西,其实是站不住脚的,因为有些因素可能是特定环境或其他因素的产物。比如有人以野蛮人的视觉、嗅觉等感觉比白人敏锐这一事实,作为证明野蛮人还未脱离动物状态的一个理由,而未考虑到野蛮人生活在什么样的特殊环境中,他们的感觉器官的灵敏度其实是他们特定生活处境的产物。实验可以证实,即便是自认为远离动物的白人,也可以通过人为训练的方式达到类似的感觉敏锐度。[②] 还有一些观点,诸如认为原始人不能控制自己的情绪,不能集中注意力从事复杂的智力活动,缺乏创造力,数学运算或语言能力低下等,均往往是由于对原始人的了解不够,或由于看问题过于片面。[③]

文化的评判问题

赫斯科维茨认为,要想正确理解或评价一个文化,就要结合文化现象自身生长的具体语境,而不能人为地把它抽离出来,与其他文化中的同类现象进行比较。这种一切以经验为基础,力图具体情况具体对待,不追求普遍抽象的原理,尽可能避免妄下判断的态度,乃是博厄斯学派成员们共同的特点。他具体谈到了如下几个方面[④]:

(1)从文化功能的角度看文化的相对性。如果我们站在各个文化自身内部的立场看问题,有时会发现每一种文化现象都可能有自己的功能;就一个文化要完成的任务、要达到的目标或要实现的功能来看,一些在我们看来不合理的文化现象,恰似有其存在的合理性。比如说一夫多妻制。站在一夫一妻制的角度看,我们会质疑多配偶制中各位配偶的地位如何确定? 在妻子们为了赢得丈夫的欢心

---

① Goldenweiser,*Early Civilization*,pp. 4–6.

② Ibid.,pp. 6–8.

③ 参见博厄斯:《原始人的心智》,52~67 页;Goldenweiser,*Early Civilization*,pp. 9–12。

④ Herskovits,*Man and His Works*,pp. 61–78.

而不得不相互竞争的情形下，她们的子女如何获得恰当的养育？但是，如果仔细研究今日世界上现实存在着的多配偶制婚姻，也许你会有不同的发现。以非洲西部的达荷美（Dahomey）人来说，在那里一夫多妻已实行多年，妻子与妻子之间形成了一种劳动分工，她们各自负责养育自己所生的孩子，又共同为家庭的经济分担责任，同时还为自己的共同家庭而感到自豪。在这种情况下，多妻不仅可以满足家庭经济的需要，还可以满足自己名声的需要。正因如此，有些妻子甚至不惜通过送礼或贷款等手段帮助自己的丈夫娶到新配偶。如果达荷美人站在一夫多妻制的立场来批评一夫一妻，也会对后者产生很多疑问，就像我们对一夫多妻有很多疑问一样。实际情况是，在达荷美人眼里，一夫多妻是他们实现种族维系和生存繁衍的较好方式。

（2）从语言符号的角度看文化的相对性。人们对与己不同的文化下价值判断时，很难避免从一些自己已经接受的前提出发。但是由于不同文化中的人所接受的前提不同，他们判断事物时所持的标准也就不同，从而可能得出相互对立的结论来。我们凭什么认为自己有资格对其他文化进行好坏优劣的评判呢？按照德国哲学家卡西尔（Ernst Cassirer，1874—1945）的观点，人是生活在由语言符号所塑造的现实中的。也就是说，没有真正客观的现实，只有通过符号塑造过的现实。从这个角度说，人类各种不同的文化，由于各有其独特的语言和符号象征系统，分别代表着各种不同的文化现实。具体表现为，在不同的文化中，人们定义正确与错误、正常与反常、美与丑的方式皆不相同；甚至对于同样的外部世界，包括时间、距离、重量和体积，不同文化中的人也可能有不同的理解。这样一来，如果我们站在一个文化现实的立场来评判另一个文化现实，其合法性很值得怀疑。

（3）从心理学的角度看文化的相对性。赫斯科维茨认为，文化的相对性还可以从文化心理学的角度得到验证。如果我们把文化看成是一个心理事实的话，那么文化是生活在同一文化中的无数个人一代又一代缓慢积淀而成的。赫斯科维茨以美国社会心理学家谢里夫（Muzafer Sherif，1906—1988）的研究成果来说明，当人们群居的时候，容易在交流中形成一些共同的社会规范；而社会规范一旦形成，就会构成人们的思维框框（the frame of reference），导致人们总是倾向于从这些规范的框框出发来看问题，并对外界的刺激作相应的心理反应；鉴于思维框框的有效性，人们也容易通过语言、生活、习惯等方式乐此不疲地把它一代代传下去。这一事实说明人们很难真正摆脱自己生长于其中的文化环境的影响，它也可以解释，为什么人们总是喜欢站在自己的文化价值系统的立场来评判其他的文化，对于与自己不同的文化作出并不符合该文化实情的评判。每一个文化都有自己的思维框框，否则它就不成其为文化；思维框框既是指导人们正常生活的有益原则，也为人们的思维方式规定了方向或范围，成为人们思维的束缚力量。只要我们不能有意识地跳出自己的文化框框，就不大可能学会正确理解其他文化。

（4）从文化比较的角度看文化的相对性。上述心理学实验的结果，也证明不同的文化可能由于习俗、规范、价值、制度等的不同，而不具有可比性。他重点援用非洲和美洲黑人社会的宗教活动来说明，一些在白人社会看来不正常的现象，在黑人社会中恰恰是正常和合理的。在这些黑人社会里人们崇尚一种极端的宗教体验——被"神"侵占（possession）。当一个人被神侵占时，他的人格会严重错位，他自己就变成了"神"。这时，他的面部表情、动作、声音和体态等均与平时表现出惊人的不同来。西方精神病理学家曾把它描绘成如下状态：歇斯底里，失神，双目紧闭，剧烈而茫无目的地运动（包括在地上打滚），语无伦次地喃喃自语，身体完全僵硬……这样一幅用现代精神病学术语描绘出来的景象，似乎让人看到了一群不可理喻的变态人。然而如果进入到黑人社会内部去，你会发现当事人并不是像你所想象的那样处于高度不稳定的失控状态，相反，他可能比对此一活动感兴趣的其他人能更好地调控自己的情绪；在这一社会内部，当事人的行为非但正常、可以理解，而且代表一种完备的人格状态（gamut of personality types）；人们通过专门训练才有可能成为被神侵占的人，作为一种宗教经验，它的发生也需要具备一定的条件……总之，这一文化现象的内涵和意义绝不能从现代

287

西方精神病理学的角度来理解。

结论：难以建立评价不同文化的普遍标准。

克鲁伯指出，要想对一个文化从整体上加以评判，必须明白一个极为重要的事实，即每个文化都可能有自己的目的、价值、结构和风格。只有从一个文化自身的目的、价值、结构和风格等入手，才能恰当地评价该文化。但是评价其他文化的人也是从自己的文化中生长起来的，这一事实要求评价者必须尽可能避免受到自己所在文化的影响，至少暂时避免。这并不是要我们去赞美所评估的对象。他用艺术作品的鉴赏来具体说明这一点。他说，我们不能用罗丹的标准来评价米开朗基罗的画，也不能用肖斯塔科维奇的标准来评价莫扎特的音乐。其原因是，不同时代、不同地区的艺术，其所想表达的目的和价值可能不同。鉴赏一个艺术品要看该作品在多大程度上成功地实现了上述目的和价值。评价文化也是如此。不同文化之间的相对独立性宛如不同艺术品之间的相对独立性。由于文化由多种因素组成，情况还更加复杂。①

对"进步"概念的检讨

应当说，文化相对论者由于否定甚至取消了从进化的视角来解释文化，因而实际上也就把进化与进步的关系问题撇开了，但是这并不等于他们不讨论文化的进步问题。大体来说，他们批评古典进化论把进化等同于进步，认为文化进步与否是一个复杂的价值判断问题，因而也没有普遍的、可以衡量的标准。

赫斯科维茨主要从现代科学的角度总结和批评了"进步"概念。② 他指出，"进步"（progress）这一概念是现代西方文化的一个独特产物，出现时间并不太长，尽管它对今天人们的思想影响特别深。他说，"进步"这一概念是近代以来西方知识化运动的结果，具体来说是科学和技术的现代发展给人们带来的。他指出，诚然，使

---

① Kroeber, *Anthropology*, p. 318.
② Herskovits, *Man and His Works*, p. 69.

用现代科技工具可以带来巨大效率,但是这并不意味着人们不可以继续偏爱自己一直以来使用着的、低效的工具。实际情况是,今天人们是被迫去适应现代科技的,否则将会承受巨大的生存压力。

克鲁伯对文化进化论中的"进步"概念作了深刻的检讨。[①] 他指出,在人类历史的大部分时期,人们并没有我们这种"进步"概念,他们通常把世界看成是静态的,如果有什么变化的话,也可能是对黄金时代的偏离,未必是好事。今天盛行的"进步"概念,直到 18 世纪才得势,在法国大革命中被强化,19 世纪成为自由主义的信仰。孔德、斯宾塞、达尔文以及功利主义者从不同角度阐释了这个概念,导致人们相信历史是不断进步的,其中关键一点就是:把"进化"等同于"进步"。所谓"进步",按照克鲁伯的说法,是指更好(better)、更高级(more advanced)、更高的品质(higher qualities)或趋向更理想的价值目标(toward more ideal values)。[②] 这种进步观念还极为深刻地渗透进了基督教的方方面面。但是,无论如何,"进步"完全是现代西方文明的产物。那么进化是不是等于进步呢?世界真的在不断进步吗?

克鲁伯试图较为完整地回答文化进步的衡量标准问题。他说,诚然,我们的文化与太古时期的人相比是进步了许多,大猩猩一定比奥陶纪海洋里的海绵体高级。但是综观人类文明史,可以发现人类文化的发展与生物进化有一个根本的不同:如果说生物机体进化的方式是"替代式"的,人类文化发展的方式则是"累积式"的。比如鸟获得飞行的能力,是以牺牲自己的两条腿、把它们转化为翅膀为代价的;而人获得飞行的能力,并不以牺牲自己的任何器官为前提,而是在现有官能之外增加了一种能力。关于文化发展的这一特点,克鲁伯在书中作了大量论证。[③]

克鲁伯相信,正因为文化发展的累积式特点,决定了人类文化从整体上讲是不断向前发展的。这是因为一方面,文化的成就一经

① Kroeber, *Anthropology*, pp. 296-304.

② Ibid. , p. 298.

③ Ibid. , pp. 259-261.

取得，往往就很难丧失，而只会不断更新。比如电的发明并没有导致蜡烛的消失；铜器并没有因为铁的发明而不再使用；石器虽不再是现代最主要的工具，但是也许可以说石器现代的用途比以往任何时候都多。另一方面，虽然个别文化的发展有兴有衰，但往往一个文化衰退的同时，其他的文化可能起而代之，从而弥补前者衰落的缺失。例如当埃及文化在公元前 800 年至公元前 1 世纪之间衰落时，美索不达米亚、希腊、波斯以及罗马文化的兴起，对人类文化的发展起到了极大的弥补作用。再一方面，文化的衰落有时可能孕育着新的发展契机。例如，公元 450 年—750 年被公认为是欧洲的黑暗时期，但是从今天的眼光看，这也是旧制度解体的关键时期，正是这个时期导致了新知的增长、艺术的发展、城市的兴起、财富的积累等等。很难说中世纪欧洲文化发生了萎缩。①

那么文化的累积式发展，是否意味着文化是不断进步的呢？②

克鲁伯认为，要想说明文化的发展是否等同于"进步"，取决于如何建立衡量文化好坏的客观标准。人们往往倾向于说自己从小就接受的价值是最好的。因此要想探讨评价文化的客观标准，必须抛弃一切自我中心主义的倾向，看看我们赖以评判文化好坏的标准是否客观。克鲁伯具体从三个方面探讨了衡量文化进步与否的客观标准问题③：

（1）巫术与"迷信"的问题。克鲁伯指出，人们之所以认为巫术是原始或落后的象征，是因为在我们的文化中只有那些身份卑微、精神失常、思维紊乱或欠正常的人才会相信巫术。问题是，在那些"原始"或"落后"的文化中，相信巫术的人是否也同样不健全呢？答案正相反。例如，加州的拉斯克（Lassik）印第安人认为死者的灵魂可以跟人对话，甚至鼓励生者成为巫师。了解内情的人发现，

---

① Kroeber, *Anthropology*, p. 297.

② 进步的文化，克鲁伯常用 progressive, superior, higher, advanced 等形容词来描述；落后的文化，他常用 backward, retarded, lower, primitive, infantile 等形容词描述之参见 Kroeber, *Anthropology*, pp. 296–304.

③ Ibid. , pp. 298–304.

这种信仰可以极大地安慰生者对死者的哀痛,让他们重新开始自己的生活。又比如,原始人把梦中看见或听到的小孩、鹰乃至石头看得比现实中同样的事物更重要,这在我们看来是不可思议甚至不正常的。问题也许并不在于相信"神"(God),而在于原始人鼓励这种把人的主观经验与客观现象相混淆,或者说颠倒两者的关系,这似乎可以说是现代社会比原始社会"进步"的一个理由。

(2) 原始文化在特定仪式中对人的处理方式,包括:血祭或杀生,把经期或分娩期妇女视为不洁而加以隔离,把死者或尸体视为不洁或对送丧者加以隔离,对青春期特别是青春期女孩举行危机仪式,对尸体的特殊处理方式(包括保存干尸、举行头骨仪式、鳏寡之人穿戴死者的头骨或下颚、掘墓再葬、吃遗体火化后的灰烬等),淫乱仪式,人牲,陪葬,猎人头,嗜食同类等。所有这些行为都与巫术或对超自然力的信仰有关。还有一种与巫术关系不大但同样是对人体的特殊处理,包括压伤人头、锯掉或敲掉牙齿、刺纹、拉长嘴唇或耳垂等。我们认为,这一系列对人体伤害较大的行为是对人的生命的不尊重,也是一种不成熟的幼稚的态度。相比之下,现代高级文化更加成熟、更加人性化,它发明了各种不伤害肉体的装饰方式,同时禁止奴役、酷刑、拷打以及杀俘等。不仅如此,现代高级文化还不再把物活论或超现实的因素当作根本,对巫术或超自然力的崇拜被庄重、整洁、得体和人性化的活动所取代。克鲁伯认为,在这一发展过程中,宗教特别是一些大的宗教如佛教、伊斯兰教以及基督教扮演了非常重要的作用,他特别提到佛教反对杀生,认为是对前述古代宗教礼仪的第一次突破。同时,他还分析了在中东、东亚和南亚以及希腊—罗马不同宗教中上述现象的发展和演变。从这个方面讲,似乎文化的进化确实包括着进步,如果对生命的尊重意味着进步的话。

(3) 技术、医学及科学的问题。克鲁伯认为,科学特别是技术的进步是一种最典型的、可以用量化方式来统计的现象,非常好地体现了累积式增长的特点,一项科学或技术发明一经取得,往往难以被丢弃。但我们不能把文化的主体成分归结为就是科学或技术,

291

除了它们之外，还有如艺术、宗教、哲学等，这些文化成分的发展并不一定是以累积的方式增长，新的可以不必建立在旧的基础上，而是用"替代"的方式发展，同时它们的发展也难以量化统计。而且问题还在于，如果我们用量化的方式来理解文化的进化，那么进化与进步之间就不一定能画等号，因为我们不能说，科学技术的进步必定导致人能过上更加明智、更加幸福的生活。从量化的角度看文化的发展，还有诸如人口的增长、规模的扩大、政治制度的复杂化等。这些与财富的增长一样，都不足以保证生活质量一定会变好。

从上面的介绍似乎可以得出，克鲁伯在衡量文化的进化是否代表进步方面采取比较审慎的态度。他的观点似乎可以概括为：有时文化的进化并不等于进步，但是有一些进化确实可以看作是进步。

文化的多样性

文化进化论者与相对论者的最大区别之一是，前者把所有人类文化归入若干从低到高的类型之中，而后者认为文化的类型不能轻易归类，文化类型的差异不能作为谁高级、谁低级的主要依据。

本尼迪克特认为，文化的类型是无法穷尽的，不一定可以纳入现有已知的若干标准或范畴之中，更不能在具体研究之前就先入为主地将之归类。因此，她的《文化模式》（*Patterns of Culture*）一书书名用 pattern，而不用 type（类型），主要是因为"类型"有从整体上分门别类之义，从而暗含着人类文化的类型可以穷尽这种不应有的意思在内。本尼迪克特说："努力把所有文化都看成是有限的那么几个固定和精选的类型的代表，是最大的不幸。当范畴被视为是所有文明和所有事件所必需的和所应适用的时候，它们就成了一种义务。"① 她还一再强调，把人类的行为与自己的文化标准相等同是非常可笑的，这部分是由于在西方文化中，人们把对经济行为等一系列行为上升到人的本性上来解释，导致错误地把他们的地方性

---

① 本尼迪克：《文化模式》，184 页。

行为与人类行为相等同,把他们的地方性本性与人类本性相等同。作者又认为,"没有理由将某种当代的原始风俗与人类行为的最初类型相等同"①。她还明确提出原始文化不只一种样式也多种多样的观点。

本尼迪克特还认为:任何社会行为,都有无限种可能的表现方式。人类不同的文化向我们展现的是这样一幅丰富多彩的世界,它使我们惊讶地发现,不同的文化会赋予同一种行为如此之多迥然不同的含义。这种观点与我们今天所知道的解释人类学(interpretive anthropology)立场是一致的,共同主张对任何文化,都要尽可能站在主位(emic)而不是客位(etic)的立场来理解,不能停留在表面只看到一种行为的物理机制,而要深入捕捉物理行为背后的意义。

那么,文化的多样性是如何产生的呢?本尼迪克特说:

> 在文化中也是这样,我们必须想象出一道巨大的弧,在这个弧上排列着或由人的年龄周期、或由环境、或由人的各种活动提供的一切可能的利益关系。……作为一种文化,其特性取决于对这个弧上某些节段的选择。各地人类社会在其文化习俗制度中,都作了这种选择。从另一观点看,每个社会都在舍本逐末。一种文化几乎没有意识到金钱的价值;另一文化却在行为的一切方面,都视金钱是最基本的价值。在一个社会,即使在[我们]来看是生存保证所必需的生活方面,技术也遭到了令人难以置信的轻视;在另一同样简单的社会,技术成果却很复杂,而且被恰到好处地用于生活之中。一种社会将庞大的文化上层建筑立于青春期的基础上,另一种社会则把它建于死亡之上,还有一种社会甚至把它建立在来世的基础上。②

她又指出,有时一种普遍的性质在一个民族中作为宗教的一个方面而存在并发挥其功能,但是在另一个民族中,则是一个经济转让问

---

① 本尼迪克:《文化模式》,14页。
② 同上书,18~19页。

题，或金融问题。其可能性无穷无尽，根本无法归纳。比如，同样是青春期，在不同的文化中，有时仪式虽然相同，但其文化含义截然不同。又比如，和平在我们的文化中是好的概念，但在有些部落中，和平意味着将敌人也当作人，这是绝对不能接受的。再比如，杀人这事，几乎我们所知的所有文化都同声一致加以谴责，但是在有些文化中，杀死老人以免去老人自愧，杀死先出生的两个孩子，或者杀死敌国的人，是无可指责的。又比如，自杀，在我们的文化中是一件不能轻易接受的事，而在有些文化中在一定情况下则可能被当作是一件明智、高尚而体面的事情，一种被人欣赏的自我解脱手段。再比如，同样是艺术，希腊人在其中力图表现的是他们的愉悦，他们的生命力与客观世界的同一；而拜占庭艺术则表现人与外部自然之间的深刻的分离感。因此，她批评了用一种艺术的标准来衡量另一种艺术的做法。①

克鲁伯以"银河系"来比喻文化的多样性。② 一开始人们把自己生活于其中的地球当成了宇宙的中心，故而提出"地心说"，"日心说"否定了"地心说"，"银河系说"又否定了"日心说"，连太阳系也只是宇宙的一部分了。随着研究的深入，人们逐步否定了以自己生存于其中的空间为宇宙中心的思维。与此同样的道理，在文化领域也应当有同样的思维转轨。历史上的文化中心论，包括欧洲文化中心论或其他文化的中心论，类似于"地心说"或"日心说"，是自我中心主义的产物，也是对外部世界了解不足所致。人类学研究告诉我们，我们每个人身在其中的文化，都只是人类文化宇宙中的一分子，一切形式的文化中心论都应当抛弃。我们应当接受"银河系"式的文化宇宙观，即承认人类文化的多样性和各个文化自身的特殊性，不要将自己的文化视作人类文化的中心或典型代表。

克鲁伯进一步指出③，文化虽然是多种多样的，但不等于说它们之间不能相互借鉴、学习和共享。正如不同语言之间有许多相似之处这一事实，并不妨碍它们从整体上讲仍属于不同的语言；同样

---

① 参见本尼迪克：《文化模式》，39～40页。
② Kroeber, *Anthropology*, p. 11.
③ Ibid. , pp. 318-321.

的道理，不同文化之间存在着大量相互借鉴、彼此共享的成分，不能改变不同文化的整体模式不同。他认为可以把语言的语法规则比作文化的整体模式，而语言中的词汇对应于文化中的成分。不同的语言之间相互借鉴、学习的地方甚多，它们在语法上也有相近之处，但是从整体上讲这些语言的语法是不同的。例如，英语从法语、西班牙语、德语、拉丁语等之中借来不少词汇，但是谁也不能否认英语与后面几种语言之间存在本质不同，根本无法混同。如果从语法结构上看，也许你会发现英语与汉语之间的相似之处反而更多，而日语与德语之间的相似之处较多，尽管英语与汉语、日语与德语并无渊源关系。这些说明：不同语言之间成分的相似性反映了语言发展中的渊源关系，而其整体模式上的类似性则可能在没有任何渊源关系的两种语言间发生。类似的情况也可以在文化之间发现。从文化整体上观察，历史上的拜占庭帝国与明清中华帝国有许多相似性。尽管中华帝国与后期罗马帝国并无渊源关系，但是它们都体现了文明衰老期的一些共同特征，比如：自满、蔑视其他文化、成熟发达的官僚体制、在对外战争上被动保守、文化领域的创造性降低，等等。由此克鲁伯得出，从整体上看不同文化之间的关系，有两个重要特点：一方面，不同文化之间虽然相互借鉴的地方甚多，但是本质上可能仍属于迥然不同的类型；另一方面，两个文化之间类型的相似，不一定要以有渊源关系为前提，尽管有时只是"表面上的"相似。

文化的模式问题

接下来的问题是如何来研究文化的多样性？答案是"文化模式"。

本尼迪克特的一个重要观点是：每一种文化都可能有某种内在的一致性，文化内部有一种"无意识选择原则"，把大量的行为转化为某种一致的模式。[①] 因而，不仅同样的行为在不同文化中的意义也可能发生了转化，需要重新加以理解；而且更重要的是，要准确理解一种文化现象的意义，不能孤立地就这种现象本身来理解它，

---

① 参见本尼迪克：《文化模式》，37 页。

有时需要把它联系到这种文化具有内在一致性的模式上来才能理解。这是在她看来研究文化样式的一个前提。她进一步指出，文化的整体性并不单纯指文化之间存在有机的联系，而且指每一种文化可能有自己的内在本质。具体表现为：在文化的整体与部分的关系上，整体决定着部分，这不仅指决定部分之间的联系，而且决定着部分的本质，整体用一种共同的本质来决定着部分。对于文化整体特征的理解，不能用不同文化的范畴或标准来相互拼凑。① 她的老师弗兰·博厄斯在为《文化模式》一书所作的"绪言"中也强调了把文化当一有机整体来研究的重要性。

克鲁伯也从文化的整体模式（the total pattern of culture，the whole-culture type of pattern，the total-culture patterns②）这个角度分析了这一问题。他与赫斯科维茨均讨论了人类学家们从心理学角度对文化整体模式的研究。③ 他们所使用的"心理学"一词，研究对象并不限于我们中文中所说的"人的心理"，而主要指从个体人格特征来考察文化的整体特征。因而他们认为这类研究也是对一个文化的"基本人格"（basic personality）的研究，按照克鲁伯的说法，"基本人格"乃是指一个文化中人的典型人格或多数人的常有人

---

① 参见本尼迪克：《文化模式》，35～44 页。

② Kroeber, *Anthropology*, pp. 316-318, 321。对于文化的整体模式，赫斯科维茨使用过诸如 the dominant integrative patterns of cultures, the overall patterns of the cultures 等表述方式（参见 Herskovits, *Man and His Works*, pp. 49, 50），与克鲁伯的表述含义相近。不过，patterns 一词按照克鲁伯的理解，就是指文化的成分，当然限于那些有一定连贯性的、代表文化的主要内容的成分（参见 Kroeber, *Anthropology*, pp. 311-343）。中文翻译为"模式"有时不可行，或许不如译为"式样"或"样式"。

克鲁伯认为文化的 pattern 有三种不同的含义：（1）所有文化都具有的主要成分，包括语言、艺术、知识、财产、政府、战争等；（2）指文化中一些成系统的重要构成部分，包括诸如一神论、犁耕农业、字母等，它们可以在不同文化间传播；（3）指整体文化模式。克鲁伯有时也使用 configurations 一词来描述文化的样式或模式，并著有 *Configurations of Culture Growth* (Berkley and Los Angeles：University of California Press，1944)。

克鲁伯用来描述文化的样式、含义与 pattern 相近的名词还有：spirit, genius, scheme, style 等（Kroeber, *Anthropology*, pp. 311，316-318，329，etc.）。赫斯科维茨用过有关文化模式的词有：pattern, configuration, scheme, type, classification 等（Herskovits, *Man and His Works*, pp. 49-52）。

③ Kroeber, *Anthropology*, pp. 321-326；Herskovits, *Man and His Works*, pp. 49-51.

格（typical or average）。[1] 克鲁伯认为格弗瑞·戈尔（Geoffrey Go-rer，1905—1985）、R. F. 福图（R. F. Fortune，1903—1979）、玛格丽特·米德等人均在这类研究上有贡献，而以本尼迪克特的研究最为显著。赫斯科维茨则分别提到萨皮尔、米德和本尼迪克特的研究均属这类从心理学角度来研究文化。例如萨皮尔提到了"内向型—外向型"的文化分类方式，而本尼迪克特提出了"日神式—酒神型"的文化分类。其中"日神型"与"内向型"含义相近，而"酒神型"与"外向型"接近。[2] 列表如下：

表6—5　　　　　　　　　　　文化分类的方法

萨皮尔的文化分类		本尼迪克特的文化分类	
内向型	外向型	日神型	酒神型
印度人	爱斯基摩人、美国人	祖尼人	多布人、夸库特尔人

根据赫斯科维茨的介绍[3]，萨皮尔认为，人格特质的形成可以看成是在人的社会化过程中，植根于文化世界中的特定心理倾向逐步积淀发展的结果。由此出发，萨皮尔认为爱斯基摩文化与北美印第安文化相比属于外向的（extravert），而印度文化则是内向的（introvert）；美国文化无疑也是外向的，且对思维与直观的重视超过了感情（feel-ing）。他指出，米德的研究重视分析文化对个人行为方式的影响。

本尼迪克特被公认是在文化的整体模式研究方面成就最突出的。她的《文化模式》一书分析了两种不同类型的文化，分别被她称为"日神型"（Apollonian）和"酒神型"（Dionysian）。她分别以祖尼（Zuni）、多布（Dobu）、夸库特尔（Kwakiutl）这几种文化作为个案来论证自己的观点。《文化模式》一书运用了大量具体生动的材料，精彩纷呈，引人入胜。

日神型文化注重中庸和适度，节制、宽容、理性，与分裂式的心理状态毫不沾边；服从惯例、遵守传统、趋于保守。没有精心构

---

[1]　Kroeber, *Anthropology*, p. 325.

[2]　Herskovits, *Man and His Works*, p. 51.

[3]　Ibid. , p. 50.

建危险和恐怖的文化主题，没有创造污秽和恐惧情境的意志，那种英雄主义精神、善恶激烈冲突的意志在这种文化中没有地盘。新墨西哥州的普韦布洛人，尤其是其西部的祖尼人或西南普韦布洛人，是日神式人。

根据尼采的观点，酒神型乃是指"通过'消除常规界限和生存限制'去追求生存价值"，从现有的范围中逃避出去，进入到另一个世界、另一种状态，其中包含着迷狂、陶醉和放纵。有时需要通过强迫自己接受一种自虐的、清教徒式的肉体痛苦来达到这种状态[①]，其中包含对超自然力的梦幻。她说在除普韦布洛人之外的北美各地的印第安人中，都可碰到酒神式教义和梦幻超自然力的习俗，草原印第安人也是如此。

赫斯科维茨评述，本尼迪克特的日神—酒神分类是否过于简单，甚至带有先入为主的因素。[②] 克鲁伯指出[③]，问题在于，本尼迪克特本人似乎主张，多数文化并不能简单地纳入到日神—酒神这两个范畴中去，而是复杂得多。既然如此，本尼迪克特所研究的那几种文化（祖尼人、多布人、夸库特尔人）就没有代表性了。克鲁伯据此进一步指出，从方法论上看，既然本尼迪克特是从心理学术语出发来区分文化，那么也可以说，鉴于心理学描绘人格的术语甚多：（1）不排除任何一个描绘典型人格的心理学术语，都有可能被用来描绘文化的特征；（2）同一个文化有时可以或需要用一系列不同的心理学术语来描述；（3）文化之间的差异不再是简单的非此即彼之别，而往往可能是同中有异、异中有同。

其实，《文化模式》一书仅代表本尼迪克特的一个案研究。在其有名的《菊与刀》（1990）一书中，本尼迪克特对日本文化进行了别开生面的描述性分析，没有套用日神/酒神的文化模式。该书副标题是"日本文化的模式"（patterns of Japanese culture），其中的"模式"（patterns）似乎译为"式样"更好，因为它以复数形式出现，该书并没有

---

① 参见本尼迪克：《文化模式》，62 页。

② Herskovits, *Man and His Works*, pp. 51-52.

③ Kroeber, *Anthropology*, pp. 323-324.

试图把日本文化像前面那样归结为一个单一的范畴（如日神型或酒神型），书中研究的内容包括日本人在安分、禁欲、家庭、人情、忠孝等方面的人格特征，显然也是集中于前面所说的心理学描写或基本人格研究。从该书我们看到日本文化与中国文化的巨大相似性，但正因为如此，作为一名中国读者就不觉得新鲜，甚至没有什么启发。其实这本书之所以在西方取得巨大成功，可能与该书从一个西方人的视角出发，把东方文化中一些在我们看来自然而然、习以为常而在西方人看来不可思议的现象凸现出来，让西方读者耳目一新。

克鲁伯、本尼迪克特等人关于不同文化整体模式差异的研究和思考，让我们联想起 20 世纪以来中国人围绕中、西方文化差异所展开的研究和争论。例如，早在 20 世纪初李大钊就曾用"主静"和"主动"来分别形容东方文明与西方文明，与前面萨皮尔的内向/外向、本尼迪克特的日神型/酒神型区分相通。李大钊认为，"欧亚大陆之山脉"将人类文明大体上区分为南道文明与北道文明两大类，中国、日本、马来半岛、印度等皆属南道文明；蒙古、俄罗斯以及英、美、法、意等一大批西欧国家等皆属北道文明。[①] 陈独秀在其早期文章中也曾提出过对"东洋民族"与"西洋民族"的几个根本区分，其中包括战争与安息、个人本位与家族本位、法治本位与感情本位、重实利与重虚文之别等。[②] 梁漱溟在其早期代表作《东西文化及其哲学》中提出人类文化可根据其生活方式大体上分为"向前求"、"调和、折中"和"向后退"三种，由"向前求"导致西洋文化之求征服自然以及科学、民主之发展；由"调和、折中"导致

[①]　李大钊说，"南道文明得太阳恩惠多，受自然之赐予厚"，故其文明倾向于"与自然和谐"、"与同类和解"；北道文明享受自然赐惠少，"故其文明与自然奋斗，与同类奋斗"。他同时用"自然的"、"安息的"、"消极的"、"依赖的"、"苟安的"、"因袭的"、"保守的"、"直觉的"、"精神的"等一系列词来形容东洋文明，用"人为的"、"战争的"、"积极的"、"独立的"、"突进的"、"创造的"、"进步的"、"理智的"、"体验的"、"科学的"、"物质的"等一系列词来形容西洋文明。参见李大钊：《东西文明之根本异点》，原载《言治》，季刊，第 3 册（1918）；转引自《北京大学百年国学文粹·哲学卷》，44～50 页，北京，北京大学出版社，1998。

[②]　参见陈独秀：《东西民族根本思想之差异》（1915），见《独秀文存》，27～31 页，合肥，安徽人民出版社，1987。

中国文化"以意欲自为、调和、持中为其根本精神"，而"印度文化是以意欲反身向后要求为其根本精神的"①。除此之外，还有张君劢等人对中、西、印文化的比较研究，以及 20 世纪 80 年代以来大陆学者的大量研究成果，以及美籍华裔学者许烺光、大陆学者费孝通、台湾学者黄光国和杨国枢等许多学者的研究，等等。这些研究尽管多半以中、西方文化二者之间的比较为焦点，但是从性质上说与克鲁伯所说的整体文化模式研究是一样的。此处就不多介绍了。

对文化相对论的批评：新进化论的启示

博厄斯学派的文化相对主义（又称文化历史学派）思想，对古典文化进化论进行了颠覆性的打击；由于它建立在大量翔实的第一手资料和实地调查基础上，20 世纪初叶以来在西方学界产生了广泛影响，从而极大地改变了现当代西方人的历史观。但是在中国，由于长期以来盛行的是文化进化论的祖师爷——摩尔根，以及与摩尔根进化观念相契合的马克思的思想，因而，文化相对主义的历史观在中国并未引起充分、广泛的重视。长期以来我们仍然崇奉摩尔根的文化进化论，相信人类历史不断进步，历史发展的进程可分为若干阶段，等等。但是，本章的目的并不是要人们全面接受文化相对主义，而是通过对文化相对主义的合理评估来建立起更加合理的文化历史观。

不少中国学者在论述文化相对论时，批评文化相对论可能过分夸大文化的特殊性，导致文化上的保守、故步自封、孤芳自赏，以及不愿意对外交流、不向其他文化学习，否认文化的普世价值等缺陷；有的更指出，文化相对论是与全盘西化对立的文化保守主义相一致的，站在此立场的中国人乃是带有狭隘的民族主义色彩的人。这是一种典型的、用中国人习惯了的功利式眼光来理解西学的偏见，说穿了就是

---

① 梁漱溟：《东西文化及其哲学》，见《梁漱溟全集》（第一卷），383 页，济南，山东人民出版社，1989。

先人为地假定文化相对论是为了给现实生活需要提供理论武器而提出来的。需要指出的是，文化相对论并不是出于给人类生活提供一种指导性的"理论武器"这一功利目的而提出来，它主要是一种纯认知性的科学研究，与在现实生活中应该遵守文化保守立场还是高度开放立场无关。我们阅读博厄斯、赫斯科维茨、克鲁伯等人的著作，可以发现他们与古典文化进化论的最大区别之一在于重视传播在文化变迁中的作用，博厄斯、克鲁伯等人均曾分析过文化兴衰的周期性（前面谈过），并发现一些文化如何在与其他文化的碰撞中由于封闭保守而走向衰亡。因此，前面所说的对文化相对论的批评，只有在我们迫切需要从中找到指导我们如何变革自己的文化时才是个问题，但是如果因为自己的功利需要，而责备一种以非功利性的认知研究为主旨的学术，对于相对论来说就不公平了。当代美国文化人类学家哈维兰就指出，文化相对主义并不是认为"什么都行"，对一切文化不加区分地接受，而是尽可能避免一切不成熟的判断。①

但是，文化相对论并非没有严重的局限。例如，我们不禁要问：难道人类文化在数千年的历史中，真的不曾有过进化和发展吗？难道不同的文化之间，真的完全没有高低优劣之分吗？难道不同文化之间真的没有可比性吗？还有，人类的历史究竟有没有一个统一的方向？或者历史的发展并无统一的方向可言，其最终去向何方是不确定的，取决于一系列已知或未知、必然或偶然的因素？围绕这些问题，20 世纪 30 年代以来以柴尔德（又译蔡德，V. Gordon Childe，1892—1957）、怀特（Leslie A. White，1900—1975）等人为代表的一批新进化论者，对以博厄斯等人代表的文化相对论者展开激烈批评。我们将在下面的介绍中看到他们的许多观点，对于我们在事隔近一个世纪后重新审视文化进化论是极有意义的。②

---

① 参见哈维兰：《文化人类学》，（第十版），56 页，上海，上海社会科学院出版社，2006。

② 尽管一再自称他们并不是什么"新进化论者"，而只是在 19 世纪古典进化论传统的基础上着手研究（哈定（等）：《文化与进化》，3 页），但是人们还是把他们当成了新进化论学派。也许是因为他们避免了古典进化论的许多缺点，后者经过文化相对论批判已不能成立，与此同时他们也提出了理解文化进化的新的视角和理论。

一般认为，新进化论学派大体上可分为两个时期，早期主要代表人物是怀特、斯图尔德（台湾地区译为史徒华或斯蒂安，Julian Steward，1902—1972）、柴尔德。[①] 他们主要从 20 世纪 30 年代开始产生影响。在这三人之后，又出现了不少其他学者，包括塞维斯（E. R. Service，1915— ）、萨林斯（又译萨赫林斯，M. D. Sahlins，1930— ）、哈里斯（Marvin Harris，1927— ）等人，他们从不同侧面支持了进化论的观念，至 20 世纪 50 年代达于顶峰，这些人有时被称为新进化论的第二代代表人物。[②] 这些新的进化论的支持者，多数情况下并未简单否定文化相对论，而是多数倾向于在充分汲取后者观点的基础上，针对其局限提出新的进化观点。[③] 国内有关学者总结认为新进化论有如下特点：重视自然科学证据；对进化路线的理解更加多元化，比古典进化论要丰富；比较重视有关"物质文化"、"能量"、"生态"、"遗传学"、"象征符号"方面的内容；更加重视具体而非抽象的民族志

---

① 参见黄淑娉、龚佩华：《文化人类学理论方法研究》，289～333 页；夏建中：《文化人类学理论学派》，218～253 页。

② 中文本中关于新进化论的介绍，参见绫部恒雄主编：《文化人类学的十五种理论》，90～102 页（亦见庄锡昌、孙志民：《文化人类学的理论构架》，98～109 页）；黄淑娉、龚佩华：《文化人类学理论方法研究》，289～352 页；夏建中：《文化人类学理论学派》，218～253 页；王海龙、何勇：《文化人类学历史导引》，155～165 页；等等。有关新进化论的原著，在中译本中有怀特《文化科学》（1988）、塞维斯《文化进化论》（1991）、史徒华《文化变迁的理论》（1984）、萨林斯《文化与实践理性》（2002）及《"土著"如何思考：以库克船长为例》（2003）等多种。怀特作序、哈定等人主编的《文化与进化》（1987）作于 1959 年纪念达尔文一百周年之际，代表了当时关于进化问题的一些有代表性的观点（参见哈定（等）：《文化与进化》，"序"）。

③ 在这方面，斯图尔德、塞维斯、萨林斯等人都表现得较为明显。萨林斯说，从特殊进化的角度看，我们只能是相对论者（参见哈定（等）：《文化与进化》，13、22 页）。塞维斯在其有名的《文化进化论》"前言"中明确指出：

> 不要将本书所做的努力简单地看作是重新去确立 19 世纪进化论者的地位，也不要认为这是在推翻博厄斯学派和功能学派对进化论的批评。博厄斯及其学生对于人类历史过程（也可以说是进化过程）中种族、语言和文化的不同作用所进行的区分，是社会科学中知识体系最重要的进步之一。由此而导致产生的现代意义上的文化概念，对于进化论来说至关重要。这个贡献要归功于博厄斯而非他人。
> ……我们坚决否定 18 世纪和 19 世纪的一些重要的进化论者的假设……

相比之下，怀特则一直对博厄斯学派持相当激进的批判态度，他有时甚至用"保守和反科学"（哈定（等）：《文化与进化》，"序"）来形容博厄斯，其他新进化论者也有人称博厄斯学派"思想贫乏"，"历史感严重匮缺"（同上书，2 页）。

研究，从过去那种包罗万象的研究中解放了出来。[1]

在下面的讨论中，我们将根据新进化论以及其他一些现当代学者的思想，对文化相对论所涉及的文化特殊性与普遍性问题作一全面回顾和总结。我们的目的并不是全面介绍新进化论，而是试图针对我们关心的有关问题展开。下面我们将以批评的态度介绍怀特、斯图尔德、塞维斯、布莱克摩尔、福山等人的有关观点，并试图在此基础上提出自己的看法。

"进化"概念再审视

要回答人类过去的历史有无进化，首先要问："进化"一词究竟是什么意思?

美国学者罗伯特·L·卡内罗（R. L. Carneiro）认真地考察了"进化"这一概念的起源及使用历史。[2] 她指出，"进化"（evolution）一词来源于拉丁文单词 *evolûtio*，由 *e -*（从……出来）和 *volûtus*（卷起来的）两部分构成，本义是"展开"，尤其指一本书的摊开。在古罗马，书写在长长的羊皮纸上，不看时将羊皮纸卷在小木轴上，看时就将之摊开，这个过程就可称为 evolution。由此出发，卡内罗强调了"进化"一词的两个原始含义，一是渐进的展开过程，二是后续发展方式已预先决定好了。从第一个含义出发，"进化"观念强调事物发展过程的连续、逐步展开；从后一含义出发，进化论倾向于把人类文化发展的规律看成了仿佛是由人的本性预先决定好的，就好比生物的形态早在胚芽阶段即已确定一样。这种预定论思想早就体现在从亚里士多德到莱布尼茨、康德、孔德等在内的一系列思想家的著作里，在 18 世纪末至 19 世纪时期哲学圈里广为流传。但是由于得不到经验的支持，"进化"概念的这种预定论含义从斯宾塞开始逐渐被放弃。在 1857—1862 年的论著中，斯宾塞将进化理解为事物通过连续不断的变异从简单到复杂的过程。从斯宾塞开始，逐渐形成了今天人们熟知的进化概念。

---

[1]　参见王铭铭：《想象的异邦》，47～48 页，上海，上海人民出版社，1998。

[2]　参见卡内罗：《文化进化论的古典创建》，载《史林》，2004（1）。

从斯宾塞以来，进化概念得到了较大的发展，其内容也日益复杂。斯图尔德指出，那些主张文化进化与生物进化类似的人，认为"进化"有两个基本特点：一是形态渐趋复杂的倾向，二是较高级形态（superior forms）的发展。① 这里首先谈形态的复杂化（increasing complexity of forms）问题。斯图尔德认为，以形态的复杂化作为衡量进化的标准有一个缺陷，就是没有认识到，形态的复杂化并不是进化独有的，许多与进化无关的文化变迁也具有此一特征。比如克鲁伯就认识到，文化的进化是"累积性的"（与生物进化的"替代性"特点不同），这一特点决定了形态日益复杂是所有文化变迁的必然现象，但是我们显然不能说所有的文化变迁都等同于文化进化。② 有鉴于此，斯图尔德提出，"进化"可以理解为新的、特殊的组织的出现，即组织层次的变化，而在文化方面则主要包括他所谓"社会整合层次"的提高。比如从单细胞生物到多细胞生物（后者的内部组织更加分化），以及从由家庭和血缘关系构成的社会到由跨越家庭的社会共同体、团队、氏族甚至国家构成的社会，均是组织层次、组织方式变化的典型例证。其次，关于"较高级的形态"，斯图尔德认为，这实际上是一个"进步"的问题。后面我们会介绍，他认为进化与进步没有必然联系，不主张从进步角度来理解进化。但是，根据大卫·卡普兰的观点，较高级的形态可以指适应同样环境的能力更强、在竞争中有优越性且有向周围环境扩张倾向的物种或文化。③ 这个问题的进一步讨论见后。

塞维斯是斯图尔德的学生，他也对"进化"一词作了词源上的考察，并对其含义作了重新界定，他主张"进化"是指人类社会在环境压力下不断进行整合方式的调整，从而导致的一种变化。④ 下面我将他所描述的"进化"概念的含义归纳如下：

（1）连续的、有系统的变迁；

---

① Steward, *Theory of Culture Change: The Methodology of Multilinear Evolution*, Urbana and Chicago: University of Illinois Press, 1955/1972, p. 12; 史徒华：《文化变迁的理论》，17页，台北，允晨文化实业股份有限公司，1984。

② Kroeber, *Anthropology*, pp. 259-261.

③ 参见哈定（等）：《文化与进化》，55~74页。

④ 参见塞维斯：《文化进化论》，2~3、11、13、27、31页。

（2）这种变迁是有规则的，可以从因果关系方面对其发生机制
进行科学分析；

（3）这种变迁是有方向性的，从一个阶段到另一个阶段复杂性
程度不断增加；

（4）进化的反面是收缩（involution），后者以稳定、保守为目标。①

哈定等人试图从一种能包容上述定义的角度来界定进化的含
义。② 他们认为进化大体可指朝着某一方向发生的渐变或质变。具体
来说，一是指遗传过程中的变异现象，如生物类型的变化，称之为
"渐变"。这种进化也许可用中国人所熟悉的"橘逾淮为枳"来形容，
"逾淮为枳"是生物类型的变异，但是橘与枳仍然基本上属于同一层次
的生物类型，二者之间没有质的区别，它们反映了相对论者所注重的
生物的多样性。二是"突变"，即不再是停留在同一生命层次的变异，
而是不同质的、更高级的生命的出现。从单细胞生命到多细胞生物，
从无脊椎动物到有脊椎动物，从猿到人的变迁，大概都属于他们所说
的这种突变。最后，他们认为"突变"式的进化是一种"整体的定向
运动"，即从一个阶段到另一个更高阶段的进化。③ 这种观点先认定进
化有一个整体的方向，然后"以整体变化的方向来给进化下定义"。对于
文化而言，由于他们把文化理解为"人类为生存而利用地球资源的超机
体的有效方法"，因而认为文化进化是指"有机体的增加、更高能量的集
聚"，"并朝异质增加方向进行"④。正是从这个角度考虑，他们强调进
化过程并不同于历史或时间，尽管进化总是包含后者，但时间过程
和历史并不一定意味着变异或更高级的生命的出现。⑤

---

① 塞维斯从词源上分析了"进化"（evolution）与"收缩"（involution）两词的含义
区别，指出 involution 的本义是"卷起来"，与 evolution 的本义"摊开来"（即展开）正好
相反。他说，在文化发展过程中，involution 指环境发生变化时，事物为了保存现存结构，
使传统的生活方式存续下去，而采取的维持文化活力的一种方式。因此，involution 有时
是必要的，并不一定不好。由此看来，中译本中将其译为"退化"或许并不合理，因为
"退化"在中文中有贬义。参见塞维斯：《文化进化论》，11~12 页。

② 参见哈定（等）：《文化与进化》，4~7 页。

③ 参见上书，3 页。

④ 同上书，7 页。

⑤ 参见上书，"序"。

后面我们将会谈到，从能量摄取和消耗的角度来理解文化的进化及方向，是存在一定问题的。不过，如果撇开这一点不谈，把进化理解为生物或文化向更高级的形态发展的过程，包括塞维斯所说的"连续的、有系统的变迁"，斯图尔德所说的"社会整合水平"的提升（就文化而言），以及萨林斯所说的更高级的生命的诞生（就生物而言）等，还是比较容易被接受的。

文化进化是客观存在的

根据前述对进化定义的新探讨，人类的历史在过去数千乃至数万年的漫长岁月中，是有进化的。从物质技术层面说，从陶器到青铜器再到铁器，从人力到汽动再到电动，这些不能说不是进化。从社会制度的角度讲，从原始部落到农业文明和工业文明，不能说没有进化；从文化角度讲，从没有语言到有语言，从没有宗教到有宗教，从简单艺术到复杂艺术，也不能说不是进化。最早提出从工艺改进的角度看人类经济及社会进化的学者是英国考古学家柴尔德，怀特则从另一角度发展这一进化论的历史观。怀特认为，19世纪末到20世纪初以来，有些学者在反进化论的同时"把脏水连同婴儿一起抛弃了"，也就是说，他认为文化相对论对古典进化论的批评过于绝对，不承认进化论思想有合理之处。下面我们分别介绍一下怀特、斯图尔德、塞维斯和萨林斯等人对文化进化的理解。

怀特从一种较接近于唯物论的立场来理解文化的发展，将文化史归结为人类支配自然力的历史，又将人对自然力的支配理解为人类对能量的利用。怀特认为，文化可以看成是人类种族为了维持生存的一种手段。人类为了维持生存，必须从无机物或有机物中汲取能量，文化利用能量的效率或程度也反映了人类文化的成败，所以"文化是一种利用能量的机制"[1]。怀特指出：

> 文化进步只能来自能量……一切生命都是能量转换的结果。有机体通过从无生命系统攫取丰富的能量并把它并入自己的生

---

[1] 怀特：《文化科学——人和文明的研究》，353页，杭州，浙江人民出版社，1988。

命系统来维持自己的生命。文化是人类利用能量并把它用于为
人类生命安全服务的一种特殊手段。[①]

　　他分别从人类对火、风、水、光等自然能量的利用历史，包括
新的工具对于能量利用的作用，来说明人类文化的进化。其过程如
下[②]：人类的幼年或青年期：旧石器时代，对火的支配；新石器时
代，农业或畜牧业对动物和植物的控制技术。成年期：煤、油和水
的利用；如今则进入到可以利用核能的时代。怀特进一步认为能量
的利用量以及同等单位的能量所创造的生活必需品的数量，取决于
工具的效率。因此"文化发展的水平同工具的效率成正比"[③]。从旧
石器、新石器、铜器时代、铁器时代到现代合金工具，以及蒸汽机
的发明都是例子。随着工具的发明和进步，人类支配能量的能力也
不断改进，结果导致了人类从原始社会走出，导致出现大的帝国或
政治国家，导致艺术的进步、城市的发展、人口的增加，等等。

　　怀特将文化进化过程完全归结为能量的支配，未免过于片面。
对能量的支配应该是文化的一个重要方面，但绝不是其中最根本的
或独一无二的内容。斯图尔德、塞维斯均从社会组织形式的分化和
复杂化来理解文化的进化，而不限于怀特所谓的能量转换问题。例
如，斯图尔德有时从社会整合层次（levels of sociocultural integra-
tion）的提升来理解文化进化，并认为进化往往存在于那些重复发生
的、因果关系较为明显的现象中。[④] 比如在一些生产技术最落后的
社会，环境资源决定了社会组织形式采取了诸如家庭、父系队群或
混合队群的样式；后来随着新技术的一再应用，导致了这些社会组
织的变迁，并形成了比较复杂的社会组织形式；一些干燥地区的古
老国家都经历了雏形→小国→国家→帝国这样一些进化时期。塞维

---

　　① 怀特：《文化科学——人和文明的研究》，227～228 页，杭州，浙江人民出版社，
1988。

　　② 参见上书，346、353～357 页。

　　③ 怀特：《文化科学——人和文明的研究》，358 页。

　　④ Steward, *Theory of Culture Change*, pp. 43-63；另参见史徒华：《文化变迁的
理论》，"导言"（张恭启作）。

斯认为，从狩猎—采集群体，到较为固定的园艺村落，再到人口密集的、有酋长和原始帝权的、近于城市的人类群体，可以看作是一些地区文化进化的几个阶段。① 当然他认为也可以从资源利用的角度看文化的进化，比如怀特所说的能量开发史，也可以看作是人类文化进化的一个方面。此外，他还重点从亲属称谓的角度研究一些文化的进化方式。② 在塞维斯看来，不同文化进化的方式可能不同，并无统一的模式，他的研究试图说明文化进化可从各种不同角度来理解，不限于一种。

萨林斯对怀特、斯图尔德等人的观点有较为深入的理解，因而对文化进化（他所谓的"一般进化"）的内容或衡量标准作了更加全面的总结。③ 他大体认为，文化进化包含三个方面，一是能量转换的程度。即人类从自然界摄取能量，"将其转换为人口、物质材料和制作品"，又转换为政治体制和思想观念，乃至转换为社会习俗和对这些习俗的信奉。他受怀特影响，认为人类一切文化活动都离不开能量，都可以看作是一种能量摄取和消耗过程，因而可以从"文化状态的总能量"来衡量文化的成就。二是组织发达的程度。包括部门分工的发达、社会系统和子系统的分化、社会集团或团体的成长、整体整合方法的出现。例如，从原始阶段的无政府状态，到宗族、世系群，再到等级化的部落首领和酋长制度，乃至出现民族国家。社会组织的发达是与能量转换的程度相对应或成正比的。三是文化的全面适应能力。较高级的文化比较低级的文化能支配更多的能量，更加不受环境的束缚，具有支配甚至取代较低文化的倾向，也意味着人类自信心的增加，这些都是较高级文化综合适应能力强的标志。他说这是现代文化（实指西方文化）具有全球扩张态势的主要原因。

显然，在上面几位新进化论者中，以萨林斯的上述观点比较全面。下面我将采用他和塞维斯的部分观点，从不同的角度来理解文化的进化，其中包括技术或工具的发明和改进、能量的转换、社会

---

① 参见塞维斯：《文化进化论》，76～93 页。
② 参见上书，94～141 页。
③ 参见哈定（等）：《文化与进化》，27～31 页。

组织方式、综合适应能力乃至亲属称谓等不同角度。

文化进化的方式：单线进化与多线进化

通过对文化相对论的批评，人们认识到古典进化论对文化进化普遍规律的理解所存在的问题，尤其是古典文化进化论认为任何文化的进化都必须经历一系列由低到高的阶段，这一观点经过相对论的批判被越来越多的学者所抛弃。塞维斯尤其批评了古典进化论线性进化和连续进化观的错误，他曾分别以苏联和中国的工业化道路来说明，文化的进化不一定是在原有基础上的线性演化；经常会有一些"后起之秀"超越其他文化所曾走过的特定阶段，直接跳跃进入新的阶段。他指出，在人类历史发展过程中，出现这种"蛙跳"现象不是偶然的。因为有些原先看来落后的文化，在其他文化的影响下，可能会在短期内自觉地进行自我改造，实现质的飞跃，形成后来居上的效应。这种现象也被称为"落伍者的特权"。由此可见，将进化绝对化为若干个无法绕过的阶段，是不符合事实的。显然，明治维新后的日本也许与苏联和新中国一样能用来支持塞维斯的这一观点。[①]

那么人类文化的进化有没有普遍必然规律呢？

显然，相对论者对这个问题的基本态度是否定的，这基本上也为当代多数文化人类学家所认可。但是，这是不是指文化的进化完全无规律可循呢？显然也不能这样说。至少不能完全否定文化进化在特定时期、特定环境条件下可能有某些规律。因此，我们不能简单地满足于文化相对论在这个问题上的观点。新进化论者斯图尔德对这个问题的总结或许有一定的说服力。

斯图尔德虽然是新进化论的提倡者之一，但或许由于受克鲁伯影响之故，他也是一位经验主义者。在文化进化的问题上，他主张对进化的方式要具体情况具体对待，根据具体情况来发现文化进化的原因，找出其中的规律。以前的人类学家包括怀特、柴尔德等人

---

① 参见塞维斯：《文化进化论》，30～52 页；哈定（等）：《文化与进化》，80～82页。

在内，在总结和分析人类文化进化的方式时，都犯了各种各样的错误，其中最大的错误就是忽略了人类经验的局限性，片面追求抽象、笼统、普遍的文化进化规律。从这个角度说，他认为文化相对论是正确的。但是，文化相对论者所犯的错误是从一个极端走到了另一个极端，甚至否认了进化和进化规律本身，对不同文化的进化及其因果不作追究。正是在这一基础上，他提出"多线进化论"，旨在既能超越古典进化论和新进化论的线性进化思维方式，又能克服文化相对论的局限性。

他总结说，以往学者对文化进化的方式，提出了三种不同的解释①：

（1）单线进化论（unilinear evolution），即摩尔根等人所代表的，将人类文化的进化归结为若干大的历史阶段的进化论。

（2）普遍进化论（universal evolution），怀特、柴尔德等新进化论者试图提出能包容所有人类文化的普遍进化规律。斯图尔德认为，追求对所有文化普遍适用的规律，所得出的结论往往流于空泛，未能触及文化的具体特征和特殊含义。普遍进化论无非指出"由简单到复杂"，"技术的发展表示了人对能量的控制，是某些文化成就与社会变迁的先决条件"，"变迁、遗传与自然淘汰"等规则而已，这种进化论并不处理具体种属的诸多特征，也不顾及引起了各种种属分化不可胜数的特殊状况。

（3）多线进化论（multilinear evolution），是斯图尔德所提出的一种研究文化进化的方法。它的含义是：

第一，相信在一定的历史时期和环境条件下，文化变迁可能有一定的原因，由此决定了文化的变迁有一定的规律。但与此同时，又从经验出发，注重地区差异和文化的特殊性，不主张把自己所发现的文化规律想当然地推广到其他地区和所有文化中去，不追求由若干文化总结出对所有文化普遍适用的规律来；

第二，从社会组织的复杂性出发，文化的发展可能分为若干不

---

① Steward, *Theory of Culture Change*, pp. 14-19.

同的"社会—文化整合层次"(level of sociocultural integration),对每一个层次再研究其有哪些不同的文化类型,再具体分析从一个层次向更高一个层次的进化可能遵循哪几种不同的路径。这就是说,文化从一个层次到另一个层次的进化路径是多元的。

例如,若干农业文明都曾经历如下几个发展层次:①家庭层次;②队群层次;③部落层次;④国家层次。这些社会—文化整合层次可能代表不少农业文明共同经历的发展阶段。但是,在斯图尔德看来,最重要的并不在于指出①→④的进化规律在一定范围内存在,而在于分析每一个层次(或阶段)所对应的文化类型有哪些,然后进一步研究每个文化类型向更高层次进化时所遵循的路径有什么不同。显然他认为真正值得看重的不是有多少个社会—文化整合层次,而在于与每一整合层次对应的具体文化类型(如果说文化整合层次代表的只是死板的文化骨架,具体的文化类型才是真正有血有肉的文化肌体)。假设在一个进化层次,都有好几种不同的文化类型,可以研究这些不同的文化类型之间从低层次到高层次发展的方式。我用表 6—6 来展示不同文化类型之间从低层到高层进化的多重路径。其中的箭头指从一种文化类型进化到另一种文化类型之途径。

表 6—6　　　　　　　　　　多线进化论例示

层次	文化类型			
④国家	文化类型1	文化类型2	文化类型3	………
③部落	文化类型1	文化类型2	文化类型3	………
②队群	文化类型1	文化类型2	文化类型3	………
①家庭	文化类型1	文化类型2	文化类型3	………

斯图尔德指出,进化论将不同文化之间的质的不同归于各个不同的进化阶段,从而忽略了各个文化的特殊性;相对论将不同文化

的质的不同归结为文化自身的特殊性，而不注重文化发展的阶段性。① 这说明他认识到古典进化论和文化相对论都有一定的片面性。因此，斯图尔德的多线进化论也是为了弥补这两种不同文化学说的局限性而作的一种努力。所谓"多线进化"，就是既承认各个文化的特殊性，又注意研究各个具体文化进化的特殊原因和规律。其实，进化的"多线性"不仅指遵循同一进化规律（如从家庭到国家）的不同文化类型之间的多重进化路径（如表6—6所示），也可指不同的文化由于生态环境等诸多因素的差别，存在着多种文化进化规律，并没有统一不变、普遍适用的文化进化规律。斯图尔德强调，多线进化论本质上是研究文化进化的方法而不是结论。② 它的要旨在于在承认文化的多样性和特殊性的前提下，研究不同文化进化的过程及其间关系，探索文化进化的原因，总结文化进化的局部规律。

文化进化的方式（续）：一般进化与特殊进化

斯图尔德的多线进化论在新进化论者如怀特、萨林斯等人看来是仍然不能接受的，原因在于他反对适用于所有文化的普遍进化原理。萨林斯关于一般进化与多线进化的区分，在怀特看来比斯图尔德的单线进化（或普遍进化）与多线进化的区分更加优越。③ 不管谁是谁非，我们先对萨林斯的理论作一番介绍。

萨林斯也试图提出这样一种理解文化进化的学说，既包容文化相对论的合理内核，又能说明人类文化的进化规律。这就是他关于一般进化与特殊进化的区分。他首先从生物进化谈起，说理解生物进化需要区分两样东西：

（1）同一个生命层次出现多种变异，他称为特殊进化；

（2）从一个生命层次到另一个更高生命层次的飞跃，他称为一般进化。

这里，同一生命类型出现多种变异指物种由于环境差异而导致

---

① 参见史徒华：《文化变迁的理论》，18 页。
② Steward, *Theory of Culture Change*, p. 18.
③ 参见哈定（等）：《文化与进化》，"序"。

的, 即同一物种到了不同的环境下会根据情况作出适应性调整和某些功能或技能的改良, 因而导致了物种的变异 (前面提到过的"橘逾淮为枳"就是一例)。由于这种变异导致分类谱系的发达。我举个例子来说明这一观点。动物学界认为家猫、老虎、豹、狮子皆属于猫科动物, 当初都是从同一祖先演化而来的, 它们有一些共同的生理特点, 它们之间的差别则是长期演化的产物。据说猫科诞生后"向着两个方向发展, 一支上犬齿逐渐延长, 另一支犬齿趋于变小而身体比较灵活", 而猎豹亚科"是向着快速奔跑的路栖动物发展的一支"。这些不同的猫科动物分布在全球不同地区, 它们的变异显然也与生存环境的变化有关。① 家猫与老虎、狮子、豹之间的差别, 从本质上有别于家猫与狗、麻雀、鹅等动物之间的差别。因此, 从原始的猫科动物进化到猫、老虎、狮子、豹, 是同一动物物种变异的体现, 而不是猫科动物生命层次的飞跃, 因而是特殊进化而不是一般进化。正是从这一角度看, 萨林斯指出, 特殊进化是生物 (或文化) 多样性的充分体现, 也是对文化相对论的一个有力佐证。

但是萨林斯强调, 我们不能因为上述物种的变异, 而否认生物进化的另一个层面, 即从生命层次的提升。比如, "人的发展高于鼠类, 鼠高于蜥蜴, 蜥蜴高于金鱼, 金鱼高于螃蟹, 螃蟹高于变形虫"②。尽管它们当初是从不同的世系群进化而来的, 代表着不同世系群进化的终端, 但是可以认为, 这里存在着从低等生物向高等生物的进化线路, 这种进化在萨林斯看来可称为一般进化, 与前面所说的特殊进化不同。对于一般进化, 萨林斯常用"生命更高形式的出现"③、"物种向更高形式发展"、"更高组织的结构"④等来描述。

---

① 参见《科学知识网·猫和老虎是同一科吗?》, 载 http://www.kdata.cn/html/natural_science/biology/20070327/16933.html, 2007-08-02;《中国自然保护区网·你知道所有的猫科动物都是同一种祖先吗?》, 载 http://www.nre.cn/htm/03/dw/2005-02-25-14756.htm, 2007-08-02;《百度百科·猫科动物》, 载 http://baike.baidu.com/view/4105.htm, 2007-08-02。
② 哈定(等):《文化与进化》, 15 页。
③ 同上书, 13 页。
④ 同上书, 16 页。

　　萨林斯认为，不仅生物界存在这种一般进化与特殊进化的区分，在文化领域也同样存在一般进化与特殊进化的区分。他以战争为例来说明这一点。[①] 他指出，我们可以从战争范围、武器规模、伤亡人数、战役持续时间和阶段以及战争的社会后果等为指标来区分战争的"进化"，如果战争在这些指标上发生了质的飞跃，那么可视为战争的一般进化。但是，19世纪平原印第安人之间的战争，以及平原印第安人与加利福尼亚印第安人或易洛魁人的战争，每一场都可称为一个独特的历史类型，彼此各不相同。但是它们之间的不同，从战争范围、武器规模、伤亡人数、持续时间和阶段及社会历史后果等角度看并无本质差别，因而只能反映战争的特殊进化，而非一般进化，即处在同一战争进化阶段的几种不同的战争类型。

　　如果我们把人类文化作为一个整体来看，那么可以发现，不同的文化，甚至同一文化在不同的历史时期差别可能甚大，但是这些差别要区别对待，有些反映的是文化的特殊进化，而有些反映的是文化的一般进化。如何来区分这两者呢？萨林斯指出：

> 文化一般进化是能量转换由少到多，综合水平由低到高，全面适应由弱到强的过程。而特殊进化则是文化沿其多元发展的、族系的、分化的、历史的过程以及特定文化适应性变异的过程。[②]

　　也就是说，他提出了文化一般进化的三个标准：

　　（1）"能量转换由少到多"。指文化从自然界攫取能量，并转化为生产力和生产关系，乃至人类的思想和意识形态的过程。

　　（2）"综合水平由低到高"。指社会组织的分化和发达程度。包括物质因素的增长、分工的发达、社会集团和小团体成倍增长以及特定的社会整合方法的出现（这些方法包括族长地位、国家、哲学或道德学说等）。[③]

---

① 参见哈定（等）：《文化与进化》，24～25页。
② 同上书，31页。
③ 参见上书，29～30页。

（3）"全面适应由弱到强"。指一个文化在与其他文化的竞争性关系中体现出自己的整体优势，体现在诸如开发能源的范围和能力不同、受环境支配的程度不同等。[1]

在萨林斯看来，特殊进化是对文化相对论的最好说明，即一方面解释了文化相对论存在的合理性[2]；另一方面又说明了文化相对论的局限性。也就是说，站在特殊进化的角度看，文化的多样性以及不同文化的同等合理性，是显而易见的；但是站在一般进化的角度看，文化的多样性和特殊性并不足以否认文化进化的事实。萨林斯对特殊进化与一般进化的区分，是非常有意义的，我认为其主要价值在于对于我们理解文化多样性、特殊性与文化进化二者之间的关系提供了一个非常好的视角。[3] 但是，如果我们比较萨林斯与斯图尔德新进化论学说之间的异同，就会发现，虽然他们都似乎从理论上成功地解决了文化相对论与文化进化论之间的矛盾，实际做法是大有不同的。萨林斯在自己的论文中多次批评斯图尔德[4]，其主要原因在于斯图尔德反对普遍进化论，主张多线进化。站在斯图尔德的角度看，萨林斯的进化论思想与怀特一脉相承，仍然代表一种典型的普遍进化论思维方式。其主要特点在于把生物进化（人类进化是其中一方面）纳入一个统一的标准和模式里，这正是斯图尔德所反对的。前面我们说过，斯图尔德基于文化相对论的启发，认为不同文化之间的差别及其发展规律，不能先验地加以规范，而萨林斯基于怀特的启示对进化的含义及规律所作的普遍统一界定，就显得过于简单或先入为主了。

我想，问题并不在于，萨林斯对一般进化所提出的上述三个标准是否正确，而在于他衡量进化的角度是否合理。我的意思是，固然，文化的进化可能包含着能量转换、组织分化以及整体适应能力等几个方面。但是，是不是这些就是衡量文化进化最重要的层面呢? 是不是

---

[1]　参见哈定（等）：《文化与进化》，30～31 页。

[2]　参见上书，13、22 页。

[3]　怀特称赞说，"萨赫林斯（Sahlins）对特殊进化与一般进化作的区别应该大大有助于澄清历史与进化两者概念上长期存在的混乱"（哈定（等）：《文化与进化》，"序"）。

[4]　参见哈定（等）：《文化与进化》，23～24、34、36 页。

所有文化的进化都必须从这几个方面来理解呢？按照斯图尔德的观点，即使这些方面都成立，我们也可能只抓住了文化机体上几根极其粗糙的骨架，而把其中有血有肉的部分都忽略了。多线进化论的要点在于方法重于结论，以及注重文化的血肉部分而不是干枯的骨架。从这个角度出发，我想，对于理解文化相对论与文化进化论，以及文化特殊性与普遍性之间的关系，尽管萨林斯的进化观提供了极有意义的思路，但是斯图尔德的多线进化论似乎更有生命力。

"进化"与"进步"：文化的评判问题

在对文化进化的含义及规律作了上述探讨之后，我认为再回过头来检讨一下进化与进步的关系是很有意思的。前面说过，古典进化论都把进化等同于进步，并由此出发把不同的文化区分为高级或低级，这种观点为文化相对论者所摒弃。由于文化相对论对文化的进化持消极甚至否定的态度，事实上回避了"进化"与"进步"之间是否有必然联系的问题。因此虽然像克鲁伯这样的人确实也承认文化变迁中包含着进步，但是多数相对论者似乎倾向于把"进步"当作古典进化论的笑料来看。到了新进化论，既然进化是不容置疑的，那么"进步"也就确实存在了。但是由于对"进步"的含义理解不同，不同的学者在进化与进步的关系上理解也有所不同。前面我们说过，克鲁伯曾经分析了"进步"概念通常的含义就包括更好、更高级、更高的品质或趋向更理想的价值目标。正是本着这种理解，斯图尔德认为"进化"与"进步"是两个独立的问题，需要分开讨论。[1] 如果说"进化"是个事实判断问题，那么"进步"在他看来就是个价值判断（value judgement）问题，人们可以从不同的角度来界定何为进步，而最糟糕的是价值判断往往难免受种族中心主义（ethnocentric）的影响。因此，进化是否意味着进步，完全取决于人们的价值标准；由于人们的价值标准难以客观地界定，所以"进化"与"进步"的关系也就不是必然的了，或者说进化与进步并无必然

---

① Steward, *Theory of Culture Change*, pp. 13–14.

的联系。然而，在新进化论者如怀特、萨林斯等人看来，文化的进
化与"进步"却是密不可分的，因为文化有它自己的进化方向，符
合这个方向的自然就是进步的了。①

　　仔细阅读他们的著作可以发现，怀特、萨林斯、哈定等人事实
上在一定程度上修改了古典进化论者的"进步"概念，主要体现为：
他们虽然仍把进化等同于进步，但是不再把进步等同于"好"。萨林
斯指出，"进步"对于特殊进化来说指适应能力的增强，或者利用资
源的能力增加了，这是一种相对的"进步"；对于一般进化来说则是
指更高级的生命的出现（在生物进化方面），也可以说是从能量开发
从小到大、综合水平从低到高、全面适应能力从弱到强。② 他强调，
文化的一般进化并不等于"好"。③ 大卫·卡普兰从"优势种"（domi-
nant types）的角度来理解进化与进步的关系。④ 所谓"优势种"指
在竞争中获得优势、导致了结构和功能上的改良甚至向周围的环境
产生了扩张态势。这种进化过程可以用"进步"、"高级"或"低级"
这样的术语来描述。当代英国学者布莱克摩尔从文化因子（meme，
她称之为"谜米"）的角度来理解文化进化，认为文化进化是文化因
子出于自私的目的而进行自我保存、复制和传播的结果，因此说
"进化"等于"进步"是没道理的；但是她同时指出，"进化"又与
"进步"相关，因为进化包含着从混沌中创造出秩序，进化类似于不
可压缩的计算机程序，意味着复杂性程度之不可逆转的增加。⑤

---

　　① 伯瑞《进化的观念》一书对"进步"概念在西方近代以来产生的历史背景作了详
细探讨，通过该书可以发现，今天在国内盛行的也曾在西方 18 世纪至 20 世纪初叶盛行的
进步观的形成，是一个历史过程，也是特定历史条件下的产物。参见伯瑞：《进步的观
念》，上海，三联书店，2005。

　　② 参见哈定（等）：《文化与进化》，12～13、19、31 页。

　　③ 参见上书，25 页。

　　④ 参见上书，55～56、58～59 页。

　　⑤ 布莱克摩尔：《谜米机器——文化之社会传递过程的"基因学"》，20～24、44～
48、102 页，长春，吉林人民出版社，2001。她还指出，"进步"一词通常被从两种意义
上使用："其一，它意味着趋近于某种结果或目标的发展过程；其二，它意味着只是趋近
于更高程度的秩序、复杂性等发展过程，或者说是任何形式的、不带有具体的内在目的的
连续发展过程"（同上书，47 页）。显然，她认为第一种含义是古典的，应该抛弃，但第
二种含义可以接受。

这里可以发现，怀特、萨林斯、布莱克摩尔等人所使用的"进步"概念，有两个特点：一是符合进化方向；二是事实判断而非价值判断，所以"进步的"并不等于就是"好的"。事实上，无论是怀特所说的能量支配过程的进步，还是塞维斯、萨林斯等人所说的社会组织的发达，以及萨林斯所说的综合适应能力的提升，均无法等同于"好"。道理很简单，能量支配能力的发展，可能使人类毁灭于核战争；社会组织的发达，并不等于人类生活更幸福美满；综合适应能力的提升，有时导致了生态破坏和生活质量下降。这些，当然无法说成就是"好"的，因此这些新进化论者确实已经在一定程度上改变了"进步"一词的本义或使用方式。

现在我们回到另一问题上来：我们可不可以从价值判断的立场来理解文化的进化，并从而对不同文化的好坏优劣作出评判呢？在中文语境中，我们知道，人们也常常在克鲁伯意义上来使用"进步"一词，包含着价值判断，但是当我们说"科技进步"时，似乎同时带有事实判断与价值判断这两种含义。如果我们还是回到"进步"作为一个具有价值判断含义的术语的话，或许可以得出：文化的进化并不必然地意味着进步；但是进化可能包含着进步；关键在于进步标准是什么。需要特别指出，文化相对论一个最受人诟病的问题，似乎是严重忽视了文化或文化现象的评判问题。在一种过分谦虚的"科学"态度支配下，它似乎对进化与进步采取了搁置甚至否定的态度，从而也不能启发人们如何推动文化的发展和进步。美国人类学家哈里斯（Marvin Harris）指出，尽管文化相对论似乎对于不同文化模式（样式）回避价值判断，我们不必受它影响，而把吃人俗、战争、活人祭品、贫穷等当作有价值的东西对待。① 对于我们这些非西方的读者来说，由于我们急切地关心中国文化未来的出路和方向，尤其在西方文化的强大影响下中国文化如何适应和自我改造，乃是我们不得不面临的重要问题。所有这些问题，显然文化相对论都不能给我们足够的启示。相反，它的相对主义态度，倒是确实有

① 参见哈里斯：《文化人类学》，9～10页，北京，东方出版社，1988。

利于一种保守、封闭的文化立场，但是显然这种态度并不是真正有益于文化的自我保存和发展，尤其是在高度竞争的现代世界里，在世界各个民族均要面对西方现代性的巨大挑战作出自我改造从而实现新的进化的时代历史潮流中。

　　然而正如赫斯科维茨、克鲁伯等人所已经认识到的，要想找到衡量"文化进步"的标准，事实上很难。因为一旦涉及价值判断，就往往会摆脱不了自我或种族中心主义。前面谈过，克鲁伯事实上从三个方面，即巫术或迷信、对人身的处理方式、科技及医学等探讨了衡量文化进步与否的标准问题。他的探讨有就事论事的性质，不够普遍。哈维兰指出，有的西方学者试图从特定文化如何满足其成员的物质和精神需要的角度来评判文化的好坏，这些角度包括营养、健康、暴力、犯罪、人口、结构、稳定性、家庭安宁、资源环境等等；还有人提出，文化基本上是确保一群人生活持久幸福的维持体系，因此，只要它能以其成员自认为合理的方式确保一个社会的生存，就可以被看作成功的。①

　　我个人认为，文化进步与否的标准在有些方面是可以找到的，而在另一些方面则难以确定。比如，有些文化进化给人们的生活带来了巨大方便，比如延长了人的寿命，医好了人的疾病，减轻了人的痛苦和负担，这些恐怕不能说不是进步。从这样的角度看，我们也会发现，不同的文化之间之所以存在相互学习、相互借鉴的现象，正因为有些东西——包括工具、技术、法律、思想、制度等等——可以给人带来上述许多好处。而不同的文化假如在满足人类的一系列需要方面，尤其在带来上述好处方面成就大小有所不同的话，那么应该可以说这些文化之间不是完全不存在好坏优劣之分的。比如我们认为和平比战争好，清廉比腐败好，吃饱穿暖比饥寒交迫好，环境清洁比环境污染好，生态平衡比生态破坏好，相互尊重比相互伤害好，相互学习比相互嫉妒好，诚信比欺诈好，礼貌比粗鲁好，关爱比仇恨好，开放比封闭好，开明比专制好，自由比压迫好……

_____

①　参见哈维兰：《文化人类学》（第十版），56 页。

所有这一切，作为衡量文化好坏优劣的部分依据应该是可以的。

但是问题在于，我们是不是可以仅仅以这些可知可见的标准为基础就可以判断一个文化从整体上是优还是劣，因为上面所列的这些标准只能用于文化的若干成分。而且，文化的发展有时具有不确定性，比如一些目前显得各方面比较落后的文化，有时包含着其他方面我们未知的潜能，导致其突然后来居上，此即塞维斯所谓的"进化潜势法则"①。另一方面，在我们罗列上述好坏标准时，也可能会犯先入为主的错误，特别是这些标准在实际生活中有时仍然因文化不同而有不同的理解。因此，我建议我们是否应牢记：（1）在具体的文化生活层面，不排除不同文化之间存在着好坏优劣之分。如果一切都变成了相对的，也就不存在文化之间相互传播、相互学习的必要了。（2）但是不要轻易由文化在某些层面的优劣，上升到从整体上来评判一个文化好坏优劣之上。文化相对主义者所重点反对的，是不自觉地习惯从整体上评价其他文化。我们的目的并不是要避免对文化的进步与否作出评判，而是在进行文化评判时尽可能尊重文化的差异和特殊性，小心避免受自身文化偏见的误导，尽量避免从整体上对某文化作价值评判。

文化进化有无统一的方向？

现在让我们回过头来探讨另一个尤为重要的问题：即人类文化的进化是否有终极目标或方向？我们将会发现，学者们在这个问题上并无统一看法，一些人——包括波普尔、一些文化相对论者和新文化进化论者——都认为，文化进化并无统一的方向，人类文化的未来是无法预测的；而新进化论者如怀特、萨林斯是坚定地相信人类文化有明确统一的方向，在这一点上他们与古典文化进化论并无二致。现在我们来看看他们分别是怎样论证的。

卡尔·波普尔《历史主义贫困论》（又译《历史决定论的贫困》）这部名著反复论证认为人类历史的进程超出了人类知识充分掌握的

①　哈定（等）：《文化与进化》，75～90 页。

范围,因此要预测人类历史的未来进程是不可能的。① 他在该书"序"中更是直截了当地将自己的主要理由概括为五条:(1)人类历史的进程受知识增长的强烈影响;(2)我们不可能用合理的或科学的方法来预测人类知识的增长;(3)所以,我们不能预测人类历史的未来进程;(4)不存在一种与"理论物理学"相当的"理论历史学",也就是说,不可能建立起一种可以用来预测历史未来进程的精确科学;(5)因此,历史决定论方法的基本目的是错误的,历史决定论不能成立。他在书中将马克思、孔德、密尔等人均称为典型的历史决定论者。按照波普尔的观点,历史究竟有无统一的方向,超出了人类知识的范围,是不可知的。下面我们来看看文化人类学家的观点。

克鲁伯认为文化进化与生物进化的方式有本质不同,前者是"累积式的",后者是"替换式的",但是克鲁伯长期对文化进化方式的观察研究,使他得出文化的进化不可能按照预定的计划或目的来进化的结论。② 他说,生物机体的成长几乎可以看成是由生物细胞提前决定好的。一个生物体会长什么形状、结什么果实、大体寿命多长等,都是早在两个细胞结合成一个个体之时即已确定了的。但是,文化的成长不是如此。他说,文化的发展主要体现为在现有的基础上缓慢增加新的东西。任何一个现有的文化都可以看成是一系列因素长期积累的产物,其中包括种种偶然事件以及内在和外来因素的影响等等。总之,文化不断面临新的因素的加入,和如何将新因素结合进旧的文化机体中去的问题。由于新文化因素的加入常常无法预计,因而文化的整合也不可能有现成的方案和预定的目标。如果再考虑到大量已知和未知文化类型的不确定性,就很容易理解既无一个统一的"人类文化",也谈不上人类历史有统一的目标或方向了。克鲁伯的观点代表了历史批评学派从经验主义立场看待历史过程的方式,这一思维方式在斯图尔德那里得到了继承。斯图尔德

---

① 他指出,他的这一思想形成于1935年左右,到20世纪50年代正式发表为长篇论著。见波普尔:《历史主义贫困论》,"历史的说明"、"序",北京,中国社会科学出版社,1998。

② Kroeber, *Anthropology*, pp. 286-287.

尽管是位新进化论者，注重研究文化过程之间的因果关系，但他的多线进化论充分表明了他的这样一种观念，即人类历史究竟向什么方向进化，至少迄今为止还没有形成一个统一的路线，因此为人类历史设计未来方向是不切实际的。

布莱克摩尔是一位坚信达尔文生物进化论思想可以应用于人类社会的现代学者，但是与达尔文不同的是，她从道金斯的基因学说出发来理解文化的进化，得出人类文化的进化没有预设的目标或目的，因而也没有终极方向的结论来。正像生物的进化是靠基因的遗传和变异，文化的进化也靠文化因子（meme）的传播和变异，而这些基因或因子只感兴趣于最大限度的自我保存、复制和传播，而不关心传播和发展的结果是什么，这导致最终的结果充满了偶然性和不确定性，因而文化进化没有明确方向可言。①

然而，正如我们前面交代过的，按照怀特、萨林斯的观点，文化的进化是有统一方向的。这个方向用怀特话说就是能量支配的增加，或者用萨林斯、塞维斯的话说，还包括社会组织的发达，以及综合适应能力的增加；或者用卡普兰的话说，"优势种"的形成。②与克鲁伯一再强调文化进化与生物进化不同的是，他们都认为文化进化只是生物进化中的一部分，是一种"亚物种进化"，前面所说的进化的几项内容都不仅适用于文化，而且也适用于一切文化。这充分说明人类学界在这个问题上并无统一意见。从他们各自的立场看，似乎都有道理，但关键在于什么样的立场才真正有意义。

比如说，相信文化进化与生物进化同样有统一方向的人，同时也给出了这个方向是什么。在怀特看来这个方向就是能量的利用或效率不断增加，在萨林斯来看还包括组织的发达及综合适应能力的提升等。因此，我们是否接受文化进化的统一方向，也就转变成是否同意把它们当作衡量文化进化方向的指标。按照这种观点，波普尔对历史决定论的批判严格说来不能对文化统一方向之说构成威胁，因为按照前面我们提到过的怀特、萨林斯等的观点，文化进化与历

① 参见布莱克摩尔：《谜米机器》，20～24、47～48页。
② 参见哈定（等）：《文化与进化》，55～74页。

322

史进程不同，历史的进程是在时间之流中事物的过程，而进化则不是以时间为基础，而主要包括生物形态的质变，比如新的更高级的生命的诞生。[①] 从这个角度说，文化进化与历史规律是两件不同的事，即使你证明了历史发展没有规律，或证明了文化有时在退化（即不一定按线性方式进化），都与文化进化的方向无关。历史的波折也罢，文化的退化也罢，都只是时间之流中的现象，至多只证明"进化"尚未发生而已，而不能说明进化如果发生的话，它的方向是什么。而克鲁伯由于未就进化是什么提出明确的界说，我们在理解他的进化观点时，有时容易混淆"文化进化"与"文化变迁"（即历史的进程）这两者（布莱克摩尔似乎也有这个问题）。这样一来，似乎文化相对论者对文化发展方向的理解有所欠缺。不过相对论者也可以这样回答，即：他们本来就不认为文化进化是个有意义的问题，因此他们所探讨的主要不是文化进化的方向，而是文化变迁的方向问题。从这个角度看，他们和波普尔一样，都论证了文化变迁（change）——而非文化进化（evolution）——并无统一的方向。

另一方面，对于斯图尔德来说情况则复杂多了。斯图尔德是承认进化存在的，但是对于什么是进化、进化的内容是什么，他从经验主义立场出发，倾向于不作过死的界定。虽然他有时从"社会文化整合水平"来理解文化进化，但是也并没有把这当作理解文化进化独一无二的途径。同时由于受文化相对论的启发，认为不同文化存在不同的进化方式和路径，由此所得出的多线进化论，事实上否定了文化进化存在统一方向的说法。由于斯图尔德把历史批评学派的方法论应用于对进化概念的重新理解上，和怀特、萨林斯等人试图明确界定进化的做法不同，他的结论也非后者所能轻易反驳。

关于文化进化方向的中国式讨论

对于有些中国人来说，文化进化的方向或终极目标的答案是不言而喻的。有的人会说，人类文化的发展虽参差不齐，但是大体方

---

① 参见哈定（等）：《文化与进化》，"序"，13 页。

向还是有的，比如科技日益进步，生产力日益发达，社会制度日益民主，生活水平日益提高……真是这样的吗？科技进步、生产力之类的说法其实是怀特式观点的翻版，并无新意。

现在我们不妨来谈谈这些人类文化方向的说法。我认为当我们使用"方向"这个词时，有三种潜在含义：（1）好；（2）竞争力较强；（3）为了生存不得不选择。从这些角度看，"科技进步"是否代表人类文化的方向值得细究。首先，科技究竟是好是坏没有定论，谁也不敢保证人类不在将来某一天毁灭于核战争。毁灭之后世界是回到蛮荒时代，还是回归如《黑客帝国》所描绘的、一切都靠人为制造的黑色世界，又有谁知道？其次，现代科技究竟会把人类引向何方迄今为止仍是未知数。科学技术的发展有许多不确定性，比如基因技术，正在改变着地球的生物链，将来不仅有可能"克隆人"无法人为控制，而且吃了基因被改造的生物食品后，人体结构究竟会发生什么样的变化，也无法真正控制。现在做转基因实验的生物学家，可以让老鼠的耳朵长在脊背上，让鼠毛变成绿色，让西红柿长成西瓜那么大，等等。当然，如果允许的话，我猜他们也可以让人的眼睛长在肩膀上，让人体的大小增加十倍，像大树一样高，说不定将来还可以让人长出三头六臂来，等等。对于他们改造过的生物，包括做实验用的小老鼠，尽管采取了许多措施来控制其繁衍，但是据我所知还是很容易失去控制。特别是有些被他们试验过的植物和动物，在被人类食用后对人体发生的影响也不是他们目前全部知晓的。再次，鉴于生活在今天世界上的文化，没有哪一个能逃脱得了技术的主宰，我们可以说科技进步也许在相当长一段时期内代表一种方向，但未必会代表人类文化的终极方向。如果科技进步不能代表人类未来的方向的话，那么作为它的伴随物的生产力的发达、物质生活水平的提高也不一定能成为人类文化的方向，因为它们所反映的仅仅是人类文化的物质层面，而不能反映文化的精神层面，而后者才是最重要的。

至于民主这个说法也有明显的问题。我们知道人类实践民主政治已有至少几千年的历史了，最典型的例子莫过于古代雅典的民主政

324

治。但是正如柏拉图在《理想国》（*Republic*）一书中所早已总结过的那样，民主政治并不是最好的政治，它比起经过良好训导的贵族政治来说差得多，民主政治是导致雅典堕落和衰亡的主要原因。越来越多的现代学者认识到民主是在特定的社会历史及文化条件下才会出现的政治制度。当这些条件不具备时，民主难以出现，也不一定能导致社会的有利变迁。据此我们不可以说，今日中东一些国家未实现西方式民主就违背人类文化发展的潮流，而全民信教的西藏地区通过非民主的遴选方式确立达赖和班禅的传统，恐怕也不能说不符合人类文化发展的方向。只要我们能举出一些例子来说明，世界上有些文化有必要且有可能永远不遵循我们所说的这些方向生存下去，我们就不能说这里所列举的"方向"代表人类文化的共同方向。

福山在《历史的终结》[①] 一书中提出：伴随着苏联东欧社会主义阵营在20世纪90年代前后的全面解体，自由民主、议会、自由市场经济已经普世降临，人类的历史似乎已走向它的终点。他的观点并没有太多的新东西，无非是黑格尔式启蒙精神的新版，黑格尔认为"历史的全部过程乃依自由在具体政治与社会制度中的确立而达于顶峰"，于是就有所谓"历史的终结"[②]。那么，我们是不是可以接受福山的启示，将自由民主制度（Liberael democracy）理解为人类一切文化发展的方向和不可避免的归宿？这其实是很可笑的观点。问题在于福山所谓的"自由民主制度"事实上是西方现代文化的产物，它在今天的巨大胜利固然是事实，但是相对于整个人类文化来说则只是一个片面，文化人类学家早已指出不能把西方人权和民主理想强加到其他文化之上。[③] 从福山在书中对以日本为代表的亚洲文化传统的描述[④]，可以看出他对东亚文化传统是何等不了解。比如他把亚洲文化归结为托克维尔所谓的"多数专制"，并用"集团共识"、"公开的暴政"以及

---

① 福山：《历史的终结》，呼和浩特，远方出版社，1998；Francis Fukuyama, *The End of History and the Last Man*, Penguin Books, 1992。

② 福山：《历史的终结》，79 页；孟凡杰：《读福山的〈历史的终结及最后之人〉》，载 http://mengqing133. bokee. com/viewdiary. 10554016. html，2007−06−13。

③ Steward, *Theory of Culture Change*, p. 13.

④ 参见福山：《历史的终结》，272～279 页。

"威权主义"等词语来形容它，说"这种社会要成员们绝对服从"，排斥人的个性发展，"终究是非理性的"。他声称：

> 一个方向是，亚洲人越国际化，越提高教育水准，越会持续吸收普遍而交互认知的西方理念，越发推广形式上的自由民主。[①]

从这些言论可以看出，他内心深处认为亚洲文化传统今天只有接受西方的自由民主理念才是"进步的"。而这种肤浅地用西方自由民主价值来衡量其他文化的做法，在文化人类学家看来，是典型的欧洲文化中心论的产物，其问题前面分析过。我并不是说其他文化一定不能接受西方式的自由民主，而只是说它们相对于有些其他文化来说是非本质的、表面的，不具有真正的重要性。在许多文化人类学家看来，把无限丰富多样的人类文化世界纳入到一个统一的方向中去，等于是把它们归结为简单的几种样式，无论是从价值判断出发，还是从事实判断出发都有问题。从价值立场判断，这样做不符合人类文化发展的多样性需要；从事实立场出发，仅仅从最近几百年内西方文明在全世界的强势发展来预言人类文化发展的根本方向，未免言之过早。

需要明白另外一个重要事实，即我们是不是真的可以仅仅从今天目光所及的范围来预言人类历史在未来几百年、几千年乃至几万年的发展前景？让我们设想一下过去吧。孔子无论如何聪明也没有预言到秦汉以后的郡县制，孟子再有远见也不能预言工业革命和现代市民社会的兴起；柏拉图、亚里士多德可以对他们那个时代所见的政治制度作最好的总结，但是他们也不能预知罗马帝国的兴起以及欧洲中世纪的封建领主和采邑制度，更不要说预知资产阶级革命及现代议会民主制了。在科学上，亚里士多德、伽利略、牛顿都是取得了空前未有的巨大成就的人，但是正像亚里士多德无法想象伽

---

① 福山：《历史的终结》，277 页。

利略、牛顿等人所代表的经典力学一样,伽利略和牛顿也无法预知
爱因斯坦的相对论和量子力学。16—18 世纪的现代西方文明(包括
工业革命、市民社会、资本主义、科学进步等等)在非常短的时间
内几乎彻底改变了人类世界的格局,其能量之大超乎前人的想象。
谁能知道今后人类历史的进程不会再次以类似的方式被某个突发事
件或某个突然勃兴的文明所打乱? 这些事实也让我们认识到,人类
世界在今后几百、几千甚至几万年中究竟会发生什么样的变化,同
样是我们不能从今天的情况出发充分想象和预言的。克鲁伯曾研究
人类文化成长的曲线,得出人类文化的成长快慢差异极大,没有什
么规律可循。短的只维持几十年,长的则有五百年甚至一千年。①

　　多年来,我们一直认为,中国古代的封建王朝代表的是一种不如
现代的、落后的时代,这种观念多少受到了进化论观念的影响。但是
今天看来,我们凭什么这么说呢? 这难道不是因为把西方现代文明的
一系列特征,包括民主政治、市民社会、工业化和市场经济等当作了
衡量一个文明是否合乎人类文化发展方向的基本标准了吗? 而西方现
代文明不过是人类特定文化在最近数百年间所创造的一种文化成就,
它何以能代表人类所有文化或文明的根本方向? 这种观念显然本身已
经是一种西方文化中心论。从现代文化人类学,特别是文化相对论和
斯图尔德、塞维斯等人的新进化论立场来看,文化的多样性和丰富性
最容易在追求一些大的、宏观的历史发展规律或方向的过程中遭到不
应有的忽略;即使是一些看起来非常相近的文化类型,对它们的深入
研究也使我们发现,其丰富生动的具体内涵远比那些宏大的历史规律
来得重要。由此可以发现,诸如"民主"、"科技"、"自由"、"生产力"、
"生活水平"等字眼,在形容文化的丰富性方面就显得苍白,或过于简
单。从文化的多样性出发,甚至可以得出,中国古代封建王朝所代表
的"文化类型"与西欧现代文明所代表的文化类型之间未必有什么可
比性,也不一定可以用"传统"、"现代"这样的二分法来定位它们,
更不能说哪个先进、哪个落后,或哪个高级、哪个低级。当然,我的

---

① 参见斯蒂华:《文化形貌的导师——克鲁伯》,182 页,台北,允晨文化实业股份
有限公司,1982。

意思并不是说，我们今天不需要引用西方的民主和科学技术，不需要大力推进现代化，而是说我们不能简单地仅仅根据上述词汇来评判中国文明或任何其他文明进步与否。

文化的特殊性与普遍性

现在我们回过头来总结一下我们关于文化特殊性及其普遍性的问题。应该说，在前一阶段我们所讨论过的所有有关文化进化论与相对论之间的争论中，几乎无不贯穿着这一主题。可以说，文化的特殊性是文化相对论思想的精髓所在。文化相对论对文化进化论的全部批判也是在此一思想基础上展开的。例如，前面说过，在文化人类学家看来，每一个文化都是独特的、不可替代的。文化相对论者一再强调，尽管很多在我们看来大同小异、可以统称为"原始文化"的现象，如果细加研究就会发现其间的差别之大甚至不亚于它们与我们之间的差别，仅仅由于一些直观的印象而将它们归为一类，乃是不科学的做法。戈登威泽指出，仅仅是北美地区的原始文化，其类型之多就不少于古往今来人们所发现的所有文明的数量。① 由此可见所谓的"原始文化"，实际上是个非常贫乏的术语。由于文化相对论者的上述观念，他们一般将主要精力用之于研究各个文化的特色，而不太注重研究文化之间的通则，也不太注意从因果关系的角度研究文化与其他因素之间的关系。克鲁伯的弟子斯图尔德在总结克鲁伯一生的学术活动和成就时，一再指出克鲁伯文化研究方法最重要的特点之一，就是注重从整体上来研究某个文化的显著特征，并在这一基础上以自然史的方法将文化归类。② 例如，他喜欢从"式样"（style）这样一个带有美学意味的角度来观察文化，发现不同文化的显著特点各有不同。在他看来，玛雅文化以其文字记录、历法推算、建筑形式和装饰艺术为突出特点，而印加文化则以大规模的灌溉系统、道路桥梁系统以及组织管理能力为突出特征。这种研究方法的特点就是，相信每一个文化都不会相同，对一个文化的特征

---

① Goldenweiser, *Early Civilization*, p. 20.
② 参见斯蒂华：《文化形貌的导师——克鲁伯》，81～92、119、141～142 页。

力图从经验的立场小心翼翼地观察和了解，避免下宏大的结论。但是在斯图尔德看来，克鲁伯的研究方式缺陷在于对文化内部各要素之间的关系较少研究，不注意研究文化内部变迁的因果关系，这实际上是否认了社会学、经济学、政治学等社会科学领域的科学方法可以应用于人类学领域。斯图尔德虽然对克鲁伯钦佩有加，但并没有完全按照克鲁伯的学术路子走。他认为任何一个文化的样式及内部变迁都可能与一系列外部因素特别是生态环境有关。例如，他特别研究了生态环境与一些部落的规模和组织的关系，得出了大盆地肖肖尼（Shoshonean）印第安人聚居的规模在一定程度上由其生存环境所决定，因为特殊的生存环境所能提供的食物量有限。①

那么，我们该如何看待文化之间的普遍性呢?

在这个问题上，尽管文化相对论者也承认，他们并不否认文化之间存在普遍因素，而只是反对把特定文化中的特定因素或价值绝对化②；但是，在实际研究中，文化相对论者通常会认为在没有深入研究一个文化之前，如果视野就为普遍性兴趣所主宰，容易忽视每个文化自身丰富、生动和独特的内容。也就是说，在文化相对主义者心目中，相对于文化普遍性来说，文化的特殊性才是真正有意义的。当然，在赫斯科维茨、克鲁伯等人的著作中，也有不少与文化普遍性有关的讨论，比如他们都对文化传播非常重视，在讨论文化整合、文化过程、文化变迁或文化动力学时，也会涉及文化的普遍因素。但是，他们反对古典进化论者将文化模式归入统一的阶段或规律中去。而文化进化论者则不同，无论是古典进化论者，还是新进化论者如怀特等人，均认为人类文化可以归入若干统一的历史阶段中去。比如我们前面介绍过怀特从能量角度对文化进化阶段的划分就是典型一例。显然，怀特"能量说"的合理性即使相对论者也不能否认。所以，表面看来，双方的看法有时都有一定的道理。问题在于，文化相对论者似乎只看重文化的特殊性，而忽视了文化的普遍性；而文化进化论者则正好相反，只看重文化的普遍性而忽

---

① Steward, *Theory of Culture Change*, pp. 101-121.
② Herskovits, *Man and His Works*, pp. 75-78.

视了文化的特殊性。应该如何理解文化的特殊性与普遍性之间的关系呢？是不是在这两种观点之间来一个折衷就行了呢？

显然，文化的普遍性和特殊性是两个共同存在的事实。关键并不在于是否承认这一事实，而在于如何来理解它们存在的方式及其相互关系。让我从植物的例子来解说一下。我们可以用植物世界为例来说明文化相对论的这一观点。

从生物演化史的角度说，地球上不同的植物在时间上有出现的先后顺序；从生物形态上看，有渐趋复杂的趋势；从生命机理上说，有共同遵循的基因遗传和发育规律。生物学上人们一般认为植物的演化沿着藻菌类→苔藓类→蕨类→种子植物的方向进行。其中藻类、菌类植物被当作低等植物，是最早出现的植物类型。它们的机体是单细胞或多细胞的叶状体，还未分化。从低等植物进化到高等植物，逐渐具有多细胞构成的器官，有根、茎、叶的分化。除此之外，一般认为非种子植物是种子植物的前驱，草本植物是比木本植物更加进化的类型。表6—7是我根据网上知识初步整理出来的一个植物分类表，从中也能看出植物进化的线索。

表6—7 植物的分类与进化①

植物	种子植物	草本植物	多年生	如薄荷、菊、百合、鸢尾	高等植物
			二年生	如小麦、白菜、胡萝卜、菠菜	
			一年生	如水稻、玉米、黄瓜、向日葵	
		藤本植物	如牵牛、茑萝、葡萄、紫藤		
		木本植物	乔木	如泡桐、杨、榆、松、柏、水杉	
			灌木	如迎春、紫荆、茶、大叶黄杨	
	非种子植物	蕨类	如卷柏、贯众、满江红、鳞木、桫椤		低等植物
		苔藓类	如葫芦藓、地钱、假根		
		地衣类	如石耳、石蕊、梅花衣		
		菌类	如螺旋菌、杆菌、木耳、冬菇		
		藻类	如螺旋藻、紫菜、海带、鹧鸪菜、石菜		

① 非种子植物即孢子植物。种子植物目前生物学上一般分成裸子植物（即种子裸露、没有果皮包住）和被子植物（种子被包在果皮内），此处为便于多数读者理解，采用传统的木本、草本分类。

现在我们就以表 6—7 为依据来说明植物的特殊性与普遍性。一方面，我们可以说，不同的植物虽然可被归入不同的门类，其间的关系有时能体现植物进化由低到高的次序。但是另一方面，植物进化的次序，或者说植物机体复杂程度的不同，只能作为事实或现象来对待，而不能作价值判断。也就是，进化过程的由低到高，或机理的简单与复杂，不能作为衡量一个植物好坏优劣的标准。从植物自身生命的独立性和完整性来说，每种植物都具有不可替代的价值，也可以说是完全平等的。每一种植物都不可替代，都是一样好。你不能因为自己喜欢牡丹，就说樱花比牡丹低级，或者牡丹比樱花好。当春天来临的时候，我们看到纷繁多样、千姿百态的绿色植物，自然会感到心旷神怡。没有人会因为自己喜欢玫瑰花而认为它比桃花、杏花更高级。海藻相比起松树来说是更低级的生物了，但是我们不可以说海藻的生命价值比松树小，更不能说海藻应以长成松树为目的。从生物多样性的角度来看，每一个植物的生命自身就是目的，不存在一种生物以另外一种生物为自己的成长目标。

虽然植物世界与文化世界无论是分类方式还是进化过程，均有许多不同，但是我们可以用植物世界的生物多样性来比喻文化的多样性，植物的进化及其规律正如人类文化的进化及其规律。植物世界的特殊性（每种植物的特殊性）与普遍性（植物进化的规律和植物学普遍原理等）的共存和统一，也可以类比文化世界的特殊性与普遍性的共存和统一。每个植物的完整性与独立性，就好比文化的完整性与独立性。在文化相对论者看来，古典文化进化论者犯的错误，就好比是将不同的植物根据其在某些方面发达的程度，将其分出高低上下、先进落后或好坏优劣来，认为那些不发达的低等植物以高等植物为其成长的目标。在相对论者看来，即使同一个科、属、门或亚门的不同植物，仔细研究你也会发现它们之间差异甚大；而且每一个品种自有其存在的理由和价值，外在的归类对于理解其独特性意义不大。这正是文化相对论者看待文化时的常见态度。但是，与此同时，文化相对论者几乎否定了研究文化进化的意义，完全专

331

注于文化的特殊性，而不重视文化的普遍性及其意义，这也是片面的。从这个意义上说，文化进化论，特别是怀特、斯图尔德、萨林斯等人的新进化论对文化相对论的批评不是完全没道理的。

为什么我们在看待植物世界时，容易厘清特殊性与普遍性的关系，而在看待文化世界时就容易出错呢？我认为原因之一在于把"进化"与"进步"相等同。当我们用"高级"（superior）、"低级"（inferior）来形容一个文化时，难免带有价值判断的色彩，具体来说，其中可能带有如下几重意思：

（1）高级文化比低级文化更好；

（2）高级文化包含了低级文化的全部内容，同时又超过了后者，或者说在其基础上有了进一步发展；

（3）高级文化代表了低级文化未来发展的方向；

（4）低级文化应当接受高级文化的领导。

如果我们抛弃这种将"进化"与"进步"紧密相连的观念，在理解人类文化时，自然能比较好地将文化的特殊性与普遍性相统一。不过，还有一个问题，那就是用植物来比喻文化也有不合适的地方。应该说植物进化与文化进化之间，既有可比的地方，又有不可比的地方。可比之处包括：人类文化确实也存在着从几十万年前到今天的进化历程，特别是很多大的文化，其历史遗迹已经比较清楚。仔细研究这些文化的历史，可以发现它们在进化过程中是有一些相似之处的，比如从刀耕火种到机械化生产，从氏族部落到政治国家，从没有语言文字到有语言文字，等等。不可比之处则包括：植物的种类及进化规律，虽然生物学家没有完全搞清，但是大体上可将所有植物归为表6—7中的几大类，其进化阶段也基本清楚；而文化无论就种类而言，还是就进化规律而言，都远未形成定论。我们从本尼迪克特对日神型、酒神型文化的区分，以及她对人类文化类型不确定性的论述，从戈登威泽对古典进化论"比较法"的批评等之中，可以看出人类文化类型有多少，以及用什么方法来归类，都可能有无数多种，不能先验地确定；至于文化进化的规律，许多人类学家倾向于认为不要过早地下结论，或者说目前许多人类学家对文化进化有无普遍规律仍持怀疑态度，或至少是相当谨慎的态度。那么怀特、萨林斯等人对文化规律和进化方向的描述是否成立呢？对此我想是不是可以这样认为：怀特、萨林斯等人对人类文化进化规律和方向的描述，站在他们自己的角度来说是成立的；但问题是，这个特定角度的选择更多地代表了他们自己的偏好，或者说他们自己的价值标准，即他们把能量消耗或转换看成是进化最重要或决定性的方面，但是这一理解显然是可以怀疑的，也不一定正确。我们完全可以这样追问：为什么只有能量消耗或转换才是人类进化的衡量标准呢？这难道不是一种功利主义思维吗？

文化相对论与文化进化论之争的启示

大体来说，现代的文化人类学者，在文化进化的问题上，多半认为文化的进化是存在的，但进化的方式可以多种多样，不同文化可能有不同的进化方式，不一定可以统一；进化可能包含进步，但进化并不等于进步，进化是一种发展，但是发展也不等于"好"；不同的文化可能有不同的逻辑和规则，不能轻易用一种文化的标准来评判另一种文化。但是这些并不等于说不同的文化之间完全没有普遍性或可沟通之处，也不是说对于具体的文化现象完全不能从道德的立场来评判。可能并不存在一个适用于人类文化整体的普遍进化规律，是否可将人类文化从整体上归结为若干阶段也无定论，甚至也不能说人类文化的发展有一个预定的终极目标。当然，这里所说的只是其中一部分有代表性的观点，并不代表全部。这里所总结出来的观点，应该说代表了本人的基本倾向，是否有偏颇还值得检讨。

尽管有了上述结论，对我们来说，从现实需要出发，还是有一个从科学研究到功利选择的问题，即如何看待我们自己的文化进化和变迁的选择？我想也许有两个问题值得关注：

（1）萨林斯等人所说的文化进化方向，是不可逆转的，也不可抗拒。这正是我们今天进行改革所不得不面对的。作为一种积极的进化态度，我们所追求的"进步"可能无关于文化的好坏优劣

（并不是说中国古代文化生活就一定不好），但却关乎生死存亡。特别是卡普兰所说的"优势种"概念，萨林斯所说的"全面适应能力"问题，其实还是优胜劣汰、适者生存的问题；我们可以清末以来中国人自大所导致的落后与挨打来说明这一点；从这个角度来谈儒学的现代化和中国的现代化，是一种实用主义态度。由于现代化关乎生死存亡，所以也是我们不得不面对、不得不接受的。

（2）从价值判断的角度来说，中国文化未来的生机与活力，则似乎又是另外一个问题。我们需要重建文化好坏优劣的标准，才能真正理解中国文化进步的方向问题。正是从这个角度看，我们才会重新发现原始儒家对文明与野蛮的区分在今天的特殊意义。而这一点决不是我们所考察的相对论与进化论之争所能直接告诉我们的。这里涉及文化相对主义的一个重要论点：文化的进化不一定遵循"优胜劣汰"，如果"优"指品质优良的话。我认为这一点已有大量事实可以证明：历史上许多被打败或消灭的文化不一定就是落后的。中原民族或王朝历史上曾多次被包括女真人、蒙古人甚至日本人等在内的许多其他民族打败，但是我们不会因此而承认汉文化不如那些打败它的文化。许多人类学家也指出，现代西方的殖民运动导致了许多原始民族的消亡，这并不是人类文化事业的幸事，因为许多被西方现代文明吞噬的部落文化可能是非常有价值的，不一定就比欧洲文明"更低劣"。同样，鸦片战争以来许多中国人也曾因为中国的一败涂地而认为中国文明不如西方文明，但是现在看来这种说法就有很多问题了。

美国新进化论的主要代表之一怀特就曾指出，19世纪文化进化论的兴起是与当时欧洲资本主义的面临发展的时代潮流相一致的，而文化相对论的兴起则与19世纪末叶以来殖民扩张时代的终结、资产阶级民主制度的成熟和确立、"保持现状"成为时尚这一新的时代潮流联系在一起。[①] 萨林斯、哈定等人所合著的《文化与进化》一

---

① 参见哈定（等）：《文化与进化》，"序"。

书也声称:

> 今天，文化进化论似乎正在复苏。这是不是我们正在目睹的世界性的矛盾冲突——因循守旧的社会制度和曾经落后受统治但已经觉醒而且重又把"进步"作为时代口号的人民之间的冲突的结果呢? 进化论在西欧的最初兴起是与当时的工业革命和对封建主义的胜利密切相关的; 目前进化论的复兴可能也是与当今世界其他一些地区新工业社会的出现和对这种社会的寻求紧密相联的。不管怎么说，至少人们对文化进化问题表现出越来越浓厚的兴趣，这一点是确实无疑的。[①]

我认为，怀特、哈定等人所指出的上述事实是极为重要的。它表明，尽管一方面文化人类学作为一门科学不是为功利的现实需要而成立的，但是另一方面，这不等于从事这一学科研究的人不在思想深处受时代潮流的影响，并因此决定了他们思考问题的方向，最终导致某种学派的诞生。从前一事实出发，我们不能从中国人习惯了的功利需要和追求指导原理的学问概念出发，来衡量和评判文化相对论和文化进化论学说; 但是从后一事实出发，我们也深知我们对文化相对论与进化论问题的关心，也完全是出于我们对中国文化未来方向这一宏观现实问题的关注出发的。我们希望通过对文化人类学相关理论的研究，对我们理解未来中国文化自我改造的方向有所启迪。由此可知，如果完全从文化相对论出发，就容易得出接近于文化保守主义的结论来; 而从文化进化论的思路出发，则似乎更有利于对文化变革持更积极的态度。但是无论持哪种立场，都需要以事实为根据，而不能把自己的主观愿望强加于科学研究之上; 不仅如此，还应该认识到，正因为相对论和进化论都是在科学研究的基础上提出的，因此可能并不存在谁把谁完全打倒的问题; 无论你最终站在哪种立场，都可能要吸取另一派观点中的合理成分。

---

① 　哈定（等）:《文化与进化》，2 页。

走出历史迷雾，重铸中国文化价值[*]

——答复周思源、王也扬、张绪山先生

2010 年 2 月 10 日我在《中华读书报》上发表了一篇题为《怎么看尊王、忠君和三纲——读刘泽华、张分田"国学"论文有感》的文章，引起了一些争议，相当意外。事实上，那篇文章纯粹是针对刘、张二先生对帝制的看法而发，主旨不在当代，更无影射当代之意；文章批评脱离具体的社会文化处境、从某种抽象的价值原理来理解民主，但并没有批评或反对民主本身；如果说那篇文章对君主制有所辩护，那也是针对古代社会现实而言的，目的是说明儒家"忠君"、"尊王"及"三纲"思想在古代历史条件下的相对合理性。通篇文章只是就事论事，并无任何现实目的，所以只附带提了一句贤能政治。没想到多数批评者都认为我最后提贤能政治与我前面为君主制辩护目的一致，即为专制制度唱赞歌，这确实是很大的误会。贤能政治与君主制有本质不同，君主制也不能笼统地称为专制制度，三者不能混淆。所以虽然我主张贤能政治，但是决不赞同任何形式的专制；我既未反对民主，更认为贤能政治与民主政治可相辅相成，共同遏制专制。我怎么可能美化君主制、乃至鼓吹专制呢？《中华读书报》分别于 3 月 3 日、3 月 10 日、3 月 24 日发表了周思源、王也

---

* 本附录原发于《中华读书报》2010 年 5 月 26 日（15 版），此处有重要修订。

扬、张绪山三先生的批评文章①，限于篇幅，本文不打算对批评观点逐一反驳或回应，只重点阐述我在若干问题上的看法。

1. 为什么反对民主—专制二分式思维？

一个多世纪以来中国人对于"民主"的梦想，很大程度上源自从抽象的价值原理出发来理解民主，严重忽视了民主赖以实行的社会现实条件。尽管包括中国在内的许多国家均已为民主付出惨重的代价，包括国家分裂、长期内战、外族入侵等在内，却并没有敲醒一些人的民主梦。正因为长期并未实际生活在民主体制下，人们容易把本国政治的主要问题归咎于不民主，天真地巴望着"民主"这个神奇的药方，而对民主在实践中可能遇到的问题缺乏清醒认识。因为对民主期望过高，所以将民主这套"制度"定义为与专制相对立的进步价值，有了我所谓"民主—专制二分式思维"。几位批评者正是这种思维方式的典型代表。

任何制度都有价值属性，但是将制度的价值夸大到极端，从而完全用制度所追求的价值来界定制度本身，就犯了过于理想化的毛病。这是因为，民主的价值能不能落到实处，不是由这些价值本身的内涵所决定的，而是由民主制度在实施过程中所体现出来的特征决定的。毕竟任何制度都可能有自身的局限性，这些局限性决定着制度追求的价值能否实现。将制度的本质等同于制度所追求的价值，容易导致人们无法正确估量制度的缺陷。民主的问题正是如此。诚然，民主制度有其追求的独特价值，包括人民主权、平等、自由等等，但历史早已证明这些价值与民主之间的联系不是必然、绝对的。民主不一定能保证人民主权、平等或自由，而人民主权、平等及自由也不是只有民主一条途径可走。生活在民主体制下的人都容易认识到，把民主定义为人民主权、平等、自由等价值，是自欺欺人的幻觉。故此亨廷顿认为民主的最好定义是将它界定为一套确定决策

---

① 参见周思源：《真正的幽灵在哪里？》，载《中华读书报》，2010-03-03（15版）；王也扬：《怎么看中国近代的思想进步历程——请教方朝晖教授》，载《中华读书报》，2010-03-10（15版）；张绪山：《如何认识中国的皇权制度》，载《中华读书报》，2010-03-24（15版）。

者的程序，至于这套程序能否带来预期的价值，则非这一概念的必然含义。如果将民主等同于它可能带来的价值，那么民主也就必然意味着"进步"或"好"了，或者说成了"进步"或"好"的代名词。既然如此，人们就永远也无法批评民主了，因为怎么能批判"进步"和"好"呢？对于民主在实施过程中出现的问题，民主的理想主义者们倾向于说是由于外部环境因素所致，或实施方式不当所致；这种说法有时不无道理，但是也有人发现，有些问题可能与民主制度天生所具有的局限性有关。

严格说来，民主与专制属于性质不同的两类事物，因为民主的实体是一套制度，而专制则并无一个与之对应的制度实体。"专制"虽可用来评判某套制度，但本身不等于任何一套制度，而主要是一个价值判断词。正因为"民主"与"专制"性质不同，二者构不成逻辑上对立的两极，"民主—专制"二分式思维在逻辑上是不能成立的。将民主直接等同于民主可能具有的进步价值（甚至将之夸大为"尊重他人意见"），是现代民主神话的一部分，也是民主—专制二分式思维产生的根源。一旦人为罩在"民主"之上的价值光环消失，人类政治世界就从非黑即白的模式，变成了五彩缤纷的模式。借用周思源的说法，我的观点可这样表达：如果硬用黑、白二色分别代表君主制和民主制，人类政治制度不是只有黑、白这两种颜色，而是五颜六色、多种多样的（我曾举柏拉图《理想国》中的五种政治制度为例）。尽管君主制今天已过时，但现代社会合适的政治制度也决非只有自由民主制一种，福山自由民主制代表人类政治制度最后归宿的说法是站不住脚的。从整体上看，人类政治制度应当是多元而非一元的，其间好坏优劣不能笼统地用进化等级的观念来评判。当然这不是说，各种政治制度之间全无可比性，而是说要从具体的社会历史处境出发来评判它们。比如，单从制度原理上看，民主制比君主制进步得多，但若脱离具体的历史处境来评判它们就不恰当。如果在古代条件下推行民主制，可能后果更糟。即使在今天也不能不顾国情地推行民主。君主制确有许多弊端，尤其是专制和腐败，但这不等于在当时可以废除。几位批评者对君主专制深恶痛绝，却认识不到君主制在古代社会条件下存在的历史必然性和相对合理性；结果他们对君主制只能停留于道义谴责上，不能理性地探讨为何民主制度在中国古代社会并不可行，而对民主赖以有效运作的社会文化条件则想得过于简单。

民主—专制二分式思维从民主、专制两极对立的思维定式出发，必然得出一切非民主制度皆为君主制即专制制度的结论，但这一判断是不符合史实的。古代中国固然并不是什么民主自由国家，但也不一定排斥民主、自由和人权。中国自古有反专制的强大传统，王也扬先生所提到的黄宗羲、梁启超等人，曾被狄百瑞作为儒家宪政主义典型。这间接证明了提倡"三纲"的儒家，尽管维护君主制，但绝不可能支持专制。因此一方面，中国社会几千年来主要不是靠自由、人权、民主等价值观而前进的；另一方面，古代中国人多数时间内也并不是生活在专制之中，毫无自由可言（看看唐诗宋词就可明白，有过"文化大革命"记忆的中国人不会不理解，如果古时没有自由，就不会有那么辉煌的文化艺术成就）。

民主—专制二分式思维预设了民主为超越历史时空、超越现实国情的价值标准，导致脱离具体的社会文化处境来评判一切政治制度，并用现代人的价值标准来衡量和要求古人，这对历史是极不负责任的。几位批评者正是从这种思维定式出发，把古代宗法社会定性为压制个性自由、摧残人格尊严的等级森严社会，把儒学当成维护专制的工具，于是乎中国三千多年的历史成了漆黑一团，宛如阴暗的地狱！这合乎事实吗？古时天空与今天一样地蔚蓝，古代阳光与今天一样地明媚；古人与今人一样有天高地阔的梦想，有浩气如虹的长歌；古时与今天一样，有血性男儿为正义事业前赴后继、舍生忘死，为千千万万人的利益鞠躬尽瘁、死而后已。他们并不像我们想象的那样，一直生活在黑暗无比的专制高压之下，发着痛苦的呻吟；或长期被专制帝王所愚弄，不知道追求自己的性灵自由和精神不朽。一百多年来，对中国古代历史的过度消极评价和严重薄古倾向，是被早已为西方人自己唾弃的社会进化论忽悠的产物，是被一些脱离历史文化背景的抽象概念误导的结果。它的最大悲剧，就

339

是使我们无法感知与自己祖先精神血脉上的相通处，忘记了我们这个多灾多难的民族数千年来赖以立身的根本，更不知古人的精神世界一点不比我们愚昧落后。

2. 民主政治与贤能政治在中国文化中的作用

虽然我不反对民主，但认为只有充分认识到在中国文化中实行民主之难，才能真正在中国建立民主，此其一。其二，中国文化需要贤能政治。原因在于，中国文化的习性决定了，中国社会最有效的整合方式是以伦理为本位、以贤能为主导和"礼大于法"，这与西方以个人为本位、以制度为主导、法治至上的社会整合方式形成鲜明对比（已有专论，此处略述）。所谓中国文化的习性，我指关系本位和群体主义（collectivism，又译为集体主义）；这里的"关系"不是英文中的relationship，后者是功能性配合，而"关系"是以"人情"和"面子"等为整合机制的。借用李泽厚的术语，可称文化习性为一个民族经历数千年甚至更漫长岁月的积淀而形成的"文化心理结构"；孙隆基将这个结构比作"坚固的河床"，不会因为制度和器物的变迁而轻易变动。

首先，群体主义与帮派主义、山头主义、裙带关系、地方主义等相连。在中国人的社会里，一切形式的党争，无论是古代朝廷里的还是现代意义上的，都能造成严重恶果。当党争公开化、白热化后，大众被牢牢捆绑在若干大的利益集团上，为所在集团的利益而不是社会的正义而斗争；人与人的仇恨日益加深，军阀割据、诸侯称霸乃至国家分裂等均可能由此而起。我提到的"大众政治"，正是指建立在这种群体主义基础上的群众运动，近年来在中国台湾、泰国、菲律宾、韩国都能看到。由于绝大多数中国人不是在彼岸，而是在此岸人际关系世界中安身，族群撕裂将导致耗费极为庞大的社会资源，严重拖累甚至拖垮整个社会的发展。《尚书》中提出"君子无党，王道荡荡"，不是没有原因的。

有人可能说，现代民主竞选与古代党争不同，效果是正面的。这是对中国文化的逻辑不了解所致，历史将一次又一次无情地教训我们：中国文化适合走"礼让"而不是"斗争"之路（熊十力先生已认识到这一点）。《左传》襄公十三年记载晋国举行盛大阅兵，重定三军将帅，最有资格当中军将的范宣子主动让贤，传中赞曰："范宣子让，其下皆让……晋国以平，数世赖之。"这里，《左传》将"让"与"争"相对，认为晋国数世之治源于公卿百官"不争"。权位竞争的不断升温可彻底撕裂中国人的人情世界，导致无止境的恶性循环，这是以党争为特色的民主政治难以适应中国文化的原因之一。

其次，关系本位导致社会风气成为中国文化中最强大的力量，比任何制度作用都大。在这种情况下，上行下效，"君子之德风，小人之德草"；而一种行为一旦成为风气，就可能撕破任何制度的罗网。民主政治之所以不如贤能政治有效，还因为它易让巧言令色大行其道，严重败坏整个社会的风气，导致人心狡诈，社会根基被摧残。千百年来，儒家之所以一直倡导"立人极"，因为在关系本位的社会中，人与人的相互模仿、相互攀比、相互影响主宰了绝大多数人的生活方式。古代儒家强调"以人治人"（《中庸》）而不是"以法治人"，主张"正人心而后正天下"（陈亮语），秘密也在于此。

应该认识到，现代西方民主实践的一个重要基础是与基督教有深刻联系的个人主义传统，个人主义与民主的必然联系在西方人看来是不言而喻的，亨廷顿则分析了基督教对民主的积极作用。尽管个人主义文化中也有党争，也有集团对立，但比起群体主义和关系本位文化来说，影响小得多。另外，并非所有的文化都要走个人主义道路。文化人类学家证明了人类文化模式的多样性和不可比性。关系本位和群体主义固然有自身的问题，但也有个人主义不可替代的优点，最近二十多年的文化心理学研究证明了这一点。中国文化需要贤能政治，是由其文化模式决定了的；有人却似乎认为民主政治可以超越古今、超越一切社会文化条件而有效，这不是一种历史的、科学的态度。

君主制与贤能政治之间的重要区别在于：贤能政治是"公天下"，出自《礼运》；而君主制是"家天下"，二者有本质不同。在古代，儒家正是以贤能政治来制约君主制，才发挥了消解君主专制的积极功能；而在今天，它应当抑制民主政治带来的庸俗化、大众化、平均化倾向，引导人们自觉走出无止境的纷争；而从大局出发、从民族大义出发、从做人的良知和道义出发的"三纲精神"，是中国实现民主的必要条件之一。这也是我主张儒家不应当无条件拥抱民主的原因之一。但贤能政治与民主政治并不完全对立，狄百瑞就论证了儒家必然要求社会自治、政治透明和个人自由。我认为，贤能政治今日可以与民主政治相结合，具体途径之一是行业的自治与理性化，后者才是遏制极权和专制的最重要利器，其中包括（1）政治空间的自治与理性化；（2）社会空间的自治与理性化，其特点是以贤能为主导，通过为行业"正名"，引导行业和社会风气、抑制专制和腐败。至于贤能如何选拔，自古以来已有大量经验，不难操作。

3. 如何看待鸦片战争以来的中国近代史

最近一百多年的中国历史，是屈辱、痛苦的历史，也是民族文化之根被遗忘的历史；是向另一个强大的新型文明学习并确实学到了不少好处的历史，也是一个充满了误解和误区的历史。这是一个对外来优秀文化盲目崇拜以至于失去了自我的历史，一个对自己民族的伟大传统缺乏应有记忆的历史。诚然，西方文化有自身的优越性，但是我们时常在很多不该学习、无法学习或不值得学习的领域盲目追随，甘心被人忽悠；而有些值得我们学习的西方文化优秀传统，我们又不能从它们赖以发生的完整处境充分理解，而是一味以救中国为宗旨、从极端功利的角度来曲解。这种邯郸学步式的学习西方，已让我们付出沉重代价。

一百多年的血雨腥风，并不能真正改变中华民族的本性，中国人终究还是要做中国人。而那个我们曾千方百计想归附的"世界公民"却可能只是个假象，依旧是西方文化的产物。至于那些曾令我们无限神往的价值观，什么民主啊，自由啊，人权啊，法治啊，可能并不如一些中国人想象的美好，更不是什么"救中国"的灵丹妙药。一百多年来，我们忘记了什么才是真正推动中国文化不断进步的动力，什么是使中华儿女在苦难中一次又一次站起来的真正力量，什么是使中华民族经过无数次被侵略、占领、瓜分、蹂躏却存活至今的内在秘密。为何今天我们再也感受不到古人身上的体温？为何古代英雄们的血不复在我们心头荡起激越的回声？为什么我们不再有古人那样壁立千仞的人格和坚如磐石的信念？

我不是什么民族主义者，更反对孤芳自赏、夜郎自大的国粹主义。我深信，如果我们有能力摆脱文化基因的束缚，如果"世界公民"一说真的成立，谁也没有能力螳臂当车，阻挡历史洪流。但我热爱传统文化，主要不是因为它比西方文化好，而是因为作为一个普通中国人的心灵不得不诉诸它来整合，人生的许多苦痛需要它来医治。就像一棵树上长了病虫害，只能用与这棵树的肌质相对应的杀虫剂来杀。我认为儒、道和释是中国文化土壤里生长出来或特别适应于中国文化土壤的治病良方，而民主、自由、人权和法治则是西方文化土壤里生长出来的、对西方文化疾病较为有效的药方。这些西方药方并不是对中国全然无用，也不是在中国文化中完全缺乏，但不是解决中国问题的灵丹妙药。

4．什么是今日中国知识分子的神圣使命

综上所述，我认为今日中国知识分子的神圣使命是重铸中国文化的价值，重新理解中华文明的基本理念；要在新的时代条件下说明那些真正能推动中华民族不断进步的精神价值，这个文明在核心价值、制度模式、社会整合等方面的特征，它与其他伟大文明特别是西方文明之间的异同；要说明中国人在新世纪里如何建设一个真正伟大、进步、引领世界潮流的文明，一个充满无穷魅力的文明。这样做不是为了复古，不是出自民族主义，更不是人为地追求与西方相区别。

毫无疑问，今日中华文明的重建，包含着对自由、民主、法治及人权的追求。但是，若是把它们理解为促进中国文化进步的最高价值，中国人将自食恶果。试问：三千多年来无数中华儿女抛头颅、洒热血的精神动力是什么？难道是追求民主、个人自由和人权吗？

显然不是！从中国文化的习性出发，就可以理解追求个人自由、人权和民主等难以成为中华民族精神的象征。原因在于后者可能导致人与人关系的平衡被打破。当面子被撕破，当人情不复存在，中国人之间是不可能再相互妥协的，这时紧接发生的将是无止境的纷争、仇恨甚至杀戮。其中的逻辑十分简单，那就是我们无法逾越中国文化的习性。唯其如此，需要研究和认清我们在多大程度上受制于它。当然，这并不是说中国文化就不需要民主、自由、人权和法治，而是说它们在推动中国社会发展过程中居于相对次要的位置。

我相信，未来中国社会进步的必由之路是以王道代替霸道，其核心内容之一是行业的自治与理性化；从社会整合上说，未来中国社会的整合之道仍将是伦理本位的、治人而不是治法的、贤能主导而不是制度主导的；中华文明的核心价值仍将是仁、义、礼、智、信、忠、孝等，但它将不是一个缺乏自由、民主、法治和人权的社会，也不会反对后者。

（2010 年 4 月 5 日完稿，10 月 22 日修订）

参考文献

外文作者姓名排序时按姓（last name）排。例如，"Brooke A. Ackerly"写成"Ackerly，Brooke A."，"克莱德·克鲁克洪"改写成"克鲁克洪（克莱德·）"，"A. R. 塞维斯"写成"塞维斯，A. R."。

Ackerly, Brooke A. , "Is liberalism the only way toward democracy? Confucianism and democracy," *Political Theory*, vol. 33, no. 4 (Aug. , 2005)：547−576

Arnason, Johan P. , *Social Theory and Japanese Experience：The Dual Civilization*, London and New York：Kegan Paul International, 1997

Baxter, J. H. & Charles Johnson, M. A. (prepared), *Medieval Latin Word-List from British and Irish Sources*, London：Oxford University Press, 1934

Bell, Daniel A. , *Beyond Liberal Democracy：Political Thinking for an East Asian Context*, Princeton, N. J. ：Princeton University Press, 2006

Bol, Peter K. , "The rise of local history：history, geography, and culture in southern Song and Yuan Wuzhou," *Harvard Journal of Asiatic Studies*, vol. 61, no. 1 (June 2001), pp. 37-76

——. "Government,family, and later imperial culture," *Sungkyun Journal of East Asian Studies*, vol. 2, no. 1, 2002, pp. 173-190.

Bond, Michael H. , Kwok Leung & Kwok Choi Wan (Chinese University of Hong Kong), "How does cultural collectivism operate? The impact of task and maintenance contributions on reward distribution," *Journal of Cross-Cultural Psychology*, vol. 13, no. 2 (Jun. , 1982), pp. 186-200

Chaibong, Hahm, "Confucian rituals and the technology of the self: A foucaultian interpretation," *Philosophy East and West*, vol. 51, no. 3 (Jul. , 2001), Eighth East-West Philosophers' Conference, pp. 315-324

Chan, Joseph, "Democracy and meritocracy: toward a Confucian perspective," *Journal of Chinese Philosophy*, vol. 34, no. 2 (Jun. , 2007), pp. 179-193

Chen, Albert H. Y. , "Is Confucianism compatible with liberal constitutional democracy?" *Journal of Chinese Philosophy*, vol. 34, no. 2 (Jun. , 2007), pp. 195-216

Clammer, John, *Difference and Modernity: Social Theory and Contemporary Japanese Society*, London and New York: Kegan Paul International Ltd. , 1995

——. *Japan and Its Others: Globalization, Difference and the Critique of Modernity*, Melbourne, Australia: Trans Pacific Press, 2001

Cua, Antonio S. , "Dimensions of Li (propriety): reflections on an aspect of Hsün Tzu's ethics", *Philosophy East & West*, vol. 29, no. 4 (Oct. 1979), pp. 373-394

——. "Li and moral justification: a study in the Li Chi", *Phi-*

losophy East & West, vol. 33, no. 1 (Jan. , 1983), pp. 1–16

——. "Reflections on the structure of Confucian ethics," *Philosophy East & West*, 21: 2 (Apr. , 1971), pp. 125–140

Daedalus: *Journal of the American Academy of Arts and Sciences*, Winter 2000: "multiple modernities," vol. 129, no. 1

Dauzat, Albert, Jean Dubois & Henri Mitterand: *Nouveau dictionnaire étymologiqte et historique*, quatrième édition revue et corriqée, Paris: Librairie Larousse, 1964

De Bary, Wm. Theodore & Tu Weiming (eds.), *Confucianism and Human rights*, New York: Columbia University Press, 1998

De Bary, Wm. Theodore, *Asian Values and Human Rights*: *A Confucian Communitarian Perspective*, Combridge, Mass. : Harvard University Press, 1998

——. *The Liberal Tradition in China*, Hong Kong: The Chinese University Press & New York: Columbia University Press, 1983

Douglas, Mary, *Natural Symbols*: *Explorations in Cosmology*, with a new introduction, London & New York: Routledge, 1996

Duara, Prasenjit, "Civilizations and nations in a globalizing world," in: *Reflections on Multiple Modernities*: *European*, *Chinese and other Interpretations*, edited by Dominic Sachsenmaier and Jens Riedel with Shmuel N. Eisenstadt, Leiden, the Netherlands: Koninklijke Brill NV, 2002, pp. 79–99

DUDEN Etymologie: *Herkunftswörterbuch der deutschen Sprache*, bearbeitet von der Günther Drosdowski, Paul Grebe und weiteren Mitarbeitern der Dudenredaktion, Band 7, Mannheim: Bibliographisches Institut, Dudenverlag, 1963

Dumont, Louis, *Homo Hierarchicus*: *The Caste System and its Implications*, complete revised English edition, trans. Mark Sainsbury, Louis Dumont, and Basia Gulati, Delhi: Oxford University Press, 1988

Ebrey, Patricia Buckley, *The Cambridge Illustrated History of China*, Cambridge, UK: Cambridge University Press, 1996

Eisenstadt, Shmuel N. , "Multiple modernities in an age of globalization," *Canadian Journal of Sociology*, 24: 2 (Spring, 1999), pp. 283—295

———. "Multiple modernites," *Daedalus: Journal of the American Academy of Arts and Sciences*, Winter 2000, vol. 129, no. 1, pp. 1—29

———. "Some observations on multiple modernities," in: *Reflections on Multiple Modernities: European, Chinese and other Interpretations*, edited by Dominic Sachsenmaier and Jens Riedel with Shmuel N. Eisenstadt, Leiden, the Netherlands: Koninklijke Brill NV, 2002, pp. 27—41

———. *Comparative Civilizations and Multiple Modernities*, Leiden, The Netherlands: Konjinklike Brill NV, 2003

———. *Japanese Civilization: A Comparative View*, Chicago and London: The University of Chicago Press, 1996

Eisenstadt, Shmuel N. , Jens Riedel & Dominic Sachsenmaier, "The context of the multiple modernities paradigm," in: *Reflections on Multiple Modernities: European, Chinese and other Interpretations*, edited by Dominic Sachsenmaier and Jens Riedel with Shmuel N. Eisenstadt, Leiden, the Netherlands: Koninklijke Brill NV, pp. 1—23

Eno, Robert, *The Confucian Creation of Heaven: Philosophy and the Defense of Ritual Mastery*, Albany: State University of New York Press, 1990

Fairbank, John King and Merle Goldman, *China: A New History*, enlarged edition, Cambridge, Mass. : Belknap Press of Harvard University Press, 1998

Featherstone, Mike & Scott Lash, "Globalization, modernity

and the spatialization of social theory: an introduction," in: Feath-erstone, et al., eds., *Global Modernities*, London, Thousand Oaks, New Delhi: Sage Publications, 1995, pp. 1–24

——., Scott Lash & Roland Robertson, eds., *Global Moder-nities*, London, Thousand Oaks, New Delhi: Sage Publications Ltd., 1995

Fingarette, Herbert, *Confucius—the Secular as Sacred*, New York: Harper and Row, 1972

Fiske, Alan Page, Shinobu Kitayama, Hazel Rose Markus & Richard E. Nisbett, "The cultural matrix of social psychology," in: Daniel T. Gilbert, Susan T. Fiske and Gardner Lindzey, eds., *The Handbook of Social Psychology*, volume I, 4th ed., Boston, Mass., etc.: the McGraw-Hill Companies, Inc., 1954/1969/1985/1998, pp. 915–981

Fukuyama, Francis, "Confucianism and democracy," *Journal of Democracy*, 6: 2 (1995), pp. 20–33

——. *The End of History and the Last Man*, Penguin Books, 1992

Giddens, Anthony, *Modernity and Self-identity: Self and Society in the Late Modern Age*, Cambridge, UK: Polity Press, 1991

Goldenweiser, Alexander A., *Early Civilization: An Introduction to Anthropology*, New York: Alfred A. Knopf, Inc., 1922

Habermas, Jürgen, *The Structural Transformation of the Public Sphere: An Inquiry into a Category of Bourgeois Society*, trans. Thomas Burger, Cambridge, Mass.: MIT Press, 1989

Hall, David L. & Roger T. Ames, *The Democracy of the Dead: Dewey, Confucius, and the Hope for Democracy in China*, Chicago and Lasalle, Illinois: Open Court, 1999

Hefner, Robert W., "Multiple modernities: Christianity, Is-lam, and Hinduism in a globalizing age," *Annual Review of An-thropology*, 27: 1 (1998), pp. 83–104

Herskovits, Melville J. , *Man and His Works: The Science of Cultural Anthropology*, New York: Alfred A. Knopf, Inc. , 1948

Ho, David Y. F. , "Asian concepts in behavioral science," *Psychologia*, vol. 25, no. 4 (Dec. , 1982), pp. 228−235

———. "Interpersonal relationships and relationship dominance: an analysis based on methodological relationalism," *Asian Journal of Social Psychology*, 1: 1 (Dec. 1998), pp. 1−16

———. & Chi-yue Chiu: "Collective representations as a meta-construct: an analysis based on methodological relationalism," *Culture & Psychology*, vol. 4, no. 3 (1998), pp. 349−369

Hsu, Francis L. K. , *Americans and Chinese: Purpose and Fulfillment in Great Civilizations*, introduction by Henry Steele Commager, Garden City, New York: Doubleday Natural History Press, 1970

———. "The effect of dominant kinship relationships on kin and non-kin behavior: a hypothesis," *American Anthropologist*, 67: 3 (Jun 1965), pp. 638−661

Hu, Shaohua, "Confucianism and Western democracy," *Journal of Contemporary China*, vol. 6, no. 15 (Jul. , 1997), pp. 347−363

Huang, Philip C. C. , "'Public sphere'/'civil society' in China?: The third realm between state and society," *Modern China: An International Quaterly of History and Social Science*, vol. 19, no. 2, April 1993, pp. 216−239

Huntington, Samuel P. , "The clash of civilizations?" *Foreign Affairs*, vol. 72, no. 3, Summer 1993, pp. 22−49

———. *The Clash of Civilizations and the Remaking of World Order*, New York: Simon & Schuster Inc. , 1996

———. *The Third Wave: Democratization in the Late Twentieth Century*, Norman and London: University of Oklahoma Press, 1991

Hwang, Kwang-kuo, "Chinese relationalism: theoretical construction and methodological considerations," *Journal for the Theory of Social Behaviour*, vol. 30, no. 2, June 2000, pp. 155-178

——. "Face and favor: the Chinese power game," *The American Journal of Sociology*, vol. 92, no. 4 (Jan. , 1987), pp. 944-974

——. "The deep structure of Confucianism: a social psychological approach," *Asian Philosophy*, vol. 11, no. 3, 2001, pp. 179-204

Juergensmeyer, Mark, "Global antimodernism," in: *Reflections on Multiple Modernities: European, Chinese and other Interpretations*, edited by Dominic Sachsenmaier and Jens Riedel with Shmuel N. Eisenstadt, Leiden, the Netherlands: Koninklijke Brill NV, 2002, pp. 100-115

Kammen, Michael G. , *Spheres of Liberty: Changing Perceptions of Liberty in American Culture*, Ithaca, N. Y. : Cornell University Press, 1986

King, Ambrose Y. C. , "The emergence of alternative modernity in East Asia," in: *Reflections on Multiple Modernities: European, Chinese and other Interpretations*, edited by Dominic Sachsenmaier and Jens Riedel with Shmuel N. Eisenstadt, Leiden, the Netherlands: Koninklijke Brill NV, 2002, pp. 139-152

King, Anthoy D. , "The times and spaces of modernity (or who needs postmodernism?)," in: Mike Featherstone, et al, eds. : *Global Modernities*, London, Thousand Oaks, New Delhi: Sage Publications, 1995, pp. 108-123

Kipnis, Andrew B. , *Producing Guanxi, Sentiment, Self and Subculture in a North China Village*, Durham and London: Duke University Press, 1997

Kluge, Friedrich, *Etymologisches Wörterbuch der Deutschen Sprache*, 21. unveränderte Auflage, Berlin and New York: Walter de Gruyter, 1975

Kroeber, A. L. , *Anthropology: Race • Language • Culture • Psy-*

chology • Prehistory, New York and Burlingame: Harcourt, Brace & World, Inc. , 1923/1948

——. & Clyde Kluckhohn, *Culture: A Critical Review of Concepts and Definitions* Cambridge, Mass. : The Museum, 1952

Leung, Kwok & Michael H. Bond, "The impact of cultural collectivism on reward allocation," *Journal of Personality and Psychology*, vol. 47, no. 4 (1984), pp. 793–804

Lewis, Charlton T. , *A Latin Dictionary for Schools*, New York, Cincinnati and Chicago: American Company, 1888/1916

Maltby, Robert, *A Lexicon of Ancient Latin Etymologies*, Leeds, Great Britain: Francais Cairns Ltd. , 1991

Neville, Robert C. , *Boston Confucianism: Portable Tradition in the Late-Modern World*, Albany, N. Y. : State University of New York Press, 2000

Niermeyer, Jan Frederik (composuit), *Mediae Latinitatis lexicon minus: lexique latin médiéval-français/anglais = a medieval Latin-French/English dictionary*, Leiden, the Netherlands: E. J. Brill, 1997

Nisbett, Richard E. , *The Geography of Thought: How Asians and Westerners Think Differently ⋯ and Why*, New York: Free Press, 2003

North, Douglass C. , *Institutions, Institutional Change and Economic Performance*, Cambridge, CB: Cambridge University Press, 1990

O'Dwyer, Shaun, "Democracy and Confucian values," *Philosophy East and West*, vol. 53, no. 1 (Jan. , 2003), pp. 39–63

Ortiz, Renato, "From incomplete modernity to world modernity," *Daedalus: Journal of the American Academy of Arts and Sciences*, Winter 2000, vol. 129, no. 1, pp. 249–260

Partridge, Eric, *Origins: A Short Etymological Dictionary*

of Modern English, London: Routledge & Kegan Paul, 1961

Rankin, Mary Backus, "Some observations on a Chinese public sphere," *Modern China: An International Quaterly of History and Social Science*, vol. 19, no. 2, April 1993, pp. 158−182

Ritter, Joachim, *Historisches Wörterbuch der Philosophie*, Band 1, Basel: Schwabe & CO. Verlag, 1971

Robert, Paul, *Dictionnaire alphabétique & analogique de la langue française*, rédaction dirigée par A. Rey et J. Rey-Debove, Société du Nouveau Littré, Paris: Le Robert, 1978

Roniger, Luis and Carlos H. Waisman, eds., *Globality and Multiple Modernities: Comparative North American and Latin American Perspectives*, Portland, Or.: Sussex Academic Press, 2002

Rowe, William T., "The problem of 'civil society' in late Imperial China," *Modern China: An International Quaterly of History and Social Science*, vol. 19, no. 2, April 1993, pp. 139−157

Sachsenmaier, Dominic, "Multiple modernities——the concept and its potential", in: *Reflections on Multiple Modernities: European, Chinese and other Interpretations*, edited by Dominic Sachsenmaier and Jens Riedel with Shmuel N. Eisenstadt, Leiden, the Netherlands: Koninklijke Brill NV, 2002, pp. 42−67

Sachsenmaier, Dominic and Jens Riedel with S. N. Eisenstadt, eds., *Reflections on Multiple Modernities, European, Chinese, and Other Interpretations*, (multiple modernities conference, Berlin, Germany, 2001), Leiden, the Netherlands: Koninklijke Brill NV, 2002

Sapir, Eward, *The Psychology of Culture: A Course of Lectures*, reconstructed by Judith T. Irvine, Berlin & New York: Mouton de Gruyter, 1993

Shils, Edward, "Reflections on civil society and civility in the Chinese intellectual tradition," in: Tu Wei-ming (ed.), *Confucian*

Traditions in East Asian Modernity：*Moral Education and Economic Culture in Japan and the Four Mini-Dragons*，Cambridge，Mass.：Harvard University Press，1996，pp. 38-71

Sills，David L. (ed.)，*International Encyclopedia of the Social Sciences*，New York：The Macmillan Company & The Free Press，vol. 2，1968

Simpson，J. A. & E. S. C. Weiner（prepared），*The Oxford English Dictionary*，second edition，vol. II，Oxford：Clarendon Press，1989

Smith，Philip D.，《文化理论的面貌》，林宗德译，永和（台北县）：韦伯文化国际出版有限公司，2004

Steward，Julian H.，*Theory of Culture Change*：*The Methodology of Multilinear Evolution*，Urbana and Chicago：University of Illinois Press，1955/1972

Symposium："Public Sphere"/"Civil Society" in China?：Paradigmatic Issues in Chinese Studies，III，*Modern China*：*An International Quaterly of History and Social Science*，vol. 19，no. 2（Apr.，1993），pp. 107-239

Tambiah，Stanley J.，"Transnational movements，diaspora，and multiple modernities，" *Daedalus*：*Journal of the American Academy of Arts and Sciences*，Winter 2000："multiple modernities，" vol. 129，no. 1，pp. 163-194

Taylor，Peter J.，*Modernities*：*A Geohistorical Interpretation*，Cambridge UK：Polity Press，1999

The Oxford English Dictionary，being a corrected re-issue with an introduction，supplement，and bibliography of *A New English Dictionary* on historical principles，vol. II，Oxford：Clarendon Press，1933

Therborn，Göran，"Routes to/through modernity，" in：Mike Featherstone，et al，eds.，*Global Modernities*，London，Thousand

Oaks, New Delhi: Sage Publications Ltd. , 1995, pp. 124-139

——. *European Modernity and Beyond : the Trajectory of European Societies*, *1945 - 2000*, London, Thousand Oaks, and New Delhi: Sage Publications, 1995

Tigar, Michael E. , *Law and the Rise of Capitalism*, with the assistance of Madeleine R. Levy, New York and London: Monthly Review Press, 1977

Triandis, Harry C. , Robert Bontempo, Marcelo J. Villareal, Masaaki Asai, Nydia Lucca, "Individualism and collectivism: cross-cultural perspectives on self-ingroup relationships," *Journal of Personality and Social Psychology*, vol. 54, no. 2 (Feb. , 1988), pp. 323-338

Tu Wei-ming, "The creative tension between Jen and Li," *Philosophy East and West*, vol. 18, no. 1/2 (Jan. -Apr. , 1968), pp. 29-69

——. (ed.), *Confucian Traditions in East Asian Modernity: Moral Education and Economic Culture in Japan and the Four Mini-Dragons*, Cambridge, Mass. : Harvard University Press, 1996

——. "Implications of the rise of 'Confucian' East Asia", *Daedalus: Journal of the American Academy of Arts and Sciences*, Winter 2000, vol. 129, no. 1, pp. 195-218

——. *Centrality and Commonality: An Essay on Confucian Religiousness* (A revised and enlarged edition of *Centrality and Commonality: An Essay on Chung-yung*), Albany, N. Y. : State University of New York Press, 1989

Tu Wei-ming, Milan Hejtmanek & Alan Wachman (eds.), *The Confucian World Observed: A Contemporary Discussion of Confucian Humanism in East—Asia*, Honolulu, Hawaii: The East-West Center, 1992

Wakeman, Frederic, Jr. , "The civil society and public sphere

355

debate：Western reflections on Chinese Political culture," *Modern China：An International Quaterly of History and Social Science*, vol. 19, no. 2, April 1993, pp. 108-138

Wittrock, Björn, "Modernity：one, none, or many? European origins and modernity as a global condition," *Daedalus：Journal of the American Academy of Arts and Sciences*, Winter 2000, vol. 129, no. 1, pp. 31-60

Yang, Mayfair Mei-hei, *Gifts, Favors and Banquets：The Art of Social Relationships in China*, Ithaca, N. Y.：Cornell University Press, 1994

阿格 (Frederic Austin Ogg)，《近世欧洲经济发达史》(Economic Development of Modern Europe) (第 4 版)，李光忠译述，上海：商务印书馆，1927 年

艾森施塔特，《反思现代性》，旷新年、王爱松译，北京：生活·读书·新知三联书店，2006 年

艾森斯塔德，S. N.，《现代化：抗拒与变迁》，张旅平等译，北京：中国人民大学出版社，1988 年

艾森斯塔特，S. N.，《日本文明——一个比较的视角》，王晓山、戴茸译，北京：商务印书馆，2008 年

白诗朗 (John H. Berthrong)，《儒家宗教性研究的趋向》(彭国翔译)，《求是学刊》，2002 年第 6 期 (总第 29 期)，26～36 页

白彤东，《旧邦新命——古今中西参照下的古典儒家政治哲学》，北京：北京大学出版社，2009 年

柏拉图，《理想国》，郭斌和、张竹明译，北京：商务印书馆，1986 年

包弼德，《唐宋巨大历史变迁的现代意义：对 nation 观念的重新思考》，http：//www. yannan. cn/data/detail. php? id＝2293，上网日期：2004 年 4 月 30 日

北京大学哲学系外国哲学史教研室编译，《十八世纪法国哲学》，北京：商务印书馆，1963 年

北京大学哲学系外国哲学史教研室编译，《十六—十八世纪西欧各国哲学》，北京：生活·读书·新知三联书店，1958 年

本尼迪克（露丝·，Ruth Benedict），《文化模式》，何锡章、黄欢译，北京：华夏出版社，1987 年

本尼迪克特（鲁思·，Ruth Benedict），《菊与刀——日本文化的类型》，吕万和等译，北京：商务印书馆，1990 年

波普尔（卡尔·，Karl Popper），《历史主义贫困论》，何林、赵平译，北京：中国社会科学出版社，1998 年

波亚士（弗兰茨·，Franz Boas），《人类学与现代生活》（重排本），第 2 版，杨成志译述，北京：商务印书馆，1985 年

伯瑞（约翰·），《进步的观念》，范祥涛译，上海：上海三联书店，2005 年

博厄斯（弗兰兹·，Franz Boas），《原始人的心智》，项龙、王星译，北京：国际文化出版公司，1989 年

博厄斯（弗朗兹·，Franz Boas），《人类学与现代生活》，刘莎等译，北京：华夏出版社，1999 年

布莱克摩尔（苏珊·，Suan Blackmore），《谜米机器——文化之社会传递过程的"基因学"》，高申春等译，长春：吉林人民出版社，2001 年

陈独秀，《东西民族根本思想之差异》（1915 年），《独秀文存》，合肥：安徽人民出版社，1987 年，27～31 页

陈序经，《文化学概观》，北京：中国人民大学出版社，2005 年

邓小军，《儒家思想与民主思想的逻辑结合》，成都：四川人民出版社，1995 年

邓正来，《国家与社会——中国市民社会研究》，成都：四川人民出版社，1997 年

邓正来、J. C. 亚历山大编，《国家与市民社会：一种社会理论的研究路径》，北京：中央编译出版社，1999 年

狄百瑞（William Theodore de Bary），《中国的自由传统》，李弘祺译，香港：中文大学出版社，1983 年

恩格斯，《家庭、私有制和国家的起源》，《马克思恩格斯选集》（第 1 版第 4 卷），北京：人民出版社，1972 年，1～175 页

方朝晖，《波士顿学者论儒家（4）：变换时空看儒家——Peter K. Bol》，载《孔子 2000 学术网站》（www. confucius2000. com），2004 年 4 月 29 日

方朝晖，《"中学"与"西学"——重新解读现代中国学术史》，保定：河北大学出版社，2002 年

方朝晖，《儒家修身九讲》，北京：清华大学出版社，2008 年

方朝晖，《思辨之神：西方哲学思潮选讲》，上海：复旦大学出版社，2007 年

方朝晖，《学统的迷失与再造：儒学与当代中国学统研究》，西安：陕西师范大学出版社，2010 年

费孝通，《乡土中国　生育制度》，北京：北京大学出版社，1998 年

芬格莱特（赫伯特·），《孔子：即凡而圣》，彭国翔、张华译，南京：江苏人民出版社，2002 年

福山（弗兰西斯·，Francis Fukuyama），《历史的终结》，本书翻译组译，呼和浩特：远方出版社，1998 年

顾准：《希腊城邦制度——读希腊史笔记》，北京：中国社会科学出版社，1986 年

郭峰，《日本：一个众说不一的群体》，《书摘》，2004 年第 3 期，24～27 页

哈定（托马斯·）等，《文化与进化》，托马斯·哈定、大卫·卡普兰、马歇尔·D·萨赫林斯、艾尔门·R·塞维斯合著，韩建军、商戈令译，杭州：浙江人民出版社，1987 年

哈里斯（马文·，M. Harris），《文化人类学》，李培莱、高地译，北京：东方出版社，1988 年

哈维兰（威廉·A·，William A. Haviland），《文化人类学》（第十版），瞿铁鹏、张钰译，上海：上海社会科学院出版社，2006 年

何信全，《儒学与现代民主——当代新儒家政治哲学研究》，北

京：中国社会科学出版社，2001 年

何友晖、彭泗清，《方法论的关系论及其在中西文化中的应用》，《社会学研究》，1998 年第 5 期，34～43 页

何增科，《市民社会概念的历史演变》，《中国社会科学》，1994 年第 5 期，67～81 页

黑格尔，《法哲学原理，或自然法和国家学纲要》，范扬、张企泰译，北京：商务印书馆，1961 年

黑格尔，《哲学史讲演录》（第 2 卷），贺麟、王太庆译，北京：商务印书馆，1960 年

胡锦涛，《弘扬传统友谊 深化全面合作——在伊斯兰堡会议中心的演讲》（2006 年 11 月 24 日，伊斯兰堡），《人民日报》，2006 年 11 月 25 日

怀特（莱斯利·A·），《文化科学——人和文明的研究》，曹锦清等译，杭州：浙江人民出版社，1988 年

黄光国，《从社会心理的角度看儒家文化传统的内在结构》，见黄俊杰编，《传统中华文化与现代价值的激荡》，北京：社会科学文献出版社，2002 年，129～161 页

黄光国，《人情与面子：中国人的权力游戏》，见杨国枢主编，《中国人的心理》，南京：江苏教育出版社，2006 年，226～248 页（台湾原版 1985 年）

黄淑娉、龚佩华，《文化人类学理论方法研究》，广州：广东高等教育出版社，2004 年

吉尔格勒（孛·），《科学认识草原、治理草原的理论思考》，《北方经济》，2006 年第 2 期，20～22 页

蒋伯潜，《十三经概论》，上海：上海古籍出版社，1983 年

蒋孟引（主编），《英国史》，北京：中国社会科学出版社，1988 年

蒋庆，《儒家文化：构建中国式市民社会的深厚文化资源》，《中国社会科学季刊》（香港），1993 年 5 月，春季卷，总第 3 期，170～175 页

蒋庆，《政治儒学：当代儒学的转向、特质与发展》，北京：生

活·读书·新知三联书店，2003年

卡内罗（罗伯特·L·，R. L. Carneiro），《文化进化论的古典创建》（王丽译），《史林》，2004年第1期，1～12页

康德，《历史理性批判文集》，何兆武译，北京：商务印书馆，1990年

克鲁克洪（克莱德·，Clyde Kluckhohn），《文化的研究》（1951），见克莱德·克鲁克洪等，《文化与个人》，浙江人民出版社，1986年，3～34页

克鲁克洪（克莱德·）等，《文化与个人》，何维凌、高佳等译，杭州：浙江人民出版社，1986年

李大钊，《东西文明之根本异点》，原载《言治》季刊第3册（1918年），转引自：北京大学中国传统文化研究中心编，《北京大学百年国学文粹·哲学卷》，北京：北京大学出版社，1998年，44～50页

李亦园，《人类学系列序言》，见朱力安·斯蒂华，《文化形貌的导师——克鲁伯》，黄维宪、宋光宇译，台北：允晨文化实业股份有限公司，1982年

李煜煜，《当代中国公民社会研究综述》，《北京行政学院学报》，2004年第2期，92～96页

李泽厚，《美的历程》，北京：中国社会科学出版社，1984年

李泽厚，《批判哲学的批判——康德述评》（修订本），北京：人民出版社，1979/1984年

李泽厚，《中国古代思想史论》，北京：人民出版社，1986年

梁漱溟，《东西文化及其哲学》，见中国文化书院学术委员会编，《梁漱溟全集》（第一卷），济南：山东人民出版社，1989年，319～547页

梁漱溟，《中国文化要义》，见中国文化书院学术委员会编，《梁漱溟全集》（第三卷），济南：山东人民出版社，1990年，1～316页

列维-斯特劳斯（克洛德·），《结构人类学》（1～2），张祖建译，北京：中国人民大学出版社，2006年

林安梧，《从"外王"到"内圣"：以"社会公义"论为核心的儒学》，《西南民族学院学报》（哲学社会科学版），2001年2月，第2期（总第22期），1～7页

林顿（拉尔夫·），《人格的文化背景：文化、社会与个体关系之研究》，于闽梅、陈学晶译，桂林：广西师范大学出版社，2007年

绫部恒雄主编，《文化人类学的十五种理论》，周星等译，贵阳：贵州人民出版社，1988年

刘梦溪，《为了文化与社会的重建——余英时教授访谈录》，《中国文化》，1994年8月，第10期，1～10页

马克思，《论犹太人问题》，《马克思恩格斯全集》（中文1版第1卷），北京：人民出版社，1956年，419～451页

马克思、恩格斯，《德意志意识形态》，《马克思恩格斯全集》（中文1版第3卷），北京：人民出版社出版，1960年，11～640页

孟凡杰：《读福山的〈历史的终结及最后之人〉》，http：//mengqing133.bokee.com/viewdiary.10554016.html，2007年6月13日

米勒（戴维·）等，韦农·波格丹（编），《布莱克维尔政治学百科全书》，邓正来主编，中国问题研究所译，北京：中国政法大学出版社，1992年

摩尔（巴林顿·，B.Moore），《民主和专制的社会起源》，拓夫等译，北京：华夏出版社，1987年

牟宗三，《当代新儒学八大家集·牟宗三集》，黄克剑、林少敏编，北京：群言出版社，1993年

牟宗三，《道德理想主义的重建——牟宗三新儒学论著辑要》，郑家栋编，北京：中国广播电视出版社，1992年

牟宗三，《道德的理想主义》（修订五版），台北：台湾学生书局，1982年

牟宗三，《历史哲学》（增订八版），台北：台湾学生书局，1984年

牟宗三，《政道与治道》（增订新版），台北：台湾学生书局，1987年

牟宗三，徐复观、张君劢、唐君毅，《中国文化与世界——我们对中国学术研究及中国文化与世界文化前途之共同认识》，原载《民主评论》及《再生》（香港）1958 年元旦号，此据唐君毅，《中华人文与当今世界》（全二册），第 3 版，台北：台湾学生书局，1980 年，865～929 页（大陆翻印版参黄克剑、钟小霖编，《当代新儒学八大家集·唐君毅集》，北京：群言出版社，1993 年，475～525 页）

皮雷纳（亨利·，Henri Pirenne），《中世纪的城市》，陈国樑译，北京：商务印书馆，1985 年

萨拜因（乔治·霍兰·，George H. Sabbine），《政治学说史》（上册），托马斯·兰敦·索尔森（Thomas Landon Thorson）修订，盛葵阳、崔妙因译，北京：商务印书馆，1986 年

塞维斯（E. R.），《文化进化论》，黄宝纬等译，北京：华夏出版社，1991 年

史徒华（Julian H. Steward），《文化变迁的理论》，张恭启译，台北：允晨文化实业股份有限公司，1984 年

斯蒂华（朱力安·，Julian H. Steward），《文化形貌的导师——克鲁伯》，黄维宪、宋光宇译，台北：允晨文化实业股份有限公司，1982 年

泰勒（爱德华·），《原始文化：神话、哲学、宗教、语言、艺术和习俗发展之研究》，连树声译，桂林：广西师范大学出版社，2005 年

谈远平，《中国政治思想——儒家与民主化》，台北：扬智文化事业股份有限公司，2004 年

唐君毅，《民主理想之实践与客观价值意识》（上、下）（原载《祖国周刊》第二十二期第三、四、五期，1958 年），此据唐君毅，《中华人文与当今世界》（全二册），第 3 版，台北：台湾学生书局，1980 年，500～539 页

唐君毅，《人文与民主之基本认识》，此据唐君毅，《人文精神之重建》，台北：台湾学生书局，1980 年，382～395 页

唐君毅，《中西社会人文与民主精神》，此据唐君毅，《人文精神之

重建》，台北：台湾学生书局，1980 年，396～419 页

唐琼，《从町人思想看儒学在日本近代化中的功效》，《中共四川省委党校学报》，2006 年 9 月，第 3 期，102～105 页

托克维尔，《论美国的民主》（全两卷），董果良译，北京：商务印书馆，1988 年

王海龙、何勇，《文化人类学历史导引》，上海：学林出版社，1992 年

王铭铭，《想象的异邦：社会与文化人类学散论》，上海：上海人民出版社，1998 年

夏建中，《文化人类学理论学派——文化研究的历史》，北京：中国人民大学出版社，1997 年

邢东田，《1978—2000 中国的儒教研究：学术回顾与思考》，《学术界》（双月刊），2003 年第 2 期（总第 99 期），248～266 页

熊十力，《读经示要》（民国丛书，第五编），上海：上海书店，1996 年

熊十力，《原儒》，孔子文化大全编辑部编，济南：山东友谊书社，1989 年，531～815 页

徐复观，《儒家精神之基本性格及其限定与新生》（1952）（原载《民主评论》三卷十期副刊，1952 年 4 月），见氏著，《儒家政治思想与民主自由人权》（增订再版），萧欣义编，台北：台湾学生书局，1988 年，49～98 页

徐复观，《儒家政治思想的构造及其转进》（1951）（原载《民主评论》三卷一期，1951 年 12 月 16 日），见氏著，《学术与政治之间》（新版），台北：台湾学生书局，1985 年，47～60 页

徐复观，《儒家政治思想与民主自由人权》（增订再版），萧欣义编，台北：台湾学生书局，1988 年

徐复观，《学术与政治之间》（新版），台北：台湾学生书局，1985 年

许烺光，《美国人与中国人：两种生活方式比较》（Americans and Chinese：Passage to Differences），彭凯平、刘文静等译，北京：

华夏出版社，1989年（此书据1981年英文第3版译）

杨劲松，《滨口惠俊及其"人际关系主义"理论》，《日本学刊》2005年第3期，152～159页

余甦（编写），《历史批判主义》，见庄锡昌、孙志民编著，《文化人类学的理论构架》，杭州：浙江人民出版社，1988年，54～82页

余英时，《民主与文化重建》，见氏著，《钱穆与中国文化》，上海：上海远东出版社，1994年，278～287页

余英时，《现代儒学的回顾与展望——从明清思想基调的转换看儒学的现代发展》，载刘梦溪主编，《中国文化》，1995年7月，第11期，1～25页

余英时，《论戴震与章学诚：清代中期学术思想史研究》（第2版），北京：生活·读书·新知三联书店，2005年

余英时，《儒家伦理与商人精神》（余英时文集，第三卷），沈志佳编，桂林：广西师范大学出版社，2004年

张岱年、程宜山，《中国文化与文化论争》，北京：中国人民大学出版社，1990年

章颖颉，《略论儒家伦理与明清之际社会转型——以山西商人为个案的研究》，《同济大学学报》（社会科学版），2004年12月，第6期（第15卷），39～46页

朱开宇，《科举社会、地域秩序与宗族发展：宋明间的徽州，1100—1644》，台北："国立台湾大学"出版委员会，2004年

庄锡昌、孙志民（编著），《文化人类学的理论构架》，杭州：浙江人民出版社，1988年

邹建锋，《对罗伯特·达尔〈论民主〉的一种解读》，《哈尔滨市委党校学报》，第1期（2005年1月，总第37期），37～39页

邹建锋，《罗伯特·达尔：〈论民主〉的主要思想》，《孔子2000》学术网站，2006年8月14日（http：//www.confucius2000.com）

古籍：

［清］阮元（校刻），《十三经注疏》，北京：中华书局，1980年

（影印本）

　　［宋］朱熹（集注），《四书集注》，陈戍国标点，长沙：岳麓书社，1987 年

　　［清］王先谦，《荀子集解》，上海：上海书店，1986 年（影印本）

　　［汉］司马迁，《前四史·史记》，［宋］裴骃集解，北京：中华书局，1997 年

　　［汉］班固，《前四史·汉书》，［唐］颜师古注，北京：中华书局，1997 年

　　［东周］左丘明，《国语》（全二册），上海师范大学古籍整理研究所校点，上海：上海古籍出版社，1988 年

　　［民］吴闿生，《左传微》，白兆麟点注，合肥：黄山书社，1995 年

人名索引

西文人名括弧中为作者 first name，例如 Benedict（Ruth），通常写作 Ruth Benedict，正文及注引时常简称为 Benedict，其他同例。

Ames（Roger T., 安乐哲），41，105，107，129，141，181，203

Arnason（Johan P.），48，58

Benedict（Ruth，本尼迪克特），19，72，270

Berman（Marshall），36

Boas（Franz，博厄斯），71，269

Bol（Peter K., 包弼德），196，247，250

Clammer（John），22，47-60，148-150

De Bary（Wm Theodore，狄百瑞），191，192

Douglas（Mary），88，99

Duara（Prasenjit，杜赞奇），33，34

Dumont（Louis），48，49，148-150

Eisenstadt（Shmuel N., 艾森斯塔德），28，29，32-35，40，48

Featherstone（Mike），28，29，37，39，41，42，45

Fingarette（Herbert，芬格莱特），99，100

Fukuyama（Francis，福山），27，105，135，325

Giddens（Anthoy，吉登斯），30，31，73

Goldenweiser（Alexander A., 戈登威泽），262，263，266，267，270，271，273-275，282，284，285，328

Hall（David，赫大维），41，

105，107，129，141，181，203

Hefner（Robert），28，33

Herskovits（Melville J.，赫斯科维茨），19，72，73，261－263，266，267，270，272，273，275，279，285，288，296－298，329

Juergensmeyer（Mark），33，42

Kammen（Michael），130

King（Ambrose Y.C.，金耀基），33，43，46

King（Anthoy D.），30，39

Kroeber（Alfred，克鲁伯），18－20，72，270，288－291，294，296－298，304，321

Lash（Scott），28，41，42，45

Linton（Ralph，林顿），19，73，270

Lowie（Robert H.，罗维），270

Lyotard（Jean-Francois，利奥塔），35

Mead（Margaret，玛格丽特·米德），270

Neville（Robert C.，南乐山），101

North（Douglas C.，诺斯），28，86，88

Ortiz（Renato），33

Sachsenmaier（Dominic），28，33，40，41，43－45

Sapir（Edward，萨皮尔），72，270

Tambiah（Stanley J.），33，45

Taylor（Charles），35

Taylor（Peter J.），28，31，32，33，36，38，40

Taylor（Edward），261，267

Therborn（Görn），30，32，35，37

Weber（Max，韦伯），57

William（Raymond），30，237，238，268

Wissler（C.，威斯勒），270

Wittrock（Björn），33，38

艾森斯塔德，28，29，32，33，39，40，57，62

柏拉图，17，70，145，167，208，217，325，326，328

包弼德，196，247，255

本尼迪克特，19，72，74，270，292，293，295，297 － 299，332

滨口惠俊，80，81

波普尔，320，321－323

博厄斯，71，72，260，261，269 － 271，274，275，277 － 279，281 － 285，296，300 － 302

布迪厄，32，56，57，73，85

布莱克摩尔，303，317，318，322，323

陈亮，341

程颐，148，178

达尔文，44，46，261－263，267，276，289，302，322

狄百瑞，105，191，192，194－197，199，203，339，342

杜尔凯姆，31，32，34，40，70，79，251，263，266，268

杜维明，20，22，28，32，33，35，40，45，46，63，64，100，105，141

费孝通，75，76，82，91，300

芬格莱特，99，100

弗雷泽，263，265，266，268

福格森，209

福山，27，105，106，135，181，303，325，326，338

伽利略，326，327

戈登威泽，262，263，270－275，281，284，328，332

哈贝马斯，31，32，57，65，73，229，238，249

郝大维，41，129，137，181

何友晖，79

何兆武，221

赫斯科维茨，19，73，262，

263，265，270，272，273，275，279，285，286，288，296－298，301，319，329

黑格尔，35，38，55，70，79，151，211，213，214，220－224，229－231，243，261，262，267，325

亨廷顿，20，22，23，25－29，43，61，62，105，130，133－135，151，152，163，166，337，341

怀特，262，301－303，306－310，312，315，317，318，320，322－324，329，332－335

黄光国，69，81，82，86，155，300

霍布斯，208，218，219

赫胥黎，276

吉登斯，30－32，73

蒋介石，136，137

康德，70，74，210－212，214，215，221，261，262，267，303

科恩，128，129

克鲁伯，18，72，270，288－292，294－301，304，309，316，318，319，321－323，327－329

孔德，261，263，266，267，

289，303，321

孔子，11－13，69，74，75，89，97，99，100，109，112，115，129，138，140，143，158，161，162，165，169，172，174，176，178，179，181，186，188，192－196，247，253，254，256，257，326

莱布尼茨，303

利奥塔，35

梁启超，133，176，339

梁漱溟，76，77，82，85，91，104，115，116，155，180，181，299，300

林顿，19，73，120，270

卢梭，70，142，209－211，218，219，221，223，228，231，234

罗维，270

洛克，70，130，142，209，210，218，219，223，228，231，232，234

马克思，32，34，35，40，55，56，58，123，144，206，211－214，216，217，221－225，230，231，261，262，266－268，276，300，321

孟德斯鸠，70，209，210，228，234

孟子，9，12－14，92，97，138，144，158，166，168，174，187，191，192，194，197－199，252，253，326

米德，270，297

密尔，321

摩尔，120，122，123，136，140，303，317，318，322，323

摩尔根，71，261，263－267，269，272－274，276，300，310

牟宗三，92，97，104，106，109，110，112，113，116－120，142，158，166，170，171，175－181

南乐山，101

牛顿，326，327

诺斯，88

钱穆，133

萨拜因，207

萨林斯，262，302，306，308，312－318，320，322，323，332－334

萨皮尔，72，270，297，299

塞维斯，261，262，274，302－309，318，320，322，327

圣西门，261，266，267

斯宾诺莎，219

斯宾塞，71，261－264，267，

269，271，272，289，303，
304

斯密，209

苏格拉底，145

孙隆基，86，340

泰勒，18，19，71，261－267，
269，276

唐君毅，104－106，109－112，
119，166，170，171，173，
174，176，181

王阳明，195

威斯勒，270

韦伯，18，31，32，34，35，
40，44，55，57，58，70，
237，247，249

西塞罗，207，208，217，224

席美尔，40

熊十力，104，109，112，115，

165，167，173，174，341

徐复观，104－106，109，113，
114，116，120，158，170，
171，181

许烺光，77，78，80，81，86，
254，300

荀子，87，88，92，96，100，
158，174，192

亚里士多德，70，75，208，
217，221，224，303，326

严复，144，268，276

杨美慧，71，85

耶稣，4

余英时，133，145，196，247，
253

张君劢，106，109，300

朱熹，158，160，191，194，
195

术语索引

bourgeois，123，185，211 － 215，220－227，229－232

bourgeoisie，121，210，212，213，215，220，224，227，230

citoyen，211，215－224，230

civil society，125，196，206，209 － 211，213 － 215，218 － 220，224，229，231，238

commune，213，224，226 － 228，234

guanxi，86

impersonal，82，91，202，249

interpersonal，52，86，154

relation，54，58，59，69，79，82，86

relationship，79，80，86，174，340

安身立命，7，8，191，196，197，199，200，249

博爱，17，135，164

城邦，17，124，125，150，151，205，208，217，218

城市

　城市公社，205，213，223 － 230，234，236，237

　城市国家，124，216，228

　城市自治，121，124

　自治城市，123，124，128，150，227，228，230

处境中心，77，78

道

　道统，66，179，192，200，252

　人道，59，74，239，256

　天道，114，197

　王道，12，157，186，187，194，197，199，200，203，252，253，340，344

道教，55

德治，113，165

等级

　等级关系，144，147

等级制，48－50，52，59，
　60，81，106，147－150
等级秩序，49，149
地方主义，144，151，172，173，
　183，230，242，340
多元主义，128，130
法治，17，24，27，29，32，
　47，58，65，66，69，76，
　77，90，97，98，106，113，
　124，171，179，181，193，
　194，202，211，238，245，
　248，253，258，299，340－
　344
范式，22，27，29，33，43，
　48，56，79，98，150，238
封建
　封建贵族，121，122，124，
　220
　封建王朝，327
革命
　法国革命，151，212，221
　工业革命，31，182，326，327，
　335
　共产主义革命，122，123
　民主革命，54，132，134，
　136
　农民革命，122，123
　辛亥革命，26，62，132，134，
　137，173
个人

个人本位，76，86，177，299
个人中心，77，78，186
个人主义，24，35，42，46，
　47，49－51，60，64，67，
　78－80，93，94，97，105，
　133，148，151，153，
　155，157，173，174，
　183，202，203，237，
　238，341
个人自由，48，52，66，93－
　97，101，105，149，153，
　156，157，187，202，342－
　344
个体，35，50，55，77，80，
　83，92，93，95，97，110，
　111，114，116，129，132，
　139，157，254，273，278，
　296，321
个性，2，15，16，111，118，
　148，186，203，326，339
工具理性，31，255
工业
　工业革命，31，182，326，
　327，335
　工业化，3，11，26，31，32，
　48，49，63，65，69，121，
　123，149，241，277，309，
　327
公共
　公共领域，41，124，125，

143，147，229，232，
233，237，238，252，257

公共权威，126，138

公共秩序，126，127

公理，6，110

公民社会，32，107，124，144，
145，209 — 211，214，215，
218，220，224，225，232 —
234，245，253

关系

　关系本位，68，70，71，73—
　75，77，86，87，90，91，
　97，98，156，159，340，
　341

　关系取向，79，154

　关系认同，80

　关系支配性，79

　关系主导，79，254

　关系主义，51，52，58，68，
　70，75，79 — 81，87，98，
　151，155，177

　人际关系，9，49，51，66，
　69，77，80—82，85，86，
　90，91，95，96，98，
　149，153，154，254，
　258，340

　社会关系，31，51，57，75，
　76，144，233，250

规范，3，17，18，20，47，
51，76，88，90，95，96，

98 — 101，124，128，135，
163，164，185，186，190，
191，193，194，211，228，
246，247，249，256，287，
315

贵族，54，119，121 — 123，
145，185，194，217，219 —
221，278，325

合法性，47，109，142，229，
244，245，251，252，286

后现代主义，56

基督教，3，4，8，25，28，
33，43，46，55，59，67，
148，151 — 153，172，179，
247，257，289，291，341

集体主义，50，92，132，151，
154，155，177，183，340

家族，3，64，125，132，138，
151，170，189，194，195，
200，220，233，249，250，
260，273，299

尽性，92，116 — 118，198，
200，201，205

　尽其性，2，15，16，197，
　198，201

进化

　单线进化，309，310，312

　多线进化，259，309 — 312，
　315，316，322，323

　进化论，71，144，181，

184，259－263，265－277，
281，288，289，292，
300－306，308－312，315－
318，320，322，327－329，
331－335，339

进化与进步，288，292，
304，316－318

普遍进化，310，312，315，
333

特殊进化，259，302，312－
315，317

文化进化，71，259－273，
275－277，289，292，300－
310，312，315－317，319－
323，328，329，331－335

新进化论，259，260，262，
274，300－303，308－310，
312，315－318，320，322，
327，329，332，334

一般进化，259，308，312－
315，317

经济
经济基础，64，169

经济结构，66，125，139，
143

经济实体，125

农业经济，125，126，182

商业经济，42，125，126，
238，247，281

市场经济，32，38，47，128，

171，233，244，325，327
精神
精神价值，17，61，253，
257，343

精神信仰，4，17，141

人文精神，110

文化精神，113，117，175，
249

精英，2，104，105，107，
139，164，165，167－171，
173，178，183－185，199，
205，247，250，252，254，
255，258

精英统治，52，166，167

酒神，72，297－299，332

郡县制，143，169，176－179，
326

科举，105，168，170，176－
178，247，250

客观化，114，117，186
礼
礼大于法，88－91，195，340

礼教，69，71，97，98，101

礼制，47，52，89，98，
159，185，195，196，203

礼治，68，69，76，97，98，
113，159，195，205

理性
理性化，11，18，57，58，
66，90，186，187，190，

192-196，198-205，228，234，236，237，239-251，253-258，342，344

理性主义，35，52

历史

历史观，144，181，274，300，306

历史决定论，320-322

历史批评学派，71，269，321，323

历史条件，103，107，111，114-116，124，138-140，143，144，175，176，183，206，216，218，232，234，252，265，317，336

历史学派，260，261，269，300

六艺，70

伦理本位，76，77，344

民主

民主革命，54，132，134，136

民主社会，41，48，106，132，161-163，167，175

民主运动，137，173

民主制，27，38，41，67，104，106，107，112，117，119-127，129，130，132，134，135，137，

138，140，142-145，151，159，163，166-170，172-174，177，181-184，325，326，334，337-339

民族

民族国家，31，34，41-43，45，59，104，106，218-220，228，230，232，234，236，237，278，279，308

民族文化，8，22，74，75，176，277，283，342

民族主义，3，9-12，33，37，42，61，65，279，282，300，343

农民革命，122，123

平等，17，24，27，47，48，50，51，56，106，108-113，118，135，142，144，148，150，154，164-166，209，219，220，222，232，242，254，255，283，331，337

平等主义，105，148

普遍

普遍性，8，47，61，89，91，128，259，261，264，275，303，316，328-333

普遍主义，8，29，33，57-60，85，98，181

普世主义，8，17

普选，146，147

齐家，185，245，246，248，249

启蒙，30，33，36，40，46，47，58，211，325

清教徒，126，185，298

权利，38，41，47，53，54，77，93，97，110，117，118，128，129，140，142，149，156，184，186，202，203，207－210，216－220，224，227，234，238

权威，49，57，89，105，106，126，136，138，140，148，149，152，158，183，185，191，195，197，242，254，277

群体主义，340，341

人格，2，5，15，16，19，35，47，73，74，94，100，105，110－112，117，118，129，148，186－188，192，193，195，199，201－203，256，287，296－299，339，343

人际

　拉关系，85

　人际关系，9，49，51，52，66，69，77，80－82，85，86，90，91，95，96，98，149，153，154，156，254，258，340

人际关系中心主义，80

人际互动，80

人际依赖，97

人伦，76，77，105，185，246，258

人民主权，103，107，125，163，165，166，337

人情，49，68，69，77，81，82，86，91－93，95，117，155，156，159，160，185，202，250，299，340，341，344

人权，15，17，24，27，29，32，47，53，62，63，93，105，110，114，116，129，142，191，202，219，220，232，238，239，242，325，339，342－344

人文

　人文精神，110

　人文科学，22，27

　人文社会科学，98

　人文主义，8，44，142

人性论，103，104，107，142，143，175，176，178－180，196，197，199

仁政，195，197，252

任贤使能，166-169，177，185

日神，72，297－299，332

儒

　儒家，1，8，12，13，40，

41，47－49，65，66，68－71，74，75，80，82，87－92，94－101，103－117，119，120，129，130，143，145－148，152，158，159，162－164，166－187，191－200，203，205，245，247－250，252－258，260，334，336，339，341，342

儒家思想，71，75，87，104，108，112，114，116，119，129，147，148，161，168，171，175－177，179，180，187，194－196，250

儒家学者，75，99，103，104，106－108，111，112，114，119，120，135，140，166，183

儒生，169，176，178，255

儒学，1，4，10，48，66，68，69，71，73，75，87，97－99，101，103－108，119，135，143，159，166－172，174－183，186，187，191，194，196，203－205，245－247，253－256，260，334，337，339

现代新儒家，62，108，120，163，167，168，170，171，183，191，245

新儒家，75，97，106，108，114，115，135，178，182，183，187，192，195

软制度，68，97

三纲，105，148，158，171，172，177，179，183，255，336，339，342

山头主义，144，172，183，340

上帝，4，7，46，78，79，110，153

社会

古代社会，92，106，159，196，205，255，267，276，336，339

社会背景，120，121，205，223

社会风气，14，160，173，193，257，341，342

社会化，51，110，297

社会交往，73，125

社会空间，18，66，114，187，233，235，243－258，342

社会历史条件，104，107，136，175，180

社会文化整合，323

社会学，34，35，40，45，47，53，55，56，59，70，73，75，79，202，206，

221，223，266，329

社会整合，19－21，68，90，98，125，138，153，251，253－255，258，304，306，307，314，340，343，344

社会制度，49，60，66，88，90，105，144，177，178，180，228，231，306，324，325，335

社会秩序，58，87，88，124，130，133，139

社会契约论，70，209

社群，41，47，59，60，63，105，106，129，130，196，203

神圣感，198，200，201，244，246，254－257

神学，101

生产力，126，138，181，201，222，314，324，327

实践，27，51，56，73，89，100－102，106－108，110，111，120，126，129，130，132，134－137，139，150，151，153，157，158，161，171－176，178，179，182，183，187，196，247，256，257，302，324，337，341

实践哲学，41

实体，20，21，86，93，125，

279，338

士绅，250

氏族，74，271，272，277，304，332

世俗化，30，35，42，43，56，59，178

世袭，144，163，169，176－179，216

市民

市民等级，210，212－215，218，220，224，228，230

市民法，206，207

市民阶层，124，212，213，224，230，233，235－243

市民社会，3，41，47，65－67，124，125，128，143，147，151，182，187，196，204－206，208－216，218－253，255，257，258，326，327

市镇，124，126，127，150，213，226

宋明理学，255

特殊

特殊性，8，22，24，29，43，44，46，61，64，100，158，205，222，259－261，268，269，277，294，300，303，310－312，315，316，320，328－332

特殊主义，8，23，29，58

天人合一，74，118

天下，8，13，14，62，69，77，95，97，109，110，112，138，158，164－166，172，185，189，198，233，245，246，248，255，341

　公天下，103，108－111，138，139，145，146，163－167，169，171，175，194，250，341

　家天下，112，138，139，146，169，170，341

　天下为公，109，111，112，128，146，164－166

外王，119，177，186，205，245，246，248，254－257

　新外王，175，179，254

王霸，186，187，205，252，253

文化

　社会文化整合，323

　文化变迁，275，301，302，304，307，310，312，316，323，329

　文化传播学派，269

　"文化大革命"，43，70，71，137，149，173，199，233，253，339

　文化多样性，259，260，315

文化基础，43，120，126，175，182

文化进化，259－262，264，265，267，272，273，276，301，304－310，312，315－317，319－323，329，331－333，335

文化进化论，71，259－263，265－272，275－277，289，292，300－305，308，309，315，316，320，328，329，331－335

文化精神，113，117，175，249

文化类型，115，270，292，311，312，321，327，332

文化理论，18，71，73，269

文化理想，1，3，6，8，9，12，15－18，239

文化模式，19，68－70，72，73，75，86，87，90，98，254，292－298，300，318，329，341

文化无意识，65，73，101

文化习性，65，87，98，107，172，182，252，340

文化相对论，72，132，174，254，259－261，269，270，277，288，300－303，306，309，310，312，313，315，

316，318，320，323，327 - 335

文化心理，64，68 - 71，73 - 75，82，87，91，93，98，99，107，136，138，143，153，173，174，255，278，286，340，341

文化哲学，73

文化重建，133

文化自信，3，8，10，13

原始文化，18，265，269，291，293，328

文明

礼教文明，69，71，97

文明人，281

文明形态，66

文明样式，2，101

文明与野蛮，1，69，334

文明中心，67，69，205，208，261，268，269

文明重建，12，13，62

现代文明，3，4，20，61，129，180，259，269，272，277，327，334

中华文明，1，20，61，62，64-66，260，343，344

文艺复兴，25，30，224

无意识，19，72，73，295

五经，70

西方

西方人，8，14，23，24，46，48，51，53 - 55，59，60，67，77，83 - 85，88，93，94，99，102，105，111，129，141，148，150，174，180，207，216，223，280，282，299，300，325，339，341

西方社会科学，28，33，40，48，54

西方学术，45，71，105，106，120

西方哲学，65，101

西学，2，175，300

西洋，76，77，115，176，299

希腊，8，25，46，70，124，125，131，150，151，205，206，208，210，213，216，217，219，220，224，225，232，264，272，273，278，280，290，291，294

先秦，176

先秦儒家，166

现代性，4，20，22，26-49，52，56 - 63，65，69，71，141，150，178，179，186，202，203，205，242，247，255，257，258，260，261，319

多元现代性，22，23，27 - 29，32 - 34，37，43 - 45，

62，63，65，66，258，260

中国现代性，1，22，23，60，62，68，71，97，98，153，187，200，202，205，248，255，260，337

宪法，76，87，128，130，192

宪政，112，150，177，178，180，181，194，195，339

心理，2，10，19，50，59，63，64，68，69，71，74，75，77，78，82 - 84，86，87，89，92，97，98，103，126，127，129，136，143，155，156，160，172，173，178，181，263，278，279，284，286，287，296，297

心理学，53，64，70，72，75，79，81，82，153，155，266，267，286，287，296-299

性善论，105，187，196-198

血缘，3，20，48，74，81，85，124 - 126，132，138，145，147，151，182，233，254，304

雅典，17，125，150，151，216，324，325

伊斯兰教，3，8，27，28，33，35，40，172，291

夷夏之辨，1，12，13，15

移风易俗，172，175

意识形态，23，25，51，58，66，67，85，89，94，105，149，166，198，200，225，233，237，247，268，314

哲学，8，25，41，51，55，64，70，74，92，97，99，101，103，113，115 - 118，128，143，145，175 - 177，181，208 - 210，214，216，218，219，221 - 223，245，254，262，263，267，274，286，292，299，300，303，314

哲学王，145

正名，177，191 - 194，200，202，254，342

政

为政以德，175，177

政府，24，37，38，47，48，70，81，124，128，132，133，135，136，140，185，196，204，209，230，233，235，238，241，242，244，245，248 - 253，255，280，296，308

政体，26，113，119，125，127，145，146，159，170，175，179，208，209

政统，107，119，200，252

政治学，23，56，70，128，

140，208，211，266，329
政治学说，112，147，159，
　　167，171，178，179，
　　207，208
政治制度，49，66，103，104，
　　106－109，111，121，122，
　　124－126，134，136－138，
　　140，141，143，146，147，
　　149，153，158，167－170，
　　173，175－177，179，181，
　　182，239，241，292，325，
　　326，338，339
知
　认知主义，65
　知识分子，2，7，43，49，
　　137，169，234，276，343
殖民主义，39
治法，66，113，119，181，
　　254，257，344
治人，14，66，96，132，160，
　　181，193，207，222，254，
　　255，257，258，341，344
中国
　救中国，3，342
　中国化，8
　中国特色，8，10，43，46，
　　61，186
　中国文化，1－8，10－13，15，
　　16，41，62－66，68－71，
　　73－78，81，82，85－87，

90－92，94－99，104，105，
　　109，112，115，118，119，
　　133，139，153，155－159，
　　161，166，171－176，178，
　　179，181－187，202，234，
　　247，248，253－255，257，
　　260，283，299，300，318，
　　334－337，340－344
　中国现代化，119
　中国现代性，1，22，23，60，
　　62，68，71，97，98，153，
　　187，200，202，205，248，
　　255，260，337
中学，2，49，175
终极价值，18
种姓，48，58，123，148
种族中心论，261，264，268，
　　278，284
专制，54，103，107－111，119－
　　122，132－134，140，144，
　　146，147，149，150，168，
　　184，195，198，208，228，
　　230，234，236，237，319，
　　325，336－339，342
资产阶级
　资产阶级革命，121－124，
　　218，230，231，234，326
自然法，113，207
自由
　自由精神，95，185

自由民，27，41，106，107，120，123，129，130，135，142，143，151，167，170，171，181，183，184，211-213，217，220，227，325，326，338

自由人，27，114，116，125

自由与秩序，130

自由主义，8，24，41，67，95－97，101，102，105，151，182，186，191，192，202，203，241，289

自治，18，47，66，106，114，121，123，124，126－128，150，185－187，190－192，194－196，198－205，213，224，227－231，236，242－250，252-258，342，344

自主，53，57，78，79，83，93，94，101，106，197，201，239，240，243，260，261

宗法，3，74，75，89，92，97，107，143，145，182，233，339

宗教

宗教改革，30

宗教信仰，176

宗族，64，151，250，273，281，308

尊严，2，15，16，27，66，103，105，107，108，110，111，132，135，137，139，140，142，143，147，148，156，184，186－188，190，191，197－201，203，243，244，246，254-257，339

跋

　　牟宗三先生认为："道统"、"学统"和"政统"之重建为"中国文化发展"的必由之途，其中包括："道统之肯定，此即肯定道德宗教之价值，护住孔孟所开辟之人生宇宙之本源。""学统之开出，此即转出'知性主体'以容纳希腊传统，开出学术之独立性。""政统之继续，此即由认识政体之发展而肯定民主政治为必然。"① 杜维明先生亦主张"道"、"学"、"政"三者为儒家传统之三主干。② 我相信，近代以来绝大多数有良知的中国知识分子都曾长时间为此三问题所困扰，不过所用术语不同而已。比如近代以来所谓未来中华民族的根本道路、最高理想或核心价值等问题，以及围绕这类议题在保守主义、自由主义和马克思主义之间展开的一系列争论，在我看来即所谓"道统"之争；所谓民主、人权、法治等等对中国现代性的意义，即所谓"政统"之争，该问题耗尽了熊十力、梁漱溟、牟宗三、徐复观、张君劢等现代新儒家学者毕生的心血；而如何处理中学与西学的关系，实即我所谓"学统"，无疑这也是现代新儒家以及几乎所有现代中国有识之士共同关心的问题。因此，近代以来不仅无数学人、豪杰、知识分子困扰于此三问题，此三问题也是未来中华民族能否真正复兴的关键所在。

---

① 牟宗三：《道德的理想主义》，台北，台湾学生书局，1982，"序"［作于 1959 年 8 月］）。

② Tu Wei-ming, *Way*, *Learning and Politics*, *Essays on the Confucian Intellectual*, Albany: State University of New York Press, 1993.

384

我在新近出版的《学统的迷失与再造：儒学与当代中国学统研究》（陕西师范大学出版社，2010）这本小书中讨论了当代中国"学统"的重建问题，本书关注的则属于"道统"与"政统"问题；两书合一起，算是我对当代中国"学统"、"道统"和"政统"重建的一点思路。此外，我还有几本书同样涉及"学统"：《"中学"与"西学"——重新解读当代中国学术史》（河北大学出版社，2002）主要分析中西学术碰撞过程给当代中国学统带来的混乱，《思辨之神：西方哲学思潮选讲》（复旦大学出版社，2007）主要检讨了中国学人在接受西方学统方面的误区，《儒家修身九讲》（清华大学出版社，2008/2011）试图展开儒家学统（主要是修身传统）在当代生活中以践履方式激活的正面道路。相比之下，只有本书比较多地讨论"道统"和"政统"的重建。自写完《"中学"与"西学"》以后，我一直苦苦思索的也就是政统和道统问题。我把"道统"理解为中华文明在新世纪里应当追求的最高文化理想或最高价值，亦可以牟宗三所谓"宇宙之本源"称之；我把"政统"理解为中国社会的自我整合之道，也是中国文化中一切制度的合法性基础，故不限于政治或所谓"政治儒学"（牟氏不理解制度不能超然于文化心理结构而独立，故而投入西方民主之怀抱）；我把"学统"理解为"一种独立的学术传统，包括一门学问所具有的独特的运作逻辑、意义世界和研究范式等"，并认为学统的迷失"导致学人们在学术的参与中找不到真正可以安身立命的根基，感受不到来自无穷无尽的意义之源的永恒和价值"①。故此，我所谓"学统"不限于宋明儒所倡孔孟道统/正统意义上之"学统"，亦不同意牟宗三将之限定为希腊人发明之逻辑、数学和科学。

牟氏盲目崇拜西学，竟得出儒家"无学统"、真正的学统唯"科学"居之这样荒唐的结论来，结果自然抛弃了儒家传统中最有生命力的部分，终生在宋儒所竭力反对的"闻见之知"里打转而不自知。他的这一努力方向的最终结果，只能是儒家传统在现代学科体系中

---

① 方朝晖：《学统的迷失与再造》，"自序"，1页，西安，陕西师范大学出版社，2010。

自我解体。我在《学统的迷失与再造》一书"导言"中提到，"20世纪儒学所走过的弯路主要来自于未能正确处理两个关系：一是儒学与现代西方学科体系的关系，二是儒学与现代性的关系"。如果说，那本书关注的焦点是儒学与现代学科的问题，那么这本书关注的就是儒学与现代性的问题。将这两方面结合起来，就能理解当前儒学的困境与出路。当然，儒学与现代性特别是中华文明重建的关系，也即所谓道统和政统问题，争议向来极多；我期望今后能充分利用现代文化心理学、政治学、法学、哲学、社会学等方面的资源来说明：一个多世纪以来中国人被一系列西方价值迷乱了心智，忘记了自身文化的基本价值（本书亦称主流价值）；在弘扬个性、追求自由、渴望平等、建设民主等一系列漂亮口号的引导下，今天他们正处于一个前所未有的自我膨胀、精神沦丧和灵魂堕落的时期；由于文化基本价值的丢失，无数人心中的苦痛得不到医治，千万个灵魂找不到家园，整个社会正处在前所未有的、人欲横流的疯狂状态。我将试图说明：其实中国文化的基本价值早在两千多年前即已为孔子等人揭示，《论语》里写得清清楚楚、明明白白，就是仁、义、礼、智、信、忠、孝等等；今天只有回到那个当初的起点，才能找到中国社会秩序重建的正途……

本书的立场、观点确有把儒学本土化之嫌，人们也许会批评我把儒学的现代意义窄化了。这似乎与本书的基调即论证本土现代性、反对普世现代性相一致。不过我想说的是：本书只是试图实事求是地研究儒学与本土文化心理之间的特殊联系，并不预设本土性作为理论前提。本书所谈文化心理结构也是如此，只不过是发现了它的存在和作用才讨论罢了，不等于我打算把它绝对化，当作永恒不变的基础。如果批评者认为"本土性"或"中国特殊性"是此书的预设立场，自然就会说我在"导论"中鼓吹从普世立场重铸中国文化理想，与后面各章立场相矛盾了。其实，我并未预设任何立场，本书只是一项研究。如果说本书有助于支持现代性的特殊性，那也只能具体问题具体理解，不宜泛化为我个人的一般立场。

本书个别章节曾部分发表如下:

"多元现代性研究及其意义",《马克思主义与现实》, 2009 年第 5 期 (总第 102 期), 124~131 页。

"中国文化的模式与儒学:以礼为例",《复旦学报》(社会科学版), 2010 年第 1 期, 83~91 页;《国学学刊》(中国人民大学主办), 2009 年第 2 期 (总第 2 期), 103~115 页。

"市民社会的两个传统及其在现代的汇合",《中国社会科学》, 1994 年第 5 期, 82~102 页。

"对 90 年代市民社会研究的一个反思",《天津社会科学》, 1999 年第 5 期, 19~24 页。

"儒学与民主关系再思考",曾于 2009 年 9 月初在中国人民大学国学院主办的小型专题会议上发表。

已经发表过的部分在收入本书时作了不少重要的修订,包括段落结构、语句文字及注释的修订,并根据章节需要加以重编。

本书写作过程中得到了刘北成先生的鼓励支持,以及"清华大学人文社科振兴基金研究项目"及热心朋友的资助;高教出版社徐松巍先生曾建议对"现代性"、"文明"、"文化"等概念的含义及其相互关系作一梳理、交代;道友陈明兄慷慨应允作序;同事贝淡宁曾为拙著的出版努力。本书幸得中国人民大学出版社青睐方能出版,特别是胡明峰先生,没有他的热心支持与帮助,现在这本书还是不可想象的。符爱霞女士在编辑本书书稿中付出了大量心血,其敬业精神令人敬佩,本人不胜感激。在此,谨对上述各方的大力支持与帮助深表谢意!

2010 年 11 月 4 日星期四于清华园

图书在版编目（CIP）数据

文明的毁灭与新生：儒学与中国现代性研究/方朝晖著. —北京：中国人民大学出版社，2011
（中国当代学术思想文库）
ISBN 978-7-300-13582-3

Ⅰ.①文… Ⅱ.①方… Ⅲ.①儒学-现代性-研究-中国 Ⅳ.①B222.05②D61

中国版本图书馆 CIP 数据核字（2011）第 060541 号

中国当代学术思想文库
文明的毁灭与新生：儒学与中国现代性研究
方朝晖　著
Wenming de Huimie yu Xinsheng

出版发行	中国人民大学出版社			
社　　址	北京中关村大街 31 号		**邮政编码**	100080
电　　话	010－62511242（总编室）		010－62511398（质管部）	
	010－82501766（邮购部）		010－62514148（门市部）	
	010－62515195（发行公司）		010－62515275（盗版举报）	
网　　址	http://www.crup.com.cn			
	http://www.ttrnet.com（人大教研网）			
经　　销	新华书店			
印　　刷	北京中印联印务有限公司			
规　　格	155 mm×235 mm　16 开本		**版　　次**	2011 年 7 月第 1 版
印　　张	25.75 插页 2		**印　　次**	2011 年 7 月第 1 次印刷
字　　数	349 000		**定　　价**	58.00 元